이 책은 예레미야서의 최종 본문의 정경적 기능을 존중하면서 본문에 충실하게 해설하고 있다. 그러나 이 책은 최종 본문에 충실하면서도 예레미야서를 둘러싼 역사적 상황과 맥락에 주의함으로써 본문을 생성케 만든 역사적 정황에 대한 해설 또한 제공하고 있다. 예레미야서의 핵심을 공의, 인애, 정의를 행하시는 하나님이라고 정의하는 이 책은 하나님을 아는 것, 즉 언약적 신실성이야말로 하나님이 이스라엘에게 요구하시는 알파와 오메가임을 잘 드러내고 있다. 또한 오늘날 예레미야서의 의미를 캐고 따지는 문제를 독자의 몫으로 남겨두면서도 예레미야의 각 예언을 듣고 읽었던 원 독자와 청중의 입장에서 예레미야서 본문을 해설하고 있다. 저자는 다년간 예레미야서를 연구했음에도 자신이 연구한 바를 이 책에 다 쏟아내지 않고 꼭 필요한 부분만 드러냄으로써 독자들의 고난을 경감시키는 목회자적 배려를 보여준다. 본서는 예레미야서를 본문으로 삼아 설교하려는 모든 목회자들에게 유용한 참고서로 추천할 수 있는 좋은 책이다.

김회권 숭실대학교 기독교학과 구약학 교수

한국의 예언서 연구의 권위자인 김창대 교수가 최근 『이사야서의 해석과 신학: 시온이 공의와 의로 빛나게 하라』를 출판하더니 드디어 『예레미야서의 해석과 신학: 하나님을 아는 자가 되어라』를 한국교회에 내놓았다. 본서는 예레미야서로 박사 학위 논문을 쓴 김창대 교수의 학문적 깊이가 흠씬 묻어나는 동시에 그의 신학적 고민과 영성이 담겨 있는 걸작이다. 각 단락의 구조 분석을 통해 메시지를 도출하는 탁월한 능력과 더불어 창조 신학과 언약 신학을 균형 있게 다룬 점이 눈에 띈다. 김창대 교수는 절대 주권을 가지신 하나님의 자유와 언약을 파기한 그의 백성 간의 긴장 그리고 새 언약을 통한 구속의 성취에 이르는 한 편의 드라마를 이 한 권에 담아냈다. 이 책은 목회자, 신학생, 평신도 지도자를 포함해서 예레미야서의 진수를 경험하고 싶은 독자에게 심도 있는 해석을 통한 생생한 이해를 제공할 것이라 믿어 의심치 않는다.

박덕준 합동신학대학원대학교 구약학 교수

예레미야서는 구약에서 가장 긴 책이다. 구약성서사전은 예레미야서의 히브리어 낱말 수가 21,819개로 시편(19,531개)보다 더 많다고 밝힌다. 또한 예레미야는 "고통을 당하는 예언자"인 동시에 "고통을 주는 예언자"로도 유명하다. 이를 종합해보면 예레미야서는 내용도 방대할 뿐만 아니라 이해하기도 쉽지 않은 책이라는 것이다. 이런 예레미야서를 한 장도 빼놓지 않고 모든 장을 명쾌하게 풀어낸 책이 드디어 우리말로 탄생하게 되었다. 저자는 예레미야서로 박사 학위를 받은 전문가답게 예레미야서 전체를 꿰뚫어 보면서 각 장을 자세히 해석한다. 그 결과 이 책은 예레미야서 전체와 부분이 유기적으로 연관되어 있음을 설득력 있게 진술하고 있다. 예레미야서에만 나오는 "새 언약"을 핵심 주제로 잡아 예레미야서 전체의 메시지를 꼼꼼하게 파헤치고 있는 점도 신선하다. 예레미야서의 복잡한 메시지를 정확하고 성실하게 분석하여 안내하는 가이드북의 출현에 박수를 보내며, 특히 눈물의 예언자였던 예레미야의 심장을 나누고 싶은 이들에게 적극 추천한다.

차준희 한세대학교 구약학 교수, 한국구약학회장 역임, 한국구약학연구소장

예레미야서의 해석과 신학

예레미야서의
해석과 신학

김창대 지음

하
나
님
을

아
는

자
가

되
어
라

새물결플러스

목차

서문

예레미야는 눈물의 예언자로 널리 알려져 있다. 하지만 예레미야가 처음부터 눈물의 예언자로 불린 것은 아니었다. 그는 처음에 사역을 위해 하나님의 부름을 받을 때 난감해하며 자신의 처지를 한탄했다(1:6). 그의 초기 사역은 하나님을 향한 두려움 가운데서 이루어졌다고 해도 과언이 아니다. 설상가상으로 사역에서 오는 환난을 온몸으로 받아 만신창이가 된 예레미야는 하나님이 마치 "말라서 속이는 시내"와 같이 자신에 대해 무관심하다고 불평하기까지 했다(15:18). 이런 불평 앞에서 하나님은 예레미야를 핍박하는 대적자를 벌하는 대신에 오히려 사역의 무게를 견디지 못하고 신음하는 예레미야를 책망하셨다. 이에 예레미야는 사람의 길이 자신에게 있지 않다고 고백하며 회개하는 모습을 보인다(10:23).

그러나 점차 시간이 지나면서 예레미야는 하나님의 마음을 알게 된다. 자신의 뜻에서 벗어난 유다에게 심판을 선언하시고는 다른 한편으로 울고 계신 하나님의 모습을 목격하면서, 예레미야는 자신을 혹독하게 대하던 하나님이 사실은 인애와 사랑과 긍휼이 많은 분임을 깨닫게 된 것이다. "너는 이 말로 그들에게 이르라. 내 눈이 밤낮으로 그치지 아니하고 눈물을 흘리니 이는 처녀 딸 내 백성이 큰 파멸, 중한 상처로 말미암아 망함이라"(14:17). 하나님의 눈물을 목격한 예레미야는 백성을 향한 간절함을 품고 하나님의 마음을 대변하는 눈물의 예언자로 변하게 되었다.

신학적 측면에서 예레미야서는 다양한 주제를 담고 있다. 예를 들면 하나님의 자유로운 주권, 참 예언자와 거짓 예언자, 종말에 이루어질 하나님의 계획, 언약 위반에 대한 고소, 새 언약 등을 다룬다. 그리고 이와 같은 주제들은 하나님을 아는 것으로 요약된다(9:24; 31:34). 하나님을 안다는 것은 단순히 하나님에 대한 지식적 정보를 취득한다는 의미가 아니라 하나님의 성품을 체험하고 그것을 닮기 위해 체험한 바를 실천한다는 뜻이다 (22:15-16). 하나님의 성품은 백성을 향한 사랑 안에서 공의로운 뜻을 한결같이 행하는 것이다.

이런 하나님의 성품을 구약적 용어로 표현하면 인애(사랑)와 공의(하나님의 뜻)와 의(사랑과 공의를 한결같이 행하는 것)라고 말할 수 있다. 이것은 백성에게도 요구되는 것이어서, 하나님은 백성들과 언약을 체결한 후에 하나님을 본받아 인애와 공의와 의를 행하라고 명령하셨다. 그러므로 언약 정신은 백성이 하나님과 서로 인애(사랑) 가운데서 하나님의 뜻을 이루고 (공의) 올바른 관계(의)에 머물도록 하는 데 있다(참조. 2-6장). 또한 언약 체결의 목적은 하나님의 자유로운 주권 안에서 백성에게 "평안"과 "희망"을 줌으로써 그분의 궁극적인 계획을 이루는 것이다(18:1-12; 29:11). 하지만 유다는 이런 언약의 목적에서 이탈하여 멸망의 길을 걷게 된다. 이런 상황에서 예레미야서는 새 언약을 전망하면서(31:31-34), 새 언약이 체결되면 백성이 하나님을 진정으로 알고 하나님의 성품을 닮음으로써 하나님의 계획을 이룰 것이라는 청사진을 제시한다.

이런 예레미야서의 특성을 고려하여 본서를 읽으면 백성을 향한 하나님의 애절한 마음과 사역자로서 예레미야가 품었던 간절한 마음을 느낄 수 있을 것이다. 아무쪼록 본서를 통해 한국교회가 진정으로 하나님을 알고 그분의 뜻과 계획을 실천하는 조력자가 될 수 있기를 희망한다.

2020년 3월

안양대 연구실에서

김창대

예레미야서의 해석과 신학

서론

1.
역사적 배경

예레미야는 기원전 627년에 사역을 시작하여(렘 25:3), 기원전 586년에 바빌로니아에 의한 예루살렘의 멸망을 목도하였고, 나중에 바빌로니아에 대항한 유다 무리에 의해 이집트로 끌려간다(40:1; 43:6). 그는 기원전 609년에 죽은 요시야의 뒤를 이어 유다의 왕이 된 여호야김 초기부터 성전의 파괴를 예언하며 유다를 향한 하나님의 심판을 강도 높게 외쳤고(26:1-6), 결국 그의 예언대로 기원전 586년에 유다가 멸망하고 예루살렘 성전이 파괴되었다. 예레미야는 고대 근동의 맹주 자리가 아시리아에서 바빌로니아로 옮겨지는 역사적 격랑 속에서 유다뿐만 아니라 온 세상을 주관하시는 하나님의 심판과 회복을 생생하게 증언한다. 그러므로 예레미야서를 이해하기 위해서는 당시 고대 근동의 패권을 쥐고 있었던 아시리아와 바빌로니아의 부흥과 쇠퇴 과정을 알 필요가 있다.

1) 연도로 본 아시리아의 발흥과 쇠퇴

· 기원전 744년-디글랏 빌레셀 3세(구약에서 "불"이라고 지칭, 왕하 15:19-20)
　　　　　의 출현으로 아시리아가 고대 근동 아시아의 맹주로 등
　　　　　장하게 됨.

· 기원전 722년-아시리아의 살만에셀 5세가 북이스라엘을 멸망시킴.

· 기원전 703년-병들어 죽게 된 히스기야를 하나님이 살려줌(사 38-39장).

· 기원전 701년-산헤립이 유다(히스기야 시대)를 침공하나 실패로 돌아감.

· 기원전 627년-아시리아 왕 아슈르바니팔이 죽음. 이후로 아시리아는 쇠락의 길로 접어듦.

2) 연도로 본 바빌로니아의 부흥과 쇠퇴

· 기원전 626년-나보폴라사르가 등장하여 바빌로니아(신 바빌로니아)를 세움.

· 기원전 612년-바빌로니아가 아시리아의 수도 니느웨를 함락시킴.

· 기원전 609년-요시야 왕이 바빌로니아와 싸우기 위해 아시리아로 가는 이집트의 파라오 느고와 므깃도에서 싸우다가 전사함. 이 때 이집트는 여호아하스를 볼모로 잡아가고 여호야김을 왕으로 세움.

· 기원전 605년-하란과 갈그미스 전투에서 바빌로니아의 느부갓네살(나보폴라사르의 아들)이 이집트의 군대를 격퇴시킴(렘 46:2). 이후 이집트는 더 이상 팔레스타인을 넘보지 못함.

· 기원전 605년-바빌로니아가 유다의 인재들을 포로로 잡아감(유다의 1차 바빌로니아 유배). 이때 다니엘과 세 친구들이 포로로 끌려감.

· 기원전 601년-여호야김이 이집트와 결탁하고 바빌로니아에게 반기를

듦(왕하 24:1).

· 기원전 599년-여호야김의 반란으로 바빌로니아가 예루살렘을 침략함.
여호야김은 예루살렘이 함락되기 3개월 전에 죽음. 여호
야김을 대신해서 여호야긴이 왕위에 오름.

· 기원전 597년-예루살렘이 함락되고 유다 백성 일부가 포로로 잡혀감(유
다의 2차 바빌로니아 유배). 이때 여호야긴과 많은 지도자급
인물(에스겔 포함)이 바빌로니아로 끌려감. 여호야긴을 대
신해서 시드기야가 왕위에 오름.

· 기원전 594/593년-시드기야가 에돔, 암몬, 두로, 시돈과 연합하여 바
빌로니아에게 반기를 들기 위해 모의함(렘 27:3; 28:1).

· 기원전 592년-시드기야가 이집트(프삼메티쿠스 2세)와 결탁함(참조. 겔
1:2).

· 기원전 588년-시드기야의 반란으로 바빌로니아 느부갓네살 왕이 침공
하여 예루살렘을 에워쌈. 느부갓네살 왕이 하맛 땅 리블
라에 임시 군사령부를 설치함(렘 39:6).

· 기원전 587년-이집트의 파라오의 군대가 온다는 소식에 바빌로니아 군
대가 예루살렘에서 잠시 물러남(렘 37:5).

· 기원전 586년-바빌로니아에 의해 예루살렘이 함락되고 유다 사람들이
포로로 끌려감(유다의 3차 바빌로니아 유배).

· 기원전 581년-유다의 총독 그다랴가 살해되자 바빌로니아가 다시 와서
유다 사람을 사로잡아 감[유다의 4차 바빌로니아 유배]
(참조. 렘 41:1-2, 52:30).

· 기원전 567년-느부갓네살이 이집트를 침공함(렘 43:1-7; 겔 29:19).

· 기원전 561년-느부갓네살이 죽고 에윌므로닥이 왕위에 올라 통치함. 에윌므로닥이 여호야긴을 옥에서 풀어 줌(렘 52:31).

· 기원전 560년-네리글리사르가 에윌므로닥을 살해하고 바빌로니아의 왕이 됨.

· 기원전 556년-네리글리사르의 후임으로 라바시마르둑이 왕위에 오름. 몇 달 후 나보니두스가 라바시마르둑을 폐위시키고 왕위에 올라 539년까지 통치함.

· 기원전 539년-바사(페르시아)의 고레스에 의해 바빌로니아가 멸망함. 다니엘서 5장은 이 고레스를 메디아 사람 다리오라고 칭함. 이 다리오는 에스라 4-6장에 나오는 다리오 1세(기원전 522-486년)와는 다름.

2.
예레미야의 시기와 활동

전승에 의하면 예레미야는 열세 살 때 하나님께 소명을 받아 예언자가 되었다(1:6, "나는 아이"). 그의 사역은 요시야 13년인 기원전 627년에 시작되었다(1:2; 25:1-3). 예레미야는 예루살렘에서 4-5킬로미터 떨어진 아나돗의 제사장 가문에서 태어났지만 고향인 아나돗의 사람들로부터 배척을 당했다(11:21-23; 12:6). 마가복음 6:4에서 예수님은 이런 예레미야의 처지를 염두에 두고 예언자가 고향에서 대우를 받지 못한다고 말씀하셨다.

예레미야가 하나님의 부름을 받은 기원전 627년은 아시리아의 마지막 영광을 이끌던 아슈르바니팔이 죽고 신바빌로니아를 세운 나보폴라사르가 등장하여 고대 근동의 맹주가 아시리아에서 바빌로니아로 바뀌는 권력의 전환기와 맞물리는 시기였다. 기원전 586년에 유다는 신흥 세력으로 부상한 바빌로니아의 느부갓네살 왕에 의해 멸망의 단계를 밟게 된다. 하나님은 이런 상황을 미리 바라보고 유다에게 마지막 기회를 주기 위해 예레미야를 예언자로 불렀다. 하지만 역사가 증명하듯이 유다는 예레미야를 통해 주어진 심판의 경고를 듣지 않았기에 심판은 그들에게 피할 수 없는 운명이 되었다.

과거 기원전 744년에 아시리아가 등장하면서 북이스라엘과 남유다가 멸망의 위기에 놓인 적이 있었다. 이때 하나님은 기원전 750년 전후로 예언자 이사야, 호세아, 아모스, 미가를 불러 북이스라엘과 남유다를 향해 회개를 촉구하도록 하심으로써 이들이 멸망을 피할 기회를 주셨다. 하지만 이들은 하나님의 말씀을 듣고도 회개하지 않았고, 그 결과 북이스라엘은 기원전 722년에 멸망하였고 남유다도 기원전 701년에 산헤립의 침공으로 멸망 직전에 놓인다. 40여 년 전에 미리 회개의 기회가 주어졌지만 그 기회에 응답하지 않아 멸망에 직면하게 된 셈이다.

하지만 남유다는 히스기야의 회개 기도에 힘입어 기적적으로 회생하였고 멸망이 유보되었다. 이후 올바른 길로 갔어야 했던 남유다는 여전히 우상숭배에서 떠나지 않고 언약을 위반하였고 다시 바빌로니아에 의해 멸망할 처지에 놓인다. 이런 상황에서 하나님은 또다시 남유다에게 기회를 주기 위해 예루살렘 멸망 약 40년 전인 기원전 627년에 예레미야를 불러 그들에게 회개를 촉구하라고 명령하신다. 여기서 역사가 반복되는 모습을 볼 수 있다.

예레미야는 유다왕 요시야(기원전 640-609년)의 종교개혁(기원전 622년)이 실패로 돌아간 것을 목도하고, 요시야 시대에 저질러진 유다의 죄악을 적나라하게 고발했다(3:6-14). 요시야의 뒤를 이어 여호야김이 즉위하자마자(기원전 609년), 예레미야는 성전 설교를 통해 예루살렘 성전이 실로와 같이 파괴될 것이라고 경고했다(26:6). 이런 경고는 요시야가 죽기 전에 이미 유다가 악한 길에 있었음을 보여주는 방증이다. 즉 요시야의 종교개혁은 요시야가 죽기 전부터 이미 실패의 조짐을 보이고 있었다.

하나님은 유다의 멸망이 확고함을 상징적으로 보여주기 위해 예레미야에게 독신으로 살라고 명하셨다(16:1-4). 예레미야는 이 명에 따라 이사야와 에스겔과는 달리 평생 독신으로 살아야 했다. 심지어 예레미야는 자신의 예언 때문에 매를 맞고 차꼬에 채워지는 고초를 당했고(20:2) 구덩이 속에 감금되기까지 했다(38:1-13). 이때 왕궁 환관 에벳멜렉의 도움을 받아 예루살렘이 함락될 때까지 시위대 뜰에 갇힌다(38:14-28). 예레미야서에 나타나는 고백의 기도(11:18-12:6; 15:10-21; 17:12-18; 18:18-23; 20:7-18)는 이같은 고난을 배경 삼아 예레미야가 자신의 속마음을 토로하는 내용을 다루고 있다.

3.
예레미야와 모세

예레미야서에서 예레미야는 제2의 모세로 그려진다. 하나님은 모세의 입에 말씀을 주신 것처럼 예레미야의 입에도 말씀을 주신다(1:9). 또한 모세와 예레미야는 하나님의 소명을 받을 때 이를 거부하는 태도를 보인다는 공통점이 있다. 모세가 광야에서 이스라엘 백성을 위해 하나님 앞에서 중재 역할을 했던 것처럼 예레미야도 자신의 백성을 위해 하나님께 간구한다(21:1-2). 하지만 예레미야의 중재 노력에도 불구하고 유다를 멸망시키시겠다는 하나님의 뜻은 변하지 않았다. 오히려 하나님은 예레미야가 유다를 위해 중보기도하는 것조차 금지시키셨다(참조. 7:16; 11:14; 14:11; 15:1).

모세와 함께 출애굽을 한 광야 1세대가 모두 멸망하고 오직 여호수아와 갈렙만이 가나안 땅으로 들어갔던 것처럼, 하나님은 예레미야를 통해 왕궁 환관이었던 구스인 에벳멜렉(39:15-17)과 바룩(45장) 두 사람만을 구원하실 것이라고 약속하신다.[1] 모세는 이스라엘 백성과 함께 이집트에서 나왔지만 예레미야는 이집트로 돌아가는 것으로 끝난다(43:1-7). 예레미야가 이집트로 돌아간다는 것은 모세를 통해 시작된 출애굽의 구원이 무효가 되고 이스라엘 백성으로 하여금 새로운 제2의 출애굽을 통한 구원을

---

1 Christopher R. Seitz, "The Prophet Moses and the Canonical Shape of Jeremiah," *Zeitschrift für die Alttestamentliche Wissenschaft* 101 (1989): 3-27 참조.

고대하게 만든다는 의미가 있다.[2] 이런 가운데 예레미야는 새 언약을 통해 새로운 구원이 있게 될 것이라고 말하면서(31:31-34) 모세가 행했던 언약의 중보자 역할을 담당한다.

이처럼 예레미야는 모세 언약의 중보자였던 모세와 같이 새 언약의 중보자 역할을 감당함으로써 모세 시대의 종말과 새 시대의 시작을 고한다. 신약이 새 언약의 중재자인 예수 그리스도를 예레미야나 예언자로 묘사하고 있는 것은 이런 맥락으로 이해할 수 있다(마 16:14, "어떤 이는 예레미야나 선지자 중의 하나라 하나이다").

---

2   Gary E. Yates, "Intertextuality and the Portrayal of Jeremiah the Prophet," *Bibliotheca Sacra* 170 (2013): 302.

4.
예레미야서의 구조와 개요

예레미야서 연구는 1980년대까지만 해도 역사비평이 대세를 이뤘고 따라서 본문의 메시지보다는 본문 배후의 역사적 상황을 재구성하는 데 많은 관심이 쏠렸다. 하지만 본문의 메시지와 정경에 대한 관심이 고조되면서, 본문이 말하고자 하는 내용에 주안점을 두는 방향으로 연구의 무게추가 움직였다. 예레미야서가 통일성 있는 일관된 내용(coherent whole)으로 구성되었다는 전제하에 예레미야서의 수사적 메시지에 시선이 모이기 시작한 것이다.[3] 필자는 이런 통일적 관점을 중심으로 예레미야서의 구조와 개요를 살펴보려 한다.

1) 전체 구조

예레미야서의 구조를 정하는 문제는 그렇게 간단하지 않다. 심지어 브라이트(Bright)는 예레미야서가 "뒤죽박죽"(hodgepodge)으로 되어 있는 구조

---

3   Walter Brueggemann, "Next Steps in Jeremiah," in *Troubling Jeremiah*, ed. A. R. Pete Diamond, Kathleen M. O'Connor & Louis Stulman, JSOTSup 260 (Sheffield: Sheffield Academic Press, 1999), 404–422; Leo G. Perdue, *The Collapse of History: Reconstructing Old Testament Theology* (Minneapolis: Fortress, 1994).

라고 주장했다.[4] 하지만 1980년부터는 예레미야서가 문학적으로 통일성을 띤 구조를 가진 책이라는 주장이 점점 지지를 얻는 추세다.[5] 이런 흐름에 편승해서 밴게메렌(VanGemeren)은 예레미야서의 구조를 다음과 같이 제시했다.[6]

A. 예레미야의 예언과 시(1-20장)
B. 여호야김과 시드기야 시대와 관련된 역사적 이야기(21-36장)
C. 예루살렘 멸망 직전과 직후에 일어난 사건들(37-45장)
D. 열국에 대한 신탁들(46-51장)
E. 역사적 부록(52장)

필자는 예레미야서를 다음과 같이 두 부분으로 나눌 수 있다고 본다. 예레미야서를 두 부분으로 나누는 문제를 놓고 학자들 사이에서는 많은 이견이 있다. 1-25장과 26-52장으로 나누는 사람이 있고, 1-20장과 21-52장으로 나누는 사람이 있다. 1-23장과 24-52장으로 나누는 사람도 있다.[7] 하지만 필자는 전체적으로 1-24장과 25-51장(52장은 역사적 부록)으로 나누

---

4   John Bright, *Jeremiah: A New Translation with Introduction and Commentary*, AB 21 (Garden City, NY: Doubleday, 1965), lvi-lvii.

5   Bob Becking, "Divine Reliability and the Conceptual Coherence of the Book of Consolation (Jeremiah 30-31)," in *Reading the Book of Jeremiah: A Search for Coherence*, ed. Martin Kessler (Winona Lake, Ind.: Eisenbrauns, 2004), 163-179에서 163.

6   Willem A. VanGemeren, *Interpreting the Prophetic Word* (Grand Rapids, Mich.: Zondervan, 1990), 293.

7   이에 대한 자세한 논의는 다음의 글을 참조하라. A. J. O. van der Wal, "Toward a Synchronic Analysis of the Masoretic Text of the Book of Jeremiah," in *Reading the Book of Jeremiah: A Search for Coherence*, ed. Martin Kessler (Winona Lake, Ind.: Eisenbrauns, 2004), 13-23.

는 것이 적절하다고 본다.[8]

예레미야서는 전반부(1-24장)에 속한 대단락들이 후반부(25-51장)의 대단락들과 주제 면에서 짝을 이루는 대칭적 구조를 이룬다. 이런 구조 속에서 30-33장의 대단락은 예레미야 전체의 중추적 핵심(pivotal center)을 이루고 있다. 이것을 도표로 그리면 다음과 같다.[9]

후반부 (25–52장)			30–33장 새 언약 :마음의 변화				
	25장	26–29장		34–35장	36–45장	46–51장	52장
	유다와 열국의 심판	성전 파괴와 언약 파기		언약 파기	유다를 향한 심판	열국을 향한 심판	역사적 부록
전반부 (1–24장)	1장	2–6장	7–10장	11–17장	18–24장		
	서론	언약 고소를 통한 유다의 멸망	성전 파괴와 언약 파기: 마음의 문제	언약 파 기: 마음 의 문제	언약 고소를 통한 유다의 멸망		

이 도표가 보여주듯이 전반부(1-24장)와 후반부(25-52장)는 각각 초두와 말미에 같은 주제가 반복되어 앞뒤를 감싸는 구조(일명 인클루지오 구조)를 이룬다. 또한 전반부와 후반부는 주제적으로 발전되는 패턴을 보인다. 즉 심판, 다윗 언약 파기와 성전 신학 비판, 언약 파기, 그리고 심판이라는 흐름이 전반부와 후반부에 공통적으로 나타나 짝을 이루며 내용을 더욱 풍성

---

8 Changdae Kim, "Jeremiah's New Covenant within the Framework of the Creation Motif" (Ph. D. diss., Trinity International University, 2006), 72.
9 Changdae Kim, "The Structure of the Book of Jeremiah and the Demarcation of Units," *Scripture and Interpretation* 1 (2006): 45.

하게 만든다

이 도표에서 30-33장은 구조상 전반부와 후반부의 중심 역할을 한다. 그래서 클레멘츠(Clements)는 "30-33장에서 가장 두드러지게 나타나는 희망의 메시지는 전체 책의 중추적 핵심을 이룬다"라고 주장했다.[10] 이런 예레미야서의 구조를 수사적 구조로 표현하면 다음과 같다.

서론(1장)

A. 언약 고소를 통한 유다의 멸망: 우주적 심판으로 이어짐(2-6장)

B. 언약 파기와 성전 신학 비판: 거짓 모티프(7-10장)

B′. 언약 파기(11-17장)

A′. 언약 고소를 통한 유다의 멸망(18-24장)

A″. 유다와 열국의 심판(25장)

B″. 언약 파기와 성전 신학 비판: 거짓 예언자(26-29장)

C. 새 언약(30-33장)

B‴. 언약 파기(34-35장)

A‴. 유다와 열국의 심판(36-51장)

역사적 부록(52장)

---

10 Ronald E. Clements, *Jeremiah*, Interpretation (Atlanta, Ga.: John Knox, 1988), 8.

2) 예레미야서 개요

이제 거시적인 측면에서 예레미야서의 대단락별로 핵심 내용과 중심 주제가 무엇인지를 살펴보기로 하겠다.[11] 이런 작업은 독자들이 예레미야서라는 전체 숲을 조망하면서도 세부적으로 각양각색의 나무들을 바라볼 수 있도록 도움을 줄 것이다.

(1) 전반부(1-24장)

예레미야 1장은 예레미야 전체의 서론으로 기능한다. 1장은 예레미야서 전체에서 등장하는 많은 모티프와 주제들을 함의하고 있다.[12] 특별히 1장은 유다에 대한 하나님의 심판을 강조하면서(1:14-16) 동시에 구원의 소망이 있음을 기술한다(1:8, 9). 이런 심판과 구원은 예레미야서 전체에서 중요한 주제로 계속 강조된다.

이에 덧붙여 1장은 하나님이 태에서 예레미야를 조성했다고 말씀하신 내용을 언급하면서 하나님의 창조 능력을 부각시킨다(1:5). 그리고 하나님의 창조적 주권을 "뽑고 파괴하며 파멸하고 넘어뜨리며 건설하고 심게 한다"라는 동사로 표현하면서 열국에 대한 하나님의 주권을 강조한다

---

11   예레미야서의 개요는 필자의 다음의 글을 많이 인용하였다. 김창대, "창조 모티프의 틀에서 본 예레미야의 새 언약." 「성경과 신학」41권 (2007): 35-64.

12   모티프(motif)와 주제(theme)의 차이는 매우 복잡하다. 하지만 기본적인 이해를 위해 예를 든다면 "인생이 꽃과 같다"라고 말할 때 꽃은 모티프에 해당되고 그런 모티프를 통해 묘사되는 인생의 덧없음이 주제(theme)가 되는 것이다. 참조. Richard Schultz, "Integrating Old Testament Theology and Exegesis: Literary, Thematic, and Canonical Issues," in *A Guide to Old Testament Theology and Exegesis* (ed. Willem A. VanGemeren; Grand Rapids, Mich.: Zondervan, 1997), 191.

(1:10).

하나님의 창조적 주권은 50-51장에서 다시 반복되는 주제다. 바빌로니아에 대한 심판 선언이 하나님의 창조적 능력의 관점에서 서술되기 때문이다. 50-51장에는 다음 두 가지 모습의 창조 모티프가 나타난다. (1) 무질서와의 싸움을 통한 창조(50:42; 51:34, 42), (2) 우주를 창조하신 하나님(51:15-19). 그 외에도 50-51장은 1장과 같이 자유롭게 열국을 파괴하고 세울 수 있는 하나님의 주권을 독자들에게 각인시킨다.

1장에서 희미하게 제시되는 구원의 소망은 50-51장에 이르러 야웨와 함께 새로운 이스라엘 공동체가 영원한 새 언약을 맺는다는 약속으로 발전된다(50:4-5). 이같은 관찰을 통해 1장과 50-51장이 짝을 이룬다는 것을 알 수 있다. 스멜리크(Smelik)는 1장과 50-51장은 25장과 함께 예레미야서의 "중심축"을 이룬다고 주장한다.[13]

한편 1장은 예레미야서 전체의 서론이면서 동시에 전반부(1-24장)의 서론이 된다. 1장에서 등장하는 "파괴하고 세운다"라는 동사들이 24장에 다시 반복됨으로써(24:6) 1-24장은 동일한 단어들이 앞뒤에 포진하는 구조를 이룬다. 좀 더 자세히 살펴보면 1:10에 있는 6개의 동사 중 4개의 동사가 24:6에 반복된다. 이로써 1장은 24장과 짝을 이룬다는 것을 알 수 있다.

1장과 24장의 긴밀한 관계는 24장에 나오는 환상 이야기가 1장에 나오는 환상 이야기를 연상시킨다는 사실을 통해 더욱 지지를 얻는다. 발(Wal)은 1장과 24장에 나오는 환상 이야기의 유비점들을 다음과 같이 열

---

13 Klaas A. D. Smelik, "An Approach to the Book of Jeremiah," in *Reading the Book of Jeremiah: A Search for Coherence*, ed. Martin Kessler (Winona Lake, Ind.: Eisenbrauns, 2004), 7.

거했다. (1) "너는 무엇을 보느냐"라는 질문(1:11, 13; 24:3), (2) 예레미야의 대답인 "대답하되"(1:11, 13; 24:3), (3) 환상에 관한 하나님의 말씀(1:12, 14; 24:4-10).

주제 면에서 보면 1-24장은 유다에 대한 하나님의 심판에 초점을 맞춘다. 이것은 후반부(25-52장)와 대조를 이루는 점이다. 후반부에서는 유다를 향한 심판 이후에 바빌로니아를 포함한 열국에 대한 하나님의 심판을 명확하게 진술함으로써(25:12) 열국 심판이 이루어지면 유다에게 희망이 있음을 내비친다. 그리고 30-33장에서는 새 언약의 희망을 제시하며 희망적 색채를 두드러지게 부각시킨다. 이런 주제적 변화(thematic change)는 1-24장이 25-52장과 확실히 차별화된다는 증거다.

1-24장 안에는 여러 개의 대단락(macro-unit)이 있다. 즉 서론(1장)을 제외한 2-6장, 7-10장, 11-17장, 18-24장이다. 문법적 형태를 보면 각각의 대단락은 사자 공식(messenger formula)인 "여호와의 말씀이 예레미야(내게)에게 임하니라"는 말로 시작된다(2:1; 7:1; 11:1; 18:1). 또한 이 대단락들은 사자 공식 이후에 바로 명령형을 사용한다. 그리고 7-24장은 각 대단락의 첫 장이 산문체 대화로 진행된다는 공통점이 있다.[14]

전반부(1-24장)의 첫 대단락인 2-6장은 유다가 하나님과의 언약을 위반한 사실을 고소하고, 그 결과 유다가 북방의 적(이후에 바빌로니아로 판명됨)에 의해 멸망할 것이라고 선언하는 내용이다(4장, 6장). 이 대단락의 중심 주제는 언약 위반으로 인한 유다의 멸망이다. 이를 강조하고자 유다가 위반한 언약 정신과 의무가 무엇인지를 전면에 내세운다.

---

14 Stulman, *Order Amid Chaos*, 44-50.

언약 정신은 하나님을 사랑(인애)하고 하나님의 뜻에 맞는 공의와 의의 삶을 사는 것으로 요약된다. 특별히 언약관계를 남편과 아내의 관계로 묘사하면서 신부인 유다가 남편인 하나님을 향한 사랑을 저버리고 우상을 숭배함으로써 하나님의 뜻에서 벗어났음을 강력하게 책망한다(2-3장). 그리고 5장은 공의를 뜻하는 "미쉬파트"라는 단어를 빈번히 사용하면서 유다가 언약관계의 또 다른 축을 담당하는 공의(미쉬파트)의 삶에서 이탈한 것을 질타한다. 이어서 유다가 이런 언약 정신을 위반한 결과로 북방의 적인 바빌로니아에 의해 멸망하게 될 것이라고 예고한다.

7-10장은 히브리어 단어 "쉐케르"(שֶׁקֶר, "거짓")가 초두와 말미에서 반복되면서 이 부분을 감싸고 있다(7:4, 8, 9; 10:14). 이 단어는 다른 대단락에서도 등장하지만 7-10장에서 가장 많이 나타난다. 참고로 2-6장에서 5번, 7-10장에서 9번, 11-18장에서 4번, 18-24장에서 6번 등장한다. 이 대단락의 핵심 메시지는 인애와 공의의 삶을 저버릴 때 모든 제사나 예배가 거짓이 되고 그것은 마치 우상숭배와 같다는 선언에 있다. 즉 인애와 공의의 부재로 인해 언약 파기가 이루어질 것을 예고하는 것이다.

11-17장은 "산문체 담화"(prose discourse)가 초두와 말미에 등장하여 전체를 감싸는 구조를 이룬다.[15] 이와 같은 산문체 담화식 설교는 전체 대단락(11-17장)이 언약적 틀을 이루고 있음을 보여준다.[16] 구체적으로 모세 언약을 언급하는 11장은 모세 언약의 상징인 안식일을 언급하는 17장과 짝을 이룬다. 11-17장은 이런 언약의 틀을 통해 유다가 언약을 위반함으

---

15 Stulman, *Order Amid Chaos*, 44.

16 Stulman, *Order Amid Chaos*, 44.

로써 언약이 파기될 것을 부각시키고 있으며, 언약 파기라는 점에서 7-10장의 내용을 반복하고 있다.

18-24장은 "파괴하고 세우다"라는 모티프가 앞뒤에 배치되어 서로 마주 보는 구조를 이룬다(18:7-10; 24:6). "파괴하고 세운다"라는 모티프는 18장에 등장하는 하나님의 창조적 능력 모티프와 밀접한 연관이 있다. 18장은 토기장이로서의 야웨의 모습을 조명하는데, 이 모습은 부분적으로 열국과 왕국들의 반응에 의해 행동하는 "창조자"의 이미지를 갖는다.[17] 이런 창조 모티프는 23-24장에서 다시 등장한다(23:24; 24:6).

특별히 18-24장은 유다의 지도자들을 겨냥한 책망을 기술한다. 구체적으로 제사장(20장)과 왕(21-22장)과 거짓 예언자(23장)를 비판한다. 그런 책망을 통해 지도자들의 잘못이 크다는 사실을 강조하고 지도자들의 언약 위반으로 인해 유다가 멸망하게 될 것이라고 선포한다.

(2) 후반부(25-52장)

전반부(1-24장)와 비교하면 후반부(25-52장)의 구조에 대해서는 학자들 사이에 어느 정도 합의가 이루어져 있다. 결론적으로 후반부(25-52장)는 다음과 같은 대단락으로 나뉜다. (1) 25장, (2) 26-29장, (3) 30-33장, (4) 34-35장, (5) 36-45장, (6) 46-51장, (7) 52장(역사적 부록).

첫 대단락인 25장은 25-51장의 서론을 이룬다. 마틴 케슬러(Martin Kessler)가 지적했듯이 "25장은 중간에서 처음 24장의 예언자의 메시지의 핵심을 요약하고, 이어서 앞으로 전개되는 예언 중 적어도 바빌로니아에

---

17 Peter C. Craigie and others, *Jeremiah 1-25*, WBC 26 (Dallas, Tex.: Word Books, 1991), 245.

관한 예언들을 미리 요약해 보여준다."[18] 더욱이 25장은 1장과 유사점을 공유하고 있다. 예를 들면 25장은 1장과 마찬가지로 야웨의 말씀이 예레미아에게 임했던 시기를 언급하며 시작한다(1:3; 25:3). 또한 25:3에 있는 사자 공식(messenger formula)은 1:4의 사자 공식과 동일하다("여호와의 말씀이 내게 임하기를"). 덧붙여 1장과 25장은 모두 "열국"에 대한 야웨의 주권을 명백하게 언급한다는 공통점을 가진다.

동시에 25장은 50-51장과 함께 바빌로니아 심판이라는 주제를 공유한다. 구체적으로 25장은 유다에 대한 야웨의 심판을 언급하는 자리에서 처음으로 열국(바빌로니아)에 대한 야웨의 심판을 전면에 부각시키고, 그 결과 유다를 향한 구원의 희망을 제시한다(70년의 포로 생활 이후 유다의 귀환). 바빌로니아의 심판과 유다의 회복은 50-51장에서 반복되어 나타난다. 이를 보면 25-52장은 열국 심판이라는 주제가 앞뒤에 포진되는 구조임을 알 수 있다.

두 번째 대단락인 26-29장은 성전 파괴와 관련된 내용으로서 7장을 연상시킨다. 26-29장의 대단락은 성전이 자신들의 안전을 보장해주는 불가변의 질서인 것처럼 믿었던 당시 유다에 대한 비판을 다룬다. 유다의 구원에 대한 거짓된 확신은 유다의 상류층(왕, 예언자, 제사장들) 사이에서 만연해 있었다. 이런 배경을 바탕으로 26장은 성전이 파괴될 것이라는 선언으로 시작된다. 이어서 27-29장은 성전이 파괴되지 않을 것이라는 거짓 예언자의 예언을 다루며 성전 파괴의 당위성을 독자에게 각인시킨다. 이처

---

18 Martin Kessler, "The Scaffolding of the Book of Jeremiah," in *Reading the Book of Jeremiah: A Search for Coherence*, ed. Martin Kessler (Winona Lake, Ind.: Eisenbrauns, 2004), 66.

럼 26-29장은 성전 신학과 관련된 거짓이 핵심 주제를 이루는데, 이는 거짓이 중심 주제인 7-10장을 강하게 연상시킨다. 결국 26-29장은 인애와 공의에서 이탈된 성전 예배는 거짓이므로 이로 인해 언약이 파기되어 언약 저주가 실현될 것이라는 메시지가 중심을 이룬다.

30-33장은 "위로의 책"(the book of comfort)이라고 명명된다. 희망과 위로의 메시지를 담고 있는 말씀이 예레미야서의 중간인 30-33장에 나오게 된 이유에 대해 차일즈(Childs)는 "약속의 주요 부분인 30-33장이 예루살렘의 멸망(39:1 이후) 앞에 수록된 것은 그 약속이 처음부터 하나님의 계획의 일부분이라는 믿음을 강조하기 위함이다"라고 설명한다.[19] 30-33장은 새 언약의 주제를 부각시킴으로써(31:31-34) 미래의 희망이 새 언약에 근거한다는 사실을 독자들에게 각인시킨다.

예레미야서에서 언약 파기는 더 이상 하나님이 백성의 기도를 듣지 않는다는 것을 의미한다(7:16; 11:11, 14; 15:1). 이런 상황에서 30-33장은 새 언약이 체결되면 하나님이 크고 은밀한 일을 보이시며 백성의 부르짖음에 응답하실 것이라고 말한다(33:3). 그리하여 새 언약의 축복으로서의 기도 응답을 다시 전면에 부각시킨다.

34-35장의 초점은 시드기야의 언약 파기에 있다. 35장이 34장과 병치되어 나타나는 것은 언약을 지키지 않는 불성실한 시드기야와 언약을 성실히 지키는 레갑 족속을 대조시키기 위한 수사적 전략으로 볼 수 있다.[20]

---

19 Brevard S. Childs, *Introduction to the Old Testament as Scripture* (Philadelphia: Fortress, 1979), 351.

20 Jack R. Lundbom, *Jeremiah 1-20*, Anchor Bible 21A (New York: Doubleday, 1999), 96.

36-45장은 예레미야가 바룩에게 대필시키는 내용이 초두와 말미에 위치하여 앞뒤를 감싸는 구조를 이룬다. 36장은 45장과 더불어 여호야김 4년이라는 역사적 배경을 언급한다. 보통 이 대단락은 "바룩의 두루마리"라고 일컬어진다.[21] 36장의 기능에 대해서는 여러 갈래의 의견이 있다. 어떤 이는 "36장은 단락의 끝일 수도 있고, 더 큰 단락의 일부분일 수도 있고, 아니면 새로운 단락의 시작일 수도 있다"라고 말한다.[22] 하지만 필자가 보기에 36장은 45장과 짝을 이루어서 36-45장을 하나의 단락으로 만드는 서론 기능을 한다고 보는 것이 더 설득력이 있다. 그리하여 36장은 45장과 함께 37-44장에서 실현되는 예루살렘의 멸망이 예레미야가 바룩에게 대필하게 했던 예언의 성취임을 보여주고 있다.

마지막 대단락인 46-51장은 열국에 대한 신탁으로서의 열국 심판에 초점이 맞춰져 있다. 끝으로 52장은 예레미야서 전체에 첨가된 역사적 부록이다. 역사적 부록은 여호야긴이 옥에서 풀려나왔다는 사실을 언급함으로써(52:31) 이스라엘에게 희망적인 미래가 확실히 보장되어 있음을 내비치는 역할을 한다. 이처럼 후반부(25-52장)는 전반부(1-24장)와 달리 각각의 대단락(macro-unit)이 희망의 분위기로 끝나는 특징이 있다(29:10-14; 33:14-26; 35:18-19; 45:5; 50:4-20).

(3) 위로의 책(30-33장)

위로의 책으로 명명된 30-33장은 예레미야서의 중심축이기 때문에 이 대

---

21 Stulman, *Order Amid Chaos*, 84.
22 van der Wal, "Toward a Synchronic Analysis of the Masoretic Text of the Book of Jeremiah," 17.

단락을 자세히 살펴볼 필요가 있다. 30-33장은 "내가 그 포로된 자를 돌아오게 하고"라는 말을 앞과 뒤에서 반복함으로써 독자가 이 부분을 하나의 단락으로 읽도록 유도한다(30:3; 33:26). 구조상 30-33장은 다시 30-31장과 32-33장으로 나뉜다.

특별히 새 언약의 체결을 예언하는 31:27-40은 30:1-31:26과 32:1-33:26의 두 개의 본문으로 둘러싸여 있다. 이 두 본문의 중심 주제는 하나님의 백성이 "돌아오게 된다"라는 내용이다.[23] 이런 문맥을 고려하면 31:27-40에서 제시된 새 언약은 환난에서 백성을 돌아오게 하는 하나님의 강권적 은혜를 통해 체결되는 언약임을 알 수 있다. 새 언약의 근거가 백성의 공로가 아니라 하나님의 은혜에 있다는 것을 깨닫게 해주는 대목이다.

한편 30-33장에서는 창조 모티프가 중요한 역할을 담당한다. 창조 모티프는 30-33장의 중심부에 집중적으로 나타나고, 30-33장의 말미에 다시 등장한다. 그리하여 30-33장이 제시하는 새 언약은 하나님의 창조적 능력을 통해 이루어진다는 신학적 통찰을 전달한다.

---

23 Garnett Reid, "Heart of Jeremiah's Covenantal Message: Jeremiah 30-33," *Biblical Viewpoint* 25 (1991): 92.

5.
예레미야서의 신학적 주제

1) 인애와 공의와 의

예레미야서의 핵심 주제는 인애(חֶסֶד/헤세드)와 공의(מִשְׁפָּט/미쉬파트)와 의(צְדָקָה/체다카)를 행하는 것이다. 즉 인애와 공의와 의를 행하는 것이 하나님의 성품이라고 교훈하면서(9:24) 백성에게 인애와 공의와 의를 행하라고 강조한다. 쉽게 설명하면 인애는 하나님을 사랑하는 마음이고, 공의는 그 사랑을 외형적으로 드러내는 차원에서 하나님의 뜻에 따라 살아가는 모습이며, 의는 한결같이 그 사랑(인애)과 하나님의 뜻을 실천(공의)함으로써 하나님과 지속적으로 올바른 관계를 맺는 상태를 뜻한다. 이를 요약하면 하나님을 사랑하고 그것에 걸맞게 명령을 수행함으로써 하나님과 교제의 관계를 맺는 것이라고 정의할 수 있다.

인애와 공의와 의는 서로 불가분의 관계에 있다. 인애가 없는 공의는 형식적인 율법주의와 공로주의를 낳을 수 있기 때문에 외형적 공의의 행동에는 반드시 내면의 인애(사랑)가 동반되어야 한다. 반대로 공의가 없는 인애도 진정한 인애가 아니다. 사랑의 마음은 반드시 그 대상을 향해 올바른 행동으로 표출되어야 하기 때문이다. 더 나아가 인애와 공의가 일회성으로 끝나서 의를 이루지 못한다면 그 인애와 공의는 결국 가짜가 된다. 이처럼 인애와 공의와 의는 서로 긴밀하게 얽혀 있기 때문에, 구약에서 인애라는 말이 언급될 때는 공의를 행하여 의를 이루는 모습까지를 뜻한다. 또한 공의도 인애와 의를 동반하는 모습으로 제시된다.

인애와 공의와 의라는 주제는 구약뿐만 아니라 신약을 관통하는 주제이기도 하다. 예를 들어 요한복음은 예수님이 "은혜와 진리"를 백성에게 주기 위해 오셨다고 진술한다(요 1:17). 여기서 "은혜와 진리"에 해당하는 구약 용어는 각각 "헤세드"(חֶסֶד)와 "에메트"(אֱמֶת)로서 인애와 공의와 의를 두 개의 단어로 묶어 표현한 것이다(미 7:20).[24] 시편 한글 성경은 이것을 "인자와 진리"로 번역하였다(시 40:11). 그러므로 "은혜와 진리"에 대한 언급은 백성이 인애와 공의와 의를 행하게 하려고 예수 그리스도가 오셨다는 것을 드러내준다.

이를 위해 요한복음은 예수 그리스도의 사랑을 강조한다.[25] 누구든 예수 그리스도의 사랑을 진정으로 체험할 때 하나님을 향한 사랑(인애)을 가지고 공의와 의를 행할 수 있다는 논리다. 요한복음은 일관되게 예수 그리스도의 사랑을 강조하고 있으며, 제자들이 자신을 배반할 것을 미리 알았음에도 불구하고 예수님이 제자들을 끝까지 사랑했던 사실을 특별하게 조명한다(요 13:1). 포도나무와 가지의 비유에서도 사랑이 그 핵심이다. "아버지께서 나를 사랑하신 것 같이 나도 너희를 사랑하였으니 나의 사랑 안에 거하라"(요 15:9). 또한 요한복음은 베드로의 사랑 고백으로 끝을 맺음으로써 사랑을 체험하고 인애와 공의와 의를 행할 것을 교훈하는 것이 요한복

---

24 미 7:20에서 개역개정판 한글성경이 "인애"와 "성실"로 번역한 히브리어는 각각 "헤세드"와 "에메트"다

25 확실히 요한복음은 공관복음서와 달리 사랑이라는 말을 자주 언급한다(57번). D. A. Carson, Douglas J. Moo, and Leon Morris, *An Introduction to the New Testament* (Grand Rapids, Mich.: Zondervan, 1992), 176.

음의 목적임을 드러낸다(요 21장).

또한 공관복음에서 예수 그리스도는 율법이 추구하는 목적으로서
의 인애와 공의와 의를 가르쳐주셨다. "율법의 더 중한바 정의와 긍휼
과 믿음은 버렸도다"(마 23:23). 이 구절에서 "정의와 긍휼과 믿음"은 인애
와 공의와 의를 가리킨다. 여기서 "믿음"으로 번역된 그리스어는 "피스티
스"(πίστις)로서 "성실"을 뜻한다. 이는 구약적 용어로 말하면 변함없이 신
실한 모습을 가리키는 "의"(체다카)와 동일한 개념이다. 구약에서 "의"가
종종 "성실"을 뜻하는 "에무나"(אֱמוּנָה)로 대치되는 것은 이런 이유다(참조.
호 2:19-20). 마태복음 23:23은 이런 용어 사용을 통해 율법의 목적이 인애
와 공의와 의의 실천에 있으며 백성이 이에 따라 인애와 공의와 의를 행하
게 하려고 신약의 예수님이 오셨음을 보여준다(눅 11:42, "공의와 하나님께 대
한 사랑은 버리는도다").

예수 그리스도는 "사람이 나를 사랑하면 내 말을 지키리니"라고 말씀
하셨다(요 14:23). 즉 예수를 믿으면 하나님을 사랑하는 인애를 품고 하나님
의 뜻을 행하는 공의와 의의 모습을 갖게 되며, 이 인애와 공의와 의를 행
하는 것이 믿음의 본질이라는 뜻이다. 결국 신약은 구약이 강조하는 인애
와 공의와 의를 계승하고 그것을 이루고자 예수님이 오셨다는 사실을 증
거하는 것이다.

예레미야서는 이런 인애와 공의와 의의 실천이 언약관계의 의무라고
교훈한다(2-3, 5장). 하나님은 백성과 더불어 인애와 공의와 의의 의무를 행
하고 교제의 기쁨을 나누기 위해 그들과 언약을 맺으셨다는 설명이다. 하
지만 예레미야 시대에 유다는 인애와 공의와 의의 열매를 맺지 못했다(5:1,
4-5; 8:7). 그리하여 예레미야는 성전설교(7, 26장)를 통해 인애와 공의와 의

를 제쳐두고 성전에서 제사를 드리는 유다를 향해 언약 파기를 선언한다 (7-10, 11-17장).

백성이 인애와 공의와 의를 행하지 않는 이유는 마음이 부패했기 때문이다(13:23; 17:1, 5). 하나님은 백성들이 마음으로 하나님을 신뢰하지 않고 다른 것을 신뢰하였기 때문에 공의와 의를 행하지 않는다고 질타하신다(17:5-8).[26] 그리고 이런 부패한 마음의 배후에는 이기적인 욕구가 있다고 책망하셨다(8:10; 11:20; 17:10). 이기적 욕구와 마음의 부패로 인해 인애와 공의와 의가 실종되어 언약 파기가 이루어졌기 때문에, 마음의 변화가 이루어져야 미래의 소망이 싹틀 수 있다(24:7; 29:13). 궁극적으로 마음의 변화는 새 언약을 통해 이루어질 것이다. "내가 나의 법을 그들의 속에 두며 그들의 마음에 기록하여"(31:33).

미래의 새 언약은 백성의 마음을 새롭게 창조함으로써 그들이 하나님을 진정으로 알고 인애와 공의와 의를 행하게 할 것이다.[27] 이것은 백성의 공로가 아닌 전적인 하나님의 의로 이루어질 것이기에 하나님의 은혜의 선물이라고 할 수 있다(33:16, "여호와는 우리의 의"). 하나님의 의는 백성을 구원할 뿐만 아니라 그들을 인애와 공의와 의를 행하는 자로 인정해주고 실질적으로 그렇게 창조하시는 의다. 따라서 백성과의 언약은 영원히 지속될 것이다. 새 언약이 다른 언약들과 달리 "영원한 언약"으로 불리는 이유가 여기에 있다(32:40).

---

26 Leslie C. Allen, *Jeremiah*, OTL (Louisville: WJK, 2008), 16.
27 Allen, *Jeremiah*, 14-15.

2) 하나님은 자유로우신 분

1장에서 예레미야는 하나님의 부르심을 받고 슬퍼한다. 어린 나이에 예언자로 부름을 받은 예레미야는 자신이 성전 파괴를 선포해야 한다는 사실을 알게 된다. 이는 제사장 가문 출신인 예레미야에게는 버거운 말씀이었다. 그러기에 그는 하나님의 부르심을 받고 슬퍼했지만, 하나님이 그를 보호하시겠다는 약속을 믿고 결국 예언자의 길을 걷게 된다. 하지만 곧바로 그는 사람들의 엄청난 핍박을 받고 하나님의 보호하심을 전혀 느낄 수 없는 상황에 처했다.

예레미야는 하나님이 자신의 고난을 방관하심으로써 자신을 분노로 채우셨다고 원망했다(15:17). 그런데 하나님은 예레미야를 달래기는커녕 꾸짖으시면서 그가 돌아오지 않으면 하나님의 입으로 쓰임을 받지 못할 것이라고 하셨다(15:19). 결국 예레미야는 회개하고 하나님의 자유로운 주권을 인정하지 않을 수 없었다. "여호와여, 내가 알거니와 사람의 길이 자기에게 있지 아니하니 걸음을 지도함이 걷는 자에게 있지 아니하니이다"(10:23).

"사람의 길이 자기에게 있지 않다"라는 말은 공의와 의의 삶의 단면을 잘 보여준다. 공의와 의의 삶이란 인간의 뜻이 아닌 하나님의 뜻에 전적으로 맞춰 사는 삶이다. 그렇게 살아야 하는 이유는 하나님은 절대 주권을 가진 자유로운 분이시기 때문이다.[28] 하나님이 자유로우신 분이라는 신학은 인간이 인애와 공의와 의를 행하기 위해 하나님의 뜻을 물으며 행동

---

28 VanGemeren, *Interpreting Prophetic Word*, 310-311.

해야 한다는 가르침이기도 하다(10:21).[29] 그러므로 하나님을 찾지 않는 삶은 어리석은 삶이다(10:21, "목자들은 어리석어 여호와를 찾지 아니하므로 형통하지 못하며").

3) 거짓 예언자와 참 예언자

예레미야 7-10장은 공의와 의에서 벗어난 삶을 거짓으로 규정한다. 더 나아가 10:14은 우상이 거짓이라고 천명하면서 공의와 의가 부재한 삶은 아무리 신앙적인 외형을 갖추었더라도 우상숭배라고 교훈한다. 그리고 공의와 의에서 멀어진 예언자는 거짓 예언자에 불과하다는 사상을 보여준다.

거짓 예언자는 공의와 의에서 멀어질 뿐만 아니라 하나님의 뜻을 자신의 과거 경험과 생각으로 재단한다. 이에 반해 예레미야와 같은 참 예언자는 공의와 의를 행할 뿐만 아니라 하나님의 뜻을 지속적으로 물음으로써 자신의 고정관념으로 하나님을 판단하는 과오를 범하지 않는다. 공의와 의의 삶이란 자유로우신 하나님께 순간순간 물으며 그분의 주권적 뜻에 순응하여 사는 것이기 때문이다.

예레미야가 거짓 예언자인 하나냐와 대면하는 장면은 이를 잘 보여준다(28장). 28장에서 하나냐는 기원전 597년에 바빌로니아로 가져간 성전기구들이 2년 안에 돌아올 것이라고 예언한다(28:3). 이상하게도 예레미야

---

29 Joep Dubbink, "Getting Closer to Jeremiah: The Word of YHWH and the Literary-Theological Person of a Prophet," in *Reading the Book of Jeremiah: A Search for Coherence*, ed. Martin Kessler (Winona Lake, Ind.: Eisenbrauns, 2004), 30.

는 이런 거짓 예언을 한 하나냐를 바로 꾸짖지 않는다. 대신 그는 돌아가서 하나님의 뜻을 묻는다. 하나님의 말씀을 가지고 돌아온 예레미야는 하나냐가 거짓 예언을 했다면서 그해에 그가 죽을 것이라고 예언한다. 이는 하나님이 자유로운 분이심을 알고 고정된 시각에서 행동하지 않으며 항상 순간순간 하나님의 뜻을 묻는 참 예언자의 모습을 보여주는 부분이다.

사실 하나냐의 예언이 전혀 근거가 없는 것도 아니었다. 하나냐는 성전이 예루살렘에 있기 때문에 예루살렘은 안전할 것이고 반드시 회복될 것이라고 믿었다. 그 이유는 다윗을 통해 주어진 성전 신학 때문이었다(참조. 시 46편). 하지만 그는 과거에 주어진 하나님의 말씀에 안주하다가 화석화되어버린 신앙 속에서 더 이상 새로운 말씀에 귀 기울이지 않음으로써 잘못을 저질렀다. 참과 거짓은 하나님의 뜻인 공의와 의를 행하기 위해 하나님께 계속 묻는지의 여부에 따라 판가름 난다. 이런 맥락에서 예언자 미가는 성도는 겸손하게 하나님의 뜻을 항상 물으며 하나님과 동행해야 한다고 강조했다(미 6:8).

4) 언약들의 유기적 관계

예레미야 2장은 백성이 언약을 위반한 사실을 고소하는 언약 고소로 시작된다(2장). 예레미야는 신명기의 말씀에 근거해서(신 30:19) 먼저 하늘을 증인으로 부른다(2:12). 신명기에서 모세는 언약 체결의 증인으로 하늘과 땅을 세우면서, 언약이 위반될 때 하늘과 땅이 증인이 되어 백성을 고소할 것이라고 알렸다.

백성들은 단순히 모세 언약만 위반한 것이 아니다. 그들은 아브라함 언약(4:2), 다윗 언약(렘 8:1), 더 나아가 노아 언약까지 위반했다(4:23-26). 미래의 새 언약은 이런 파기된 기존의 언약들을 모두 회복하고 궁극적으로 완성시키는 언약으로 묘사된다(참조. 33:14-26). 이런 점에서 예레미야서의 새 언약은 이전 언약들과 유기적 관계를 이룬다. 이 언약의 유기적 관계를 살펴보기로 하자.

예레미야는 모세 언약의 파기로 이스라엘이 사라질 상황이 되자 아브라함 언약도 취소될 것을 내다본다. 그래서 "진실과 정의와 공의로 여호와의 삶을 두고 맹세하면 나라들이 나로 말미암아 스스로 복을 빌며 나로 말미암아 자랑하리라"(4:2)고 말한다. 이는 모세 언약의 실패로 아브라함의 언약이 성취되지 못한다는 뜻이다.[30]

창세기의 선악과 사건 이후 역사 안에서 인간이 타락하게 되자 하나님은 홍수를 보내어 인간의 무대인 역사와 함께 창조세계까지 무너뜨리셨다(창 6장). 따라서 이후 하나님이 세운 노아 언약은 다시 새롭게 창조 질서를 세운다는 의미를 갖고 있다. 하나님은 노아 언약을 통해 창조세계를 더 이상 물로 무너뜨리지 않겠다고 약속하셨지만, 역사 안에서 활동하는 인간의 죄로 창조세계가 위협을 받을 수 있는 개연성까지 완전히 제거하신 것은 아니었다. 설상가상으로 인간이 계속 죄를 짓는다면 물이 아닌 불로

---

30 예레미야서는 모세 언약의 실패로 아브라함 언약이 오히려 저주로 바뀐다는 것을 보여준다 (렘 15:7-8). Anderson은 렘 4:1-2이 아브라함의 언약을 함의한다고 말한다. 그는 이 구절에서 "예레미야는 아브라함을 향한 약속, 즉 열국이 그를 통해 복을 받는 것(창 12:1-3)이 하나님의 백성의 회개에 달려 있음을 말하고 있다는 것 같다"라고 지적한다. Bernhard W. Anderson, *Contours of Old Testament Theology* (Minneapolis: Fortress, 1999), 189. 더 나아가 그는 같은 책 137에서 아브라함 언약과 모세 언약의 상관관계를 주장한다.

창조세계가 무너질 여지가 있었다. 성경이 인간의 죄로 인해 종말에 불로 창조 질서가 멸망하게 될 것이라고 예언하는 것은 바로 이런 이유에서 비롯되었다(참조. 사 24:6; 암 9:5; 벧후 3:10).

창세기 11장에 수록된 바벨탑 사건은 노아 홍수 이전의 인간의 죄와 맞먹는 사건이었다. 창세기 6장에 사용된 어휘는 이 두 사건이 동일한 의미를 가지고 있음을 보여준다.[31] 그 결과 하나님이 과거에 물로써 창조 질서를 쓸어버리신 것처럼 바벨탑 사건으로 인해 불로써 창조 질서를 전복시킬 수 있는 상황에 이르렀던 것이다.

바벨탑 사건의 심각성을 생각해보면 하나님은 인간을 벌하시고 창조 질서를 불로 멸망시켜야 했다. 하지만 하나님은 불 심판을 잠시 유보하시고 아브라함을 불러 언약을 맺으셨다(창 12장). 이런 점에서 아브라함 언약은 역사 안에서 다시 한번 인간에게 기회를 주시는 하나님의 배려였다. 아브라함 언약의 핵심은 아브라함의 씨를 통해 열국이 복을 받는 것인데(12:3), 여기서 복이란 하나님의 백성이 된다는 의미다(사 19:24-25). 아브라함 언약이 성취되고 열국 백성이 하나님의 백성이 되어 더 이상 죄를 짓지 않게 된다면 창조 질서가 불로 전복되는 일도 사라질 것이다.

아브라함 언약에 이은 모세 언약은 아브라함 언약을 민족적 단위로 성취함으로써 이스라엘 민족을 통해 열국이 복을 받게 하는 언약이다. 출애굽기 19:6은 이스라엘이 제사장 나라가 되어 열국과 하나님 사이의 제사장으로서의 중보적 역할을 하도록 하기 위해 모세 언약이 체결되었음을

---

31 Eugene H. Merrill, "A Theology of the Pentateuch," in *A Biblical Theology of the Old Testament*, ed. Roy B. Zuck (Chicago: Moody Press, 1991), 25.

분명히 한다. 덧붙여 신명기 4:8은 이스라엘이 공의로운 율법을 지킬 때 열국이 찾아와 공의를 배우고 하나님의 자녀가 될 것이라고 전망한다.

결국 모세 언약은 아브라함 언약의 목적을 구체적으로 실현하기 위한 하나님의 섭리였다. 따라서 모세 언약의 목적이 성취된다면 더 이상 창조 질서는 위협받지 않을 것이다. 이런 점에서 모세 언약은 아브라함 언약처럼 구속 언약인 동시에 창조 질서를 공고하게 하는 창조 언약의 특성을 가진다.

모세 언약 이후에 다윗 언약이 출현한다. 다윗 언약은 모세 언약으로 형성된 이스라엘이 영원할 것을 확인해주고, 모세 언약에서 언급된 바와 같이 백성이 왕 같은 제사장으로 산다는 것이 무엇인지를 다윗 계열의 왕이라는 실물을 통해 교훈해준다.

왕을 위시한 이스라엘 백성 전체가 하나님이 원하는 공의와 의를 행함으로써 왕의 위상을 올바로 실현하면 다윗 언약의 목적이 성취되고, 그것을 본 열국이 이스라엘을 찾아와 하나님의 백성이 될 것이다. 솔로몬의 공의로운 통치를 보고 스바의 여왕이 찾아온 사건이 그 예다. "여호와께서 영원히 이스라엘을 사랑하시므로 당신을 세워 왕으로 삼아 정의와 공의를 행하게 하셨도다"(왕상 10:9).

다윗 언약에 따라 왕과 백성이 올바로 공의와 의를 행한다면 열국이 하나님의 자녀가 되고 더 이상 창조 질서가 전복되는 일은 없을 것이다. 이런 점에서 다윗 언약은 아브라함 언약, 모세 언약과 함께 노아 언약으로 유지되는 창조 질서가 불 심판을 당하지 않도록 하는 기능을 한다. 즉 다윗 언약은 기존의 언약과 유기적 관계를 갖고 있는 것이다.

이런 언약 간의 유기적 통일성이 있기에, 예레미야는 바빌로니아에 의해 유다가 멸망하여 모세 언약과 다윗 언약이 파기될 때 아브라함 언약과 노아 언약까지 파기되는 상황을 언급하였다(참조. 4:23-26; 6:23; 8:13).[32] "보라! 내가 땅을 본즉 혼돈하고 공허하며 하늘에는 빛이 없으며"(4:23). 이 구절에는 노아 언약, 아브라함 언약, 모세 언약, 다윗 언약이 서로 긴밀하게 연관되어 있으므로 하나가 무너지면 연쇄적으로 다른 언약들까지 무너진다는 신학이 담겨 있다. 창조와 역사의 측면에서 네 언약의 의미를 제시하면 다음과 같다.

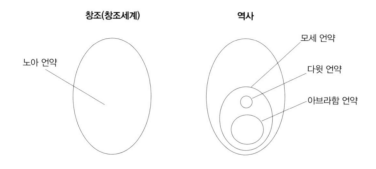

모세 언약의 파기로 인해 연쇄적으로 다른 언약들이 파기되자 창조 질서가 붕괴될 위기에 처한다. 이런 상황에서 예레미야는 미래의 새 언약의 출현을 예언한다(31:31-34; 참조. 신 30장). 새 언약을 통해 다윗 언약과 모세 언약의 이상(왕 같은 제사장)이 성취되고 열국으로 하여금 복을 받게 하는 아브라함 언약까지 성취될 것을 전망하는 것이다(33:14-26). 더욱이 새 언약으로 인해 다시는 결코 파괴될 수 없는 창조 질서가 나올 것이라고 알린다. 이 질서는 노아 언약으로 유지되었던 기존의 창조 질서가 아닌 새로운

---

32 김창대, "구약에서 창조와 역사와 언약과의 관계," 「구약논집」 8집 (2013): 76-78.

창조 질서로서의 새 하늘과 새 땅임을 암시한다(33:20). 이사야 65장이 새 언약의 체결로 인해 출현할 새 하늘과 새 땅을 선포하는 것은 이런 맥락을 바탕으로 한다(사 59:21).

종종 학자들은 새 언약과 모세 언약 또는 새 언약과 아브라함 언약의 관계만을 비교하곤 한다. 하지만 새 언약은 모세 언약과 다윗 언약과 아브라함 언약을 성취하고 완성할 뿐만 아니라 노아 언약까지 성취하고 완성하는 언약이다(31:15-26, 27-40; 33:14-26). 새 언약은 역사 안에서 백성을 구원하는 언약이며 동시에 창조 질서를 새롭게 함으로써 창조와 역사를 완성하는 언약인 셈이다.

구체적으로 신약에서 예수 그리스도를 통해 도래한 새 언약은 더 이상 파괴되지 않는 새로운 창조 질서를 동반한다. 이런 점에서 새 언약은 불안한 창조 질서를 유지하는 노아 언약을 성취한다. 또한 새 언약을 통해 이스라엘 백성을 비롯하여 모든 민족이 하나님의 자녀가 되었다는 사실을 고려해볼 때 새 언약은 아브라함 언약을 성취하는 언약이라 할 수 있다.

새 언약이 체결되고 성령의 사역을 통해 믿는 자들이 모세 언약이 제시한 율법의 목적을 이룰 수 있게 되었다. 따라서 새 언약은 모세 언약을 성취하는 언약이다. 새 언약에서 예수 그리스도는 다윗의 후손으로서 만왕의 왕이 되셨기 때문에, 이런 점에서 새 언약은 다윗 언약을 온전히 성취한다. 덧붙여 새 언약은 백성을 예수 그리스도와 연합하게 하여 왕적 존재로 만든다는 점에서 성도를 다윗 언약의 수혜자가 되게 한다는 특징이 있다(참조. 사 55:3).[33]

---

33   H. G. M. Williamson, *Variations on a Theme: King, Messiah and Servant in the Book of Isaiah*

이처럼 새 언약은 기존 언약들을 성취한다는 점에서 기존 언약들과 연속성을 가진다. 그렇다고 새 언약이 기존 언약과 전혀 차별화되지 않는다는 뜻은 아니다. 새 언약은 기존 언약들이 하지 못했던 것을 성취하고 완성한다는 점에서 불연속성을 보이기도 한다. 새 언약은 이전 언약들과 달리 더는 파괴될 수 없는 창조 질서를 동반하고 더 이상 죄를 짓지 않는 백성을 창출한다. 이런 의미에서 새 언약은 이전 언약의 조건성을 극복하고 언약의 내용을 온전하게 완성한다.[34]

팔머 로버트슨(Robertson)은 언약들의 유기적 관계를 확장으로 보았다. 이를 도표로 표시하면 다음과 같다.[35]

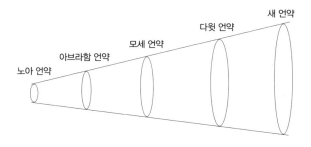

반면 밴게메른(VanGemeren)은 언약들 간의 관계를 창조의 목적인 구원을 더욱 심화시켜 보여주는 것으로 보았다.[36]

(Carlisle, UK: Paternoster, 1998), 123-124.

34 결국 새 언약은 이전 언약들과의 연속성과 불연속성을 모두 가지고 있다. VanGemeren, *Interpreting the Prophetic Word*, 314.

35 O. Palmer Robertson, *The Christ of the Covenant* (Phillipsburg, New Jersey: Presbyterian and Reformed Publishing, 1980), 62.

36 VanGemeren, *Interpreting the Prophetic Word*, 86.

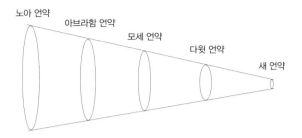

하지만 필자는 언약들 간의 유기적 관계를 확장과 공고라는 구조로 본다.

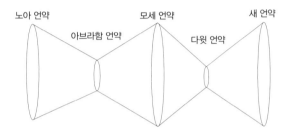

즉 노아 언약으로 유지되는 창조 질서를 공고하게 하는 차원에서 아브라함 언약이 나왔고, 이 아브라함 언약을 민족적으로 확대 적용한 것이 모세 언약이다. 이런 점에서 노아 언약과 모세 언약은 공고와 확장의 관계로 볼 수 있다. 뒤를 이은 다윗 언약은 모세 언약의 이상인 왕적 존재를 더욱 공고히 하기 위해 나온 언약이다. 그리고 유다의 멸망으로 기존 언약들이 무너져가는 상황에서 기존 언약들을 성취하고 완성하는 것이 새 언약이다. 이런 의미에서 새 언약은 모든 언약을 포함한다고 말할 수 있다.[37]

---

37 이에 대한 자세한 논의는 필자의 박사학위 논문을 참조하라. Changdae Kim, "Jeremiah's New Covenant within the Framework of the Creation Motif" (Ph.D. diss., Trinity International University, 2006). 또한 하나님 나라의 관점에서 언약들의 유기적 관계를 살피기 위해서는

한편 로버트슨(Robertson)은 31:15과 33:20-26을 근거로 창세기 1-2장에 기록된 창조도 언약의 관점에서 이해해야 한다고 주장한다.[38] 창세기 1-2장의 창조 이야기에서 언약 개념이 나온다는 입장은 덤브렐(Dumbrell)에게서도 찾아볼 수 있다.[39] 덤브렐은 창조와 언약의 밀접한 관계를 근거로 "우리는 성경신학에서 모든 주제를 아우르는 요소는 바로 창조 신학이라는 결론을 내릴 수 있다"라고 주장한다.[40] 하지만 미국 칼빈 신학교에서 언약 신학을 가르쳤던 존 스텍(John Stek)은 창세기 1-2장의 창조가 언약 개념으로 이해될 수 있다는 주장에 반대한다.[41] 필자는 창세기 1-2장의 창조를 언약과 등치시키는 것은 정당한 석의 작업에 근거한 것이 아니라 창세기 6-9장의 노아 언약에서 암시된 창조와 언약 간의 관계를 창세기 1-2장에 적용시킨 결과라고 본다.

결론적으로 오늘날 새 언약을 통해 하나님 나라의 시민이 된 신약의

필자의 다음 책을 참조하라. 김창대,『이사야서의 해석과 신학: 시온이 공의와 의로 빛나게 하라』(서울: CLC, 2019), 46-52.

38 Robertson, *The Christ of the Covenants*, 119-21.

39 Craig G. Bartholomew도 이 범주에 속한다. William J. Dumbrell, *Covenant and Creation: A Theology of the Old Testament Covenants* (New York: Thomas Nelson, 1984); idem, *The Search for Order: Biblical Eschatology in Focus* (Grand Rapids, Mich.: Baker, 1994); Craig G. Bartholomew, "Covenant and Creation: Covenant Overload or Covenant Deconstruction," *Calvin Theological Journal* 30 (1995): 11-33.

40 William J. Dumbrell, "Genesis 2:1-3: Biblical Theology of Creation Covenant," *ERT* 25 (2001): 229.

41 John Stek, "Covenant Overload in Reformed Theology," *Calvin Theological Journal* 29 (1994): 12-41. 이 논문에서 그는 다음과 같이 지적한다. "우리는 이상의 관찰을 통해서 피할 수 없는 결론에 이르게 되는데, 그것은 개혁주의 전통에 있는 신학자들이 하나님이 피조물과 자신을 관계할 때 성경이 말하는 것을 신학적으로 통합하기 위해 언약을 주요한 핵심 주제로 삼고 언약에 많은 역할을 부여한 것을 재고해야 한다는 것이다. 전통적으로 개혁주의 신학자들은 이차적인 성경적 주제에 몰입하여 그것을 너무 신격화시켰다."

성도는 새 언약의 출현으로 이루어진 새 하늘과 새 땅에서 이미 살고 있다. 더욱이 성도는 새로운 창조 질서의 중심부인 새 예루살렘에서 하나님과 교제를 나누는 기쁨을 미리 선취하며 산다. 물론 새 하늘과 새 땅 그리고 새 예루살렘은 아직 완성된 것이 아니다. 하지만 신약에 따르면 성도는 이 땅에서 새로운 창조 질서와 새 예루살렘의 축복을 "주 안에서"(in the Lord)라는 영역에서 미리 선취하며 살 수 있다(빌 4:4, 10, 13).[42]

5) 새 언약의 신학적 의의

새 언약에서 하나님의 백성은 하나님의 의를 덧입은 자들이다(33:16, "여호와는 우리의 의"). 즉 새 언약의 일차적 목적은 백성들이 공의와 의를 행하게 하는 것이다. 31:34은 새 언약의 목적이 하나님을 아는 것이라고 말하는데, 여기서 "안다"라는 말은 하나님의 속성을 닮아 인애와 공의와 의를 행한다는 뜻이다(22:15-16).

하나님은 새 언약을 체결하시면서 백성들의 마음에 율법을 기록하실 것이다(31:33). 이 말은 하나님의 사랑을 그들의 마음속에 기록하여 그들로 하여금 자발적으로 하나님의 뜻인 공의와 의를 행하도록 한다는 뜻이다. 모세 언약에서는 하나님이 이스라엘을 자신의 신부로 삼고 서로 사랑을 나누는 언약관계를 맺으셨지만 백성의 언약 위반으로 그 관계가 깨지게 되었다(31:3).

---

42 크리스토퍼 라이트, 『현대를 위한 구약윤리』, 김재영 옮김(서울: IVP, 2006), 263-267.

그러므로 새 언약의 첫 번째 목적은 더 이상 언약관계가 실패하지 않도록 백성의 마음속에 하나님의 사랑을 계속 부어줌으로써 백성이 율법에 나타난 하나님의 공의를 행하게 만드는 것이다(31:22; 32:38; 33:11). 이에 따라 새 언약에서 백성은 인애와 공의와 의를 지속적으로 실행할 수 있는 조건을 갖추게 된다. 신약은 새 언약 백성에게 부어지는 성령을 통해 이 일이 이루어질 수 있다고 진술한다(롬 5:5).

새 언약의 두 번째 목적은 백성들의 마음에 기쁨과 평안을 주는 것이다. 31:12은 새 언약에 거하는 사람의 심령(שׁפֶנ/네페쉬)이 물댄 동산 같고 근심이 없을 것이라고 말한다(33:9). 마음에 하나님의 사랑이 있는 사람은 자발적으로 하나님의 뜻을 행하려 할 것이고, 그런 자에게 하나님은 말할 수 없는 기쁨과 평안을 주실 것이다(사 55:1-3). 29:11에서 하나님은 "여호와의 말씀이니라. 너희를 향한 나의 생각을 내가 아나니 평안이요, 재앙이 아니니라. 너희에게 미래와 희망을 주는 것이니라"고 말씀하신다. 이 말씀을 고려하면 새 언약의 목적은 백성에게 기쁨과 평안과 소망을 주기 위함임을 알 수 있다.

새 언약의 세 번째 목적은 백성이 하나님의 비전을 소유하도록 돕는 것이다. 하나님은 새 언약을 통해 예루살렘이 세계 열국 앞에서 기쁜 이름이 될 것이라고 예언하신다(33:9). 새 언약은 단순히 백성을 만드는 것을 넘어 하나님 나라를 세우는 데 궁극적인 목적이 있다.

이런 점에서 새 언약은 우리로 하여금 일을 행하시고 성취하시는 하나님을 바라보고 하나님의 비전을 나의 비전으로 삼기 위해 기도하도록 만든다. 하나님은 백성에게 다음과 같이 촉구하신다. "너는 내게 부르짖으라. 내가 네게 응답하겠고 네가 알지 못하는 크고 은밀한 일을 네게 보이리라"(33:3). 이처럼 새 언약은 성도가 하나님의 뜻을 보기 위해 계속적으로 기도하고 하나님의 꿈을 자신의 꿈으로 삼도록 유도한다. 새 언약의 수혜자인 성도가 이 목적에 따라 행동할 때 하나님은 그 꿈이 성취되도록 역사하실 것이다.

이런 새 언약의 약속을 믿고 성도가 기도할 때 하나님은 계속적으로 응답하시고 평안과 말할 수 없는 축복을 주실 것이다(33:9). 그래서 새 언약 안에 있는 성도는 기도 가운데서 하나님의 놀라운 비밀을 깨닫고 그 비밀을 행할 수 있는 능력을 얻게 될 것이다.

6) 남은 자

예레미야는 미래에 남은 자가 있을 것이라고 명시적으로 말한다(31:7). 미래의 남은 자는 새 언약 안에 들어와 새 언약의 축복을 누리는 자다. 그렇다면 누가 남은 자가 되어 새 언약의 수혜자가 될 것인가? 이 물음에 대해 예레미야는 포로라는 환난을 통과하면서 자신의 죄를 철저하게 회개하고 (31:18-19) 낮아진 자들이라고 말한다(31:8).

하나님은 포로로 끌려간 사람들을 좋은 무화과라고 지칭하시고(24:5), 포로로 끌려가지 않고 예루살렘에 남은 자들을 나쁜 무화과라고 말씀하신다(24:8). 포로지에서 고난을 통과하면서 하나님으로부터 훈련받은 자들이 미래에 남은 자가 되어 다시 예루살렘으로 돌아올 수 있기 때문이다(24:7). 포로에서 돌아온 그들은 새 언약의 수혜자가 되어 하나님을 알게 될 것이다(31:34, "이는 작은 자로부터 큰 자까지 다 나를 알기 때문이다"). 여기서 하나님을 안다는 것은 공의와 의를 행하는 것과 밀접한 관련이 있다(22:15-16). 따라서 새 언약 안에 들어오는 남은 자들은 하나님을 알고 공의와 의를 행하게 될 것이다.

그렇다면 새 언약의 수혜자인 남은 자가 어떻게 환난을 통과하면서 공의와 의를 행할 수 있는가? 포로라는 환난 가운데서 남은 자들은 자신의 죄를 깨닫고 아무런 대가 없이 다가오시는 하나님의 사랑을 체험하게 될 것이다. 즉 아무것도 아닌 존재이며 죄인인 자신들을 하나님이 사랑하신다는 사실에 반응한 남은 자들은 결국 하나님을 향해 공의와 의를 행하게 된다는 의미다.

이것은 남은 자들이 자신의 힘으로 공의와 의를 행한다는 뜻이 아니다. 하나님은 남은 자들의 죄를 사하시고 그들을 치료하셔서 온전히 공의와 의를 행하는 자로 만드시겠다고 말씀하신다(30:17; 33:6-8). 이런 점에서 남은 자들이 행하는 사랑과 공의와 의는 그들의 공로가 아니라 하나님의 은혜의 산물이다.

한편 하나님이 정하신 환난을 받지 않고도 남은 자가 될 수 있는가라는 질문을 던질 수 있다. 이에 대해 예레미야서는 환난을 통과하면서 겸손해진 사람만이 남은 자가 될 수 있다고 선언한다. 바빌로니아에 의해 유다의 총독으로 세워진 그다랴가 예루살렘 멸망 이후에 살해되자, 아사랴와 요하난을 필두로 한 무리들이 예레미야를 끌고 이집트로 도망갔다(43:1-7). 그러자 하나님은 이들에게 심판을 선고하셨다(43:8-44:30). 하나님께서 정한 대로 환난을 당하는 자만이 남은 자가 될 수 있기 때문이었다. 하나님이 허락하시는 환난은 당사자 입장에서는 쓰고 고통스럽지만 그럼에도 거기에 진정한 소망이 있다. 따라서 성도는 하나님이 주시는 환난을 피하지 말고 오히려 거기에 소망이 있음을 알고 기쁘게 감당하는 자가 되어야 할 것이다.

7) 예레미야의 고백

예레미야서는 다른 예언서와는 달리 예레미야 자신이 속마음을 토로하며 고백하는 내용을 담고 있다. 이 고백에서 우리는 주님과 함께 걸어가는 예레미야의 기쁨과 애환과 승리와 좌절을 생생하게 목도할 수 있다. 폰 라트 (von Rad)는 이런 특징으로 인해 예레미야의 고백이 예레미야서 해석에서 중심적인 역할을 한다고 말한다.[43] 예레미야의 고백은 11-20장에 걸쳐 다섯 번이나 서술된다(11:18-12:6; 15:10-21; 17:12-18; 18:18-23; 20:7-18). 이 다섯 번에 걸친 예레미야의 고백은 흥미롭게도 다음과 같은 구조를 이룬다.

A. 예레미야의 소명에 대한 공격(11:18-12:6)

  B. 예레미야의 분노와 원망(15:10-21)

    C. 예레미야의 회개의 반응: 고치소서(17:12-18)

A′. 예레미야의 소명에 대한 공격: 우리가 그를 죽이자(18:18-23)

  B′. 예레미야의 분노와 원망: 자신의 생일을 저주(20:7-18)

---

43   Gerhard von Rad, *Old Testament Theology 2*, trans. D. M. G. Stalker (San Francisco: Harper & Row, 1965), 204.

예레미야의 고백은 그의 사역과 삶의 과정을 그대로 반영하고 있다.[44] 예레미야는 사역의 첫걸음을 내디딘 후 주위 친척과 사람들로부터 많은 공격과 저항을 받았다(11:18-12:6). 당황한 예레미야가 하나님 앞에 분노와 원망을 쏟아놓자, 하나님은 그가 계속 원망한다면 예언자 직을 빼앗을 것이라고 책망하신다(15:19-20). 이것은 하나님의 절대적 주권에 순종하는 것이 공의의 삶이라는 신학을 바탕으로 한 말씀이다.

이 책망을 분기점으로 하여 예레미야는 하나님의 자유로운 주권 앞에 자신을 헌신하고 회개한다(17:12-18). 이 회개의 내용을 더욱 극적으로 표현한 단락이 10:19-25이다. 여기서 예레미야는 다음과 같이 고백한다. "여호와여, 내가 알거니와 사람의 길이 자신에게 있지 아니하니 걸음을 지도함이 걷는 자에게 있지 아니하니이다. 여호와여, 나를 징계하옵시되 너그러이 하시고 진노로 하지 마옵소서"(10:23-24).

이후 예레미야는 예루살렘이 멸망당하기 직전에 토굴 감옥에 갇혀 죽을 뻔한 상황에 놓이고(37:16) 멸망 전까지 시위대 뜰에 갇히게 된다(38:6). 예레미야는 사역 후반기에도 사람들의 공격을 받아 죽음의 문턱에 이른다. 예루살렘 멸망 이후에도 사람들은 예레미야에 대해 적대적인 반응을 보였다. 예루살렘이 멸망하고 바빌로니아에 의해 유다 총독으로 세워진 그다랴가 이스마엘에 의해 살해되자, 요하난을 대표로 하는 유다의 남은 자들은 바빌로니아의 보복을 피해 이집트로 도망가기로 결심한다(41:17-18). 이때 예레미야는 이집트로 내려가는 것이 재앙임을 경고했지만, 그들은 예레미야의 경고에 아랑곳하지 않고(42장) 오히려 예레미야를 데리고

---

44 von Rad, *Old Testament Theology 2*, 203.

이집트로 갔다(43:6). 예레미야로서는 끝없는 고난의 연속이었다.

　11-20장에 걸쳐 나타나는 예레미야의 고백은 언뜻 주위 문맥과 맞지 않는 이야기처럼 들린다. 하지만 자세히 들여다보면 이 고백은 주위 문맥의 내용과 잘 어우러져서 몇 가지 신학적 통찰을 준다. 첫째, 고난 가운데서 예레미야가 토해내는 고백은 그가 사명을 새롭게 정립할 수 있는 계기가 된다.[45]

　둘째, 예레미야의 고백은 유다가 왜 심판을 받을 수밖에 없는지를 설명해준다. 예레미야는 유다 백성들의 적나라한 행동들을 언급하며 유다를 향한 하나님의 심판의 정당성을 강조한다. 예를 들어 유다가 하나님의 계획이 아닌 인간의 계획을 따르며(18:12) 악한 계획을 세워 자신을 죽이려고 했다고 토로한다(18:18). 이처럼 하나님을 대항하는 유다의 계획이 예레미야의 삶에 어떻게 투영되는지를 보여줌으로써 유다를 향한 하나님의 분노와 날선 반응의 정당성을 부각시킨다.

　또 다른 예는 20:7-18에 나오는 예레미야의 고백이다. 앞선 20:1-6에는 예레미야가 제사장 바스훌에게 "마골밋사빕"이라는 이름을 지어 주는 장면이 나온다(20:3). "마골밋사빕"이라는 표현은 "사방으로부터 오는 두려움"이라는 뜻으로, 하나님의 말씀을 거부한 자들에게 사방에서 두려움이 임할 것이라는 예언이었다. 이런 문맥에서 등장하는 예레미야의 고백(20:7-18)은 유다 백성들이 예레미야에게 "사방으로부터 오는 두려움"이라는 이름을 붙이고 조롱하는 사건을 기록하고 있다(20:10).

　예레미야가 하나님의 말씀을 대변하여 백성들에게 "사방으로부터 오

45　VanGemeren, *Interpreting Prophetic Word*, 297.

는 두려움"과 같은 재앙이 임하게 될 것을 선포할 때, 백성들은 그 말을 전하는 예레미야를 보며 "사방으로부터 오는 두려움"이라는 자가 온다고 뒤에서 속삭이며 비난한 것이다. 이처럼 예레미야의 고백은 유다 백성들이 하나님의 말씀에서 얼마나 이탈하였는지를 생생하게 보여줌으로써 유다 백성을 향한 하나님의 심판이 피할 수 없는 것임을 일깨워준다.

셋째, 예레미야의 고백에서 드러난 고난은 구원의 필요성을 절실하게 보여준다.[46] 예레미야의 처절한 고백은 하나님으로 하여금 새 언약을 맺게 하는 결정적 요인으로 작용한다. 하나님은 자신의 종인 예레미야의 고통을 보시고 다시는 그런 고통이 없도록 새 언약을 체결하실 것을 작정하신다(참조. 31:20-22). 이처럼 예레미야의 고백은 새 언약이 나오는 이유를 설명해주는 기능을 한다.

넷째, 예레미야의 고백을 둘러싼 주위 본문은 예레미야의 원망에 대한 하나님의 응답을 들려주는 기능을 한다. 예를 들어 예레미야의 고백인 15:10-21에서 예레미야는 하나님을 "속이는 시내"라고 부르며 원망한다(15:18). 이런 상황에서 그다음에 나오는 본문(16:1-17:11)은 예레미야의 원망에 대한 하나님의 책망을 담고 있다.[47] 구체적으로 17:5에서 하나님은 "무릇 사람을 믿으며 육신으로 그의 힘을 삼고 마음이 여호와에게서 떠난 그 사람은 저주를 받을 것이라"고 하시며, 예레미야가 사람들의 원망을 듣고 상처를 받은 이유는 사람을 믿고 그들에게 일말의 기대감을 품었기 때문이라고 책망하신다.

---

46   VanGemeren, *Interpreting Prophetic Word*, 296-297.
47   Holladay, *Jeremiah 1*, 492.

예
레
미
야
서
의

해
석
과

신
학

전반부
(1-24장)

예레미야서의 전반부는 창조 모티프를 사용하고 있으며, 하나님이 자신의 창조 능력으로 유다를 심판하고 창조 질서마저 전복시키실 것이라는 내용이 주축을 이룬다.[1] 그리고 유다가 언약을 위반함으로써 언약이 파기된 결과로 심판을 받게 되었다고 교훈한다(7-10, 11-17장). 이런 점에서 본서의 전반부(1-24장)는 언약 파기로 인한 유다의 멸망이 중심 주제를 이룬다.

---

1 Stulman, *Order Amid Chaos*, 19.

1.
서론(1장)

1장은 서론으로서 예레미야의 부르심과 사명의 성격을 집중적으로 다룬다. 1장은 25장 및 50-51장과 함께 예레미야서의 세 가지 기둥이라고 불린다.[2] 또한 1장에 언급된 주제들이 예레미야서 전체에 걸쳐 점차적으로 발전된다. 1장의 구조는 다음과 같다.[3]

> 서언. 시대적 배경(1:1-3)
> A. 예레미야를 성별하여 열국의 예언자로 불렀음(1:4-5)
> B. 하나님의 말씀: 두려워 말고 전하라(1:6-8)
>   C. 예레미야의 입에 하나님의 말씀을 두심(1:9)
>   D. 뽑고 파괴함, 파멸과 넘어뜨림, 건설과 심으실 것임(1:10)
>   C′. 살구나무 환상: 하나님이 자신의 말씀을 성취할 것임(1:11-12)
>   D′. 끓는 가마 환상: 파멸이 북방에서 올 것임(1:13-16)
> B′. 두려워 말고 전하라(1:17)
> A′. 예레미야를 성별하여 보호하실 것임(1:18-19)

---

2 Kessler, "The Scaffolding of the Book of Jeremiah," 66.
3 Lundbom, *Jeremiah 1-20*, 227 참조.

위의 구조를 보면 1장의 핵심은 단락 D(1:10)와 D′(1:13-16)로서, 이곳은 예레미야의 사명을 중점적으로 다루고 있다. 예레미야의 사명은 뽑고 파괴하며 나중에 건설하고 심는 것이다. 이를 위해 재앙이 북방에서 먼저 올 것이라고 말한다. 여기서 뽑고 파괴한다는 것은 유다에서 시작해 열국이 언약을 위반함으로써 심판을 받는다는 것을 의미한다. 반면 건설하고 심는다는 것은 새 언약을 통해 새로운 백성을 심고 새로운 창조 질서를 건설한다는 뜻이다. 이로써 예레미야가 선포하는 내용은 언약 위반으로 인한 심판 선언과 새 언약의 예언으로 요약된다.

먼저 1:1-3은 예레미야의 배경과 사역 시기를 설명해준다. 예레미야는 아나돗 출신의 제사장의 아들로 언급된다(1:1). 아나돗은 레위인들을 위해 지정된 성읍이며 예루살렘에서 북동쪽으로 약 5킬로미터 떨어진 곳에 있다(수 21:8; 대하 6:60).[4] 이 성읍은 엘리의 후손인 아비아달이 솔로몬에 의해 제사장직에서 폐위된 후 돌아갔던 곳이다(왕상 2:26-27).[5] 잘 알려져 있듯이 엘리는 사사 시대에 실로의 성막에서 대제사장으로 사역했던 인물이다(삼상 1:3). 나중에 예레미야가 실로의 파괴를 예로 들어 예루살렘의 성전 파괴를 설명한 것은 그가 실로를 배경으로 사역했던 가문의 후손이라는 사실이 어느 정도 작용한 결과다(7:12-15).[6]

예레미야가 거주했던 아나돗은 베냐민 지파에 속하는 땅이다. 베냐민 지파는 다윗 왕 이전에 사울이 속한 지파였다. 하지만 다윗 왕권이 공고해짐에 따라 엘리의 후손인 아비아달이 제사장직에서 폐위되고 사독 계열의

---

4   Allen, *Jeremiah*, 22.
5   Dearman, *Jeremiah*, 45.
6   Allen, *Jeremiah*, 22.

제사장이 들어서면서 베냐민 지파의 중요성이 축소되었다. 이런 상황에서 베냐민 땅에 있는 아나돗 출신의 예레미야가 등장한 것은 다윗 왕권이 붕괴되고 사독 계열의 제사장이 등장하기 이전의 상태로 다시 돌아갈 것이라는 함의를 가진다.[7] 그리고 다윗 언약이 파기될 것을 예견하며 새로운 언약의 필요성을 예고한다.

예레미야는 요시야(기원전 640-609년)의 재위 13년(기원전 627년)부터 사역을 시작해서 유다의 마지막 왕인 시드기야의 재임 중 바빌로니아에 의해 예루살렘이 멸망하는 것을 목격했던 인물이다(기원전 586년). 요시야는 기원전 622년에 성전을 수리하는 과정에서 율법책(언약책)을 발견하고 종교개혁을 단행하여 산당들과 우상들을 제거했다(왕하 22:3-23:24). 하지만 요시야의 종교개혁은 그가 죽기 전에 이미 실패로 돌아갔다. 백성들은 요시야의 종교개혁에 동참하면 하나님께 자동적으로 복을 받을 수 있다고 생각했지만 현실은 기대와 달랐고 유다는 여전히 아시리아의 영향 아래에 있었다(습 1:12). 그러자 백성들은 우상을 제거하기 전이 더 좋았다고 푸념하기 시작했다.[8] "우리가 하늘의 여왕에게 분향하고 그 앞에 전제 드리던 것을 폐한 후부터는 모든 것이 궁핍하고 칼과 기근에 멸망을 당하였느니라"(44:18). 이런 상황을 배경으로 예레미야는 요시야의 종교개혁 이후에도 여전히 말씀대로 살지 못하는 백성을 책망하며 사역을 시작했다.

하나님은 예레미야를 성별하여 열국의 예언자로 부르셨다(1:4-5). 기원전 586년에 있었던 유다의 멸망은 열국의 심판(46-51장)과 창조 질서의

---

7 Clements, *Jeremiah*, 17 참조.

8 Allen, *Jeremiah*, 22 참조.

전복으로 이어진다(4:23-26). 이 점을 고려하면 예레미야는 유다의 영역을 넘어 여러 나라의 예언자로서 부름을 받았다고 할 수 있다. 열국의 예언자로서 예레미야의 사명은 예레미야가 여러 나라와 왕국을 뽑고 파괴하며 건설하고 심을 것이라는 1:10의 표현을 통해 더욱 잘 드러난다.[9]

하나님은 예레미야가 태어나기 전부터 그를 예언자로 성별하셨다고 말씀하신다(1:5). 여기서 "성별하다"에 해당하는 히브리어 단어는 "카다쉬"(קָדַשׁ)로서 "거룩하게 하다"라는 의미다. 구약은 인간 편에서의 거룩이란 인애와 공의와 의를 행하시는 하나님의 성품을 닮아 인애와 공의와 의를 행하며 하나님의 임재 속에서 교제를 나누는 것이라고 말한다(참조. 레 19장). 실제로 하나님은 백성에게 자신의 성품을 닮아 인애와 공의와 의를 행하라고 요구하셨다(9:24; 22:15-6). 그러므로 예레미야를 거룩하게 하여 예언자로 부르셨다는 말에는 예레미야를 인애와 공의와 의를 행하는 자로 삼으셨다는 의미가 함축되어 있다.

하나님의 부르심에 대해 예레미야는 "슬프도소이다. 주 여호와여, 보소서! 나는 아이라 말할 줄을 알지 못하나이다"라고 반응한다(1:6). 예레미야는 사람들이 나이 어린 자신의 말에 귀를 기울이지 않을 것을 두려워하여 이와 같은 슬픔의 반응을 보였다.[10] 또한 예루살렘 성전의 파괴를 예언했을 때 제사장 가문의 친척들로부터 불가피하게 받게 될 핍박에 대한 두려움도 컸다. 여기서 말을 하지 못한다는 말은 모세를 연상시킨다(출 4:10-12). 언약의 중보자였던 모세처럼 예레미야가 새 언약의 중보 역할을 맡게

---

9 Dearman, *Jeremiah*, 50.
10 Clements는 예레미야가 사역을 시작한 나이는 십 대라고 추정한다. Clements, *Jeremiah*, 18.

될 것을 예견케 하는 대목이다.

하나님은 부르심에 주저하는 예레미야에게 사람들을 두려워하지 말고 하나님의 말씀을 담대하게 전하라고 명령하신다(1:7). 거룩을 좇기 위해서는 사람을 두려워하지 않고 그들이 듣든지 안 듣든지 말씀을 전하는 태도가 필요하다는 교훈이다(겔 2:5; 3:18-21).

하나님은 예레미야의 입에 하나님의 말씀을 두고 사명을 주신다(1:9-10). 하나님의 말씀을 입에 두는 것은 이사야가 예언자로 부름을 받을 때 숯불로 입술이 정결케 된 사건을 떠올리게 한다.[11] 또한 1:10에서 하나님이 예레미야를 "여러 나라와 여러 왕국 위에 세운다"라고 하신 말씀은 이사야 49장에 언급된 열국을 향해 이방의 빛이 되라는 야웨의 종의 사명을 강하게 연상시킨다(사 49:1-13). 이사야 49장에서 하나님은 야웨의 종의 입을 날카롭게 하신다고 말씀하시는데(사 49:2), 이는 예레미야의 입에 하나님의 말씀을 둔다는 것과 매우 유사하다.

예언자로서 예레미야의 부르심과 이사야 49장의 야웨의 종의 부르심이 유비점을 갖는다는 사실은 예레미야가 이사야 49장에 묘사된 야웨의 종으로서 부르심을 받았다는 강력한 힌트다. 이런 점에서 예레미야는 이사야서가 말하는 야웨의 종의 사명을 감당하는 열국의 예언자라고 볼 수 있다.[12] 물론 이사야 49장의 야웨의 종은 포로에 처한 백성을 이끌어내어 새 언약을 체결케 하는 중보자 역할을 하고, 이사야 53장의 고난 받는 야웨의 종을 통해 궁극적으로 이 역할이 성취된다.[13] 따라서 엄밀한 의미에

---

11 Allen, *Jeremiah*, 27.
12 Dubbink, "Getting Closer to Jeremiah," 35.
13 사 49-54장에 걸친 야웨의 종에 관한 논의에 대해서는 필자의 글을 참조하라. 김창대, 『이사

서 예레미야는 포로기를 배경으로 활동한 이사야 49장의 야웨의 종은 아니다.

하지만 예레미야의 사역은 본질적으로 새 언약을 위한 중보자가 되어 유다뿐만 아니라 열국이 하나님의 자녀가 되는 비전을 제시하는 것이었다. 즉 유다뿐만 아니라 열국에서 나오는 남은 자로 하여금 새 언약의 수혜자가 되게 하는 것이 그의 사명의 목적이었다. 이런 점에서 예레미야는 이사야 49장에 등장한 새 언약의 중보자인 야웨의 종을 예표하고 있고, 그의 사명은 야웨의 종의 사명과 연속선상에 있다고 할 수 있다.

예레미야의 사명은 열국을 "뽑고 파괴하며 파멸하고 넘어뜨리며 건설하고 심게"하는 것으로 요약된다(1:10). 뽑고 파괴하고 건설하고 심는다는 표현은 예레미야서의 주요 길목에서 자주 등장하는 문구다(12:14-17; 18:7-10; 24:4-7; 31:27, 40; 42:10; 45:4).[14] 이 표현은 하나님이 유다와 열국을 무너뜨리고 기존의 창조 질서를 파괴하신 후 새 언약을 맺어 새로운 창조 질서를 만들고 유다와 열국에서 남은 자들을 출현시킨다는 의미를 담고 있다.[15] 이런 점에서 예레미야의 사명의 핵심은 기존 질서를 무너뜨리고 새로운 창조 질서를 동반하는 새 언약을 예언하는 것으로 요약된다.

예레미야의 사명이 뽑고 심는다는 식물 이미지로 표현되는 것도 시사하는 바가 크다. 하나님은 출애굽 때 이스라엘이 자신의 소산의 첫 열매였다고 말씀하셨다(2:3). 2:21은 이스라엘을 포도나무로 비유하고 하나님이

야서의 해석과 신학』, 409-480.

14 Dearman, *Jeremiah*, 50.

15 특별히 유다를 뽑고 파괴한다는 것은 그들이 재앙을 통해 가나안 땅에서 쫓겨난다는 의미를 가진다. R. Michael Fox, "Closer look at Jeremiah 1:10 with implications for (re)reading Jeremiah 1," *Didaskalia* 22 (2011): 82.

그 나무의 열매를 맺기 원하셨다고 말한다(참조. 2:1-3). 하나님은 출애굽 때 모세 언약을 통해 이스라엘을 자신의 백성으로 삼으시면서 이스라엘을 영적인 열매를 맺는 나무로 창조하셨다. 이때 포도나무로서의 이스라엘에게 바라신 열매는 "인애와 공의와 의"였다(2:2; 4:2; 5:1; 사 5:7). 인애와 공의와 의는 예레미야서의 큰 주제 중 하나다(9:24; 22:15-16; 23:5).

하지만 유다는 공의와 의의 열매를 맺지 않았기에 하나님은 이들에게 재앙을 내릴 수밖에 없었다(11:16-17). 이런 원리는 열국에게도 적용되어 열국 역시 심판을 받고 뽑히게 될 것이다. 인간이 뽑히고 파괴되며 파멸되고 넘어지는 이유는 하나님이 원하는 삶의 열매를 맺지 않았기 때문이다. 또한 이런 열매를 맺지 않는 모습의 배후에는 이기적 탐욕이 자리하고 있다(8:10. "가장 작은 자로부터 큰 자까지 다 욕심내며"). 하나님의 명령을 받아 뽑고 파괴해야 하는 예레미야의 사명에 관한 이야기는, 이기적 욕구로 지탱되는 모든 인간의 업적은 모래성과 같이 무너질 수밖에 없다는 진리를 깨닫게 한다.

그러나 하나님의 심판은 심판 자체에 목적이 있지 않다. 하나님은 미래에 새 언약을 맺고 새로운 씨를 뿌려 확실하게 열매를 맺는 백성을 창조하실 것이다(31:27, 40). 이 씨는 인애와 공의와 의의 씨로서 새로운 백성은 그에 걸맞은 인애와 공의와 의의 열매를 맺는 백성이다. 이런 백성을 통해 하나님은 자신이 원하는 건축물을 건설하실 것이다.

1:11-16은 두 개의 환상을 통해 예레미야의 입에 둔 하나님의 말씀이 반드시 시행될 것이며, 유다와 열국을 파괴하기 위해 북방에서 재앙이 올 것이라고 알린다. 구체적으로 하나님은 살구나무(שָׁקֵד/샤케드) 환상을 보여주면서 하나님이 자신의 말을 이루기 위해 지켜 볼(שֹׁקֵד/쇼케드) 것이라고

말씀하신다(1:11-12). 살구나무에 해당하는 히브리어 "샤케드"는 "지켜보다"에 해당하는 히브리어 "쇼케드"와 비슷한 음을 가진다. 하나님은 이런 언어 유희를 사용하여 하나님이 심판을 이루기 위해 지켜보실 것이라는 사실에 예레미야가 동의하도록 유도하신다. 보통 살구나무의 새싹은 봄을 알리는 전령으로서 희망을 상징한다. 하지만 아이러니하게도 하나님은 긍정적인 의미를 가진 살구나무의 발음을 유다를 향한 심판을 예언하기 위해 사용하셨다.[16]

이어서 윗면이 북(נָפוּצָה/차폰)으로 기울어진 끓는 가마의 환상을 통해 북쪽에서 재앙이 임하게 될 것이라고 말씀하신다(1:13-15). 1:15에서 언급된 북방에서 오는 대적자는 4-6장에서 북방의 적으로 묘사되며 나중에는 바빌로니아로 판명된다(20:4-6; 25:9).[17] 북방의 적은 창조 질서를 무질서로 만드는 세력이다(4:6; 6:1, 22-23; 8:16; 51:34-36).[18] 결과적으로 북방의 적인 바빌로니아로 인해 야기된 유다에 대한 심판이 창조 질서의 전복으로 이어지기 때문에, 북방의 적이 창조 질서를 전복하는 무질서의 세력으로 묘사되는 것이다. 북에서 오는 재앙은 북방 나라(바빌로니아)의 침입이 될 것이고, 이들은 유다를 공격하여 예루살렘 성벽과 모든 성읍에 대해 재앙을 쏟아낼 것이다(1:15).

이처럼 유다가 북방의 적의 침입을 받는 이유는 우상숭배 때문이다

---

16 Clements, *Jeremiah*, 20.

17 Lundbom, *Jeremiah 1-20*, 243.

18 예레미야서에서 북방의 적이라는 이미지는 고대 근동 아시아에서 바다로 상징되는 무질서의 세력과 긴밀히 연관되어 있으며 창조 신학과 깊은 관련을 가진 모티프로 제시된다. Leo G. Perdue, "The Book of Jeremiah in Old Testament Theology," in *Troubling Jeremiah*, ed. A. R. Pete Diamond, Kathleen M. O'Connor & Louis Stulman, JSOTSup. 260 (Sheffield: Sheffield Academic Press, 1999), 324-335.

(1:16). 이것은 명백하게 십계명의 제1계명과 제2계명을 위반하는 것으로서 모세 언약을 파기하는 행동이다(출 20:3-4; 신 5:7-8).[19] 예레미야 32장은 유다가 심판받는 이유는 우상숭배 때문이라고 확실히 못 박고 있다(32:35). 우상숭배의 배후에는 인간적인 방법으로 복을 받아 만족과 기쁨을 누리려는 이기적 욕구가 자리하고 있었다. 우상을 섬겨 복을 받고자 하는 계산은 하나님이 원하는 공의와 의의 삶과 대척점에 있기 때문에, 우상을 숭배하다 보면 자연히 공의와 의의 삶에서 멀어지게 된다. 따라서 우상을 숭배하여 공의와 의에서 이탈한 유다는 하나님의 심판을 피할 수 없었다.

하나님은 이런 불순종에 대해 히브리어 단어 "라아"(רָעָה)를 사용하여 "죄악"이라고 말씀하신다(1:16). 이 단어는 1:14에 언급된 재앙에 해당하는 히브리어 단어와 동일하다. 이런 청각적 유사성을 통해 유다의 재앙(라아)이 그들의 죄(라아)에서 비롯된 것임을 독자들에게 각인시킨다. 원래 "라아"가 의미하는 재앙은 하나님이 유다를 대적하는 자들에게 내리는 징벌이었다(2:3, "재앙"). 하지만 이제 유다도 그런 재앙을 당함으로써 하나님의 대적자들 중 하나가 되었음을 시사한다.

하나님의 심판을 선포하는 사명을 받게 된 예레미야는 백성들의 저항을 예상하고 두려워했다. 이때 하나님은 예레미야에게 또다시 두려워하지 말고 말씀을 전하라고 권고하신다(1:17-19). 구체적으로 "네 허리를 동이고 일어나 내가 네게 명령한 바를 다 그들에게 말하라"고 명령하신다(1:17). 이 구절에서 "허리를 동이다"라는 말은 주로 전쟁을 앞둔 지도자들에게 주어지는 말이다(대하 20:15-17). 이 말은 일평생 예레미야의 삶이 영적 전

---

19 Allen, *Jeremiah*, 30.

쟁이 될 것임을 암시한다.[20]

또한 "일어나다"에 해당하는 히브리어 동사는 "쿰"(קום)으로서 예언자들에게 사명의 수행을 촉구할 때 사용되는 말이다(욘 1:2, "너는 일어나 저 큰 성읍 니느웨로 가서"). 또한 이사야서에서는 하나님의 뜻을 행하여 빛을 발하라는 말씀과 함께 쓰였다(사 60:1). 이를 보면 예언자와 같은 사역자는 하나님의 영적 군사로서 하나님의 뜻을 담대하게 수행하는 자임을 깨달을 수 있다.

하나님은 백성의 공격으로부터 예레미야를 지켜주기 위해 그를 "견고한 성읍, 쇠기둥, 놋 성벽"으로 만들어주시겠다고 약속하신다(1:18). 이는 그를 강력한 자로 만들어주실 것이라는 말씀으로서 열국을 뽑고 파괴하는 그의 사명과 잘 어울린다. 이로써 열국은 쇠기둥과 놋 성벽으로 된 예레미야의 말 앞에서 무너질 것이라는 이미지를 전달한다. 나중에 예레미야가 하나님을 원망할 때, 하나님은 그에게 "놋 성벽"을 언급하시면서 그가 회개한다면 하나님의 사역자가 되어 놋 성벽이 되게 하실 것이라고 다시금 약속하신다(15:12, 20). 이런 점에서 "놋 성벽"은 사역자에게 주시는 하나님의 보호의 은총을 상징한다. 따라서 오늘날도 사역자는 사역의 어려움 앞에서 원망하지 말고 이와 같은 하나님의 놀라운 보호와 간섭을 믿고 담대하게 사역해야 할 것이다.

예레미야의 소명 이야기는 그와 함께하시고 그를 구원하실 것이라는 하나님의 약속으로 마무리된다(1:19). 이 구원의 약속은 북방의 적으로 인해 유다와 열국과 모든 창조 질서가 무너지는 상황에서도 예레미야가 구

---

20 Holladay, *Jeremiah 1*, 31.

원을 받을 것이라는 선언이다. 실제로 예루살렘이 무너지는 상황에서도 예레미야는 보호를 받고 구원을 얻었다.[21] 심지어 예레미야가 이집트로 끌려갈 때도 하나님은 여전히 그와 말씀하셨고 그를 말씀으로 지켜주셨다 (44장).

한편으로 예레미야를 향한 하나님의 구원의 약속은 예레미야가 그만큼 사역으로 인한 두려움에 떠는 약한 존재였다는 방증이 된다. 예루살렘이 멸망하기 직전에 예레미야가 유다 고관들의 미움을 받아 시위대 뜰에 갇히게 되었을 때, 유다 왕 시드기야는 예레미야를 불러 하나님의 뜻을 물었다(38:14-16). 이때 예레미야는 뜻밖에도 하나님의 말씀을 말하면 왕이 자신을 죽일 것이라고 말한다. 그리고 왕이 자신을 죽이지 않을 것이라는 약속을 받은 후에야 비로소 하나님의 말씀을 전하는 연약한 모습을 보인다(38:16). 따라서 예레미야를 향한 하나님의 구원의 약속은 연약한 그를 새 언약을 예고하는 예언자로 삼기 위한 하나님의 은혜였음을 알 수 있다. 예레미야가 사역자로서 부름을 받은 것은 그가 자격이 있어서가 아니라 전적으로 하나님의 은혜를 입은 덕분이라는 진리가 여기서 드러난다.

21　Lundbom, *Jeremiah 1-20*, 247.

2.
언약 고소를 통한 유다의 멸망(2-6장)

2-6장은 유다가 언약의 정신이자 의무인 인애와 공의와 의를 행하지 않아 언약을 위반했음을 고소하고 유다의 멸망을 선포한다.[22] 특별히 창조 모티프를 사용하여 유다의 멸망이 열국의 멸망과 창조 질서의 전복으로 이어질 것이라고 말한다(4:23-26; 6:22-23). 이 대단락은 초두와 말미에서 하늘과 땅을 증인으로 불러 언약을 위반한 유다를 고소하고 있다(2:12; 6:19). 이처럼 2-6장은 언약 고소라는 큰 틀에서 언약을 위반한 유다를 질책하고 유다의 멸망을 예언하고 있다.

2-6장의 또 다른 특징은 언약 위반을 고소하면서도 유다가 회개한다면 멸망의 심판이 취소될 여지가 있음을 보여주는 것이다(3:12, 14, 22; 4:1).[23] 이런 점에서 이 단락은 언약 위반을 고소하면서 유다의 멸망을 자명한 사실로 이야기하는 18-24장과 차이를 보인다. 내용적으로 2-6장은 다음과 같은 구조를 이룬다.

---

22 렘 2-6장은 "여호와의 말씀이 내게 임하니라"는 사자 공식(messenger formula)으로 시작하여 7장 이후의 내용과 차별화되는 단락이라는 힌트를 주고 있다. Marvin A. Sweeney, "Structure and Redaction in Jeremiah 2-6," in *Troubling Jeremiah*, A. R. Pete Diamond, Kathleen M. O'Connor & Louis Stulman, JSOTSup 260 (Sheffield: Sheffield Academic Press, 1999), 208.

23 Christopher. R. Seitz, "The Place of the Reader in Jeremiah," in *Reading the Book of Jeremiah: A Search for Coherence*, ed. Martin Kessler (Winona Lake, Ind.: Eisenbrauns, 2004), 71.

A. 언약 위반: 마음으로 야웨를 사랑(인애)하지 않음(2-3장)

  B. 북방의 적으로 인한 유다의 멸망: 창조 질서의 파괴(4장)

A´. 언약 위반: 공의와 의를 행하지 않음. 지각이 없음(5장)

  B´. 북방의 적으로 인한 유다의 멸망: 창조 질서의 파괴(6장)

위의 구조를 보면 2-6장은 2-4장과 5-6장으로 나뉜다.[24] 2-4장의 끝에서는 유다의 멸망을 해산하는 여인에 비유하고 있는데(4:31), 마찬가지로 5-6장도 언약 위반으로 멸망하는 유다를 해산하는 여인에 비유하며 장을 맺는 공통점을 보인다(6:24).

1) 언약의 의무인 인애의 실종으로 인한 유다의 멸망(2-4장)

2-4장은 언약의 의무 중 하나인 하나님을 향한 사랑(인애)에 초점을 맞춰, 사랑을 실천하지 않음으로써 언약을 위반한 유다를 고발하고(2-3장) 유다의 멸망을 선언한다(4장). 구체적으로 2-3장은 하나님과 백성의 언약을 서로 사랑을 주고받는 결혼 관계에 비유하고, 그 관계에서 남편이 되는 하나님을 향해 사랑의 의무를 저버린 유다를 책망한다(2:2; 3:14). 4장은 유다가 북방의 적의 침입을 받아 멸망하게 될 것이라고 선포한다.

---

24 반면 O'Connor는 2:1-4:2은 남편으로서의 하나님, 4:5-6:30은 전사이신 하나님을 그린다고 주장한다. Kathleen M. O'Connor, "The Tears of God and Divine Character in Jeremiah 2-9," in *Troubling Jeremiah*, ed. A. R. Pete Diamond, kathleen M. O'Connor & Louis Stulman, JSOTSup 260 (Sheffield: Sheffield Academic Press, 1999), 388.

흥미롭게도 2-4장에서 제시된 유다의 멸망은 미래의 새 언약을 다루는 31장에서 그 내용이 역전된다.[25] 이는 하나님의 심판은 심판으로 끝나지 않고 반드시 구원과 소망으로 결론지어짐을 증거하는 것이다.

(1) 언약의 의무인 하나님을 향한 사랑을 저버렸음(2-3장)

이 단락은 출애굽 후에 맺은 모세 언약을 남편이신 하나님과 신부인 유다의 관계로 묘사하고, 신부인 유다가 남편인 하나님을 사랑하지 않음으로써 언약을 위반했다고 질타한다. 언약의 의무인 하나님을 향한 사랑이 실종되었다는 책망이다. 하나님의 사랑을 체험한 유다는 자신도 하나님을 사랑하고 그분을 의지해야 함에도 불구하고 스스로 웅덩이를 파고 하나님의 도움을 거절했다(2:13). 설상가상으로 유다는 오히려 이방신을 사랑했다(2:25, "이방신들을 사랑하였은즉 그를 따라가겠노라 하도다").

2-3장은 언약의 의무로서의 사랑(인애)을 강조하기 위해 하나님이 백성의 남편이 되신다는 사실을 단락의 앞뒤에서 언급한다(2:2; 3:14, 20). 그러면서 아내인 유다가 남편이신 하나님을 온전히 사랑하지 못했다고 고소한다. 하지만 돌아오라는 하나님의 호소를 끝에 첨가하여(3:21) 애절한 하나님의 사랑을 부각시킨다. 언약의 의무인 사랑을 저버린 유다는 포로로 끌려가는 심판을 받겠지만, 결국 미래에 하나님의 강권적 사랑으로 돌아오게 될 것이다(3:17).

내용적으로 2-3장은 유다가 남편인 하나님의 사랑을 저버렸음을 꾸

---

25 김창대, "예레미야 30-31장 문맥에서 렘 31장에서 '새 일'의 의미에 관한 고찰", 「신학사상」 140집 (2008): 126-127.

짖는 2:1-3:5과 유다에게 돌아오라고 촉구하는 3:6-25로 나뉜다.[26] 구조상 2-3장의 핵심은 2:9-3:5로서, 이방 나라마저도 섬기는 신들을 버리지 않고 신부도 자신의 패물을 버리지 않는 상황에서 유다가 하나님과의 언약을 어기고 우상을 아버지라고 부르는 것을 질타하는 내용이다. 2-3장의 구조는 다음과 같다.

> A. 초기에 남편이신 하나님과 아내인 이스라엘의 사랑(2:1-3)
>> B. 우상을 따르는 조상들과 지도자들은 과거를 기억하지 않음(2:4-8)
>>> C. 언약 고소: "자세히 살펴보라", 생수의 근원을 버리고 타국을 의지(2:9-19)
>>>> D. 심지어 이방신을 사랑함, 나무를 "나의 아버지"라고 함 (2:20-28)
>>> C′. 언약 고소: "들어보라", 야웨를 잊고 살인하며 타국을 의지 (2:29-37)
>>>> D′. 심지어 이방신과 행음함, 그러면서 하나님을 아버지라고 부름(3:1-5)
>> B′. 남유다는 우상을 따른 북이스라엘의 멸망을 기억하지 않음(3:6-13)
> A′. 미래에 돌아온 자들에게 남편이 되어 주신 하나님의 사랑: 악한 마음 제거(3:14-18)
> 결론. 돌아오라는 하나님의 초청과 우리의 반응(3:19-25)

---

26 Clements, *Jeremiah*, 22-23 참조.

위의 구조는 동심원 구조와 패널 구조가 혼합된 형태로서 단락 D (2:20-28) 와 단락 D′(3:1-5)가 핵심이다. 이를 통해 유다가 하나님에 대한 사랑을 저 버리고 이방신을 사랑하여 언약의 의무를 위반했다는 언약 고소가 핵심 메시지라는 것을 알 수 있다.

① 이스라엘이 첫사랑을 버리고 우상을 따름(2:1-8)

이 단락은 예루살렘(이스라엘)이 처음에 어떻게 하나님의 사랑을 받는 백성 이 되었는지를 소개하며 시작한다(2:1-3). 이어서 이스라엘의 지도자들이 하나님의 사랑을 저버리고 어떻게 우상을 따랐는지를 언급한다(2:4-8). 먼 저 출애굽 이후에 유다가 광야에서 하나님과 모세 언약을 맺은 사건을 신 랑과 신부 간의 언약관계로 비유하고, 예루살렘으로 표현된 이스라엘이 남편인 하나님을 향해 사랑(인애)을 갖게 되었다고 서술한다(2:2). 호세아서 는 언약관계를 신랑과 신부 간의 관계로 비유하고 있는데, 이런 점에서 예 레미야서는 호세아서의 영향을 크게 받았음을 알 수 있다.[27]

하나님은 광야의 씨 뿌리지 못한 땅에서 이스라엘이라는 첫 소산물 을 탄생시키셨다(2:2b). 씨 뿌리지 못한 땅에 하나님이 씨를 뿌려 이스라엘 이라는 소산물의 처음 것을 만드셨기 때문에, 이스라엘의 탄생은 그분의 창조 사역이라고 할 수 있다. 이스라엘은 하나님이 씨를 뿌린 결과로 나온 나무였기에, 하나님은 이스라엘이 자신이 뿌린 씨에 걸맞은 열매를 맺기 를 기대하셨다. 하나님은 이스라엘을 귀한 포도나무로 심고 열매를 바랐 다고 명시적으로 말씀하신다(2:21). 여기서 열매는 인애와 공의와 의의 열

---

27 Allen, *Jeremiah*, 36.

매다(참조. 4:2). 실제로 초기에 이스라엘은 광야에서 하나님을 향한 사랑을 실천함으로써 인애(사랑)의 열매를 맺기도 했다.

하지만 이후 이스라엘의 조상과 지도자들은 하나님을 향한 사랑을 저버리고 우상을 따랐다(2:4-8). 2:5은 이스라엘의 조상들이 헛된 것(הֶבֶל/헤벨)을 따랐다고 말하는데, 여기서 헛됨을 뜻하는 "헤벨"은 우상을 묘사할 때 사용되는 낱말이다(8:19; 10:1). 2:8은 지도자들이 바알(בַּעַל)을 섬겼다고 분명히 말함으로써 이스라엘이 따른 헛된 것이 우상이라는 사실을 확연히 드러낸다. "헤벨"과 "바알"이 음성학적으로 비슷한 발음이라는 점을 이용한 이런 문자적 기교는 바알이 헛된 것임을 독자들에게 각인시키는 효과를 발휘한다.[28] 이로써 본문은 언약관계를 맺은 이스라엘이 우상을 섬김으로써 하나님을 향한 사랑을 저버렸음을 웅변적으로 증거하고 있다.

광야에서 하나님의 사랑을 입고 언약을 맺었던 이스라엘의 선조들은 가나안 땅에 정착한 후 다른 마음을 품는다. 이들은 광야에서 자신들을 인도하셨던 하나님이 어디 계시냐고 물으며 더 이상 하나님을 찾지 않았다(2:6). 가나안 땅에서 기름진 것을 먹었던 그들은 우상숭배로 땅을 더럽히기까지 했다(2:7). 가나안 땅에서 좋은 열매를 공급하시는 하나님의 은혜에 보답했어야 할 이스라엘이 하나님이 원하시는 합당한 열매를 맺지 않고 배은망덕하게 행했던 것이다.

그들이 "땅을 더럽혔다"라는 2:7의 말은 주로 근친상간이나 자녀 제사와 관련된 행위와 연관된다(레 18:19-30). 그리고 같은 구절의 "내 기업을

---

28 Allen, *Jeremiah*, 40.

역겨운 것으로 만든다"라는 표현은 우상숭배를 지칭한다(레 18:22-30).[29] 이를 보면 가나안 땅에 정착한 이스라엘이 우상숭배와 더불어 매우 가증한 이교도적인 행위를 일삼으며 더 이상 하나님을 사랑하지 않았음을 알 수 있다.

놀랍게도 우상숭배를 막아야 할 지도자들이 우상숭배에 적극적으로 가담했다(2:8). 제사장은 백성들이 하나님의 사랑을 깨닫도록 그들을 위해 지속적으로 기도해야만 할 의무가 있었다. 하지만 제사장들은 "야웨께서 어디 계시냐"라고 묻는 것을 멈추고 더 이상 하나님을 찾지 않았다. 기도하지 않는 죄를 범한 셈이다. 설상가상으로 율법을 가르쳐야 할 제사장들이 하나님을 제대로 알지 못했다(18:18, "제사장에서 율법이").

예레미야서에서 하나님을 안다는 것은 하나님의 성품인 인애와 공의와 의를 알고 그것을 실천하는 모습을 뜻한다(9:24). 그리고 율법의 지향점은 이런 인애와 공의와 의를 행하는 데 있었다(신 10:12; 마 23:23, "율법의 더 중한 바 정의[공의]와 긍휼[인애]과 믿음[의]"). 제사장은 율법이 지향하는 인애와 공의와 의의 길로 백성을 인도해야 했지만 그렇게 하지 못했다. 관리들은 하나님께 반역했고 예언자들은 바알을 의지하여 예언하면서 하나님을 향한 인애에서 이탈했다. 하나님의 사랑에서 이탈한 제사장, 왕, 예언자들에 대한 질타는 예레미야 18-24장에 더욱 자세히 제시된다(참조. 18:18). 결국 이스라엘 백성과 지도자들이 하나님의 사랑에서 벗어나게 된 이유는 우상숭배와 이교도적 행위를 통해 자신들의 이기적 욕구를 채우려고 했기 때문이다. 죄의 원인이 이기적인 욕구임을 깨닫게 하는 대목이다.

---

29 Holladay, *Jeremiah 1*, 88.

② 언약 고소와 유다의 이방신 사랑 I(2:9-28)

이 단락은 하나님의 언약 고소(2:9-19)로 시작하여 우상을 사랑한 유다가 하나님을 사랑해야 하는 언약의 의무에서 탈선한 것을 고발한다(2:20-28). 2:9에서 개역개정판 한글 성경이 "싸우다"라고 번역한 히브리어 단어는 "리브"(ריב)로서 이는 언약 고소에서 등장하는 단어다(호 4:1-3).[30] 이로써 우리는 2:9-19이 언약 고소라는 힌트를 얻을 수 있다. 언약 고소의 핵심 내용은 이스라엘이 하나님을 버리고 더 이상 사랑하지 않는다는 것이다. 이 단락에는 "하나님을 버린다" 또는 "하나님을 떠난다"라는 표현이 집중적으로 사용된다(2:13, 17, 19).[31]

예레미야는 백성의 언약 위반을 고소하기 위해 먼저 하늘을 증인으로 부른다(2:12). 하늘을 증인으로 부르는 이유는 모세 언약을 처음 체결할 때 하늘과 땅이 언약의 증인으로 세워졌기 때문이다(신 30:19). 구약에는 언약의 수호자였던 예언자들이 백성들을 언약 위반으로 고소하면서 하늘과 땅을 증인으로 부르는 모습이 종종 등장한다(사 1:1-3; 미 1:2; 6:1). 2:10은 "깃딤 섬들"과 "게달"에게 유다의 배반과 같은 죄가 있는지를 살펴보라고 촉구한다. 깃딤 섬은 유다의 서쪽에 있는 키프로스 섬을 가리키고, 게달은 동쪽 사막의 베두인 족이 사는 곳을 지칭한다(사 42:10-11).[32] 이 지역에 대한 언급은 일종의 반어법으로서 서쪽과 동쪽에 있는 어떤 나라에서도 유다와 같은 죄를 찾아볼 수 없다는 것을 표현한다.

개역개정판 한글 성경은 2:11을 "어느 나라가 그들의 신들을 신 아닌

---

30 헤티 랄레만, 『예레미야, 예레미야애가』, 유창걸 옮김(서울: CLC, 2017), 120.
31 Allen, *Jeremiah*, 32.
32 랄레만, 『예레미야』, 121.

것과 바꾼 일이 있느냐"라고 번역했다. 하지만 히브리어 원문으로 충실히 읽으면, "어느 나라가 그들의 신들을 바꾼 일이 있는가?—사실 그들의 신들은 진정한 신이 아닌데"로 번역된다. 따라서 이방 나라들은 자신들이 섬기는 신이 가짜임에도 불구하고 그것을 다른 신으로 바꾸지 않았지만, 유다는 진정한 신인 야웨를 다른 것으로 바꾸었다고 책망하는 구절이다.

하나님은 "하늘아, 이 일로 말미암아 놀랄지어다"라고 말씀하신다 (2:12). 여기서 "하늘"에 해당하는 히브리어 단어는 "샤마임"(שמים)이고 "놀랄지어다"에 해당하는 히브리어 단어는 "샤멤"(שמם)으로서, 이런 문자적 기교를 사용해 유다의 배반으로 인해 당황하고 놀란 하나님의 심정을 드러내고 있다.

언약 고소의 핵심은 백성이 생수의 근원 되신 하나님을 저버리고 스스로 판 웅덩이를 의지했다는 사실에 있다(2:13). 가나안 땅에서 우물은 삶의 필수품이었다. 물을 가두는 웅덩이는 사람의 필요를 채우는 공급원이다.[33] 이를 통해 유다가 언약적 사랑에서 이탈하여 하나님보다 다른 것을 공급원으로 여기고 의지했다는 것을 알 수 있다.

생수의 근원이라는 하나님의 이미지에는 백성이 하나님이 원하시는 열매를 맺기 위해서는 물을 공급하시는 하나님을 의지해야 한다는 의미가 담겨 있다. 이런 의미에서 17:7-8은 야웨를 의지하는 자는 물가에 심겨진 나무처럼 결실할 것이라고 직접 언급한다. 백성이 인애와 공의와 의의 열매를 맺기 위해서는 물을 공급하시는 하나님을 의지해야 한다는 교훈이다. 유다가 생수의 근원을 저버렸다는 것은 자신의 욕구를 다른 것으로 채

---

33 랄레만, 『예레미야』, 121.

우려고 했다는 뜻이기도 하다.

하나님을 향한 사랑에 등을 돌린 유다는 아시리아와 이집트를 의지했
다(2:14-19).[34] 2:14-15은 유다의 성읍들이 불탔고 놉과 다바네스의 자손이
유다의 정수리를 상하게 했다고 말한다. 여기서 성읍들이 불탔다는 것은
기원전 701년에 일어난 산헤립의 침공을 암시하는 듯하다. 그리고 놉과
다바네스에 대한 언급은 기원전 609년에 파라오 느고가 요시야 왕을 죽이
고 여호아하스를 볼모로 잡아간 사건을 염두에 둔 말로 보인다.[35] 그리하
여 유다가 과거에 하나님을 떠났으므로 아시리아와 이집트로부터 곤욕을
치렀다는 사실을 부각시킨다(2:17).

그럼에도 유다는 정신을 차리지 못하고 계속해서 시홀의 물을 마시
려 이집트로 가고 아시리아의 강물을 마시려 아시리아로 갔다고 지적한다
(2:18).[36] 생수의 근원이신 하나님을 저버리고 정치적으로 이집트와 아시리
아를 의지하려는 유다의 행태를 고발하는 대목이다. 강대국들을 의지하며
하나님을 사랑하지 않는 것은 야웨를 경외하지 않는 것과 진배없다(2:19).
여기서 하나님을 사랑하는 것은 야웨를 경외하는 것이라는 진리를 배울
수 있다.

2:20-28은 하나님의 사랑에서 이탈한 유다가 설상가상으로 우상을
사랑했음을 직접적으로 고발한다. 이는 확실히 악이다(2:21, "악한 가지").
2:20에서 하나님은 유다가 "멍에를 꺾었다"라고 말씀하신다. 여기서 멍에
는 언약의 의무로서 인애(사랑)를 가리킨다. 이를 통해 언약의 의무인 인애

---

34 Clements, *Jeremiah*, 28.
35 랄레만, 『예레미야, 예레미야애가』, 123. 여기서 시홀은 나일강의 지류를 가리킨다.
36 Allen, *Jeremiah* 43.

의 멍에가 무겁다며 스스로 그 멍에를 꺾고 하나님을 향한 사랑을 저버린 유다를 책망한다(참조. 신 10:12).

언약의 의무인 인애를 행하지 않은 유다는 높은 산 위와 푸른 나무 아래에서 바알을 섬겼다(2:20, 23). 푸른 나무는 가나안 종교에서 신들이 머무는 신령한 곳으로, 우상숭배가 자행된 곳이었다. 이로써 하나님을 사랑하지 않는 것에서 더 나아가 우상을 사랑하는 지경에 이르게 된 유다를 고발하고 있는 셈이다. 이 대목에서 인간은 하나님을 사랑하지 않을 때 거기에 멈추지 않고 다른 무언가를 사랑하는 우상숭배로 쉽게 빠져든다는 진리를 발견할 수 있다.

2:21은 야웨 하나님이 유다를 귀한 포도나무로 심고 그들에게 열매를 기대했음을 보여준다(출 15:17).[37] 이 구절에서 "순전한 참 종자"로 번역된 히브리어 표현은 "제라 에메트"(זֶרַע אֱמֶת)다. 여기서 "에메트"는 "에무나"(אֱמוּנָה)처럼 진리(진실)라는 뜻으로서, 인애와 공의와 의를 함축적으로 표현한 낱말이다(호 2:19-20; 4:1; 미 7:20). 하나님은 인애와 공의와 의의 씨(종자)를 뿌려 유다(이스라엘)를 포도나무로 자라게 하고 열매 맺기를 기대하셨다. 하지만 이들은 이방 포도나무의 악한 가지가 되어 인애와 공의와 의의 열매를 맺지 못했다. 하나님은 유다가 진실과 공의와 의로 하나님을 따르기를 바라셨으나(4:2),[38] 유다는 하나님의 기대에 부응하지 못했다.

유다의 불의는 일시적 이탈이 아니었다. 하나님은 잿물과 많은 비누로 언약의 사랑을 저버린 유다의 죄를 씻어내려고 했지만 그렇게 할 수 없

---

37 Lundbom, *Jeremiah 1-20*, 277.
38 Holladay, *Jeremiah 1*, 98.

었다고 한탄하신다(2:22). 이는 유다가 하나님의 사랑에서 얼마나 멀리 떨어져 나갔는지를 잘 보여주는 은유다.

언약을 위반한 유다는 본격적으로 가증한 우상을 사랑했다(2:23-28). 먼저 2:23의 "골짜기 속에 있는 네 길"이라는 표현은 유다가 힌놈의 아들의 골짜기에서 이교적 제의를 행했다는 뜻이다. 유다는 이곳에 도벳 사당을 만들고 몰렉에게 자녀들을 불태워 바쳤다(7:31; 19:5-6; 32:35).[39] 우상에 완전히 빠진 유다의 모습은 "암낙타가 그의 길을 어지러이 달리는 것과 같다"라고 표현된다(2:23).[40] 암낙타는 성욕으로 인해 발정하는 동물은 아니므로, 여기서 암낙타를 언급하는 것은 불완전함을 강조하기 위함이다. 따라서 이 메타포는 하나님을 향한 유다의 사랑이 어린 암낙타처럼 불완전하여 이리저리 왔다 갔다 한다는 것을 강조하는 장치다.[41]

암낙타처럼 불완전한 유다는 성욕이 동하는 들암나귀처럼 자신의 정욕을 위해 이방신들을 사랑했다(2:24-25). 이방신을 통해 자신의 이기적 욕구를 채우려는 셈법에서 나온 행동이었다. 이처럼 유다는 우상을 기계적으로 섬김으로써 안전과 복을 누리고 거기서 나오는 만족과 기쁨으로 자신의 욕구를 채우려고 했다.

가나안 종교에서 바알은 어떤 도덕적 의무를 요구하는 신이 아니라, 제사를 드리는 사람에게 무조건 복을 주는 기계적인 신이었다. 이런 점에서 바알을 섬긴다는 것은 이기적 욕구를 채우는 행위였다. 유다가 이방신을 사랑함으로써 하나님의 언약이 요구하는 인애를 내동댕이치게 된 배경

---

39 Allen, *Jeremiah*, 48.
40 Holladay, *Jeremiah 1*, 100.
41 Lundbom, *Jeremiah 1-20*, 281.

에는 선악의 기준을 스스로에게 두고 자신만을 위한 만족으로 욕구를 채우려는 이기적 욕구(탐욕)가 있었던 것이다(8:10, "그들은 가장 작은 자로부터 큰 자까지 다 욕심내며"). 이로써 언약 백성인 성도가 하나님의 사랑에서 탈선하는 이유는 이기적 욕구 때문임을 다시 한번 일깨워주고 있다(약 1:15, "욕심이 잉태한즉 죄를 낳고").

유다의 지도자들(왕, 제사장, 예언자들)은 하나님 대신에 우상을 향해 "아버지"라고 불렀다(2:26-27). 원래 하나님은 언약관계에 있는 이스라엘에게 자신을 아버지라고 부르며 따르라고 말씀하셨다(3:19). 그러므로 우상을 아버지라고 부르는 것은 유다가 영적으로 불의했음을 여실히 보여주는 모습이다.

일반적으로 돌로 만든 우상(마체바)은 남자 신인 바알을, 나무로 만든 목상은 여신인 아세라를 상징한다. 하지만 유다는 돌로 된 우상을 어머니라고 부르고 나무로 만든 신을 아버지라고 부르는 우스꽝스러운 모습을 연출하고 있다. 이런 모습은 우상숭배를 통해 욕구를 채우려는 유다가 상황을 제대로 분별하지 못하고 어리석어졌음을 보여준다.[42]

그 결과 환난을 맞이한 유다가 도움을 청할 때 하나님은 그들의 요청을 거절하실 것이다(2:28). 우상은 결코 사람을 구원할 수 없는 헛된 존재다(2:5). 즉 유다가 우상을 섬기면서 하나님을 부르지 않았고 하나님이 불러도 대답하지 않았으므로, 하나님도 심판받는 유다의 부르짖음을 외면하실 것이라는 가르침이다(7:13; 11:14).

---

42 Willam R. Domeris, "When Metaphor Becomes Myth: A Socio-Linguistic Reading of Jeremiah," in *Troubling Jeremiah*, ed. A. R. Pete Diamond, Kathleen M. O'Connor & Louis Stulman, JSOTSup. 260 (Sheffield: Sheffield Academic Press, 1999), 257.

③ 언약 고소와 유다의 이방신 사랑 II(2:29-3:5)

이 단락은 언약 고소를 다른 시각에서 반복한다. 이 단락은 언약 고소를 다루는 내용(2:29-37)으로 시작하면서 유다가 우상을 사랑하여 그 죄가 더욱 심화되었음을 질타한다(3:1-5). 먼저 백성이 야웨를 알지 못하고 잊어버렸다는 사실을 강조하여 그들이 언약을 위반하였음을 고소한다(2:32, 37). 하나님은 유다를 우상에게서 되돌리기 위해 여러 가지 방법으로 징계를 내리시고 참 예언자를 보내셨다. 하지만 그때마다 유다는 완악했다(2:29-30). 유다의 죄로 인한 언약 고소의 정당함을 강조하는 것이다.[43]

언약 고소는 상대방의 잘못을 부각시키기 위해 상식적인 사실을 인용한다. 즉 피고소자의 상식에 어긋난 행동을 강조함으로써 언약 고소의 정당함을 제시한다. 2:31-37도 이런 언약 고소의 특징을 따라 일상에서 일어나는 일을 예로 들어 상대방의 잘못을 지적하는 형태를 취한다. 이 소단락은 백성이 야웨를 잊어버렸다는 점을 초두와 말미에 언급함으로써 독자가 이 부분을 하나의 단락으로 읽도록 신호를 보낸다.

2:31-32은 하나님과 유다의 언약관계를 신랑과 신부의 관계로 묘사하고, 신부가 어떻게 자신의 패물과 예복을 잊을 수 있냐는 반문으로 시작한다.[44] 이는 2:9-19의 언약 고소 초두에 "어느 나라가 그들의 신들을 바꾼 적이 있는가?"라고 반문하며 시작하는 것과 같은 이치다. 유다는 자신들이 하나님으로부터 놓임을 받았다고 선언한다. 언약의 의무에서 해방되어 자신들이 선의 기준이 되었다고 선포하는 셈이다(2:31). 언약의 의무에서 벗

---

43 Dearman, *Jeremiah*, 60.
44 Clements, *Jeremiah*, 28.

어나 자유로워졌다고 자찬하는 유다에게서 하나님의 사랑을 기대하는 것은 무리다(2:32).

하나님의 사랑에서 벗어난 유다는 타인의 사랑을 얻기 위해 "행위를 아름답게 꾸미었다"(2:33a). "행위를 아름답게 꾸민다"에 해당하는 히브리어 표현은 "너의 길을 선하게 한다"는 뜻이다. 선악의 기준을 하나님이 아닌 자신에게 두어 선악을 제대로 분별하지 못하는 유다의 모습을 이렇게 표현한 것이다(4:22).

선악의 기준을 자신에게 두는 행위는 분명히 하나님 보시기에 악이다. 따라서 예레미야는 유다가 악한 여자들에게 자신의 길을 가르쳤다고 선언한다(2:33b). 여기서 "악한 여자"로 번역된 히브리어 단어는 "라아"(רָעָה)다. 이처럼 선(토브)과 악(라아)이라는 용어를 사용하여 언약을 파기한 유다의 행위를 악으로 규정한다(2:19, "나를 경외함이 없는 것이 악이요").

2:34-35은 선악을 분별하지 못한 유다가 하나님보다 자신의 힘을 의지하면서 죄 없는 가난한 자를 억압하고 피를 흘렸다고 고발한다. 하나님을 버리고 언약을 위반한 유다의 추악한 민낯을 보여주는 것이다. 하나님과의 언약에서 떠난 자는 무엇이 선이고 무엇이 악인지를 알지 못하기에 자신들의 행위가 무죄하다고 말한다(2:35, "나는 죄를 범하지 아니하였다"). 이를 목격하신 하나님은 심판의 당위성을 선포하신다(2:35).

언약을 위반한 유다는 자연스럽게 하나님을 버리고 아시리아와 이집트를 의지하였다(2:36-37; 2:18-19).[45] 그 결과 유다는 과거 아시리아(산헤립)에 의해 수치를 당했던 것처럼 이집트에 의해 수치를 당하게 될 것이다.

---

45 Lundbom, *Jeremiah 1-20*, 296.

유다가 언약을 파기하고 자신들이 정하는 선을 추구할 때 심판이라는 재앙이 임할 것이라는 교훈을 주고 있는 것이다.

2:37은 "네가 두 손으로 네 머리를 싸고 거기서도 나가리니"라는 말로 재앙이 임할 때 유다가 종의 신세가 되어 포로로 잡혀갈 것을 예고한다.[46] 하나님의 도움으로 이집트의 종살이에서 해방된 이스라엘이 다시 종의 자리로 돌아간다는 아이러니다. 하나님은 유다가 하나님을 버리고 이집트를 의지하는 것을 보시고, 하나님이 이집트를 버려서 그들이 아무것도 의지하지 못하게 할 것이라고 말씀하신다(2:37b).

이어 본문은 언약을 위반한 유다의 구체적인 악에 초점을 맞춘다(3:1-5). 이 소단락은 2:20-28의 말씀처럼 언약을 위반한 유다의 구체적인 악이 우상숭배임을 다시금 강조한다. 먼저 3:1은 신명기 24:1-4을 인용하여 이혼한 여인이 다른 남자와 결혼한 후 원래 남편에게로 돌아가는 것이 가증한 것처럼 유다가 하나님과 이혼하고 다른 신과 결혼한 후 하나님께 다시 돌아오는 것은 가증한 것이라고 밝힌다. 그리고 하나님을 떠나 다른 신과 행음한 유다의 행위가 너무나 오래되었기에 땅이 더러워졌다고 말한다(3:2)

하나님은 유다의 심각한 음행을 들춰내기 위해 유다가 창녀의 낯을 가졌다고 선언하신다(3:3). 앞서 하나님은 많은 비누로도 유다의 악을 씻어낼 수 없다고 한탄하셨고(2:22), 여기서는 유다가 창녀와 같이 뻔뻔하여 그 악을 지울 수 없는 상태에 이르렀다고 다시 말씀하신다. 창녀의 낯이라는 표현은 창녀처럼 음행을 했다는 의미도 있지만 우상숭배를 통해 영적으로

---

46 Clements, *Jeremiah*, 29.

간음했다는 증거로도 이해할 수 있다. 가나안의 바알 종교는 실제 성행위를 부추기는 음란한 종교였다는 점을 고려하면, 여기에 언급된 유다의 음행은 바알을 숭배하면서 사람들이 실제로 행한 음행을 모두 포함한다고 볼 수 있다.

악에 물든 유다는 더욱 뻔뻔하게 하나님을 아버지라고 부르며 환난 앞에서 도움을 구한다(3:4-5). 호세아 6장에서 묘사된 것처럼 이들은 음란하게 우상을 섬기고도 위기가 닥치면 언약관계를 상기시키면서 하나님의 도움을 구했다. 평안할 때는 우상인 나무를 "아버지"(2:27)라고 불렀던 이들이 환난과 위기 앞에서는 하나님을 "아버지"(3:4)라고 부르는 이중적인 모습을 보이는 것이다.[47]

④ 돌아오라(3:6-25)

이 단락은 크게 보면 우상을 섬긴 죄를 자복하고 돌아오라는 초청(3:6-13), 돌아오는 자에게는 남편이신 하나님이 사랑을 베푸실 것이라는 약속(3:14-18), 다시 돌아오라는 하나님의 초청(3:19-22a), 그에 대한 우리의 반응(3:22b-25)으로 구성된다. 이 단락의 핵심 주제는 돌아옴이다. 언약 위반을 고소하고 책망하는 2-3장의 전반적인 문맥을 생각하면 왜 이 부분에서 돌아오라는 하나님의 호소가 나오는지 언뜻 이해하기 힘들다. 하지만 이 호소는 자신의 사랑을 저버린 백성을 지켜본 하나님이 얼마나 가슴 아파하시는지를 보여줌으로써 백성을 향한 하나님의 사랑을 돋보이게 한다. 이와 동시에 심판 이후에 하나님의 사랑을 받아들이고 진정으로 돌아올 것

---

47 Clements, *Jeremiah*, 33.

을 촉구하는 효과를 준다. 미래에 하나님은 반드시 자신의 사랑으로 백성을 돌아오게 하고 그들의 완악한 마음을 제거하실 것이다(3:17-18).

3:6-13은 종교적 행음을 저지른 유다가 하나님께 돌아오지 않았음을 지적하는 내용(3:6-10)과 남유다보다 더 의로운 북이스라엘을 향해 돌아오라는 하나님의 초청(3:11-13)을 다룬다. 요시야 왕(기원전 640-609년) 시대에 북이스라엘은 이미 아시리아에 의해 멸망(기원전 722년)하여 포로로 끌려가 있었다. 북이스라엘이 포로 신세로 전락한 원인은 모든 높은 산과 푸른 나무에서 우상을 숭배했기 때문이다(3:6-9). 이처럼 북이스라엘이 우상숭배의 결과로써 포로로 끌려가는 심판을 당했음에도 불구하고, 남유다는 요시야 시대에 이르기까지 정신을 차리지 못하고 다른 신을 받드는 종교적 행음을 지속했다. 여기서 우리는 남유다 땅에서 일어났던 요시야의 종교개혁이 결국 실패로 돌아갔다는 사실을 알 수 있다.[48]

3:11-13은 포로로 끌려간 북이스라엘을 향해 돌아오라고 외치며 하나님의 헤세드(사랑)를 강조한다(3:12). 사람이 하나님께로 돌아오는 것은 하나님의 사랑이 있어야 가능한 일이다. 더욱이 하나님의 사랑을 진정으로 체험한 사람만이 하나님께 돌아올 수 있다.[49] 그렇다면 누가 하나님의 사랑을 체험할 수 있는가? 이 질문에 대해 예레미야는 죄를 회개하지 않고 돌아오는 것은 결코 진정한 돌아옴이 아니라고 교훈한다(3:4-5). 고난의 징벌을 통과하면서 회개하고 자신이 아무것도 아닌 존재임을 깨닫는

---

48 요시야의 종교개혁에도 불구하고 유다가 여전히 우상숭배를 했다는 힌트는 스바냐서에서도 발견된다(습 1:4, "남아 있는 바알"). Raymond B. Dillard and Tremper Longman III., *An Introduction to the Old Testament* (Grand Rapids, Mich.: Zondervan, 1994), 416 참조.

49 Clements, *Jeremiah*, 35.

자만이 돌아올 수 있다는 진리를 말하는 것이다(31:18, "주께서 나를 징벌하시매 명에에 익숙하지 못한 송아지 같은 내가 징벌을 받았나이다.…나를 이끌어 돌이키소서").

3:14-22a은 유다가 포로로 끌려갈 상황을 전제하고 포로가 된 백성을 향해 돌아오라고 말하는 하나님의 초청을 다룬다.[50] 이 초청에 응하는 자는 시온으로 돌아오게 될 것이다(3:14). 그들이 시온으로 돌아오게 되는 이유는 하나님이 그들의 "남편"이시기 때문이다. 여기서 "남편"으로 번역된 히브리어 단어는 "바알"로서 우상인 바알과 동일하다. 이런 문자적 기교를 통해 유다의 남편은 바알이 아니라 하나님임을 은연중에 드러낸다. 또한 남편으로서의 하나님을 언급함으로써 유다가 미래에 시온으로 돌아올 때 신랑과 신부로서 다시 맺게 될 언약관계(새 언약)를 예고하고 있다.[51]

미래에 언약관계가 다시 성립된다고 할지라도, 언약 백성이 인애와 공의와 의를 지키지 못하면 다시 포로로 돌아갈 수 있다. 하나님은 이런 가능성을 염두에 두고 하나님의 마음에 합한 지도자들이 포로에서 돌아온 자들을 지식과 명철로 양육할 것이라고 말씀하신다(3:15). 예레미야서에서 안다는 것은 하나님의 성품을 닮아 실천한다는 의미를 내포한다. 이런 점에서 지도자들이 하나님에 대한 정확한 지식을 가지고 백성을 인애와 공의와 의를 행하는 자로 양육하게 될 것을 내다본다(24:7).

포로 생활에서 시온으로 돌아온 백성들은 더 이상 언약궤를 찾지 않을 것이다(3:16). 언약궤는 양쪽에 그룹이 있는 하나님의 보좌를 상징한다

---

50 랄레만, 『예레미야, 예레미야애가』, 135-138.
51 Allen, *Jeremiah*, 57.

(삼상 4:4; 삼하 6:2; 시 99:1). 미래에 새 언약이 체결되면 예루살렘이 야웨의 보좌가 될 것이다(참조. 3:17; 31:40).[52] 또한 언약궤를 찾지 않을 것이라는 예언은 더 이상 새 언약의 백성이 형식적인 성전 예배를 통해 안전과 축복을 추구하지 않을 것이라는 뜻이기도 하다.

당시 유다는 언약궤가 있는 성전에서 예배를 드리면 바빌로니아의 침공을 받더라도 예루살렘 성전이 결코 무너지지 않을 것이라는 잘못된 확신에 사로잡혀 있었다(참조. 7:4). 그들은 기계적인 예배가 자신의 안전을 보장해줄 것이라고 믿었다. 이런 상황에서 예레미야는 미래에는 언약궤를 찾지 않을 것이며 언약궤에 집착하는 형식적 예배가 사라질 것이라고 알린다. 미래에는 악한 마음이 제거되고 온전한 마음으로 하나님과 동행하게 된다는 의미다(3:17b).

3:19-22a은 유다가 남편이신 하나님의 사랑을 잊고 하나님을 사랑하지 않은 결과로 포로가 되어 끌려가게 될 것을 다시 확인해준다. 먼저 하나님을 향한 사랑을 저버린 유다의 모습을 서술하고(3:19-20), 그 결과 그들이 포로로 끌려가게 될 것이라고 말한다(3:21-22a). 이때 유다의 헐벗은 산 위에서 슬피 우는 소리가 들릴 것이다(3:21). 여기서 슬피 우는 자가 누구인지는 뜨거운 논쟁거리다. 3:21에서 "이스라엘 자손이 애곡하며 간구하는 것"으로 번역된 히브리어 표현은 "이스라엘 자손을 위해 애곡하고 간구하는 것"으로 해석될 수 있는 여지가 있다. 따라서 이 표현은 포로로 끌려가는 상황에서 제삼자가 우는 것으로 이해할 수 있다.

그렇다면 이 제삼자는 누구인가? 어떤 이는 포로에서 돌아온 회개하

---

52 Holladay *Jeremiah 1*, 121.

는 자들이라고 주장한다(31:9).[53] 하지만 이 구절은 31:15에서 이스라엘의 어머니 라헬이 포로로 끌려가는 백성을 보고 우는 모습을 묘사한 것과 매우 유사하다.[54] 이스라엘 백성들이 포로로 끌려갈 때 실제로 라헬이 살아 울고 있는 것은 아니므로, 여기서 유다의 심판을 보고 우는 자의 정체는 하나님이라고 말할 수 있다. 같은 맥락에서 할러데이(Holladay)는 이곳에 언급된 슬피 우는 소리는 하나님이 포로로 끌려가는 이스라엘을 보고 슬퍼하는 소리라고 설명한다(9:10).[55] 이 해석을 따른다면, 이 본문은 자신의 백성을 심판하는 하나님의 무서운 이면에는 백성을 사랑하는 하나님의 연약한 모습이 있음을 표현하는 것이다.

이스라엘이 포로라는 환난을 통과하고 자신들이 아무것도 아닌 존재임을 자각할 때 비로소 하나님은 그들의 죄악성을 치유하실 것이다(3:22a). 하나님의 치유의 목적은 백성이 하나님의 성품을 닮아 하나님의 사랑을 절실히 깨닫고 하나님을 사랑하여(인애) 하나님의 뜻을 실행하는 모습(공의)을 갖게 하려는 데 있다. 이것은 달리 말하면 마음에 율법을 새기는 모습이라고 할 수 있고, 이것이 곧 새 언약의 약속이다(31:33).

끝으로, 돌아오라는 하나님의 초청에 반응하여 우리가 고백하는 내용을 다룬다(3:22b-25). 이 고백에서 "우리"의 정체는 누구인가? 예언서에서는 죄를 회개하는 "우리"가 자주 등장한다(사 26:13; 59:9-14; 미 4:5; 7:17). 아마도 "우리"의 정체는 예언자 예레미야의 말씀을 듣고 따르는 바룩과 같은 제자들일 것이다. 이들은 우상을 숭배한 것을 회개하고 있다. 하지만 예

---

53 Lundbom. *Jeremiah 1-20*, 321.
54 Clements. *Jeremiah*, 36.
55 Holladay. *Jeremiah 1*, 123.

레미야서에 등장하는 "우리"는 전부 같은 사람들이 아니다. 언약 파기로 인해 저주를 받아 가뭄의 고통을 당하면서 "어찌하여 우리를 치시고 치료하지 아니하시나이까"라고 항변하는 "우리"도 있다(14:19). 어쨌든 여기에 언급된 "우리"는 우상숭배의 결과로 심판이 임하게 될 것을 알고 회개하는 자로 제시된다.[56]

이 "우리"는 자신들과 자신들의 조상이 수치스런 것을 섬겼기 때문에 포로가 되어 수치를 받는다고 고백한다(3:24-25). 3:24은 우상을 "부끄러운 것"이라고 말하는데,[57] 이 "부끄러운 것"에 해당하는 히브리어는 "보쉐트"(בשׁת)다. 이 단어는 3:25에서 포로의 "수치"를 언급할 때 사용된 히브리어 단어와 동일하다. 이런 문학적 기교를 통해 "부끄러운 것"인 우상을 섬겼기에 포로라는 "수치"가 왔다는 교훈을 준다.

(2) 북방의 적으로 인한 유다의 멸망(4장)

2-3장은 유다가 하나님의 사랑에서 이탈하여 언약을 위반했음을 고발하고, 4장은 유다가 언약을 위반한 결과로 북방의 적의 침입을 받아 멸망할 것이라고 선포한다(4:6, 16; 10:22; 13:20; 참조. 1:15). 북방의 적으로 인해 유다가 겪게 될 재난과 멸망은 모세 언약 및 아브라함 언약의 취소와 함께 노아 언약으로 유지된 창조 질서의 파괴로 이어진다.[58]

---

56 Lundbom, *Jeremiah 1-20*, 323.
57 Clements, *Jeremiah*, 36.
58 4장의 구조는 다음과 같다.
　서론. 돌아오지 않으면 분노의 심판이 있음(4:1-4)
　A. 북방의 적의 침입: 유다와 열국을 멸함(4:5-9)
　　B. 예레미야의 반응: 슬프다, 평강 대신에 칼(4:10)
　　　C. 북방의 적의 병거와 말들(4:11-13)

① 북방의 적을 통해 유다를 심판하는 하나님(4:1-14)

4:1-4은 유다의 언약 위반으로 모세 언약과 아브라함 언약이 취소됨을 알리고, 유다가 돌아오지 않는다면 임박한 심판이 시행될 것이라고 경고한다. 먼저 하나님은 가증한 우상을 버리고 "진실과 정의와 공의"를 행하라고 명령하신다(4:1-2). 여기서 "진실"로 번역된 히브리어는 "에메트"로서 인애와 공의와 의를 달리 표현한 용어다(호 2:20; 4:1). 이 단어는 모세 언약의 이상인 하나님을 향한 사랑(인애)과 그분의 계명을 준수하는 행위(공의)를 한결같이 실행함으로써 진실된 관계를 유지하는 의(체다카)를 함축적으로 표현하고 있다(참조. 신 10:12; 미 6:8).

유다가 인애와 공의와 의를 행하는 것을 본 다른 나라들(열국)도 하나님의 백성이 되어 복을 받게 될 것이다(4:2). 이는 아브라함 언약이 성취될 것이라는 뜻이다(창 22:18; 26:4).[59] 하지만 유다가 진실과 정의와 공의에서 이탈하였기 때문에 모세 언약과 아브라함 언약이 파기되는 지경에 이르렀다.

하나님은 인애와 공의와 의를 실천하지 못한 유다에게 묵은 땅을 갈고 다시 파종하라고 말씀하신다(4:3). 묵은 땅은 마음의 밭을, 마음의 밭에 파종할 씨는 인애와 공의와 의의 씨를 가리킨다. 즉 묵은 땅을 갈아 옥토

D. 마음의 악을 제하면 구원이 있음(4:14)
A'. 북방의 적을 통해 유다를 멸함(4:15-18)
　B'. 예레미야의 반응: 슬프고 아프다(4:19)
　　C'. 북방의 적의 깃발과 나팔 소리(4:20-21)
　　　D'. 유다는 어리석게 악만 행함(4:22)
A". 북방의 적으로 인한 창조 질서의 전복(4:23-28)
결론. 유다가 해산하는 여인처럼 고통을 당할 것(4:29-31)

59 랄레만, 『예레미야, 예레미야애가』, 139. 이 구절은 아브라함의 언약이 하나님을 통해 성취될 것을 보여준다.

로 만들고 공의와 의의 씨를 뿌려 공의와 의의 열매를 맺는 나무가 되라는 명령이다. 참고로 4:3의 "묵은 땅을 갈라"는 말은 호세아 10:12과 매우 유사하다.[60]

백성이 하나님이 원하는 인애와 공의와 의의 열매를 맺지 않는 것은 마음의 문제이기 때문에, 하나님은 "너희는 스스로 할례를 행하여 너희 마음 가죽을 베고 나 여호와께 속하라"고 권면하신다(4:4). "여호와께 속한다"라는 표현은 언약관계 안에서 하나님의 속성을 닮은 자로 살라는 뜻이다(출 19:5, "내 언약을 지키면 너희는 모든 민족 중에서 내 소유가 되겠고"). 그렇게 살지 못한다면 유다와 열국은 불로 심판을 당하게 될 것이다.

4:5-9은 열매를 맺지 못한 유다가 결국 북방의 적에 의해 재난을 당하고 멸망할 것이라고 예고한다(1:14-15; 6:1, 22; 10:22; 13:20). 여기에 언급된 북방의 적은 "나라들을 멸하는 자"(4:7)로 표현됨으로써 유다의 심판이 열국의 심판으로 이어질 것을 암시한다. 하나님은 바벨탑 사건으로 인류와 창조 질서를 불로 심판하시려고 했지만, 심판을 유보하고 아브라함을 불러 언약을 맺으셨고 아브라함의 후손인 이스라엘과도 모세 언약을 맺으셨다. 그렇게 하신 이유는 인애와 공의와 의를 행하는 이스라엘을 보고 다른 열국도 하나님을 찾아와 그분의 자녀가 되는 복을 누리길 원하셨기 때문이다(신 4:6; 사 2:1-5).

이렇게 되었다면 인류가 창조 질서와 함께 불로 멸망하는 일은 없었을 것이다. 하지만 유다가 언약을 파기하여 하나님이 원하는 삶을 살지 못하게 되자 열국에도 더 이상 소망이 없게 되었고, 그 결과 열국도 유다와

---

[60] Allen, *Jeremiah*, 62.

같이 불 심판을 당하게 된다. 이것이 북방의 적에 의해 유다와 열국이 심판을 당하게 된 배경이다.

하나님은 심판을 받는 유다에게 굵은 베를 두르고 애곡하라고 말씀하신다(4:8). 왜냐하면 하나님이 돌이키지 않으실 것이기 때문이다. 여기서 "돌이키다"에 해당하는 히브리어 동사는 "슈브"(שוב)로서 4:1에서 하나님이 백성에게 "돌아오라"고 할 때 사용된 낱말이다. 죄를 슬퍼하고 하나님께로 돌아와야 할 유다가 그렇게 행하지 않는다면 하나님의 심판으로 인해 울게 될 것이고 하나님도 결코 이를 돌이키지 않으실 것이라는 사실은 아이러니다. 예레미야는 이런 심판 앞에서 자신의 슬픔을 토로한다(4:10).

4:11-14은 북방의 적의 위협을 뜨거운 바람과 그것이 운반하는 구름에 비유하면서 그로 인해 유다가 멸망할 것이라고 예언한다. 유다에게 악에서 벗어나라는 간곡한 촉구다. 하지만 유다는 이에 반응하지 않는다. 북방의 적을 뜨거운 바람에 비유한 이유는 뜨거운 바람이 땅을 황폐케하고 사막으로 만드는 것처럼 북방에서 오는 재앙으로 인해 유다가 황폐해지고 창조 질서가 전복될 것을 알리기 위함이다(4:23-26). 이 바람은 파괴적인 바람으로서 단순히 키질을 돕는 가벼운 바람이 아니다(4:11-12).[61] 이 대목은 언약의 백성인 성도가 타락하면 믿지 않는 사람뿐만 아니라 창조 질서도 신음하게 된다는 진리를 깨닫게 한다. 그러므로 성도는 자신이 세상의 희망임을 알고 죄에 물들지 않도록 스스로를 항상 돌아보는 신중함을 유지해야 할 것이다.

---

61 Lundbom, *Jeremiah 1-20*, 344.

바람에 날리는 구름처럼 북방의 적이 몰려오고 그의 병거는 회오리바람과 같을 것이다(4:13) 그렇지만 하나님은 유다가 마음의 악을 씻으면 다시 한번 기회가 있을 것이라고 전한다(4:14). 다시 회개하고 돌아온다면 마지막까지 구원의 길이 남아 있다는 호소다. 하지만 죄악에 물든 유다 백성에게는 이 절절한 호소가 공허한 소리로 들릴 뿐이었다.

② 북방의 적을 통해 유다를 심판하시는 하나님(4:15-22)

이 단락은 하나님이 북방의 적을 통해 유다와 열국을 심판하시는 장면을 구체적으로 묘사한다. 북방의 적은 먼 땅에서부터 와서 유다 성읍들을 향하여 소리를 발할 것이다(4:16). 이 소리는 바다처럼 포효하는 소리로 변함으로써(6:23) 창조 질서가 전복될 것이라는 암시를 준다. 북방의 적의 소리로 인해 "온 땅이 진동한다"라고 말한다(8:16). 확실히 예레미야서에서 북방의 적은 열국을 넘어 창조 질서를 위협하는 동인으로 그려지고 있다. 4:23-26은 이런 묘사를 바탕으로 창조 질서의 전복을 자연스럽게 묘사한다.

유다가 북방의 적을 통해 재앙을 겪는 것은 스스로 행한 악 때문이다(4:18). 여기서 "악"에 해당하는 히브리어 "라아"는 재앙이라는 뜻도 가진다. 따라서 이 구절은 유다의 "라아"(악)로 인해 "라아"(재앙)가 왔다는 말이 된다. 이때 예레미야는 시선을 자신에게로 돌리고 유다의 멸망을 애통해한다(4:19). 하나님은 예레미야와 같은 신실한 성도의 애통을 보시고 다시는 자신의 백성에게 그런 슬픔을 주지 않기 위해 새 언약을 맺으실 것을 결단하신다. 이처럼 새 언약에는 더 이상 백성에게 슬픔을 주지 않으시려는 하나님의 목적이 담겨 있다.

궁극적으로 유다가 심판받는 이유는 "악을 행하기에는 지각이 있으나 선을 행하기에는 무지하기" 때문이다(4:22). 이 구절에서 언급된 선은 인애와 공의와 의를 행하는 것을 뜻한다(미 6:8). 그들의 선은 하나님이 원하시는 선인 인애와 공의와 의에 비교하면 큰 차이가 있었고, 하나님이 보시기에 악이었다. 심판 직전의 유다는 선악의 기준을 하나님이 아닌 자신에게 두고 자기들 나름대로 선을 추구한 결과로 심판을 받게 되었다.

이 대목은 새 언약의 수혜자로 사는 신약의 성도에게 많은 것을 시사한다. 새 언약은 성도로 하여금 선악의 기준을 하나님께 두고 그분이 원하시는 선을 추구하게 한다. 오늘날 성도는 이와 같은 새 언약의 목적을 마음 깊이 새김으로써 선의 기준을 하나님께 두고 인애와 공의와 의를 행하는 자로서의 정체성을 소중히 여겨야 할 것이다.

③ 창조 질서를 전복하시는 하나님(4:23-28)

4:23-26은 북방의 적의 출현으로 유다와 열국이 심판받게 되자 노아 언약으로 유지된 창조 질서마저 흔들리게 된 상황을 보여준다. 창조 질서의 전복(reversal)은 창세기 1장에 제시된 창조의 순서대로 이루어진다. 곧 창조된 순서대로 무너지는 것이다. 이를 도표로 제시하면 다음과 같다.[62]

---

62 Michael Fishbane, "Jeremiah IV 23-26 and Job III 3:13: A Recovered Use of the Creation Pattern," *VT* 21 (1971): 151. 여기서 Fishbane은 렘 4:23-26은 창 1장에 필적하는 내용 (counterpart)이라고 주장한다.

예레미야 4:23-26	창세기 1장
혼돈하고 공허(4:23)	혼돈하고 공허(1:2)
빛(4:23)	빛(1:3)
하늘(4:23)	하늘(1:8)
땅(4:23)	땅(1:10)
새(4:25)	새(1:20)
사람(4:25)	사람(1:26)

4:23-46은 창조세계가 하나씩 철회되는 것을 확실히 보여준다.[63] 4:23의 "혼돈하고 공허하다"라는 말은 창세기 1:2에 등장한 창조 시의 무질서 상태를 암시하며, 4:23-26은 모세 언약의 위반으로 인해 유다에 임한 심판이 노아 언약으로 유지되어온 창조 질서까지 무너뜨리는 모습을 묘사한다.

창조 질서의 전복이 갖는 신학적 의미에 대해서는 여러 가지 견해가 있다. 우선 린드블롬(J. Lindblom)은 온 창조 질서가 붕괴되는 예레미야의 비전은 "유다의 파괴를 상징적으로 묘사한 것"일 뿐이라고 말한다.[64] 반면 브라이트(John Bright)는 4:23-26은 온 세상이 "창조 이전의 상태"로 전복됨을 말한다고 주장한다.[65] 중도적 입장에 있는 런드봄(Lundbom)은 "여기서 예레미야의 의도가 얼마나 포괄적인지는 분명하지 않다. 확실히 그는 창세기 1:1-2:4a의 언어를 사용하고 있다. 하지만 명확한 점은 그의 비전이

---

63 Walter Brueggemann, "Jeremiah: Creatio in Extremis," in *God Who Creates: Essays in Honor of W. Sibley Towner*, ed. William P. Brown and S. Dean McBride Jr. (Grand Rapids, Mich.: Eerdmans, 2000) 156.

64 Johannes Lindblom, *Prophecy in Ancient Israel* (Philadelphia: Fortress, 1963), 422.

65 Bright, *Jeremiah*, 2nd ed, 32.

유다 땅(Land)을 토대로 하고 있다는 것이다"라고 말한다.[66]

4:23-26에서 묘사된 창조 질서의 전복이 우주적인 의미인지 아니면 단순히 유다의 멸망을 선언하는 메타포인지에 대해서도 학자들의 의견이 갈린다. 하지만 본문의 문맥과 저자의 의도를 고려하면 이 부분은 우주적인 의미에서 유다의 심판이 실제적으로 창조 질서의 전복(dismantling)으로 이어지고 있음을 신학적으로 묘사하는 것이라고 볼 수 있다. 이에 대한 몇 가지 증거들을 살펴보겠다.

첫째, 예레미야 4장의 근접 문맥을 고려하면 4:5-31은 모세 언약의 파기로 인해 북방의 적을 보낼 것이라는 야웨의 예언을 강조하고 있음을 알 수 있다(4:6; 12-13, 16-17). 북방의 적은 유다를 징벌하는 자일 뿐만 아니라 "열국을 멸하는 자"로 규정된다(4:7). 나중에 예레미야는 유다의 심판이 도화선이 되어 열국의 할례받지 못한 자들까지 멸망하게 될 것이라고 예언한다(9:25-26). 이처럼 예레미야서에서 유다에 대한 심판은 유다 땅을 넘어 열국을 포함한 모든 세계(world)에 영향을 미치는 것으로 묘사된다. 따라서 유다에 대한 심판으로 인해 창조 질서가 전복될 것이라고 충분히 추정할 수 있다.

둘째, 예레미야 2-6장의 원접 문맥을 고려하면 4장에서 언급된 북방의 적은 6:23에서 언급된 "바다처럼 포효함"과 같이 창조 질서를 방해하는 무질서 세력으로 볼 수 있다. 따라서 4:23-26의 땅과 하늘이 무너지는 묘사는 단순히 유다 땅에 국한된 메타포가 아니라 전체 창조 질서가 붕괴되는 상황을 그린 것으로 이해할 수 있다.

---

66 Lundbom, *Jeremiah 1-20*, 359.

셋째, 이미지(imagery)의 수사적 기능이다. 퍼듀(Perdue)는 4:23-26의 이미지는 단순히 "과장"(hyperbole)이라고 말한다.[67] 하지만 케이어드(Caird)는 구약에서의 이미지(imagery)는 단순히 수사학적 용례 이상의 의의가 있기 때문에 이미지가 표현하고자 하는 실체에 관심을 기울여야 한다고 강조한다.[68] 이는 표현된 이미지를 무조건 이미지로만 해석하려는 경향에 경종을 울리는 말이다. 따라서 성경 해석자는 이미지 뒤에 있는 신학적 의미를 추출하기 위해 노력해야 한다. 이와 관련해서 브루그만(Brueggemann)은 4:23-26의 이미지는 야웨가 모든 창조물을 "완전히 파괴할 수 있는" 창조자임을 보여준다고 말한다.[69]

결국 4:23-26의 근접 문맥과 원접 문맥을 고려하면 여기에 표현된 창조 질서의 전복 이미지는 단순한 이미지가 아니라 하나님의 창조 능력을 드러내고 유다의 멸망으로 인해 창조 질서가 무너지는 상황에 이르게 된 과정을 전하는 말씀이라고 볼 수 있다. 유다의 죄로 인해 모세 언약과 아브라함 언약이 파기되고, 더 나아가 노아 언약으로 유지된 창조 질서까지 전복되어 결국 노아 언약까지 파기되는 전체 상황을 포괄하는 셈이다.

하나님은 "온 땅이 황폐할 것이나 내가 진멸하지는 아니할 것이다"라고 말씀하신다(4:27). 이 구절에서 등장하는 두 개의 히브리어 단어 "칼라"(כָּלָה, "진멸")와 "아사"(עָשָׂה, "하다")는 30:11에 다시 나타난다. 거기서 하나님은 이 두 개의 단어를 다시 사용하여 "모든 이방을 내가 멸망시키리

---

67 Perdue, *The Collapse of History*, 143.

68 G. B. Caird, *The Language and the Imagery of the Bible* (Grand Rapids, Mich.: Eerdmans, 1980), 131-171.

69 Brueggemann, "Jeremiah: Creatio in Extremis," 156.

라. 그럴지라도 너만은 멸망시키지 아니하리라"고 말씀하신다.

이 두 구절을 대조하면 4:27에서 "온 땅이 황폐하다"라고 할 때의 온 땅은 유다와 열국의 땅을 포함하는 것임을 알 수 있다. 이는 하나님의 심판의 범위가 유다의 경계를 넘어 창조 질서까지 확대될 것이라는 주장에 힘을 보태준다. 또한 독자로 하여금 창조 질서가 전복되는 상황에서 미래에 새 언약의 수혜자인 백성은 멸망(진멸)하지 않을 것이라는 메시지를 깨닫게 한다(참조. 5:10, 18; 암 7:4; 9:5-8).

그렇다면 기존 창조 질서가 전복되는 상황에서 어떻게 새 언약의 백성은 멸망하지 않을 수 있는가? 이에 관해 예레미야서는 새 언약이 체결되면 새 하늘과 새 땅이라는 새로운 창조 질서가 출현할 것이라는 힌트를 준다. 예레미야는 새로운 창조 질서 아래서 새로운 백성이 살아갈 것이라고 알린다(31:35-36). 새로운 창조 질서의 출현에 대해서는 이사야서도 분명하게 언급한 바 있다(사 65:17, "보라 내가 새 하늘과 새 땅을 창조하나니").

④ 유다가 해산하는 여인처럼 고통을 당할 것(4:29-31)

여성으로 의인화된 시온의 백성(딸 시온)이 마치 해산하는 여인처럼 고통의 소리를 내며 심판을 당할 것이다.[70] 이 소단락은 전쟁의 소리와 해산하는 여인의 고통의 소리가 앞뒤를 감싸는 구조로 배치됨으로써 독자가 이 부분을 한 단락으로 읽도록 신호를 보낸다(4:29, 31).[71]

---

70 Holladay, *Jeremiah 1*, 148.

71 Angela Bauer, "Dressed to Be Killed: Jeremiah 4.29-31 as an Example for the Functions of Female Imagery in Jeremiah," in *Troubling Jeremiah*, ed. A. R. Pete Diamond, Kathleen M. O'Connor & Louis Stulman, JSOTSup. 260 (Sheffield: Sheffield Academic Press, 1999), 294.

유다는 하나님의 심판을 피하기 위해 붉은 옷을 입고 눈을 장식한 채로 북방의 적에게 호의를 얻으려고 할 것이다(4:30).[72] 이 모습은 이세벨이 자신을 죽이러 온 예후를 유혹하는 모습과 매우 흡사하다(왕하 9:30).[73] 이런 음탕한 모습은 남편인 하나님을 제쳐두고 음행을 저지른 유다의 평소 행태를 반영한 것이기도 하다(참조. 2:20, 25, 33; 3:1-5; 13:27).[74] 유다는 위기 앞에서 간음한 이세벨과 같이 북방의 적을 유혹하고자 할 것이나 헛된 결과를 얻게 될 것이다.

그 결과 유다는 해산하는 여인과 같이 절규하며 포로로 끌려가게 될 것이다(30:6). 여기에 등장하는 해산하는 여인의 메타포를 이사야서와 연결해보면 큰 시사점을 발견할 수 있다. 이사야서에 따르면 유다는 해산하는 여인과 같은 사명, 즉 인애와 공의와 의를 행하며 열국을 초대하고 그들로 하나님의 자녀가 되게 하는 사명이 있었다(사 26:18). 이런 사상을 예레미야서에 대입해보면, 유다가 해산하는 여인으로서의 영적 사명을 감당하지 못하면 산기의 고통을 몸소 체험하는 것과 같은 심판을 당할 것이라는 아이러니를 읽어낼 수 있다. 다시 말하면 해산의 고통을 견디고 생명을 잉태했어야 할 유다가 언약을 위반하고 사명을 감당하지 못하면, 그 결과 해산의 고통과도 같은 고난을 당할 것이라는 뜻이다.[75]

---

72 Allen, *Jeremiah*, 70.

73 Holladay *Jeremiah 1*, 170.

74 Bauer, "Dressed to Be Killed," 296.

75 Bauer, "Dressed to Be Killed," 298 참조.

2) 언약의 의무인 공의의 실종으로 인한 유다의 멸망(5-6장)

2-3장이 언약의 의무인 하나님을 향한 사랑을 잃음으로써 언약을 위반한 유다를 고소하는 내용이라면, 5장은 언약의 또 다른 의무인 공의와 의를 행하지 않음으로써 언약을 위반한 유다를 질타하는 내용이다(5:1). 이어 6장은 언약 위반으로 인해 출현할 북방의 적을 명시적으로 언급하고(4:6; 6:1, 22), 그들을 통해 유다가 멸망하게 될 것이라고 예고한다.

5-6장의 내용은 여러 가지 공통점을 가지고 있다. 예를 들어 예언자들의 거짓된 예언이 두 장에 모두 서술된다(5:11-14; 6:12-15). 그리고 북방의 적을 통해 유다가 멸망한다는 점을 공통적으로 언급한다. 차이가 있다면 5장의 거짓 예언자는 단순히 심판이 오지 않는다고 말하지만, 6장의 거짓 예언자들은 적극적으로 평강을 외친다. 또한 5장은 "한 나라"가 와서 심판할 것이라고 말하는 반면, 6장은 그 나라가 북방에서 오는 나라라고 언급함으로써 약간의 온도 차이를 보인다(5:15; 6:1) 이런 차이를 보이는 이유는 5장이 공의와 의라는 언약의 의무를 행하지 않는 언약 위반에 초점을 맞춘 반면, 6장은 언약 위반의 결과로 유다가 북방의 적에게 멸망할 것에 초점을 맞추기 때문이라고 풀이할 수 있다.

6장은 북방의 적을 "바다의 포효함"이라는 창조 모티프로 표현하고 유다가 멸망하여 창조 시의 무질서로 돌아가게 됨을 내비침으로써 창조 질서가 전복될 것을 예고한다.[76] 이런 점에서 6장은 창조 질서의 전복을 예

---

76 렘 8:16은 북방에서 오는 적으로 인해 "땅이 진동한다"라는 표현을 쓰고 있다. 이를 통해 창조 질서가 흔들리고 있음을 간접적으로 묘사한다.

고하는 4장과 짝을 이룬다.

(1) 유다가 공의와 의를 행하지 않음(5장)

5장은 유다가 언약의 의무인 공의를 행하지 않음으로써 언약을 위반했다고 강조한다(5:7-8, 26-28). 이런 까닭에 공의를 뜻하는 "미쉬파트"가 빈번히 등장하고(5:1, 4, 5, 28), 간음과 불공평한 판결과 같이 공의에서 이탈한 행위들이 자주 거론된다(5:7, 28). 또한 "성실"을 뜻하는 "에무나"가 사용되는데(5:1, 3), 이 단어는 구약에서 인애와 공의와 의를 한 단어로 요약하는 용어다(호 2:19-20). 이런 점에서 볼 때 5장은 확실히 언약의 의무인 공의와 의에 초점을 맞추고 있음을 알 수 있다.

5장은 언약의 의무인 공의와 의의 실종을 "반역"이라고 규정한다 (5:11). "반역"으로 번역된 히브리어는 "바가드"(בָּגַד)로서 "불성실하다"는 뜻이다. 이 단어는 말라기에서 언약 의무가 불성실하게 이행되는 모습을 가리킬 때 사용된다(말 2:10, 11, 14, 15, 16). 5장은 이런 단어 사용을 통해 북이스라엘과 남유다가 언약 의무를 수행하는 데 불성실했음을 강조하고 있다.[77] 5장의 구조는 다음과 같다.

> A. 공의를 행하지 않음(5:1-2)
> B. 어리석어 하나님의 법을 알지 못함(5:3-6)
> C. 공의에서 벗어난 유다의 심판(שָׁחַת): 다 진멸치 않음(5:7-10)
> D. 거짓 예언자들이 공의에서 벗어나도록 미혹함(5:11-14)

---

[77] Clements, *Jeremiah*, 40 참조.

C′. 유다의 심판(먼 나라에 포로로 끌려감): 다 진멸치 않음(5:15-19)

B′. 창조 질서를 위배하는 어리석음(5:20-25)

A′. 예언자와 제사장과 백성이 탐욕으로 공의를 행하지 않음(5:26-31)

위의 구조를 보면 5장은 가운데 위치한 단락 D에 핵심이 있으며, 거짓 예언자들인 종교 지도자들에 의해 공의가 이루어지지 않았음을 강조하고 있음을 알 수 있다.[78]

하나님은 "미쉬파트"(공의)와 "에무나"(성실)라는 단어를 사용하여 예루살렘 거리에서 공의와 의를 행하는 자를 찾으라고 요구하신다(5:1-2). 그리고 그들이 거짓으로 맹세한다고 말씀하시며 공의와 의로 맹세하는 자가 없음을 한탄하신다(5:2, 7; 4:2, "진실과 정의와 공의로 여호와의 삶을 두고 맹세하면"). 성읍 안에 공의와 의를 행하는 자가 없다는 진술은 소돔과 고모라 사건을 연상시킨다(창 18:23-32).[79] 이는 유다가 소돔과 고모라처럼 이교도화되었다는 방증이다(신 29:23). 또한 불의로 가득 찬 소돔과 고모라가 불로 심판을 받았듯이 유다도 불 심판을 받게 될 것을 알려주는 암시다(4:4; 7:20; 9:10).

5:3-10은 유다가 이방신을 사랑함으로써 언약 의무를 위반하게 되었다고 지적하는데, 이런 지적은 2:20-28의 내용과 어휘적으로 매우 유사하다. 예를 들어 "멍에"(2:20; 5:5), 성욕에 불타는 짐승 이미지(2:24, "들암나귀"; 5:8, "수말"), 포도나무 가지(2:21; 5:10) 등이 반복된다. 이런 유사성은 2-3장

---

78 동심원 구조에서 핵심은 주로 가운데 위치해 있다. Ernst R. Wendland, *Prophetic Rhetoric: Case Studies in Text Analysis and Translation* (USA: Xulon Press, 2009), 366

79 Holladay, *Jeremiah 1*, 176.

과 5장이 공통적으로 언약의 의무(인애, 공의, 의)를 위반한 백성을 고소하는 내용을 다루기 때문에 드러나는 것이다.

유다는 비천한 자부터 지도자까지 모두 공의와 의에서 멀어졌다(5:3-6). 그 이유는 그들이 얼굴을 바위보다 더 굳게 하고(3:3, "창녀의 낯") 어리석어 하나님의 법을 알지 못했기 때문이다(5:4-5). 여기서 "법"으로 번역된 히브리어는 공의를 뜻하는 "미쉬파트"로서 직역하면 공의를 행하지 않았다는 뜻이다.

5:5은 이 공의를 "멍에"로 묘사한다. 2:20의 "멍에"는 언약의 의무인 인애를 가리키지만, 5:5의 "멍에"는 언약의 의무인 공의를 가리킨다. 이런 단어 사용을 통해 유다가 공의의 멍에를 꺾고 자연스럽게 공의와 의에서 멀어졌다고 고발한다(5:5).[80] 그 결과 사자가 수풀에서 나와 그들을 죽일 것이다(5:6).

이 말은 언약의 의무인 멍에를 스스로 꺾어버리면 더 무서운 고통과 고난이 따라온다는 아이러니를 보여주는 것이다. 나중에 예레미야는 멍에를 자신의 목에 차고 유다가 이와 같은 모습으로 바빌로니아를 섬기게 될 것이라고 예언한다(27:2, 11). 언약의 의무인 인애와 공의와 의의 멍에가 무겁다고 불평하며 그것을 벗어버리면 더 무거운 멍에가 씌워진다는 진리를 일깨워주는 대목이다. 이 진리를 깨달은 포로기의 사람들은 "멍에에 익숙하지 못한 송아지 같은 내가 징벌을 받았나이다"라고 말하며 뒤늦게 회개한다(31:18).

5:7-10은 "어찌 용서하겠느냐"로 시작하고 "어찌 벌하지 아니하겠느

---

80 Lundbom, *Jeremiah 1-20*, 379.

냐"라는 수사의문문으로 끝남으로써 이 부분을 하나의 단락으로 읽으라는 신호를 보낸다(5:7, 9). 이 소단락은 유다가 성욕을 발하는 짐승과 같이 다른 신을 섬길 뿐만 아니라 살진 수말과 같이 이웃의 아내와 간음을 하여 공의와 의에서 벗어났음을 부각시킴으로써(참조. 2:24),[81] 공의에서 벗어난 유다를 향한 하나님의 심판의 불가피성을 드러낸다.

그렇지만 하나님은 유다를 전부 진멸하지는 않으실 것이다. 5:10에서 "성벽에 올라가 무너뜨리되 다 무너뜨리지 말라"고 번역된 개역개정판 한글 성경의 표현은 히브리어 원문을 따라 충실히 번역하면 "포도나무 단지(vine-terrace)에 올라가서 파괴하되 모두 진멸하지는 말라"에 가깝다. 이는 포도나무에서 합당한 열매를 맺지 않는 악한 가지만을 진멸하라는 명령이다(2:21).[82] 5:10에서 포도나무 단지를 "무너뜨린다"라고 말할 때 이에 해당하는 히브리어 단어는 "샤하트"(שחת)로서 "파괴하다"라는 뜻이다. 이 단어는 신명기에서 하나님이 언약을 파기한 백성들에 대한 저주로서 불 심판을 내리는 모습과 밀접하게 관련된 용어다(참조. 신 31:29; 32:22). 유다가 공의라는 언약의 의무를 이행하지 못하면 언약의 저주로 불 심판을 받게 될 것이라고 선언인 셈이다.

유다가 공의에서 멀어진 이유는 야웨를 올바로 인정하지 않았기 때문이다(5:11-14). 5:12에서 개역개정판 한글 성경이 "여호와께서는 계시지 아니하니"라고 번역한 히브리어 표현은 "그는 아니다"(לא הוא/로 후)이다. 즉 야웨가 계시지 않다는 의미가 아니라 야웨는 재앙을 내리는 그런 분이 아

---

81 Allen, *Jeremiah*, 73.
82 Lundbom, *Jeremiah 1-20*, 388.

니라는 뜻이다.[83] 이 말에는 야웨는 복(선)이나 재앙(악)을 내리지 않는 무관심한 분이라는 의미가 담겨 있다(습 1:12).[84] 유다는 이런 잘못된 신관을 바탕으로 언약의 의무인 공의에서 멀어진 것이다. 유다가 이렇게 비뚤어진 신앙을 갖게 된 데는 거짓 예언자들의 역할이 컸다. 이들은 자신들의 욕심을 채워주는 자들을 만족시키려고 칼과 기근이 없을 것이라는 장밋빛 환상을 심어주었다(6:13-14; 8:10-11; 14:13, 15; 23:17).[85]

평강(샬롬)은 언약관계에서 주어지는 하나님의 축복의 대명사다(민 6:26). 반면 두려움은 언약 파기로 인한 저주의 증거다(신 28:65). 따라서 거짓 예언자들이 언약을 위반한 자들에게 평강을 외치는 것은 그들이 계속 언약관계에 있다고 호도하는 것이다. 하나님은 거짓되게 평강을 부추기는 예언자들이 하나님의 영(루아흐)으로 말하지 않기 때문에 그들이 헛된 바람(루아흐)에 불과하다고 말씀하신다(5:13a). 언어 유희를 통해 거짓 예언자들의 죄악을 책망하는 것이다.

그 결과 하나님은 거짓 예언자들에 대해 "그같이 그들이 당하리라"고 말씀하신다(5:13b). 진정한 영이 없이 헛된 바람처럼 행동한 예언자들이 무서운 바람과 같은 바빌로니아의 심판을 당할 것이라는 뜻이다(4:11, 13, "회오리바람"). 바람처럼 행동한 결과, 거대한 바람으로 심판을 당한다는 자업자득의 심판을 선언하는 것이다. 하나님의 말씀을 받지 않고도 말씀을 받았다고 거짓말하는 예언자들로 인해 백성들은 더욱더 공의와 의라는 언약의 의무에서 멀어졌다. 하나님은 이런 거짓 예언자들에게 직접 말씀을 보

---

83 Lundbom, *Jeremiah 1-20*, 389.
84 Holladay, *Jeremiah 1*, 186.
85 Allen, *Jeremiah*, 77.

내실 것이고, 그 말씀은 불이 되어 그들을 태울 것이다(5:14). 이는 하나님의 말씀을 왜곡하고 자신의 이익을 추구했던 자들에게 직접 말씀을 보내 파괴하실 것이라는 아이러니다.

하나님의 말씀에 귀 기울이지 않고 언약을 위반한 유다는 그들이 알아듣지 못하는 언어를 사용하는 먼 나라(북방의 적)에 포로로 잡혀가서 이방신을 섬기게 될 것이다(5:15-19). 하나님의 말씀을 듣고도 이해하기 힘든 외국어를 들은 것처럼 반응하는 유다를 향해, 하나님은 그들이 알아듣지 못하는 언어를 실컷 들을 수 있도록 그들을 타국으로 보낼 것이라고 말씀하신다(5:15).

이 과정에서 유다는 칼로 심판을 받게 될 것이다(5:17). 유다가 말씀을 따르지 않아 공의와 의의 열매를 맺지 못했으므로 먼 나라 백성들이 그들의 추수 곡물과 열매를 대신 먹을 것이다. 칼로 죽음을 당하고 수확물을 거두지 못한다는 말은 신명기에 나타난 언약의 저주에 해당한다(신 28:26, 30). 언약의 의무를 수행하지 않은 대가로 언약 파기로 인한 저주가 임하게 될 것이라는 뜻이다. 그렇지만 유다가 모두 진멸되지는 않을 것이다(5:18). 이는 나중에 남은 자들을 새 언약의 백성으로 삼겠다는 하나님의 의지를 보여주는 말이다.

하나님은 공의의 언약 의무를 위반한 유다가 더욱더 가증하게 행하여 이방신을 섬기는 것을 보시고, 그들이 포로로 끌려가 이방신을 섬기게 될 것이라는 충격적인 말씀을 하신다(5:19). 그렇게 좋아하는 이방신을 실컷 섬길 수 있는 타국에 포로로 끌려가도록 만드시겠다는 뜻이다(참조. 15:14; 17:4).

5:20-25은 공의와 의를 행하지 못하는 배후에 유다의 어리석음이 있

음을 고발한다. 유다가 어리석은 이유는 눈과 귀가 어두워 하나님의 말씀을 보고 듣지 못하기 때문이다(5:21). 창조세계에서는 바다의 파도마저 하나님의 공의의 법에 순종하여 바다의 한계(해안선)를 넘지 않지만, 유다는 어리석게도 공의의 법을 위반하였다(5:22-23).[86] 5:23에서 "배반하는 마음"과 "배반하고 갔다"에 해당하는 히브리어 표현은 각각 "소레르"(סורר)와 "사루"(סרו)로서 서로 유사하다. 이를 통해 유다가 얼마나 왜곡된 삶을 살았는지를 청각적으로 강조한다.[87]

하나님의 공의와 의의 원리로 세워진 창조 질서는 하나님의 명령에 따라 이른 비와 늦은 비를 내리고 추수의 기한을 지키며 수확물을 사람들에게 내린다(5:24-25; 시 33:5; 36:5-8). 하지만 유다는 이런 창조 질서의 원리를 따르지 않음으로써 공의와 의로 움직이는 창조 질서의 은택을 누리지 못하고 좋은 것(טוב/토브)을 얻지 못하고 있다(5:25). 창조 질서의 원리를 위배한 유다가 얼마나 어리석은지를 질타하는 말씀이다. 하나님이 보시기에 선(토브)인 공의와 의를 행했다면 창조 질서에서 오는 좋은 것(토브)을 누릴 수 있었는데 그러지 못했다는 설명이다.

끝으로, 어리석은 유다가 공의와 의에서 어떻게 벗어났는지를 고발하며 마무리한다(5:26-29). 특별히 속임과 불공정한 송사와 공정하지 못한 판결을 책망한다. 이런 불의는 자신들만의 이익을 추구했기 때문이다(5:28). 그리하여 공의와 의를 행하지 못한 배후에 탐욕과 탐심이 자리하고 있음을 고발한다(6:13). 불의를 부채질한 것은 거짓을 예언한 예언자, 자신의 권

---

86 Hetty Lalleman, "Jeremiah, Judgement and Creation," *Tyndale Bulletin* 60/1 (2009): 17-18.
87 Lundbom, *Jeremiah 1-20*, 404.

력을 휘두르는 제사장, 이들과 영합하는 백성들이었다(5:31). 미가서 3장은 불의한 사회에는 뇌물을 받는 우두머리, 삯을 위해 교훈하는 제사장, 돈을 위해 점을 치는 예언자들이 있음을 폭로하며 단락을 마쳤는데(미 3:11), 마찬가지로 예레미야 5장도 지도자들의 죄악상을 드러내며 이 단락을 마치고 있다.

(2) 북방의 적을 통한 유다의 멸망과 창조 질서의 전복(6장)

6장은 언약의 의무인 공의를 행하지 않은 유다가 북방의 적을 통해 멸망할 것을 강조한다(6:1, 22).[88] 이 북방의 적은 창조 질서를 위협하는 무질서의 세력인 바다의 이미지로 묘사된다(6:23). 이를 통해 4장과 마찬가지로 북방의 적에 의해 시작된 유다의 심판이 궁극적으로 창조 질서의 전복을 낳을 것이라는 신학을 제시한다(참조. 4:23-26).

6장은 짝을 이루는 4장처럼 북방의 적을 명시적으로 언급한다(4:6; 6:1, 22). 이 두 장은 공통적으로 북방의 적으로 인해 유다가 해산하는 여인의 고통을 당할 것이라고 말한다(4:31; 6:24). 4장은 유다의 멸망을 앞두고 슬퍼하는 예레미야의 반응을 언급하고 있으며(4:10, 19), 6장도 마찬가지로 예레미야의 슬픈 독백을 등장시킨다(6:10-11).

6장은 5장과의 연속선상에서 유다의 어리석음을 더욱 부각시키며 유다가 어리석게도 훈계를 거부함으로써 멸망을 가속화하고 있음을 각인시킨다. 어리석음이 유다 멸망의 주요 원인 중 하나임을 강조하는 것이다(6:8-11, 16-20). 6장의 구조는 다음과 같다.

---

88 Clements, *Jeremiah*, 41.

A. 북방의 적의 침입(6:1-7)

  B. 훈계를 받지 못한 어리석음: 포도를 거두는 듯한 심판이 임함

    (6:8-11)

    C. 백성의 탐욕 및 예언자와 제사장의 거짓: 평강을 외침(6:12-15)

  B´. 어리석게 하나님의 말씀을 듣지 않음: 재앙이 임함(6:16-21)

A´. 북방의 적을 통한 심판(6:22-26)

결론: 유다는 내어버린 은이 됨(6:27-30)

위의 구조가 보여주듯이 6장의 중심은 단락 C(6:12-15)에 있으며, 전체적
으로 백성의 탐욕과 지도자들의 거짓된 외침으로 인해 유다가 북방의 적
의 침입을 받아 멸망할 수밖에 없음을 강조하고 있다.

6:1-7은 아름다웠던 성이 북방의 적에 의해 멸망할 것이라고 말한다
(6:2, 6). 이 단락은 북방의 적이 침입할 때 예루살렘으로 피난했던 베냐민
자손이 계속 남쪽으로 도망하게 될 것이라고 말하면서 예루살렘이 멸망
할 것을 우회적으로 알린다(6:1). 여기에 언급된 드고아는 예루살렘에서 남
쪽으로 약 19킬로미터 떨어진 곳에 있는 성읍이고(암 1:1), 벧학게렘은 정
확한 위치를 알 수 없다.[89] 어쨌든 이 지명들에 대한 언급은 베냐민 자손이
북방의 적의 압박을 받아 계속 예루살렘 남쪽으로 피난하게 될 것을 말해
준다.[90]

원래 예루살렘은 하나님이 보시기에 아름다운 성이었다(6:2). 이는 이

---

89 랄레만, 『예레미야』, 156.

90 Allen, *Jeremiah*, 85.

사야가 묘사한 공의와 의로 충만한 시온을 연상시킨다(사 1:21). 하지만 공의와 의가 실종되자 시온은 포악, 폭력, 탈취, 질병, 살상이 연쇄적으로 발생하는 곳이 되었다(6:7; 사 5:7). 북방의 적이 와서 예루살렘을 멸망케 할 수밖에 없는 이유다. 5장의 진술처럼 공의와 의가 실종된 것에 대한 무서운 대가라 할 수 있다.

6:7은 백성에게 있는 "질병"과 "상처"를 언급한다. 개역개정판 한글성경이 이 구절에서 "살상"으로 번역한 히브리어는 "마카"(מכה)로서 "상처"를 뜻한다. 이 상처가 구체적으로 어떤 상처인지는 알 수 없다. 아마도 하나님께서 불의한 백성에게 징벌로 내리신 상처로 보인다(5:3; 6:14).[91] 이 해석을 받아들인다면 예루살렘이 북방의 적의 심판을 대면하기 전부터 포악과 불의로 인해 하나님으로부터 많은 징벌을 받았음을 유추할 수 있다. 하지만 예루살렘은 완고하여 하나님의 징계에 꿈쩍도 하지 않았다.

유다는 하나님의 훈계를 제대로 듣고 받아들이지 못할 정도로 귀가 어둡고 어리석었다(6:8-11).[92] 훈계를 받고도 돌아오지 않는다면 하나님이 포도를 따듯이 이스라엘을 심판하실 것이다(6:9; 참조. 5:10; 8:13). 주워 담는다는 추수 모티프는 하나님의 심판을 표현하는 예언서의 전형적인 메타포 중 하나다(8:13; 호 4:3; 6:11; 습 1:2). 특별히 호세아 4:3의 "쇠잔할 것이다"에 해당하는 히브리어 "아사프"(אסף)는 추수로 "거둬들인다"는 뜻이다. 이처럼 예언자들이 하나님의 심판을 추수 이미지로 그리는 것은 포도나무인 백성이 하나님께서 뿌린 씨에 합당한 인애와 공의와 의의 열매를 맺지 않

---

91 Holladay, *Jeremiah 1*, 208.

92 Lundbom, *Jeremiah 1-20*, 42-423. 여기서 Lundbom을 6:8-12을 하나의 단락으로 읽을 것을 제안한다.

은 것을 비유하고자 함이다(2:21).

6:10-11은 유다가 훈계를 받아들이지 않을 것을 알고 탄식하는 예레미야의 짧막한 독백이다. 유다가 훈계를 거부하는 근본 이유는 그들의 귀가 할례를 받지 못해 하나님의 말씀을 욕으로 여기기 때문이다(6:10). 이는 유다가 선과 악을 제대로 구별할 수 없을 정도로 어리석게 되었다는 증거다. 이런 이유에서 예레미야는 하나님의 편에 서서 어리석은 유다에 대해 분노한다(6:11; 15:17; 20:9).[93]

이처럼 유다가 어리석게 되어 훈계를 받지 않게 된 궁극적 원인은 작은 자로부터 큰 자까지 탐욕에 눈이 멀어 귀가 닫혔기 때문이다. 여기에 거짓 예언자와 제사장들이 백성들의 탐욕을 부추긴 것도 한몫을 했다(6:12-15). 탐욕에 취한 백성들이 하나님의 징계를 받아 상처를 입는 와중에도 거짓 예언자들은 그 상처를 가볍게 여기고 오히려 "평강하다, 평강하다"라고 외쳤다(6:14).

하나님은 거짓 예언자들이 탐욕으로 인해 거짓으로 평강을 외치는 것을 "가증한 일"이라고 말씀하신다(6:15). 여기서 "가증한 일"로 번역된 히브리어 단어는 "토에바"(תּוֹעֵבָה)로서 우상숭배를 가리킬 때 주로 사용된다(2:7; 4:1).[94] 하나님의 말씀에 귀 기울이지 않고 탐욕을 부리는 것은 우상숭배와 같다는 진리를 깨닫게 하는 대목이다(엡 5:5).

본문은 유다가 공의와 의를 행하지 않는 모습의 배후에 그들의 어리석음이 있음을 다시금 강조한다(6:16-21). 확실히 유다는 어리석어서 하나

---

93 Allen, *Jeremiah*, 86.
94 Holladay, *Jeremiah 1*, 217.

님의 말씀에 귀를 기울이지 않았다. 하나님은 "옛적 길 곧 선한 길"을 가라고 권고하신다(6:16). 여기서 선한 옛적 길은 6:19의 "율법"을 가리킨다.[95] 하지만 이들은 야웨의 말씀인 율법을 들으려고 하지 않았다(참조. 6:10). 율법을 듣고 행하면 진정한 평강을 얻을 수 있었는데도 불구하고 율법에 귀를 닫고 거짓 예언자의 평강의 말만 받아들이는 우스꽝스러운 모습을 연출했던 것이다(6:16).

하나님은 임박한 심판을 알리기 위해 파수꾼과 같은 참 예언자들을 보냈지만 유다는 이들마저 거부했다(6:17; 호 9:8).[96] 하나님의 율법과 예언자의 말을 저버리고 어리석은 자가 되어 버린 유다에게 심판은 필연이었다. 따라서 하나님은 언약의 증인인 땅을 불러 언약 위반으로 인한 심판을 선고하신다(6:19, "땅이여 들으라")

유다는 이런 심판 앞에서 기계적인 예배를 드리는 모습을 보이며 어리석음을 드러낸다(6:20). 이 구절에 나오는 "시바에서 유향"은 아라비아 반도 서남쪽에 있는 시바에서 온 수입품으로서 성소 안에서 향을 피우는 데 쓰이는 재료이며(출 30:34-38), "먼 곳에서 향품"은 인도에서 수입한 향수로서 거룩한 관유를 만드는 데 쓰이는 재료다.[97] 유다 백성들은 이런 비싼 재료를 사용하여 성소에서 제사를 드리지만, 하나님은 말씀에서 떠난 그들의 제사를 받지 않으신다. 이는 율법을 듣지 않고 공의와 의에서 이탈한 채 형식적인 예배를 드리는 유다의 어리석음을 잘 보여주는 대목이다.

그들은 어리석었고 결국 하나님의 심판의 장애물에 넘어져 멸망하게

---

95 Huey, *Jeremiah*, 99.

96 Lundbom, *Jeremiah 1-20*, 436.

97 Holladay, *Jeremiah 1*, 222-223.

될 것이다(6:21, "보라 내가 이 백성 앞에 장애물을 두리니"). 정도로 걸어갔다면 결코 장애물을 만나지 않았을 텐데, 스스로의 어리석음으로 인해 딴 길로 간 결과 장애물에 우스꽝스럽게 넘어지는 심판을 받게 된다는 말씀이다.

본격적으로 북방에서 오는 적을 통해 유다는 심판을 받고 멸망하게 될 것이다(6:22-26). 6:23은 이 북방의 적이 "바다처럼 포효한다"라고 말하는데, "포효하다"로 번역된 히브리어 동사 "하마"(הָמָה, "소리친다")는 5:22에서 이미 언급된 낱말이다. 5:22은 하나님이 모래를 바다의 경계로 삼았기 때문에 아무리 파도가 거세게 포효할지라도 그 경계를 넘어서지 못한다고 말하면서 하나님의 창조 질서의 정연함을 강조했다. 이에 반해 6:23은 북방의 적의 침공이 바다가 포효하듯이 그 한계를 넘는 것과 같다고 비유하고 있다(6:23). 이로써 북방의 적의 침입으로 유다가 멸망할 뿐만 아니라 창조 질서까지 전복된다는 암시를 준다.

예레미야서의 후반부에서는 북방의 적의 정체가 바빌로니아라고 말한다(25:12). 그리고 51:34-36에서는 바빌로니아가 "타닌"(תַּנִּין, "바다 괴물", 34절)과 "얌"(יָם, "바다", 36절)이라는 이미지로 묘사된다. 이것은 북방의 적인 바빌로니아가 창조 시 무질서를 대표하는 세력으로 묘사된다는 증거다. 이런 맥락에서 할러데이(Holladay)는 51:34-36에 언급된 바다는 단순히 유브라데강이나 바빌로니아의 관개 수로를 지칭하는 것이 아니라 창조 시의 무질서의 "혼란"을 상징한다고 주장한다.[98] 바빌로니아를 창조 시 무질서를 대표하는 세력으로 묘사하는 것은 바빌로니아에 의한 유다의 멸망이

---

98 William L. Holladay, *Jeremiah 2: A Commentary on the Book of the Prophet Jeremiah Chapters 26-52*, Hermeneia (Philadelphia: Fortress, 1989), 429.

종국에 창조 질서의 전복으로 이어질 것이라는 주장에 더욱 무게를 실어 준다. 이 과정에서 유다는 북방의 적에 의해 해산하는 여인의 고통을 당하게 될 것이다(6:24; 4:31).

끝으로 6장은 유다가 내어버린 은이라고 선언하며 마무리된다(6:27-30). 하나님은 유다를 단련하셔서 금은으로 만들고자 하셨으나, 그들이 처음부터 놋과 철이 되어버려 단련할 수 없었다는 뜻이다(6:28). 시편 66:10은 하나님을 소개하면서 성도를 단련하는 분이라고 말한다. 그러므로 여기서 유다를 은에 비유하는 것은 유다가 하나님으로부터 단련을 받을 수 없을 정도로 마음이 완악했기 때문에 하나님이 그들을 버릴 수밖에 없었다는 뜻이다. 그들이 더 이상 단련될 수 없을 정도로 완악했다는 의미다.

3.
언약 파기로 인한 언약 저주(7-10장)

앞서 2-6장은 유다가 언약의 의무인 인애와 공의와 의를 저버림으로써 언약을 위반했으므로 멸망을 당할 것이라고 선포했다. 이런 상황에서 7-10장은 인애와 공의와 의를 행하지 않는 행위가 우상숭배와 같은 거짓이라고 밝히며 언약의 파기를 선언하고 그에 따른 저주로서의 심판을 선고한다.[99]

내용 면에서 7-10장은 "거짓"(שֶׁקֶר/쉐케르)이라는 말이 핵심어를 이룬다(7:4, 8, 9, 28; 8:8, 10; 9:3, 5; 10:14). 여기서 거짓은 인애와 공의와 의가 실종된 모든 행동과 말을 총칭하는 단어다. 특별히 7장에는 거짓의 형태가 성전에서 예배를 드리면서도 공의와 의를 행하지 않는 모습으로 나타나고(7:4-11) 10장에서는 우상숭배로 드러난다. 이 두 가지 거짓된 모습을 연결해보면 공의와 의가 없는 형식적인 제사는 결국 우상숭배와 같은 것임을 깨닫게 된다.[100]

7-10장은 언약 파기로 인해 유다가 포로로 잡혀갈 것이라는 예언을 반복한다(7:15; 8:3; 9:16; 10:21). 포로로 잡혀가는 것은 언약 파기로 인한 저주 중 가장 확실한 저주로서(신 28:25), 이에 관한 예언을 반복한다는 것은 언약

---

99 예레미야서에서 "거짓"이란 주제에 대해서는 다음의 글을 참조하라. 김한성, "예레미야서의 거짓 예언자 규정과 그 의도", 「신학논단」 60 (2010/6): 7-36.

100 Stulman, *Order Amid Chaos*, 43.

파기가 기정사실이 되었음을 나타내는 증표다. 이외에도 7-10장은 언약 파기의 저주로써 불 심판(7:20; 9:10)이 임할 것이라고 언급한다. 또한 시체가 매장되지 못해 공중의 새와 짐승의 밥이 될 것이라고 예고한다(7:33; 8:1-2). 불 심판을 받고 공중의 새와 짐승의 밥이 되는 것은 신명기에 언급된 언약 파기로 인한 저주다(신 28:26; 29:23). 7-10장의 구조는 다음과 같다.

　A. 형식적인 제사라는 거짓으로 인해 다윗 언약과 모세 언약 파기(7장)
　　B. 유다가 거짓을 행하는 이유: 지혜의 부재와 마음의 문제(8장)
　　B´. 유다가 거짓을 행하는 이유: 지혜의 부재와 마음의 문제(9장)
　A´. 우상숭배라는 거짓으로 인해 모세 언약 파기(10장)

위의 구조를 통해 이끌어낼 수 있는 7-10장의 핵심 메시지는 다음과 같다. 언약 파기로 인해 유다가 저주를 받는 이유는 그들의 거짓된 행동 때문이며, 그 거짓 행동의 배후에는 하나님을 알지 못하는 지혜의 부재가 자리한다는 것이다(8:7, 9; 9:3, 6, 12, 23). 하나님을 아는 지혜란 하나님의 속성이 인애와 공의와 의임을 알고 자신도 인애와 공의와 의를 행하는 모습을 가리킨다(9:24). 유다가 이런 지혜를 갖지 못하는 근본 원인은 마음의 완악함 때문이다(9:14).

　7-10장의 또 다른 핵심 주제는 마음이다(9:8-9, 14, 26). 이어서 11-17장은 언약 파기의 근본 원인인 마음의 문제를 구체적으로 다룬다. 6장은 언약 위반의 원인이 탐욕이라고 제시한 바 있다(6:13, "다 탐욕을 부리며"). 이처럼 마음이 완악해진 원인으로 탐욕을 제시한 후 7-10장에 걸쳐 마음의 문제가 전면에 부각되고 있다.

1) 거짓된 제사로 인한 성전 파괴와 다윗 언약 파기(7장)

7장은 일상의 삶에서 순종이 사라진 채 기계적으로 드려지는 성전 제사를 언급하고, 공의와 의가 없는 그런 거짓된 행태로 인해 성전이 파괴되고 다윗 언약이 파기되었다고 선언한다(7:12).[101] 이어 모세 언약의 파기를 암시하면서 유다가 축복의 땅인 가나안에서 쫓겨나는 언약의 저주를 받게 될 것이라고 예고한다(7:15). 7장의 구조는 다음과 같다.

A. 공의가 없는 제사는 거짓(7:1-11)
  B. 유다의 심판 선언: 청종치 않아 성전이 파괴될 것(7:12-15)
    C. 예레미야를 향한 말씀: 중보하지 말라(7:16)
      D. 하늘 여왕과 우상에게 불 피우며 제사함(7:17-18)
        E. 불로 심판함(7:19-20)
A′. 하나님은 제사보다 청종하는 것을 더 원했음(7:21-23)
  B′. 유다의 악: 백성이 청종치 않았음(7:24-26)
    C′. 예레미야를 향한 말씀: 하나님께 대답하지 않아 망함(7:27-29)
      D′. 힌놈의 아들의 골짜기에서 자녀를 불태움(7:30-31)
        E′. 죽음의 골짜기에서 살육당할 것(7:32-34)

---

101 Anderson, *Contours of Old Testament Theology*, 195; D. Jon Levenson, *Sinai and Zion: An Entry into the Jewish Bible* (New York: Harper Collins, 1985), 155 참조.

① 거짓으로 인한 언약 파기(7:1-15)

7:1-15은 공의를 행하지 않고 시온에서 형식적인 제사만 드리는 유다의 거짓된 행동으로 인해 예루살렘 성전이 파괴될 것이라고 예언한다.[102] 성전은 다윗 언약의 핵심적 요소로서, 성전 파괴는 다윗 언약의 파기를 의미한다.[103] 이에 따라 언약 위반으로 인한 언약 파기가 핵심 주제로 부상한다.

하나님은 성전에서 형식적으로 예배를 드리는 사람들을 책망하시면서 "너희 길과 행위를 바르게 하면 살게 할 것이라"고 말씀하신다(7:3). 여기서 "바르게 하다"와 "살게 하리라"에 해당하는 히브리어 단어는 각각 "야타브"(יָטַב)와 "샤칸"(שָׁכַן)이다. 한 마디로 길과 행위를 선하게 한다면 가나안 땅에 거하게 될 것이라는 뜻이다.

흥미롭게도 이 단어들은 창세기 3장의 에덴동산과 관련된 낱말들이다. 아담과 하와는 선악과를 따먹음으로써 하나님이 보시기에 선하게 행동하지 않았다. 그 결과 하나님은 그들을 쫓아내시고 에덴동산을 지키는 그룹들을 거하게 하셨다(참조. 창 3:24; 신 33:28). 여기에 등장하는 선에 해당하는 히브리어 "토브"(טוֹב)는 예레미야 7:3의 "야타브"와 같은 어근에서 나온 명사다. 또한 창세기 3장의 "거하게 하다"에 해당하는 히브리어는 "샤

---

[102] 이 단락은 소위 예레미야의 성전 설교라고 불린다. Clements, *Jeremiah*, 44.
[103] 7:1-15의 구조는 다음과 같다.
서론. 길과 행위를 바르게 하면 살리라(7:1-3)
　A. 이곳이 성전이라는 거짓말을 믿지 말라(7:4)
　　B. 공의(정의)를 행하고 우상을 숭배하지 말라(7:5-6)
　　　C. 그리하면 살리라(7:7)
　A´. 무익한 거짓말을 의존하지 말라(7:8)
　　B´. 공의를 행하지 않고 우상을 숭배하고 있음(7:9)
　　　C´. 그러면서 성전에서 구원받았다고 하는 것은 가증한 것(7:10-11)
결론. 성전 파괴와 포로로 잡혀감(7:12-15)

칸"으로서 예레미야 7:3의 "살게 하다"로 번역된 히브리어와 동일하다. 이런 유비점들은 성전이 있는 시온이 에덴동산이라는 힌트를 주면서, 에덴동산에서 선을 행하지 않은 아담과 하와가 쫓겨났듯이 유다도 언약을 위반하여 시온에서 쫓겨날 수밖에 없음을 설명해준다(7:15).

7:15에서 개역개정판 한글 성경이 "쫓아내다"로 번역한 히브리어 "샬라크"(שׁלח)는 "보내다"라는 뜻이다. 이 단어는 창세기 3:23에서 아담과 하와를 에덴동산에서 "보내다"라고 말할 때 사용된 단어다. 이런 일치는 예레미야 7:1-15이 에덴동산에서 아담이 쫓겨나는 장면을 강하게 연상시킨다는 주장에 무게를 실어 준다.

유다 백성들은 성전을 가리켜 야웨의 성전이라고 칭했지만, 놀랍게도 하나님은 그에 대해 거짓말이라고 반박하신다(7:4). 여기서 거짓에 해당하는 히브리어 "쉐케르"(שׁקר)는 7-10장의 키워드로 기능한다. 하나님은 공의를 행하지 않으면서 성전에서 제사를 드리고 그곳을 야웨의 성전으로 부르는 것을 거짓이라고 말씀하신다(7:5-7). 성전 제사 자체가 문제가 되는 것이 아니다. 문제는 언약의 의무인 공의와 의를 무시한 채 성전에서 제사만 드리면 언약의 축복인 안전과 평강이 자동적으로 보장될 것이라는 생각에 있다. 하나님은 이것이 거짓이라고 선언하신다.[104] 언약의 의무인 공의와 의를 행할 때 비로소 성전이 상징하는 하나님과의 임재 속으로 들어와서 교제할 수 있다는 것이다.[105]

7:8-10은 공의를 제쳐두고 성전에서 예배를 드리며 "우리가 구원을

---

104 Clements, *Jeremiah*, 45.

105 Michael Avioz, "A Rhetorical Analysis of Jeremiah 7:1-15," *Tyndale Bulletin* 57 (2006): 182.

얻었다"라고 외치는 것이 거짓임을 재차 확인시켜 준다(7:10). 하나님은 이를 가리켜 가증한 일이라고 말씀하시는데, 여기서 "가증한 일"로 번역된 히브리어 단어 "토에바"는 우상숭배를 뜻하는 용어다(참조. 7:30). 이런 용어의 사용을 통해 공의와 의가 배제된 상태에서 기계적으로 성전 예배를 드리는 것은 우상숭배임을 일깨워주고 있다. 원래 성전은 에덴동산과 같은 구원의 장소다(참조. 시 46편). 하지만 공의에서 이탈된 성전 예배는 성전을 우상숭배의 장소로 전락시킨다. 이런 일을 행한 유다는 그들의 바람과 달리 구원에서 내몰리게 될 것이라고 경고를 받는다(8:20).

7:11은 개역개정판 한글 성경에서 형식적인 예배를 자행하는 유다가 성전을 "도둑의 소굴"로 만들었다고 번역된다. 하지만 도둑에 해당하는 히브리어 "파리츠"(פריץ)는 "폭력을 행하는 자들"이라는 뜻이다.[106] 즉 폭력을 행하는 자들이 성전에서 예배를 드리는 모습을 보고 그들의 가증함을 강조하기 위해 성전을 폭력 행사자들의 거처로 만들고 있는 것이냐고 비난하는 것이다. 하나님은 거짓으로 악을 행하는 유다의 행위를 보시고 그들의 행위가 악하다고 정죄하신다. 이는 하나님이 노아 홍수 이전에 자신들이 선을 행한다고 생각하는 사람들을 향해 오히려 그들의 행위가 악할 뿐이라고 말씀하셨던 것을 떠올리게 한다.[107]

7:12-15은 공의와 의가 실종된 채 성전에서 예배를 드리는 유다에게 실로의 성막처럼 예루살렘 성전도 파괴될 것이라고 예언하며 언약 파기를 통보한다(시 78:60; 삼상 4:11).[108] 성전이 파괴되는 이유는 그들의 악 때문이

---

106 Holladay, *Jeremiah 1*, 246.

107 Allen, *Jeremiah*, 97.

108 Huey, *Jeremiah*, 107.

다(7:12). 따라서 악을 행한 아담과 하와를 에덴동산에서 쫓아내셨듯이, 하나님은 그들을 쫓아내실 것(샬라크)이다(7:15). 땅에서 쫓겨난다는 말은 모세 언약의 파기를 뜻한다. 모세 언약은 언약이 파기될 때 언약의 당사자들이 저주를 받아 땅에서 쫓겨나게 될 것이라고 이미 경고한 바 있다(신 28:25).

나중에 10장은 우상숭배라는 거짓으로 인해 유다가 땅에서 던져지게 될 것이라고 말한다(10:18). 따라서 7:12-15을 10:1-18과 연결하여 읽으면, 공의와 의가 없는 형식적 예배는 우상숭배와 같은 거짓이므로 이로 인해 언약(다윗 언약과 모세 언약)이 파기되고 유다가 땅에서 쫓겨나는 저주를 받게 된다는 것을 알 수 있다.

당시 유다는 성전에서 예배가 이루어진다면 예루살렘은 멸망하지 않을 것이라고 자신했다. 이런 자신감에는 기원전 701년에 산혜립이 침공했을 때 예루살렘이 극적으로 하나님의 보호를 받아 구원을 얻었던 사실이 큰 영향을 미쳤다.[109] 하지만 성전 예배가 궁극적으로 공의와 의의 삶을 지향하는 제도라는 점에서 보면, 공의와 의가 실종된 상태에서 성전을 기계적으로 신뢰한 것은 거짓이자 우상숭배와 같다. 그 결과 다윗 언약과 모세 언약이 파기되어 성전이 파괴되고, 유다는 땅에서 쫓겨나는 언약 저주의 심판을 받게 될 것이다(7:15).

이렇게 언약이 파기되자 하나님은 예레미야에게 중보기도를 하지 말라고 말씀하신다(7:16). 중보기도는 언약의 수호자인 예언자가 언약의 파기를 막기 위해 드리는 기도다(참조. 출 32-33장). 평소 예레미야는 백성을

---

109 Clements, *Jeremiah*, 46.

위해 중보기도를 드렸다(18:20; 27:18).[110] 이런 상황에서 중보기도를 드리지 말라는 말은 기필코 언약을 파기할 것이라는 하나님의 강한 의지의 표현이다.

덧붙여 중보기도를 하지 말라는 명령은 더 이상 하나님이 백성과 언약관계를 맺지 않겠다는 뜻이기도 하다. 언약관계에 있다는 것은 기본적으로 하나님이 백성의 말을 듣고 응답한다는 의미다. 따라서 기도를 하지 말라는 것은 백성과의 관계를 끊겠다는 뜻을 함의한다. 7-10장은 11-17장과 평행을 이루는데, 11장의 초두에서도 중보기도를 드리지 말라는 하나님의 요구가 언급됨으로써 언약관계를 끊으려는 하나님의 굳건한 결심을 확인해준다(11:14; 14:11).

하나님이 예레미야에게 중보기도를 하지 말라고 명령하신 근본 원인은 거짓에 사로잡혀 있는 유다가 하나님이 불러도 대답하지 않았기 때문이다(7:13). 따라서 하나님도 그들의 부르짖음에 대답하지 않기 위한 행동의 일환으로 중보기도를 금하신 것이다. 하지만 나중에 새 언약이 체결되어 하나님과 백성 간의 관계가 회복되면, 백성들은 하나님께 적극적으로 기도할 것이고 하나님도 백성의 기도에 적극적으로 응답하실 것이다(33:3). 기도 응답이 언약관계의 시금석임을 교훈해주는 장면이다.

② 유다의 우상숭배와 심판(7:17-20)

하나님은 유다가 하늘 여왕과 우상들에게 불을 피우며 제사를 드리는 것을 보시고 유다 백성에게 불 심판을 내리실 것이라고 말씀하신다(7:17-20).

---

110 Allen, *Jeremiah*, 98.

이는 불로 우상을 섬겼기에 불로 그들을 심판하실 것이라는 자업자득의 심판이다. 여기서 하늘 여왕은 메소포타미아의 여신 이슈타르(Ishtar)를 가리키는 것으로 보인다.[111] 이슈타르는 마르두크의 짝신으로서 가나안의 여신인 아세라와 아스다롯에 비견된다(삿 2:13; 3:7). 이슈타르 여신이 별의 신인 것을 고려하면 유다가 하늘의 별들을 섬겼음을 알 수 있다(참조. 8:2). 기원전 586년에 바빌로니아에 의해 유다가 멸망하고 그다랴가 살해되자 이집트로 도망간 유다의 남은 자들은 자신들이 과거 하늘의 여왕께 제사를 드릴 때 번성했다고 말한다(44:17). 심판이라는 고난을 통과하면서도 여전히 변화되지 않는 유다의 모습을 잘 보여주는 대목이다.

③ 형식적 제사로 언약 파기: 유다가 끊어짐(7:21-28)

이 단락은 7:1-16의 내용을 반복하면서 공의가 배제된 형식적 제사는 거짓이므로 하나님의 심판이 불가피함을 다시 강조한다. 먼저 하나님이 제사보다 하나님을 청종하기를 원하셨음을 일깨우며 공의 없는 제사가 얼마나 무익한지를 강조한다(7:21-26). 하나님은 백성들에게 희생제물과 번제물로 바쳐진 고기를 먹으라고 말씀하신다(7:21). 이를 보면 여기에 언급된 제사들은 화목제에 해당함을 알 수 있다. 레위기 법에 따르면 화목제에는 감사제와 서원제와 자원제라는 세 가지 제사가 있었고, 이들 제사에는 원칙적으로 번제와 소제가 전제되어야 했다. 하지만 서원제와 자원제의 경우에는 한 번 번제를 드리면 화목제를 드린 것으로 인정받았다(레 22:18-21).

---

111 Lundbom, *Jeremiah 1-20*, 476.

번제로 화목제를 대신하는 것은 그 제사를 드리는 사람의 강한 충성도가 전제된 것이었다. 따라서 형식적인 제사를 드리는 자들에게 번제로 화목제를 대신한 후 바친 고기를 먹으라는 명령은 조금 의아하게 들린다. 사실상 이 말씀은 그들의 충성과 헌신을 비꼬는 말로 그들의 제사에 더 이상 관심이 없다는 하나님의 진의를 담고 있다.[112] 하나님이 이렇게까지 반응하시는 이유는 백성들이 제사를 통해 마음의 변화를 받고 공의와 의의 삶으로 나가기보다는 기계적으로 제사를 드려 하나님의 복을 얻고자 했기 때문이다.[113]

하나님은 출애굽 시에 백성에게 번제와 희생을 요구하지 않았다고 말씀하신다(7:22). 그런데 그때 하나님은 분명히 제사를 언급하셨기 때문에 언뜻 이 진술은 모순인 것처럼 보인다. 그래서 어떤 학자는 이것을 아모스 5:25과 함께 과장된 것이라고 주장한다.[114] 하지만 이 진술은 출애굽 시에 제정된 정교한 제사법은 원래 하나님의 뜻이 아니라 백성들의 범죄로 인해 덧붙여진 것임을 나타내는 말로 이해될 수 있다. 이는 제사법을 포함한 율법이 백성들의 범죄로 인해 덧붙여졌다고 본 바울의 말과 일맥상통하는 것이다(갈 3:19).[115]

하나님이 처음에 백성들에게 번제와 희생을 요구하지 않았다는 말은 그들이 올리는 제사보다 그들이 행하는 선에 더욱 관심이 있으셨다는 의미다. 제사는 하나님의 말씀대로 공의를 행하지 못할 때 그것을 속죄하기

---

112 Allen, *Jeremiah*, 101.

113 Clements, *Jeremiah*, 48.

114 Lundbom, *Jeremiah 1-20*, 482.

115 J. H. 세일해머, 『'서술'로서의 모세오경 하』, 김동진, 정충하 옮김(서울; 크리스챤서적, 2005), 116.

위한 수단이자 백성들의 충성을 유도하는 도구였다. 한 마디로 제사가 지향하는 바는 백성들의 마음의 변화를 유도하여 그들이 말씀대로 행하도록 하는 것이었다(시 51:17, "하나님께서 구하시는 제사는 상한 심령이라"). 따라서 이런 목적을 간과하고 단순히 형식적인 제사를 통해 복을 구하는 것은 분명히 잘못이다.

7:23의 "내가 명령한 모든 길로 걸어가라, 그리하면 복을 받으리라"는 말에서 "복을 받는다"에 해당하는 히브리어 동사는 "야타브"(יָטַב)다. 즉 하나님이 원하시는 선한 길(טוֹב/토브)로 간다면 선을 얻을 것이라는 말이다 (6:16). 이는 거꾸로 말하자면 백성들이 선한 길로 가지 않았다는 방증이기도 하다(참조. 7:3). 하나님은 백성들이 공의와 의의 삶을 살 수 있도록 예언자들을 보냈으나(7:25-26) 유다는 이를 거부했기에, 하나님은 그 대가로 뱀과 독사를 보내실 것이다(8:17). 진정 아이러니한 심판이 아닐 수 없다.

시온이라는 제2의 에덴동산에서 예배하는 유다는 하나님의 선에서 이탈하여 자신들이 원하는 선을 추구한 결과, 하나님이 보시기에 악을 행한 셈이 되었다. 악을 행하는 유다에게 하나님은 더 이상 진실을 바랄 수 없게 되었다고 선언하신다(7:26). 여기서 진실로 번역된 히브리어 단어는 "에무나"로서 인애와 공의와 의를 축약한 표현이다. 진실이 사라지고 끊어졌기에 유다도 없어지고 끊어질 것이다(7:28). 신앙에서 진실이 얼마나 중요한 부분인지를 다시금 교훈해주는 대목이다.

④ 우상숭배로 인한 유다의 심판(7:29-34)

이 소단락은 우상숭배로 인해 언약이 파기되고 그에 따른 저주를 받은 유다가 멸망할 수밖에 없음을 재차 선언한다. 언약의 저주로 멸망하게 된 유다에게 하나님은 머리털을 베어버리라고 말씀하신다(7:29). 머리털을 베는 의식은 죽은 자를 위한 애도 의식이라는 점을 고려할 때, 이 말씀은 하나님의 심판으로 유다가 죽음과 같은 유배 생활을 하게 될 것을 암시한다(참조. 겔 5:1).[116] 이어 유다가 유배 생활을 할 수밖에 없는 이유는 그들이 성전에 가증한 우상을 두고 힌놈의 아들의 골짜기에서 도벳 사당(산당)을 건축하여 몰렉에게 자녀들을 불태우는 제사를 드렸기 때문이라고 고발한다(7:30-31).

힌놈의 아들의 골짜기는 예루살렘 남쪽에 위치한 골짜기로서 유다는 여기에 도벳 사당을 세우고 자녀들을 제물로 바쳤다(참조. 왕하 23:10; 렘 19:5; 32:35). 도벳은 북소리라는 뜻으로, 이곳 사당에서 자녀들을 불태울 때 자녀들이 우는 소리를 잘 들리지 않게 하려고 북을 쳤다는 것을 짐작하게 하는 말이다.

유다가 멸망할 때 힌놈의 아들의 골짜기는 그들의 "죽임의 골짜기"가 되어 매장할 자리가 없게 될 것이다(7:32). 더 나아가 유다의 전 지역이 힌놈의 아들의 골짜기로 변하여 백성의 시체들이 거리에서 뒹굴고 공중의 새와 땅 짐승의 밥이 될 것이다(7:33; 19:13). 유다가 힌놈의 아들의 골짜기에서 우상숭배를 하자, 하나님이 유다 전 지역을 힌놈의 아들의 골짜기로 만들겠다고 말씀하시는 것이다. 이 대목에서 다시금 아이러니를 읽을 수 있다.

한편 공중의 새와 짐승의 밥이 된다는 말은 신명기에 기술된 언약의 저주다. 예레미야서에서 언약의 파기로 인한 저주는 주로 7-10장과 11-17장에 집중되어 있다. 이것을 도표로 제시하면 다음과 같다.

---

116 Clements, *Jeremiah*, 49.

언약 파기로 인한 저주	신명기	예레미야
1. 가뭄	신 28:24	렘 14:1
2. 땅에서 떠나 열국에 흩어짐	신 28:25	렘 7:15; 8:3; 9:16; 10:18
3. 시체가 공중의 새와 땅의 짐승의 밥이 됨	신 28:26	렘 7:33; 15:3; 16:4; 19:7; 34:20
4. 아내, 집, 포도원을 타인에게 빼앗기게 될 것	신 28:30	렘 8:10
5. 알지 못하는 땅에서 우상을 섬기게 될 것	신 28:36	렘 15:14
6. 수치를 당함: 놀람과 속담과 비방거리가 됨	신 28:37	렘 15:8; 18:16; 19:8
7. 땅끝에서 한 민족이 독수리가 오는 것같이 치러옴	신 28:49	렘 4:13
8. 이집트의 질병	신 28:60	렘 14:12
9. 평안과 안식이 없음	신 28:65	렘 16:5

특별히 예레미야 7-10장은 열국으로 백성들이 흩어지는 저주와, 그들의 시체가 공중의 새와 땅 짐승의 밥이 될 것이라는 언약의 저주를 언급함으로써 언약 파기를 확실하게 선언한다.

힌놈의 아들의 골짜기에 있는 도벳 사당에서 자녀를 우상에게 드리는 행위는 유다가 멸망한 가장 큰 원인 중 하나다(19:5; 32:35). 자녀를 우상에게 바침으로써 신의 호의를 얻고 생명을 얻으려고 한 시도가 결국 멸망과 죽음을 가져오게 되었다.[117] 자녀를 불사르려던 죄로 인해 하나님은 유다를 불로 멸망시키실 것이다(32:29, "이 성을 치는 갈대아인이 와서 이 성읍에 불을 놓아").

---

117 Clements, *Jeremiah*, 50.

2) 거짓을 행하는 이유: 지혜의 부재와 마음의 문제(8-9장)

8-9장은 공의의 부재로 인한 거짓 된 모습이 궁극적으로 백성들이 지혜가 없어 하나님을 알지 못하는 데서 기인한 것임을 일깨워준다(8:7-9; 9:3, 6, 12-13). 하나님을 알지 못하는 이유는 욕심이 가득한 데다가 마음에 할례를 받지 않아 마음이 부패했기 때문이다(8:10; 9:14, 25). 그 결과 유다는 북방의 적에 의해 포로로 끌려가는 언약의 저주를 받게 되고(8:3, 16; 9:16), 공의와 의로 세워진 창조 질서도 전복될 것이다(8:13; 9:10b-11).

타국에 포로로 끌려간다는 것은 신명기에서 이미 언급된 대로 언약의 파기를 확증해주는 확실한 언약의 저주이므로(신 28:25), 포로에 대한 언급은 언약 파기를 다시 확인해주는 역할을 한다. 8-9장의 또 다른 특징은 예레미야의 슬픔을 자주 언급한다는 것이다(8:18-22; 9:1-2). 그리고 9장은 하나님의 슬픔(9:10)과 유다 백성들의 슬픔을 교차적으로 기술하고 있다(9:17, 20).

구조를 살펴보면 8-9장의 초두에 유다의 시체가 분토가 된다는 표현이 나오는데(8:2), 이 "분토"는 후반부에도 등장한다(9:22). 또한 "떨어지다"(נפל/나팔)라는 동사가 앞뒤에 포진되어서(8:4, 12; 9:22) 8-9장을 하나의 단락으로 읽으라는 신호를 준다. 8-9장의 전체 구조는 다음과 같다.

서론. 하나님의 심판 선고(8:1-3)
A. 거짓으로 공의를 행하지 않는 유다(8:4-12)
    B. 유다의 심판: 창조 질서의 전복과 유다 땅이 삼킴을 당함(8:13-17)
        C. 슬픔의 반응: 치료를 받지 못함(8:18-22)

A´. 거짓으로 공의를 행하지 않는 유다(9:1-9)

　　B´. 유다의 심판: 창조 질서의 전복과 포로로 잡혀감(9:10-16)

　　　C´. 애곡하라: 인애와 공의와 의를 알지 못함(9:17-24)

A˝. 부녀자들의 슬픔: 예루살렘의 황폐 때문(9:17-22)

(1) 유다가 거짓을 행하는 이유: 지혜의 부재와 욕심(8장)

8장은 유다가 지혜가 없고 마음에 욕심이 있어서 거짓을 행한다고 강조한다(8:10, "그들은 가장 작은 자로부터 큰 자까지 다 욕심내며"). 특별히 8장에는 스바냐서를 연상시키는 표현들이 눈에 띈다. 예를 들어 8:1-3은 스바냐 1:17-18과 비슷하고, 8:13은 스바냐 1:2-3과 매우 유사하다. 이것은 동시대에 살았던 스바냐와 예레미야가 서로 영향을 주고받았다는 힌트로 풀이할 수 있다. 스바냐서는 심판의 원인이 공의를 행하지 않았기 때문이라고 지적하며 유다를 질타한다(습 1:12; 2:3; 3:5). 그리고 심판하시는 하나님을 수확물을 거두는 이미지로 묘사하고 창조 질서의 전복을 예언한다(습 1:3). 마찬가지로 예레미야 8장도 유다가 공의의 열매를 맺지 않아 심판을 받게 되었다고 선언하면서 심판을 추수 이미지로 묘사한다(8:13). 8장의 내용은 공의와 의가 실종된 이유(8:1-12), 하나님의 심판(8:13-17), 예레미야의 슬픔(8:18-22)으로 나뉜다.

① 거짓을 행하고 공의와 의가 실종된 이유는 지혜가 없기 때문(8:1-12)

이 소단락은 하나님의 창조 질서가 지혜의 원리인 인애와 공의와 의에 따라 움직이고 있다고 선언한다. 반면 유다는 창조 질서의 원리를 성문화한 율법을 지키지 않았으므로 인애와 공의와 의에서 멀어졌다고 말하며 유다의 지혜 없음을 책망한다. 이로써 유다가 거짓을 행하고 공의와 의에서 이탈한 이유가 지혜의 부재 때문임을 강조한다.[118]

8:1-3은 우상숭배를 일삼던 유다가 아이러니의 주인공이 될 것이라고 말한다. 그들은 죽어서 자신들이 섬기던 일월성신 밑에 시체로 그 모습을 드러낼 것이다. 이는 사후에도 믿던 우상들을 계속 섬기게 해주겠다는 하나님의 조롱이다. 그들이 섬긴 하늘의 해와 달과 별들은 아시리아의 신인 하늘의 여왕(이슈타르)과 밀접한 관련이 있다(7:18).[119] 하나님은 하늘의 일월성신을 섬긴 유다에게 죽어서도 하늘의 천체들을 볼 수 있도록 제대로 매장되지 못한 채 거리에 나뒹구는 분토가 될 것이라는 아이러니한 심판을 내리신다(습 1:17-18).

8:4-12은 초두와 말미에 "엎드러지다"(נפל/나팔)라는 동사를 언급하여 독자가 이 부분을 하나의 단락으로 읽도록 유도한다(8:4, 12). 이 소단락의 핵심은 유다 백성들이 거짓되었다는 것이다. 공의에서 벗어난 모든 상태가 거짓임을 교훈하는 말이다. 유다는 집요하게 거짓을 고집했다(8:4-5). 사람은 엎드러지면 일어나고 떠나면 돌아오지만, 유다는 일어나지도 않고

---

118 8:1-12의 구조는 다음과 같다.
  서론. 하나님의 심판 선고: 죽음과 포로로 끌려 감(8:1-3)
  A. 사람이 엎드러지면 어찌 일어나지 아니하겠느냐(8:4)
    B. 유다는 거짓(타르미트)을 고집함(8:5)
      C. 거짓의 내용: 정직을 말하지 않음, 자신의 길로 감(8:6)
        D. 자연은 시기와 때를 알지만 백성은 규례를 알지 못함(8:7)
        D′. 야웨의 율법을 버린 그들에게 지혜가 없음(8:8-9)
    B′. 작은 자로부터 큰 자까지 욕심을 내고 거짓(쉐케르)을 행함(8:10)
      C′. 거짓 예언의 내용: 백성의 상처(쉐베르)를 가볍게 여기고, 평강을 선언(8:11)
  A′. 그들이 엎드러질 자와 함께 엎드러질 것이라(8:12)
119 Allen, *Jeremiah*, 104.

돌아오지도 않았다(8:5). 그러자 하나님은 심판을 내려 그들이 영원히 일어나지 못하도록 하시겠다고 말씀하신다(8:12; 25:27). 하지만 미래의 구원은 하나님이 새로운 것을 일으키는 모습으로 이루어질 것이다(참조. 33:14).

8:5은 "돌아오다"라는 뜻의 히브리어 동사 "슈브"(שוב)를 사용하여 언어 유희를 보여준다. 이 구절에 나오는 "떠나 물러간다"라는 말은 동사 "슈브"의 강조형(폴렐형)과 "슈브"와 같은 어근에서 나온 명사 "메슈바"가 결합된 형태다. 이것의 정확한 의미는 "배교를 통해서 잘못된 길로 가다"라는 뜻이다. 여기서는 "슈브"의 부정적 의미를 사용하여 유다가 배교로 뒷걸음질을 치며 돌아오지 않음을 독자들에게 각인시키고 있다.

돌아오라는 하나님의 말씀에는 하나님이 원하는 인애와 공의와 의를 행하라는 의미가 담겨 있다. 하지만 유다는 돌아오지 않고 공의와 의에서 이탈한 거짓된 행태를 고수했다(8:5). 여기서 거짓으로 번역된 히브리어 단어는 "타르미트"다.[120] 8-9장에서 이 단어는 거짓을 의미하는 "쉐케르"의 병행어로 사용됨으로써 공의와 의가 부재한 거짓된 행태를 자행한 백성의 모습을 보여준다.

본격적으로 거짓의 구체적인 행태들이 기술된다(8:6). 우선 정직하게 말하지 않고 악을 뉘우치지 않는 행동을 지적한다. 이는 마치 "전쟁터에서 달리는 말과 같이" 선악을 올바로 분별하지 않고 자신의 욕구에 따라 행동하는 모습과 같다(8:6).[121] 전쟁터에서 달리는 말은 자기 욕구를 만족시키기

---

120 Holladay, *Jeremiah 1*, 279. 이 단어는 거짓 예언자들이 말하는 속임수를 뜻하기에(14:14; 23:26), 유다가 돌아오지 않는 이유가 거짓 예언자들의 속임에 빠졌기 때문이라고 추론할 수 있다.

121 Clements, *Jeremiah*, 55.

위해 물불을 가리지 않고 뛰어가는 광야의 암나귀와 같다(2:23-24; 5:8).[122] 이를 통해 거짓의 배후에는 선악을 제대로 분별하지 못하는 이기적 욕구가 자리 잡고 있음을 드러낸다(8:10). 전장에서 달려가는 말의 종말과 같이 이기적인 욕구에 사로잡힌 자들의 종말은 죽음뿐이다.

유다가 공의와 의에서 떠나 거짓을 행하는 이유는 지혜가 없기 때문이다(8:7-9). 따라서 "지혜" 또는 "알다"라는 단어에 시선을 집중시킨다(8:7, 8, 9). 공중의 새들도 하나님이 정한 시기를 알고 그것을 지키는데 반해 유다 백성은 야웨의 규례를 알지 못한다. 8:7에서 정한 시기로 번역된 히브리어 단어는 "모에드"(מוֹעֵד)로서 하나님의 뜻을 함의하는 말이다.[123] 지혜의 원리인 인애와 공의와 의로 세워진 창조 질서는 인애와 공의와 의의 법을 따라 운행되고 있으며, 새들은 그 법에 발맞춰 지혜롭게 행동한다.[124]

하지만 인애와 공의와 의를 성문화한 율법을 갖고도 인애와 공의와 의를 행하지 않는 유다는 지혜가 없다. 이런 점에서 유다는 다른 피조물보다 어리석다.[125] 그런데도 유다는 자신들이 율법을 지녔으므로 지혜롭다고 말한다(8:8). 그들이 정말로 지혜롭다면 지혜의 원리인 인애와 공의와 의를 행할 것이다. 따라서 기록된 율법을 가지고 있다는 것 자체만으로 스스로 지혜롭다고 말하는 것은 어불성설이다(8:8a).[126]

이와 관련하여 8:8b은 "서기관의 거짓의 붓이 거짓되게 하였다"라고 말한다. 할러데이(Holladay)는 이 말을 "서기관의 거짓이 거짓을 위해 붓

122 Lundbom, *Jeremiah 1-20*, 510.
123 Holladay, *Jeremiah 1*, 280.
124 Holladay, *Jeremiah 1*, 280.
125 Clements, *Jeremiah*, 55.
126 Dubbink, "Getting Closer to Jeremiah," 27.

을 만들었다"라고 이해한다.[127] 당시 서기관은 궁정에서 기록을 관장했다 (32:12-15). 그들은 바룩처럼 율법을 필사하기도 했다. 율법을 가까이하는 서기관은 지혜로운 자의 대명사였다.[128] 할러데이는 서기관들이 율법을 필사하고 보관하는 일을 했지만, 그것은 정작 그들의 거짓된 욕망을 충족시키기 위해 행한 일이므로 거짓이라고 해석한다.

하지만 이 구절은 붓으로 율법을 필사하는 서기관들이 백성으로 하여금 율법을 가지고 있는 자체만으로도 지혜롭다고 생각하게끔 호도한 것이 거짓이라는 뜻이다. 이렇게 보는 것이 더 설득력이 있다. 율법의 목적은 공의와 의의 열매를 맺는 데 있다. 따라서 외형적으로 율법을 필사하기 때문에 지혜롭다고 말하는 것은 서기관의 붓이 지어낸 거짓이다.[129] 아무리 좋은 율법이 있을지라도 공의와 의의 열매가 없다면, 공의와 의가 없는 성전이 거짓인 것처럼 거짓일 뿐이다. 진정한 지혜는 율법의 유무로 판가름 나는 것이 아니라 율법의 지향점인 공의와 의의 열매를 맺느냐에 달려 있다는 말씀이다.[130]

앞서 말한 대로 공의와 의에서 멀어지는 근본 원인은 가장 작은 자로부터 큰 자까지 욕심을 내기 때문이다(8:10-12). 8:10에서 "욕심을 내다"에 해당하는 히브리어 표현은 "보체아 베차"(בֹּצֵעַ בָּצַע)로서 모두 이익을 추구한다는 뜻이다(22:17). 이런 이익의 추구는 결국 폭력적 강탈을 동반한다.

결국 지혜가 부족한 것은 그들의 이기적 욕심 때문이다. 이런 욕심으

---

127 Holladay, *Jeremiah 1*, 282.
128 Holladay, *Jeremiah 1*, 282.
129 Clements, *Jeremiah*, 56.
130 Clements, *Jeremiah*, 57.

로 인해 유다는 이방인들이 그들의 아내와 밭을 차지하는 심판을 받게 될 것이다(8:10). 이는 신명기 28:30에 묘사된 언약의 저주이기도 하다. 욕심을 앞세워 자신만의 부를 추구하면 오히려 그 부를 잃게 된다는 아이러니한 교훈이다.

유다의 이기적 욕구와 탐욕은 거짓으로 평강을 외치는 예언자들의 탓도 컸다(8:11). 거짓 예언자들이 백성의 탐욕적 행태를 질타하지 않고 평강을 외쳤던 이유는 그것을 통해 자신들의 이익을 극대화하기 위해서였다. 즉 탐욕을 채우려는 자들에게 그들의 입맛에 맞는 말을 해 주고 대가를 얻으려는 속셈 때문이었던 것이다.

8:11에 언급된 "내 백성의 상처"는 불의한 백성이 돌아오도록 하나님이 내리신 징계를 가리킨다(5:3; 6:7). 하지만 거짓 예언자들은 하나님이 주시는 징계의 상처를 가볍게 여기고 오히려 평강을 외쳤다(5:31; 6:14). "가볍게 여기면서"라고 번역된 히브리어 표현은 "즉흥적으로", "사소한 것으로"라는 뜻을 가진다.[131] 곧 지도자들은 백성들의 잘못을 사소한 것으로 여기고 그들로부터 이익을 얻으려고 했다(미 3:5).

평강은 언약관계에서 하나님이 내려주시는 축복의 절정이다(16:5). 그러므로 거짓 예언자들이 공의와 의를 떠나 거짓을 행하는 백성들에게 평강을 외친다는 것은 그들이 여전히 하나님과 언약관계에 있다고 거짓말을 하는 것과 같다(23:17). 하나님은 이런 유다를 향해 그들이 수치를 알지 못한다고 책망하신다. 수치는 언약의 저주이므로 이는 유다가 언약과 상

---

131 Holladay, *Jeremiah 1*, 217.

관없는 삶을 살고 있다고 선언하는 셈이다(참조. 신 28:37).[132] 하나님은 수치를 알지 못하는 유다에게 수치가 무엇인지를 알도록 심판을 내리실 뜻을 내비치신다.

② 창조 질서의 전복과 유다의 탄식(8:13-17)

이 단락은 언약의 파기로 인해 유다가 저주와 심판을 받을 것이라고 공표한다. 구조상 하나님의 심판이 앞뒤에 포진되어 있고(8:13, 16-17), 가운데에 유다의 탄식(8:14-15)이 위치한다.[133] 먼저 심판으로 자연 질서가 진멸될 것이다(8:13). 이 구절에서 "내가 그들을 진멸하리니"에 해당하는 히브리어 표현은 "거둬들임으로써(אסף/아소프) 그들을 끊을 것이다"라는 말이다.[134] 추수의 이미지로 하나님의 심판을 선포하는 것이다.[135] 그리하여 포도나무와 무화과나무가 사라질 것이다. 포도나무처럼 심어진 유다가 공의와 의의 열매를 맺지 않을 때, 실제 포도나무와 무화과나무도 사라질 것이라는 의미다.[136]

　　포도나무와 무화과나무의 열매가 사라진다는 표현에 담긴 신학적 의미에 대해 드로체(Michael Deroche)는 언약의 파기가 창조세계의 전복을 불

---

132 김창대, 『주님과 같은 분이 누가 있으리요?: 미가서 주해』(서울:도서출판 그리심, 2012), 27.
133 8:13-17의 구조는 다음과 같다.
　　A. 야웨의 심판: 창조 질서의 전복(8:13)
　　　B. 백성의 탄식: 우리는 독한 물을 마시고, 평강과 고침을 받지 못함(8:14-15)
　　A´. 야웨의 심판: 창조 질서의 전복[땅이 진동], 뱀과 독사를 보낼 것(8:16-17)
134 Lundbom, *Jeremiah 1-20*, 523.
135 Allen, *Jeremiah*, 110 참조.
136 Clements, *Jeremiah*, 57.

러움을 암시하는 것이라고 주장한다.[137] 그는 이 구절을 스바냐 1:2-3 및 창세기 1:29과 연결시켜서 포도나무와 무화과나무의 열매가 없다는 말은 창조의 전복과 함께 언약의 파기를 의미하는 것이라고 보았다. 포도 열매와 무화과 열매가 없다는 것은 확실히 창조의 전복을 뜻한다(참조. 4:23-27). 또한 포도와 무화과는 하나님의 축복을 상징하기 때문에, 이 말은 언약을 통한 하나님의 축복과 보호막이 사라져서 언약이 파기된다는 의미를 내포한다(왕상 4:25; 미 4:4; 7:1).[138]

이때 하나님의 심판을 목도한 "우리"가 자신들에게 평강과 고침이 없다고 한탄한다(8:14-15). 평강은 언약의 축복이라는 점에서 평강이 없다고 하소연하는 것은 언약이 파기되었다는 증거다. 여기서 "우리"의 정체는 유다 백성이다(7:10, "우리가 구원을 얻었나이다 하느냐").

언뜻 보면 이들은 자신들의 죄를 인정하는 것처럼 보인다(8:14). 하지만 본문은 이들이 공식적으로 회개했다는 말을 하지 않는다. 오히려 하나님이 독한 물을 그들에게 마시도록 하여 그들을 멸망시키기로 작정하신 사실을 알고 슬퍼할 뿐이다. 독한 물에 대한 언급은 9장에서 다시 등장한다(9:15; 23:15). 이런 점에서 확실히 8장은 9장과 짝을 이룬다. 독한 물의 등장은 언약 파기로 인해 창조 질서마저 훼손될 것을 암시한다.

8:16-17은 창조 질서의 전복을 가져오는 하나님의 심판을 북방에서 오는 적의 침공으로 묘사한다. 그러면서 북방의 적으로 인해 땅이 "진동한

---

137 Michael Deroche, "Contra Creation, Covenant and Conquest (Jer. Viii 13)," *VT* 30 (1980): 280-290.

138 Lundbom, *Jeremiah 1-20*, 524.

다"(라아쉬)라고 말한다.[139] "진동하다"라는 뜻의 히브리어 "라아쉬"는 시편 46:2-3에서 땅과 관련해 창조 질서가 혼란에 빠져드는 장면을 암시할 때 사용되었다. 이 표현은 하나님의 진노로 인해 유다를 포함한 온 땅이 진동한다는 예레미야 10:10의 진술에서 다시 등장한다. 이를 요약하면 결국 유다는 북방의 적의 침입을 당해 멸망할 것이고 그 파급효과는 유다의 경계를 넘어서 온 땅과 창조 질서의 전복으로 이어질 것이라는 뜻이다.

하나님은 유다를 멸망시키기 위해 뱀과 독사를 보내실 것이다(8:17). 하나님이 부지런히 예언자들을 보내셨음에도 불구하고 유다가 청종하지 않자 뱀과 독사를 보내실 것이라는 설명이다(7:25). 유다가 뱀과 독사를 만나게 되는 이유는 그들이 정도로 걸어가지 않고 자신들의 욕구에 따라 다른 길을 걸어갔기 때문이다. 뱀과 독사는 길이 아닌 들판에 숨어다니는 특징이 있기에, 이들을 만난다는 것은 정해진 길에서 이탈했다는 증거다. 따라서 뱀과 독사에 대한 언급은 하나님의 길에서 멀어진 유다가 자신의 길로 가서 결국 멸망하게 될 것이라는 의미를 담고 있다(8:6, "달리는 말 같이 각각 그 길로 행하도다").[140]

③ 예레미야의 슬픔 토로: 구원과 치료를 받지 못함(8:18-22)

이 소단락은 예레미야의 슬픈 탄식을 다루는데, 이 탄식은 하나님의 심판이 기정사실로 정해졌음을 인정하는 효과를 준다.[141] 예레미야의 탄식은

139 Childs, "The Enemy from the North and the Chaos Tradition," 188. 여기서 Childs는 북방의 적이라는 모티프가 "창조 신화" 안으로 동화되었다고 주장한다.
140 Clements, *Jeremiah*, 57 참조.
141 Allen, *Jeremiah*, 112.

백성의 탄식에 의해 촉발되어 나타난다.[142] 여기서 핵심은 원래 하나님의 성읍으로서 구원과 안전의 장소인 시온이(8:19) 우상의 헛된 것(헤벨)을 섬긴 백성들 때문에 구원을 받지 못하고 멸망한다는 것이다(8:20). 이런 점에서 8장도 7장과 같이 시온의 파괴를 언급함으로써 다윗 언약의 파기를 간접적으로 내비치고 있다. 이 점은 9장도 마찬가지다(참조. 9:21).

8:19은 백성의 질문에 대한 하나님의 응답을 전한다. 먼저 백성이 "야웨께서 시온에 계시지 아니한가?"라고 묻자(8:19), 하나님은 그들이 헛된 우상으로 하나님을 격노케 하여 시온의 성전이 파괴될 수밖에 없다고 교훈하신다.[143] 공의와 의를 상실하고 설상가상으로 우상을 섬기는 백성들이 성전에서 형식적으로 드리는 예배는 무용지물이라는 설명이다.

형식적인 예배로 인해 알맹이인 공의와 의의 열매가 사라지면 수확의 열매도 없어질 것이다. 이런 현실 앞에서 백성은 "추수할 때가 지나고 여름이 다하였으나 우리는 구원을 얻지 못한다"라고 고백한다(8:20). 원래 여름은 무화과, 포도, 올리브, 석류 등을 수확하는 기간이다.[144] 수확기에 백성들은 하나님의 축복을 체험하고 기쁨과 자신감을 갖게 된다.[145]

하지만 여름에 수확물을 얻는 기쁨을 얻지 못해 고통을 당하듯, 그들

---

142 8:18-22은 다음과 같은 구조를 가진다.
  A. 예레미야의 슬픔 토로(8:18)
    B. 백성의 질문: "야웨가 시온에 왕으로 계시지 않는가?"(8:19a)
      C. 하나님의 응답: 우상숭배로 인해 시온에 계시지 않음(8:19b)
    B′. 백성의 탄식: 구원을 얻지 못함(8:20)
  A′. 예레미야의 슬픔 토로: 백성이 치료를 받지 못함(8:21-22)
143 Clements, *Jeremiah*, 60.
144 Lundbom, *Jeremiah 1-20*, 533.
145 Clements, *Jeremiah*, 59.

은 구원을 받지 못해 고통을 당하게 될 것이다(미 7:1).[146] 구원을 받지 못한다는 말은 성전 예배를 통해 구원을 받았다고 자신했던 그들의 말과 대조를 이룬다(7:10). 결국 그들이 기쁨을 얻지 못한 원인은 형식적 예배 및 공의와 의의 부재에 있었다.

구원을 받지 못하게 되었다며 한탄하는 백성들의 소리를 들은 예레미야는 본격적으로 백성을 위해 탄식한다(8:21-22). 그는 유다가 받은 치명상은 길르앗의 유향으로도 치료될 수 없다고 말하며 슬퍼한다. 예레미야는 백성이 입은 상처를 자신의 상처와 동일시하고 있다. 8:21에서 "상하다"로 번역된 히브리어는 "쉐베르"(שֶׁבֶר)다. 이 표현은 주로 백성이 하나님의 징계를 받아 얻는 상처를 뜻한다(6:14). 또한 이 단어는 예레미야가 하나님을 원망하면서 하나님이 징계로 내린 상처를 표현할 때 사용되기도 했다(참조. 10:19; 15:18). 이런 단어 사용을 보면 예레미야가 심판받는 백성과 자신을 동일시하며 백성의 심판에 동참하고 있음을 알 수 있다. 목회자와 같은 지도자는 성도의 아픔과 심판에 동참하며 그들을 위해 기도하는 자라는 사실을 확인할 수 있는 대목이다.

(2) 유다가 거짓을 행하는 이유: 지혜의 부재와 마음의 문제(9장)

9장은 8장에 이어 지혜의 부재로 인해 공의와 의가 실종되었고 이에 따라 하나님의 심판을 피할 수 없게 되었다고 전한다. 그러면서 공의와 의를 행하지 않는 궁극적인 원인이 마음의 문제라는 사실을 더욱 부각시킨다(9:9, 14, 26). 따라서 9장에서는 마음이라는 단어가 핵심어로 등장한다(9:8-9, 14,

---

146 김창대, 『주님과 같은 분이 누가 있으리요?: 미가서 주해』, 170 참조.

26). 또한 하나님을 안다는 표현이 눈에 띄게 등장한다(9:2, 5, 24). 이런 표현을 통해 거짓을 행하는 것은 마음의 문제로 인해 하나님을 알지 못하기 때문이라는 신학을 강조한다. 일반적으로 구약에서 생각하는 마음은 인간의 지·정·의의 장소로서 하나님을 알고 그 말씀대로 살아가기를 결단하는 인간 내면의 보이지 않는 기관이다. 아마도 이런 이유로 마음과 하나님을 아는 것을 연결시키고 있는 것처럼 보인다.

9장은 8장처럼 공의와 의의 부재가 거짓이라고 규명한다. 그런데 8장의 거짓이 공의를 행하지 않는 포괄적 의미였다면, 9장의 거짓은 이웃에게 거짓말과 속임수를 행함으로써 공동체의 결속을 훼손한다는 의미에 초점을 맞춘다. 내용 면에서 9장은 예레미야의 슬픔, 하나님의 슬픔, 지혜로운 부녀자들의 슬픔을 나란히 서술하고(9:1, 10, 17), 거짓말을 일삼는 유다의 어리석음을 부각시킨다. 9장의 구조는 다음과 같다.

A. 예레미야의 슬픔: 백성이 죽임을 당하기 때문(9:1-2)

  B. 하나님을 알지 못하여 이웃에게 거짓을 말함(9:3-6)

    C. 유다의 거짓으로 인해 하나님의 심판과 연단을 받게 될 것 (9:7-9)

A'. 하나님의 슬픔: 창조 질서의 전복과 예루살렘의 황폐 때문(9:10-11)

  B'. 유다는 지혜롭지 못함: 마음이 완악하여 바알을 섬김(9:12-14)

    C'. 하나님의 심판; 포로로 끌려감(9:15-16)

A". 부녀자들의 슬픔: 예루살렘의 황폐 때문(9:17-22)

  B". 지혜자가 깨달아야 할 것(9:23-24)

C″. 하나님의 심판: 마음에 할례받지 않은 자를 멸함(9:25-26)

① 유다가 거짓을 일삼는 이유는 하나님을 알지 못하기 때문(9:1-9)

9:1-9에서 말하는 거짓(쉐케르)은 공동체를 훼손하는 거짓말을 가리킨다. 따라서 거짓이 속임수를 뜻하는 "미르마"와 함께 나타난다(9:6, 8).[147] 그러면서 하나님께 거짓을 행할 때 그 거짓이 공동체와 이웃을 향한 거짓으로 확장됨을 두드러지게 제시한다.

먼저 이 단락은 예레미야의 슬픔을 보여주면서 시작한다(9:1-2). 예레미야의 슬픔은 아이러니하게도 하나님의 심판이 확실히 임할 것을 보여주는 기능을 한다. 어떤 이는 9:1-2은 8:18-22과 함께 하나님의 슬픔을 표현하는 것이라고 주장하지만, 하나님의 슬픔은 9:10-11에 드러나기 때문에 이 주장은 설득력이 없다.[148]

백성이 멸망하게 될 것을 목도한 예레미야는 괴로움에 눈물을 흘리며 광야로 나가 상황을 피하고 싶어 한다(9:2). 차라리 광야로 피신하면 백성의 참상을 보지 않을 수 있어서 마음이 편할 수도 있다는 생각 때문이었다. 그는 멸망하는 백성과 자신을 동일시하고 눈물을 흘리며 괴로워했다. 예레미야가 눈물의 예언자가 된 이유는 유다를 향해 심판을 내리시는 하나님도 울고 계시기 때문이었다(9:10-11). 하나님의 마음을 읽은 예레미야는 자신도 하나님의 심정을 품고 거짓을 행하는 백성을 보면서 함께 목 놓아 울게 되었던 것이다.

---

147 Holladay, *Jeremiah 1*, 301 참조.
148 O'Connor, "The Tears of God and Divine Character in Jeremiah 2-9," 395 참조.

유다가 거짓 행태를 보이는 것은 하나님을 아는 지혜가 없었기 때문이다(9:3-6). 유다의 거짓된 행태는 공의와 의에서 떠나 이웃을 속이고 비방하며 진실을 말하지 않고 이웃과 공동체를 훼손하는 모습으로 나타났다(9:3-5). 이는 거짓된 행태가 공동체를 훼손시킨다는 진리를 일깨워주는 대목이다(참조. 잠 11:10).

사람들이 거짓으로 서로를 해하며 공동체를 훼손하는 이유는 마음의 완악함 때문이다(9:8). 이로써 마음의 문제가 수면 위로 떠오른다. 거짓의 배후에는 하나님을 알지 못하는 완악한 마음이 도사리고 있다는 얘기다. 거짓을 피하기 위해서는 하나님을 아는 마음, 즉 하나님의 속성을 알고 인애와 공의와 의를 행하려는 마음이 있어야 한다. 결국 마음으로 해를 꾸미며 거짓을 일삼는 유다는 하나님의 심판을 받을 수밖에 없다(9:9).

② 언약 파기로 인한 저주와 마음의 문제(9:10-16)

이 단락은 거짓을 행하는 유다가 언약 파기로 인해 저주의 심판을 받을 것을 다시 알리면서, 언약 파기로 인한 언약의 저주로 창조 질서가 전복되고 포로로 끌려가는 심판이 있을 것을 선언한다. 그리고 이 배후에 지혜의 부재와 바알을 숭배하는 완악한 마음이 자리 잡고 있음을 강조한다.

먼저 9:10-11은 하나님의 애곡과 유다의 언약 파기로 인한 저주를 다룬다. 무엇보다도 여기에 언급된 하나님의 애곡은 의외의 모습으로 보인다(9:10). 하나님은 유다가 언약적 저주의 심판을 받아 불타는 상황을 보고 괴로워하신다. 하나님의 슬픔과 애곡은 31:15에도 등장하는데 그 구절에서는 라마에서 슬퍼하는 라헬의 울부짖는 소리가 언급된다. 하지만 문맥의 상황에서 라헬은 실존 인물이 될 수 없기에 라헬의 애곡은 사실상 하나님이 울고 계시는 소리로 볼 수 있다. 이처럼 하나님은 백성이 고난당하는 것을 괴로워 하시면서 나중에 새 언약을 체결하여 유다 백성이 다시는 포로로 끌려가는 일이 없도록 하시겠다는 강한 의지를 표명하신다(참조. 31:20-22).

거짓을 일삼는 유다는 불에 타는 심판을 받게 될 것이다. 이 불 심판은 신명기에 등장하는 언약의 저주라는 점을 고려할 때(신 29:23), 이것은 언약 파기로 인한 저주임을 알 수 있다. 9:10b은 공중의 새와 짐승도 다 없어졌다고 말함으로써 8:13과 같이 창조 질서의 전복에 대한 힌트를 준다. 그리고 언약의 파기로 인해 노아 언약으로 유지된 창조 질서도 무너져 내릴 것이라고 말하면서 사실상 노아 언약이 파기될 것을 알려준다(참조. 4:23-26).

유다가 심판을 받는 이유는 지혜의 부재로 인해 하나님을 알지 못하기 때문이다(9:12). 예레미야서에서 하나님을 안다는 것은 하나님의 속성을 닮아 인애와 공의와 의를 행하는 것이라는 점을 생각하면, 이는 유다가 인애와 공의와 의를 행하지 않는다는 뜻이 된다(9:24; 22:15-17). 유다가 하나님을 알지 못하는 근본 원인은 마음의 완악함 때문이다(9:14).

9:14b은 마음이 완악한 유다가 바알을 숭배하는 것을 보여준다(8:19). 그 결과, 독한 물과 칼을 받고 포로로 끌려가는 방식으로 하나님의 심판이 이루어질 것이다(9:15-16). 이런 심판은 하나님의 심판으로 "독한 물"이 온다는 것(8:14)과 평강 대신에 상처가 온다(8:22)는 말을 상기시킨다.

③ 마음의 문제로 인해 인애와 공의와 의를 행하지 않음(9:17-26)

이 단락은 9장의 결론으로서 하나님의 성품인 인애와 공의와 의를 행하지 않는 유다의 마음의 문제로 인해 심판을 받게 되었음을 부각시킴으로써 유다가 인애와 공의와 의를 행해야 한다고 촉구한다. 이 단락에서 예레미야는 처음으로 인애와 공의와 의를 명시적으로 언급한다. "나 여호와는 사랑[인애/헤세드]과 정의[공의/미쉬파트]와 공의[의/체다카]를 땅에 행하는 자인 줄 깨닫는 것이라"(9:24).

먼저 9:17-22은 지혜로운 부녀자들의 애곡과 유다의 심판을 다룬다. 여기서 지혜로운 부녀자의 정체가 누군지는 뜨거운 논쟁의 대상이다. 어떤 학자는 이들은 갑작스런 충격을 받아 넋을 잃은 자들이 애곡할 수 있도록 전문적으로 유도하는 여자들이라고 주장한다.[149] 반면 할러데이(Holladay)는 이 여자들이 아마도 예루살렘의 황폐함을 보고 자신들이 섬기는 신들에게 애곡하는 우상숭배자들일 것이라고 추정한다(겔 8:14).[150] 따라서 이들이 지혜롭다는 말은 일종의 풍자라고 설명한다. 즉 이들은 스스로 지혜롭다고 말하지만 실상은 하나님보다 다른 신들을 의지하는 지혜롭지 못한 자라는 뜻이다.

필자가 보기에 여기서 애곡을 유도하는 부녀들은 유다의 멸망 앞에서 백성들이 슬퍼하도록 유도하고 하나님의 긍휼하심을 자극해 미래의 회복을 기원하는 자들이다. 이런 점에서 지혜로운 부녀의 애곡은 예레미야와 하나님이 느끼는 슬픔에 백성이 동참하도록 유도하는 기능을 한다.[151]

확실히 백성들의 슬픔은 하나님으로 하여금 은혜를 베풀게 하는 자극제가 된다(31:20). 9:20의 청자는 부녀들이지만 "너희들"이라는 남성 복수를 함께 사용한다. 즉 부녀들을 향해 말하고 있지만 포괄적으로 유다 백성

---

149 Allen *Jeremiah*, 120.

150 Holladay *Jeremiah 1*, 313.

151 Lundbom *Jeremiah, 1-20*, 563.

전체를 겨냥하고 있다. 이 단락은 하나님 앞에서 슬퍼하고 울 때 비로소 소망이 있다는 것을 보여준다. 환난 앞에서 성도가 울며 기도할 이유가 여기 있다.

하나님의 심판으로 인해 자녀들과 청년들에게 죽음이 임할 것이다 (9:21-22). 죽음(사망)이 창문으로 온다는 표현은 고대 근동에서 널리 퍼진 사상을 배경으로 한다.[152] 특별히 가나안에서 죽음의 신은 못(Mot)으로서 바알의 대적자다. 이런 배경을 염두에 두고 본문을 읽으면 죽음이 창문으로 온다는 말은 바알을 섬겼던 유다 백성에게 하나님이 바알의 대적자인 사망을 보내 백성과 바알을 무효화시키겠다는 의미임을 알 수 있다 (9:14, "바알들을 따랐음이라").[153] 또한 죽음은 장소를 가리지 않고 온다는 점에서 죽음의 모습으로 오는 하나님의 심판을 피할 수 없다는 것을 일깨워준다.[154]

이때 "사람의 시체가 분토 같이 들에 떨어질 것이다"(9:22). 이는 8:12처럼 하나님의 심판으로 그들이 떨어져서 일어나지 못할 것이라는 선언의 말씀이다. 여기서 "떨어지다"로 번역된 히브리어 동사 "나팔"은 시체를 뜻하는 "네벨라"(נבלה)와 청각적으로 유사하다. 이런 청각적 유사성을 통해 하나님의 심판을 강조하는 것이다. 이들의 시체는 분토가 될 것이다. 바알과 하늘의 여왕을 섬긴 대가로 죽어서도 매장되지 못한 채 하늘의 일월성신을 보게 될 것이라는 아이러니한 심판을 받게 된다는 뜻이다.

열왕기하에서 엘리야는 이세벨의 시체가 분토 같이 될 것이라고 예언

---

152 Clements, *Jeremiah*, 65.
153 Clements, *Jeremiah*, 66.
154 Holladay, *Jeremiah 1*, 314.

했다(왕하 9:37). 이런 의미에서 예루살렘이 분토가 된다는 예언은 예루살렘 거민들이 이세벨과 같이 망하게 될 것을 암시한다. 이는 이세벨처럼 하나님을 섬기지 않고 우상숭배를 한 대가로 이세벨이 당하는 심판을 받게 된다는 진리다.[155] 이세벨에 대한 암시는 21절의 "창문"이라는 단어에서도 지지를 얻는다. 이세벨이 창문에서 떨어져 죽게 된 것처럼 죽음이 창문으로 올라온다고 말하고 있기 때문이다.[156]

이어서 유다는 하나님의 심판으로 인해 "거두지 못한 곡식단"이 될 것이다(9:22b). 여기서 "곡식단"에 해당하는 히브리어 "아미르"(עָמִיר)는 곡식 다발이 아니라 곡식의 잘린 줄기를 의미한다.[157] 하나님이 공의와 의의 열매를 맺지 않는 유다 백성들을 풀처럼 벨 것이고, 그 잘린 줄기들이 거리에 버려질 것이라는 의미다.

9:23-26은 거짓된 유다가 멸망하는 이유를 다시 강조하면서 유다가 지혜를 가지지 못하여 하나님의 속성인 인애와 공의와 의를 알지 못했다고 말한다. 그리고 이런 무지의 배후에 할례받지 않은 마음이 있음을 일깨워준다(9:25-26). 9:23에서 하나님은 지혜로운 자, 용사, 부자를 언급한다. 이들은 모두 지혜와 밀접한 관련이 있다.[158] 9:23에서 용사의 "용맹"에 해당하는 히브리어는 "게부라"(גְבוּרָה)로서 이 단어는 단순히 육체적인 용기(힘)뿐만 아니라 군사적·정치적 힘을 포함한다(왕상 15:23; 사 11:2). 지혜로 인해 용맹과 부를 가진 자들은 자신들의 지혜를 자랑한다. 여기서 "자랑하

---

155 Holladay, *Jeremiah 1*, 315.
156 Holladay, *Jeremiah 1*, 315.
157 Holladay, *Jeremiah 1*, 315.
158 Holladay, *Jeremiah 1*, 317.

다"라는 말은 "할랄"(בָּלַל)의 사역재귀형(히트파엘)이다. 여기서 계속적인 습관을 강조하는 사역재귀형이 사용된 것을 보면 유다의 자랑이 습관이 된 행동임을 알 수 있다.

하지만 진정한 지혜는 인애와 공의와 의를 행하시는 하나님을 알고 자신도 인애와 공의와 의를 행하는 데 있다(9:24). 하나님이 인애와 공의와 의를 "행하다"라는 말에 해당하는 히브리어 동사 "아사"(עָשָׂה)는 단순히 "실행하다"라는 의미뿐만 아니라 "창조하다"라는 의미도 지닌다. 따라서 하나님의 인애와 공의와 의는 그분의 뜻을 위해 무언가를 새롭게 창조한다는 뜻이 된다. 그리고 "행하다"라는 말은 동사의 분사 형태다. 이런 점에서 하나님의 인애와 공의와 의는 끊임없이 무언가를 새롭게 창조하며 역동적으로 시행되고 있는 속성을 가졌음을 알 수 있다. 따라서 성도는 이런 하나님을 알고 자신도 끊임없이 새롭게 하나님과 이웃을 향해 인애와 공의와 의를 행해야 할 의무가 있다.

백성이 인애와 공의와 의를 행하시는 하나님을 진정으로 알지 못하는 것은 마음의 문제 때문이다(9:25-26). 이런 관점에서 마음에 할례받지 않는 유다와 열국이 멸망하게 될 것이라는 예언이 주어진다(9:26). 열국도 함께 멸망하는 이유는 하나님이 "온 땅"에서 인애와 공의와 의를 행하시는 분이시기 때문이다(9:24).[159] 모든 백성은 인애와 공의와 의를 행할 의무가 있기 때문에, 인애와 공의와 의를 행하지 않는 열국 역시 하나님의 심판을 피할 수 없다. 열국에 대한 하나님의 관심은 10장에서 더욱 강조된다(9:16;

---

[159] Allen, *Jeremiah*, 120.

10:2, 7, 10, 25).[160]

9:26에서 개역개정판 한글 성경은 광야에서 사는 자를 "살쩍을 깎은 자"라고 표현한다. 이 표현을 히브리어 원문으로 보면 "그 머리털을 모지게 깎는 자들"이다. 어떤 이는 이 표현이 머리털을 완전히 미는 사람들을 가리킨다고 주장한다(25:23; 49:32). 이것이 맞다면 이 표현은 아마도 광야에 사는 아랍 부족들을 지칭하는 말일 것이다.[161] 결국 9장은 유다와 열국이 마음의 문제로 인해 하나님을 알지 못하고 거짓을 일삼았기 때문에 심판을 받을 수 밖에 없다고 말하며 마무리된다(4:4; 6:10).

(3) 거짓된 우상숭배로 인한 모세 언약의 파기(10장)

10장은 거짓의 의미를 우상숭배로 확대시킨다(10:14). 그리하여 공의와 의가 없는 제사(7장)와, 공의와 의가 없는 형식적인 율법 준수(8장)와, 공동체를 훼손하는 모든 거짓된 행태들(9장)이 결국 우상숭배와 같다는 결론을 내린다. 다시 말해 성전에서 형식적인 제사만 드릴 뿐 공의를 행하지 않는 모든 행위가 사실상 우상숭배와 같다는 교훈을 주는 것이다. 10장의 구조는 거짓 존재인 우상에 초점을 맞춘 10:1-16, 유다의 심판에 초점을 맞춘 10:17-18, 예언자의 슬픔을 다루는 10:19-25로 나뉜다.

① 창조자 하나님 앞에서 우상은 헛된 것(10:1-16)

이 단락의 초점은 우상에 있다. 우상은 하나님을 가짜로 형상화한 것으로

---

160 Allen, *Jeremiah*, 121.
161 Holladay, *Jeremiah 1*, 319.

서 진정한 형상이 아니다. 그리하여 창조 시에 하나님의 기업으로서의 이스라엘의 존재를 부각시키면서 진정한 하나님의 형상은 이스라엘이라는 힌트를 준다(10:16, "이스라엘은 그의 기업의 지파라"). 이런 논리를 통해 우상을 섬기는 일이 얼마나 헛된 것인지를 일깨워준다(10:3, 15). 단락의 초두와 말미에 등장하는 "헛된 것"(헤벨)은 독자가 이 부분을 하나의 단락으로 읽도록 유도하는 기능을 한다(10:3, 15). 10:1-16의 구조는 다음과 같다.

> A. 이방인의 풍습은 헛된 것[헤벨]: 우상은 복을 주지 못함(10:1-5)
> B. 하나님은 이방 사람들의 왕이심(10:6-7)
>   C. 우상을 따르는 이방의 지혜자들은 어리석다[בָּעַר/바아르]
>   (10:8-9)
> B′. 하나님은 영원한 왕으로서 세상을 창조하셨음(10:10)
>   C′. 세상을 창조하지 않는 우상들은 망할 것(10:11)
> B″. 하나님은 지혜로 세상을 창조하신 왕(10:12-13)
>   C″. 우상을 따르는 자는 어리석다[바아르], 우상은 거짓임[쉐케르](10:14)
> A′. 우상은 헛된 것[헤벨](10:15)
> 결론. 창조 시 이스라엘은 하나님의 기업(10:16)

이 구조의 핵심은 단락 C″(10:14)로서 우상이 어리석고 거짓인 것처럼 우상을 숭배하는 자도 어리석고 거짓되다는 이야기를 전하고 있다.

본문은 먼저 하늘의 징조를 두려워하며 우상을 섬기는 것이 헛된 일이라고 경고한다(10:1-5). 바빌로니아의 종교는 하늘의 다양한 징조들이 인간의 길흉화복에 영향을 미친다고 생각했다(10:2).[162] 그런 이유로 바빌로니아인들은 하늘의 징조를 만드는 일월성신을 두려워하고 그들을 우상으로 섬김으로써 자신들의 운명을 바꾸려 했다. 하지만 우상을 두려워할 필요가 없는 이유는, 우상은 사람이 만든 것으로서 스스로 설 힘이 없는 존재에 불과하기 때문이다(10:3). 하늘의 일월성신도 하나님의 창조물이기 때문에 오히려 그들이 하나님을 두려워해야 한다.[163]

10:5은 우상이 화와 복을 줄 수 없는 존재임을 분명히 한다. 여기서 "화를 주다"와 "복을 주다"로 번역된 히브리어 표현은 각각 "악을 행하다"(רַעַע/라아)와 "선을 행하다"(יָטַב/야타브)이다. 이는 우상은 스스로 선악의 기준을 가지고 행동할 수 있는 존재가 아님을 일깨워주는 표현이다.

참된 선악의 기준은 오직 하나님일 뿐, 우상은 선악을 판단하고 은혜를 베푸는 존재가 될 수 없다(7:3). 우상을 통해 복을 빌고 자신의 길을 가려는 인간의 시도는 실패할 것이다. 예언자 예레미야가 "사람의 길이 자신에게 있지 아니하니 걸음을 지도함이 걷는 자에게 있지 아니하니이다"라고 고백했던 것은 바로 이런 이유 때문이다(10:23).

화와 복을 줄 수 없다는 표현은 스바냐서에서 유다 백성들이 하나님을 원망하며 했던 말이기도 하다(습 1:12). 당시 요시야의 개혁에도 불구하고 하나님이 곧바로 복을 내려주시지 않자 종교개혁에 회의를 품은 유다 백성들은 하나님이 화도 복도 내리지 않으신다고 불평하면서 우상숭배로 다시 회귀했다.[164] 이런 행위에는 우상을 통해 복을 받고자 하는 유다 백성

---

162 Lundbom, *Jeremiah 1-20*, 583.
163 Allen, *Jeremiah*, 126.
164 김창대, 『한 권으로 꿰뚫는 소예언서』(서울: IVP, 2013), 304-305.

들의 계산이 깔려 있었다. 이때 스바냐와 동시대에 살았던 예레미야는 유다 백성들의 배교를 질타하고 우상은 화 혹은 복을 내리는 존재가 아니라고 말했다. 특별히 예언자 스바냐는 복과 상관없이 겸손히 하나님을 섬기는 자만이 그분의 분노의 날에 숨김을 얻어 구원을 얻게 될 것이라고 예언했다(습 2:3).

10:6-14은 본격적으로 우상과 하나님을 대조시키면서, 우상과 그것을 숭배하는 자가 모두 거짓(쉐케르)임을 밝힌다(10:14). 모든 사람들의 왕이시며 영원하시고 세상을 창조하신 야웨만이 참 하나님이라는 논리다 (10:10, "오직 여호와는 참 하나님이시요").

우상을 섬기는 이방의 지혜로운 자들은 사실은 어리석은 자다(10:8-9). 10:8에서 개역개정판 한글 성경이 "우상의 가르침은 나무뿐이라"고 한 부분을 히브리어 원문으로 읽으면 "우상의 가르침을 받고 있는데, 사실 우상은 나무에 불과하다"라는 뜻이 된다.[165] 우상을 섬기는 자를 가리켜 나무에서 나오는 생명 없는 말을 신뢰하는 자라고 말함으로써 그의 어리석음을 강조하는 것이다.

오직 야웨만이 참(에메트) 하나님이시다(10:10). 이는 거꾸로 우상은 거짓이라는 뜻이다(10:14, "우상은 거짓 것이요"). 특별히 10:10은 야웨 하나님의 진노로 인해 "땅이 진동한다"라고 말한다. 여기서 "진동하다"에 해당하는 히브리어는 "라아쉬"(רעשׁ)로서 이는 북방의 적이 침입할 때 사용되었다 (6:22-23; 8:16; 10:22). 예레미야서에서 북방의 적이 야기한 파괴는 창조 질서의 전복으로 이어진다(4:1, 23-26). 그러므로 10:10은 창조 질서의 전복을

---

[165] Lundbom, *Jeremiah 1-20*, 588.

이끄는 북방의 적이 사실상 하나님에 의해 움직인다는 것을 보여준다. 창조 질서의 전복이 하나님의 주권에 달려 있음을 교훈하면서 야웨만이 참 하나님이심을 드러내고 있는 것이다.

야웨가 참 하나님이신 이유는 그분이 천지를 창조하셨기 때문이다 (10:11). 더욱이 그는 지혜로 땅을 세우셨다(10:12). 여기서 "세우셨다"로 번역된 히브리어 단어는 "오세"(עשה)로서, 3절과 9절에서 우상이 인간에 의해 "만들어진 것"이라고 말할 때 사용된 단어인 "마아세"(מעשה)와 같은 어근의 낱말이다. 이를 통해 야웨는 우상과 달리 세상을 세우시고 또한 자신이 세운 세상을 다시 전복시킬 수도 있는 분임을 드러낸다.[166]

10:12b에 언급된 "지혜"는 8-9장에 자주 등장하는 핵심어 중 하나다 (8:9; 9:12, 17, 23).[167] 하나님이 세상을 지혜로 창조하셨기 때문에 하나님의 피조물인 인간은 하나님의 지혜대로 행동해야 한다. 하지만 창조 질서가 지혜를 따라 행동하는 와중에도 하나님의 백성인 유다는 지혜롭게 행동하지 않았다(5:22-23; 8:7). 그 결과 하나님은 유다를 멸할 수밖에 없었다.

10:14은 다시 우상숭배의 어리석음을 강조한다. 특별히 우상숭배가 어리석은 이유는 그것이 거짓이기 때문이다. 이렇듯 우상이 거짓임을 말함으로써 공의와 의에서 멀어진 모든 거짓된 행태가 우상숭배와 진배없다는 교훈을 주고 있다.

---

166 Allen, *Jeremiah*, 128.
167 Perdue는 렘 10:1-16은 "창조의 지혜 신학"과 관련이 있다고 주장한다. Perdue, *The Collapse of History*, 149. 시 104:24은 지혜를 창조 질서를 세우는 주제와 밀접하게 연결시키고 있다. 또한 Bauman von Gerlinde는 8-10장이 지혜의 관점에서 쓰여 있다고 말한다. Baum von Gerlinde, "Jeremia, Die Weisen und Die Weisheit: Eine Untersuching von Jer 9,22f," *ZAW* 114 (2002): 77-79.

마지막으로 우상은 헛된 것임을 명시적으로 확언함으로써 우상이 아닌 이스라엘의 하나님만이 복을 주는 분임을 강조한다(10:15-16). 10:1-5에서 우상을 따르는 풍습이 헛된 것이며 우상은 결코 화와 복을 줄 수 없다고 말했는데, 구체적으로 우상 자체가 헛됨을 선언하고 있는 것이다(10:15). 또한 이스라엘은 창조 시에 하나님의 기업을 얻는 지파로 창조되었음을 알리며 따라서 진정한 하나님의 형상은 우상이 아니라 이스라엘임을 간접적으로 드러낸다. 그리고 이스라엘의 복은 오직 하나님으로부터 온다는 사실을 각인시킨다(10:16).

이제 10:16의 의미를 좀 더 깊이 살펴보자. 개역개정판 한글 성경이 번역한 구절을 히브리어 원문에 충실하게 번역하면 다음과 같다.

> 야곱의 분깃은 이들과 같지 않다. 왜냐하면 그분은 만물의 조성자이시기 때문이다. 그때 이스라엘은 그분의 산업의 지파로 조성되었다. 그분의 이름은 만군의 여호와시다.

이 번역을 참고하면 야웨는 만물의 창조자이시며 그가 만물을 창조할 때부터 이스라엘을 선택하여 자신의 기업을 얻는 지파로 삼으셨다는 해석을 도출할 수 있다(신 32:8-9).[168] 브루그만(Brueggemann)은 10:16을 설명하면서 다음과 같이 말한다. "16절의 창조자에 대한 주장들은 전적으로 12절의 찬송시와 잘 부합한다. 이로써 이스라엘에 대한 야웨의 관심은 늦추어진 '선택'이 아니라 창조 질서의 구조 속에서 처음부터 필연적인 요소였

---

168 영어 성경 NIV는 이런 식으로 번역하는 것처럼 보인다.

음을 보여준다."[169] 결국 이 구절은 이스라엘은 열국과는 달리 역사 안에서 하나님의 창조 질서의 지혜를 구현하고 실천하는 존재로 창조되었음을 보여준다.

10:16의 후반부는 "이스라엘이 하나님의 기업의 지파"라고 말한다. 이 말은 신명기 4:20과 시편 74:2에 의하면 구원을 통해 하나님의 소유물인 기업이 되었다는 뜻이다.[170] 이런 점에서 "하나님의 기업"이라는 말은 하나님의 소유가 되었다는 의미다. 출애굽기 19장은 모세 언약을 통해 이스라엘이 하나님의 소유된 백성(세굴라)이 되었다고 선언한다(출 19:5). 기업으로서 하나님의 소유가 된다는 말은 하나님의 형상으로 창조되었다는 의미다(참조. 겔 16:8-13). 따라서 10:16은 하나님의 진정한 형상은 우상이 아니라 하나님의 소유인 이스라엘이라는 신학을 제공함으로써 우상을 섬긴다는 것이 얼마나 우스꽝스러운 일인지를 가르쳐준다.

② 거짓된 우상을 섬긴 어리석은 유다에 대한 심판(10:17-25)

이 단락은 7-10장의 결론으로서 거짓으로 치닫는 유다에게 하나님의 심판을 최종적으로 선고한다. 여기서 흥미로운 점은 예언자 예레미야가 자신의 죄를 고백하고 있다는 것이다(10:19). 예레미야 또한 하나님의 심판에서 예외가 아님을 잘 보여주는 대목이다. 이런 예레미야의 고백은 심판의 고난 속에서 성도가 취해야 할 바른 자세를 제시해준다. 즉 고난에 앞서

---

169 Walter Brueggemann, "Jeremiah: Creatio in Extremis," in *God Who Creates: Essays in Honor of W. Sibley Towner*, ed. William P. Brown and S. Dean McBride Jr. (Grand Rapids, Mich.: Eerdmans, 2000), 162,

170 Lundbom, *Jeremiah 1-20*, 599.

또는 고난을 통과하면서 하나님의 계획을 위해 살아가지 못한 것을 회개해야 한다는 것이다(10:23, "여호와여, 내가 알거니와 사람의 길이 자신에게 있지 아니하니"). 10:17-25의 구조는 다음과 같다.

    A. 야웨의 심판: 짐을 싸라(10:17-18)

      B. 예레미야의 고백: 나의 고난을 참아야 한다(10:19-20)

        C. 어리석은 목자들로 인해 양 떼가 흩어짐(나포차)(10:21)

        C´. 유다 성읍들이 북방(차폰)의 적에 의해 황폐케 됨(10:22)

      B´. 예레미야의 고백: 인생의 길이 하나님께 있음, 너그러운 징계를 호소함(10:23-24)

    A´. 열국을 심판해달라는 호소(10:25)

위의 구조로 볼 때 10:17-25의 핵심은 유다의 심판이다(10:21-22). 그러면서 유다의 심판과 열국을 향한 심판을 자연스럽게 연결하고 있다(10:24-25). 실제로 예레미야 7-10장은 유다의 심판과 함께 열국 심판에 대한 언급으로 각 장의 끝을 맺는다.

    10:17-18의 청자가 여성인 점을 고려하면 예루살렘 성읍을 여성으로 의인화하여 심판 선고를 다루고 있음을 알 수 있다.[171] 우상숭배로 대표되는 거짓된 삶, 다시 말해 공의와 의가 실종된 삶에 대한 결과로써 하나님은 유다를 던져버리실 것이다(10:18). 이 말씀은 7:15에서 "너희를 쫓아내리라"고 한 예언을 연상시킨다. 즉 포로로 잡혀가게 될 것이라는 말이다.

---

171 Holladay, *Jeremiah 1*, 341.

포로가 되는 것은 언약 파기로 인한 저주라는 것을 고려하면 이 말은 언약이 파기됨을 알리는 선언이기도 하다. 한편 포로가 되는 고난을 겪게 하시는 목적은 그들이 고난을 통과하면서 진정으로 하나님을 찾고 그분을 알게 하시기 위함이다(10:18).

언약의 저주를 받아 포로가 되는 심판 앞에서 예레미야는 자신의 심정을 토해낸다(10:19-20). 특별히 10:19-20은 각 행이 히브리어 알파벳 문자 알레프(א)로 시작하면서 텐트라는 모티프를 통해 21절에 나오는 목자 이미지와 자연스럽게 연결된다. 10:19에서 예레미야는 자신이 "상처"와 "중상"을 당했다고 말한다. 이 단어들은 각각 "쉐베르"(שֶׁבֶר)와 "마카"(מַכָּה)로서 유다 백성들이 하나님으로부터 받은 징계들을 가리킬 때 사용되었다 (6:7, 14).

어떤 이는 10:19-20이 예레미야의 고백이 아니라 여성으로 의인화된 예루살렘이 심판 앞에서 자신이 받는 상처에 대해 이야기하는 것이라고 이해하기도 한다.[172] 하지만 예레미야가 백성의 고난을 자신의 고난으로 치환시켜 슬픔을 토로했다고 보는 편이 더 신빙성이 있다(8:21, "딸 내 백성이 상하였으므로 나도 상하여 슬퍼하며 놀라움에 잡혔도다").[173]

이 고난과 상처에는 예레미야가 백성을 통해 받은 상처도 포함된다. 그는 "마카"라는 상처로 인해 하나님께 불평하다가 책망을 받기도 했다 (15:18). 따라서 10장에서 예레미야가 언급한 상처는 백성이 당할 상처뿐만 아니라 자신이 백성으로부터 받은 상처도 포함된다. 예레미야는 그런 상

---

172 Clements, *Jeremiah*, 70 참조.
173 Clements, *Jeremiah*, 70.

처들을 하나님이 자신에게 주신 징계의 일환으로 받아들이면서 자신을 너그럽게 징계해달라고 호소한다(10:24).[174]

10:20에서 예레미야는 자신의 장막이 무너진다고 고백하는데, 이 고백은 4:20과 매우 유사하다. "패망에 패망이 연속하여 온 땅이 탈취를 당하니 나의 장막과 휘장은 갑자기 파멸되도다"(4:20). 여기에 언급된 휘장(텐트)은 아마도 예루살렘을 가리키는 것으로 추정된다. 휘장과 줄은 성막 건립과 관련된 단어들이기 때문이다(출 35:18). 이런 용어를 사용함으로써 유다의 심판으로 인해 예루살렘과 성전이 멸망하게 될 것을 예언해주고 있다.

지도자들인 목자들로 인해 유다는 흩어지게 될 것이다(10:21-22). 이는 지도자의 타락이 유다가 포로로 끌려가게 되는 원인임을 보여주는 말이다. 10:21은 목자들이 어리석었다고 말한다. "어리석다"에 해당하는 동사인 "바아르"는 10:8, 14에서 우상과 관련된 어리석음을 가리키는 데 사용되었다. 이런 표현을 통해 유다의 목자들이 우상숭배자와 같이 어리석어서 하나님을 알지 못했고 그 결과 유다의 백성들이 포로로 끌려가게 되었음을 시사한다.

10:21의 후반부에서 "형통하지 못하다"라고 번역된 동사는 "사칼"(שׂכל)의 사역형(히필형)으로서 "통찰력을 갖다"라는 뜻이다. 그래서 목자들이 우둔한 이유는 야웨께 구하지 않아 통찰력을 갖지 못한 탓이고, 이로 인해 백성이 멸망할 수밖에 없음을 교훈하고 있다. 하나님을 알아야 지혜와 통찰력을 얻고 문제를 헤쳐 나갈 수 있는데도 유다의 지도자들은 그렇지 못했다.

---

174 Lundbom, *Jeremiah 1-20*, 605.

목자들의 어리석음으로 인해 양 떼들(백성)이 흩어지고 유다 성읍들은 북방의 적에 의해 황폐하게 될 것이다(10:22). 양 떼들이 "흩어지다"라고 할 때 사용된 히브리어 "나포차"와 "북방"에 해당하는 히브리어 "차폰"은 음성학적으로 유사하다. 이런 언어 유희를 통해서 백성들이 북방의 적으로 인해 흩어질 것이라는 사실을 청각적으로 강조하고 있다.

북방의 적으로부터 "떠드는 소리"가 들릴 것이라는 10:22의 표현에서 "떠드는 소리"에 해당하는 히브리어 명사 "라아쉬"(רַעַשׁ)는 하나님의 창조 질서가 흔들릴 때 사용된 동사 "라아쉬"(רָעַשׁ)와 같은 어근에 나온 말이다 (4:24; 10:10; 시 46:3). 이 말은 유다 성읍에 대한 심판이 하나님의 창조 질서의 흔들림(전복)으로 이어질 것을 재차 확인시킨다.

유다에 대한 심판이 창조 질서의 전복을 함의한다는 사상은 10:22의 "성읍들을 황폐하게 하여 승냥이의 거처가 된다"라는 표현을 통해 더욱 지지를 얻는다. 여기서 "승냥이"로 번역된 히브리어 단어는 "타님"(תַנִּים)으로서, 창조 시의 무질서의 세력을 뜻하는 "타닌"(תַנִּין)과 청각적으로 유사하다(51:34).[175] 이런 단어의 특성을 이용한 표현을 통해 유다의 심판을 기점으로 하여 창조 질서가 무질서로 돌아갈 것을 암시해준다.

10:23-24은 심판으로 고난을 받게 될 예레미야의 회개를 다룬다. 여기서 예레미야는 사람의 길이 하나님께 있음을 고백한다. "사람의 길이 자신에게 있지 아니하니, 걸음을 지도함이 걷는 자에게 있지 아니하니이다"(10:23). 예레미야는 하나님을 원망한 죄를 회개하고 자신을 너그럽게

---

175 일반적으로 무질서의 세력을 가리키는 바다의 짐승은 "타님"이 아니라 "타닌"(תַנִּין)이다. 하지만 "타닌"은 "타님"으로도 표현되기 때문에, 승냥이라는 단어는 독자들에게 무질서의 세력을 충분히 연상시킨다.

징계해달라고 간구한다(참조. 10:24; 15:18-20). 사역자는 사역에서 오는 상처를 개인적 상처로 치부하지 말고 하나님이 정하신 길을 묵묵히 걸어가야 한다고 교훈해주는 대목이다. 끝으로 예레미야는 자신은 야웨 하나님을 안다고 말함으로써 열국과 자신을 차별하고(10:23) 하나님을 알지 못하는 열국에 대한 심판을 촉구하며 단락을 마무리한다(10:25).

4.
언약 파기(11-17장)

11-17장은 유다와 예루살렘에 거하는 백성들에게 말씀을 전하라는 문구를 초두와 말미에 배치함으로써 독자가 이 부분을 하나의 단락으로 읽도록 유도한다(11:2; 17:20).[176] 이 단락은 짝을 이루는 7-10장과 같이 인애와 공의와 의를 행하지 않은 결과로 인해 언약이 파기될 것이라고 선언하고 거기서 발생되는 언약 저주의 심판을 선포하는 내용이다. 이런 점에서 이 단락의 핵심 주제는 언약 파기와 언약 저주다.[177] 언약 파기로 인한 저주로서 칼과 기근과 전염병이 임하게 될 것이다(11:22; 12:12; 14:1, 12, 15; 15:2; 16:4). 신명기에서 제시된 언약의 저주들 중 가장 확실한 저주는 땅에서 쫓겨날 것이라는 저주다(신 28:25). 따라서 11-17장은 7-10장처럼 땅에서 쫓겨나 흩어질 것이라는 저주를 반복함으로써 언약 파기의 확실성을 부각시킨다(13:17, 24; 15:4; 16:13; 17:4).

11-17장은 특별히 언약 파기의 원인으로 마음의 문제를 강조하면서 마음의 부패에 초점을 맞춘다(11:8; 20; 12:2; 13:10, 23; 16:12; 17:1, 5, 9). 한 예로 17:1은 "유다의 죄는 금강석 끝 철필로 기록되되 그들의 마음 판과 그들의 제단 뿔에 새겨졌거늘"이라고 말한다. 유다가 근본적으로 마음으로

---

176 Stulman, *Order amid Chaos*, 33.
177 Clements, *Jeremiah*, 78.

부터 하나님을 온전히 신뢰하지 않았기 때문에 언약을 파기했다고 일침을 가하고 있다. 또한 인간의 욕구가 자리한 곳으로 여겨지는 콩팥(כִּלְיָה/킬야)을 언급하면서 마음의 문제의 배후에는 이기적 욕구가 있음을 드러낸다 (참조. 11:20; 12:2; 17:10; 8:10; 엡 2:3; 약 1:14-15).[178]

11-17장의 구조를 보면 언약 파기 선언과 유다를 불로 멸망시킨다는 예언을 초두와 말미에 언급한다(11:16; 17:27). 그리고 시작과 끝에서 나무와 열매라는 이미지를 사용하여 공의와 의의 열매를 맺는 것이 언약의 목적임을 상기시킨다(11:16; 17:6-8). 11-17장은 전반부인 11-13장과 후반부인 14-17장으로 나뉜다. 이 단락의 구조는 다음과 같다.

A. 응답하지 않을 것이라는 말로 언약 파기 선언: 마음이 완악함(11:1-17)

　(예레미야의 첫 번째 고백[11:18-12:6])

　B. 언약 파기로 인한 저주: 칼, 평강이 없음, 수치를 당함(12:7-13)

　　C. 회복: 뽑은 후에 심으실 것(12:14-17)

　　　D. 언약 파기의 원인은 교만과 완악한 마음: 수치와 흩어지게 됨(13장)

A´. 응답하지 않을 것이라는 말로 언약 파기 선언(14:1-15:9)

　(예레미야의 두 번째 고백[15:10-21])

　B´. 언약 파기로 인한 저주: 칼, 기근, 전염병, 평강이 없음, 포로로

---

178 레위기에서 모든 동물 제사는 콩팥을 태우게 되어 있다. 이는 콩팥이 죄를 낳는 이기적인 인간의 욕구로 여겨지기 때문이다. Nobuyoshi Kiuchi, *Leviticus*, AOTC (Downers Grove, Ill.: IVP, 2007), 79.

잡혀감(16:1-11)

　C′. 회복: 포로로 잡혀간 후 다시 땅으로 인도함(16:12-21)

　　D′. 언약 파기의 원인은 이기적 욕구(17:1-11)

　　　(예레미야의 세 번째 고백[17:12-18])

　결론. 언약의 표징인 안식일을 준수하라(17:19-27)

위의 구조가 보여주듯이 11-17장에는 예레미야의 고백이 중간중간 삽입
되어 있다(11:18-12:6; 15:10-21; 17:12-18).[179] 예레미야의 고백은 11-20장에
걸쳐 분포되어 있으며 다음과 같은 구조를 이룬다.

　A. 예레미야에 대한 공격(11:18-12:6)

　　B. 예레미야의 분노와 원망(15:10-21)

　　　C. 예레미야의 회개의 반응: 고치소서(17:12-18)

　A′. 예레미야의 선포에 대한 공격: 우리가 그를 죽이자(18:18-23)

　　B′. 예레미야의 선포에 대한 공격과 원망: 자신의 생일을 저주함
　　　(20:7-18)

11-17장에 나타나는 예레미야의 고백은 하나님을 향한 원망이 주를 이
룬다. 이런 원망은 예레미야의 편에서 보면 마음의 문제에 해당하며, 이에
대한 하나님의 응답은 16:1-17:11에 제시된다. 반면 18-20장에 언급된 예

---

179 한편, Lundbom은 11-20장이 하나의 대단락을 이룬다고 주장한다. Lundbom, *Jeremiah 1-20*,
615.

레미야의 고백은 주로 하나님의 계획을 따르는 예레미야와 인간의 계획을 따르는 백성을 대조하면서 백성의 잘못을 부각시키려는 목적으로 기술되었다.

1) 언약 파기와 마음의 문제(11-13장)

11-13장은 언약 파기에 초점을 맞춘다. 11-13장의 내용은 언약 파기 선언(11:1-17), 예레미야의 첫 번째 고백(11:18-12:6), 유다의 집을 뽑아 버린 후에 다시 심을 것이라는 예언(12:7-17), 그리고 언약 파기로 인해 유다가 땅에서 쫓겨나 흩어지는 이유가 마음의 완악함에 있다는 교훈(13장)으로 구성된다.[180]

　　좀 더 설명하면 11:1-17은 초두에 언약을 직접적으로 언급하면서 모세 언약의 파기를 다룬다(11:4-5). 백성이 하나님과 언약관계를 깨뜨렸기 때문에(11:10) 하나님도 더 이상 그들을 자기 백성으로 여기지 않고 언약을 파기하실 것이라고 선언하신다. 그리고 마지막 13장은 하나님이 언약 파기의 저주를 실행하시고 백성을 땅에서 쫓아내실 것을 분명히 한다(13:17, 24). 언약 파기로 인해 저주를 받는 까닭은 교만하고 완악한 마음 때문이다(13:10, 15, 17).

---

180 Craigie and others, *Jeremiah 1-25*, 165 참조.

(1) 언약 파기 선언(11:1-17)

유다와 예루살렘이 모세 언약을 파기하자 하나님도 언약의 파기를 선언하신다(11:10, "언약을 깨뜨렸도다").[181] 하나님은 7:16에서 그러셨던 것처럼 예레미야에게 더 이상 중보기도를 하지 말라고 요구하신다(11:14). 이는 하나님이 유다를 언약관계의 파트너로 생각하지 않고 언약을 파기하시겠다는 뜻이다. 이제 유다는 불로 멸망하게 될 것이다(11:16). 11:1-17의 구조는 다음과 같다.

> 서론. 언약의 목적: 순종하여 하나님의 백성이 되는 것(11:1-5)
> A. 언약 파기의 근본 원인: 마음이 완악하기 때문(11:6-8)
>   B. 우상숭배로 인한 언약 파기 선언: 응답하지 않을 것임(11:9-13)
>   C. 중보기도를 하지 말라(11:14)
> A′. 언약 파기의 근본 원인: 마음의 문제(악한 음모)(11:15)
>   B′. 우상숭배로 인한 언약 파기 선언: 푸른 감람나무를 불태움
>   (11:16-17)

위의 구조를 보면 언약 파기로 인한 저주가 확정됨에 따라 예레미야에게 더 이상 언약의 중보자가 되지 말라는 명령이 내려진 것이 이 단락의 핵심임을 알 수 있다(11:14). 언약관계에 있다는 것은 하나님이 백성의 기도를 듣고 백성은 하나님께 응답하는 관계를 맺는다는 뜻이다. 그러므로 백성의 기도를 더 이상 듣지 않겠다는 하나님의 말씀은 양자 사이의 언약관계

---

[181] Dearman, *Jeremiah*, 123.

를 더 이상 맺지 않겠다는 언약의 파기 선언이다. 이 대목에서 성도는 하나님과 관계를 맺는다는 것이 그분과의 교제 속에서 기도할 수 있는 특권을 누리는 것이라는 것을 깨닫고 그 특권에 감사해야 할 것이다.

① 마음의 완악과 우상숭배로 인한 언약 파기(11:1-14)

언약의 목적은 하나님이 요구하시는 명령을 행함으로써 하나님의 백성이 되고 "젖과 꿀이 흐르는 땅"의 축복을 누리는 데 있었다(11:1-5).[182] 11:4은 이스라엘을 쇠 풀무 이집트 땅에서 이끌어내던 날에 하나님이 이스라엘에게 명령하신 것이 있었다고 밝힌다(참조. 신 4:20).[183] 여기서 쇠 풀무는 쇠를 제련하는 용광로와 같은 이집트에서 이스라엘이 고난을 당했다는 것을 상기시키는 기능을 한다.

그렇다면 이집트 땅에서 나올 때 하나님이 요구하신 명령은 무엇인가? 하나님은 쇠 풀무와 같은 고난 속에 있었던 이스라엘에게 인애를 베풀어 그들을 구원하셨고, 이스라엘을 압제하는 이집트를 공의로 심판하셨다. 또한 그런 인애와 공의를 이스라엘에게 가르쳐주시면서 그들로 하여금 하나님의 성품인 인애와 공의와 의를 닮으라고 명령하셨던 것이다(참조. 미 6:4-8).

시내산에서 반포하신 십계명은 인애와 공의와 의를 함축적으로 보여준 말씀이다. 십계명은 다른 신을 섬기지 말고 오직 하나님만을 사랑하고 하나님과 이웃을 상대로 하나님의 뜻을 실천하라는 명령이다. 모세는 더 구

---

182 Clements, *Jeremiah*, 77.
183 Holladay, *Jeremiah 1*, 350. 여기서 Holladay는 11:4의 말씀은 신 4:20을 강하게 연상시킨다고 지적한다.

체적으로 야웨가 요구하시는 것은 야웨를 사랑하고 뜻을 다하여 야웨의 명령을 지키는 것이라고 설명했다(신 10:2-13). 이런 내용을 참고하면, 하나님이 이집트 땅에서 나올 때 이스라엘 백성들에게 요구하신 명령은 다름 아닌 인애와 공의와 의를 행하는 것이고 바로 이것이 언약의 목적임을 알 수 있다.

하지만 유다는 언약의 목적에 합당한 삶을 살지 않았고, 따라서 이들에게는 언약 파기로 인한 저주가 임할 것이다(11:6-8).[184] 개역개정판 한글성경은 11:8의 일부를 "언약의 모든 규정대로 그들에게 이루게 하였느니라"고 번역했는데, 원문의 히브리어 동사는 바브 계속법의 접속사 바브에 연결된 미완료형으로서 예언자적 완료형의 의미를 갖는다. 이런 시제의 특성을 고려하면 미래의 하나님의 독단적 행동을 가리키기 때문에 이 문장은 "그들에게 이루게 할 것이다"라고 번역하는 것이 옳다.[185] 따라서 이 본문은 하나님이 미래에 그분의 독단적인 행동으로 반드시 유다에게 언약의 저주대로 심판을 시행하실 것이라는 뜻이다. 언약이 파기된 원인은 유다의 마음이 완악했기 때문이다(11:8, "그 악한 마음의 완악한 대로").

11:9-13은 본격적으로 유다의 불순종으로 인해 언약이 파기되었음을 선언한다(11:10). 언약 파기의 외형적 이유는 유다의 반역이다. 11:9에서 "반역"으로 번역된 히브리어 단어는 "케쉐르"로서 이는 "거짓"을 뜻하는 히브리어 "쉐케르"와 음성학적으로 비슷하다. 이를 통해 유다의 반역이 공의가 실종된 거짓에서 비롯되었음을 내비친다. 특별히 언약 파기의 문

---

184 Allen, *Jeremiah*, 140.

185 Waltke and O'Connor, *Biblical Hebrew Syntax*, 490.

맥에서 "반역"이라는 용어를 사용한 것은 요시야 왕의 종교개혁에 발맞춰 유다가 언약을 지키기로 맹세했음에도 불구하고 다시 우상숭배로 회귀하여 언약의 의무에서 이탈한 사실을 강조하려는 의도로 보인다.[186]

11:10에 언급된 "선조"는 요시야 시대 이전의 조상들을 가리킨다.[187] 이 구절은 요시야의 개혁 이전 상태로 돌아가버린 유다의 모습을 상술함으로써 유다가 언약의 의무를 저버린 것을 책망하고 있다. 하나님이 이처럼 언약의 의무를 저버린 유다와의 언약을 파기하는 것은 당연한 이치다.

하나님은 유다의 부르짖음에 더 이상 응답하지 않을 것이다(11:11). 하나님은 그들에게 부지런히 말씀하시고 그들을 부르셨지만 그들이 대답하지 않았기 때문이다(7:13, 25-26; 11:8).[188] 유다의 부르짖음에 하나님이 응답하지 않는 이런 상황은 자업자득이라고 할 수 있다.

유다는 도움을 구하기 위해 우상에게 부르짖을 것이나 우상의 도움을 받지 못할 것이다(11:12-13).[189] 특별히 유다 지도자들은 가난한 자들을 착취했고 약자의 부르짖음을 외면했다. 그것을 모두 지켜보셨던 하나님은 유다가 고난 가운데서 부르짖을 때 그들의 소리를 외면하실 것이다. 하나님은 유다의 기도에 응답하지 않으시겠다는 결심을 확실히 보여주시기 위해서 예레미야에게 더 이상 중보기도를 하지 말라고 명령하신다(11:14). 이 명령은 하나님이 더 이상 그들의 하나님이 아니라는 뜻으로서 언약 파기 선언과 같다.[190]

---

186 Lundbom, *Jeremiah 1-20*, 624.
187 Holladay, *Jeremiah 1*, 354.
188 Allen, *Jeremiah*, 141.
189 Craigie and others, *Jeremiah 1-25*, 171.
190 Clements, *Jeremiah*, 78.

② 마음의 문제와 우상숭배로 인한 언약 파기 선언(11:15-17)

이 단락은 11:1-17의 결론이라고 할 수 있다.[191] 11:15의 내용은 구문론적으로 매우 난해하다. 하지만 이 구절은 다음과 같이 번역할 수 있다.

> 나의 사랑하는 자가 나의 집에서 음모를 꾸미는 것이 무슨 소용이 있는가?
> 네가 너의 악으로 기뻐할 때, 사람들이 거룩한 제물이 되어 너로부터 사라지
> 게 될 것이다.

위의 번역을 참고하면 이 구절은 유다가 성전에서 음모를 꾸미며 하나님의 심판을 피해보려고 하겠지만, 언약의 파기로 인해 그들이 희생제물이 되어 끌려가게 된다는 뜻이 된다(13:24).[192]

11:15에 언급된 "음모"가 구체적으로 무엇인지는 알 수 없다. 아마도 성전에서 행해지는 우상숭배와 관련된 악으로 추정된다(참조. 23:11).[193] 이런 마음의 계략으로 인해 유다 백성은 직접 거룩한 제물이 되어 포로로 끌려가게 될 것이다. 12:3에서 예레미야가 자신을 핍박하는 자들이 직접 제물(양)이 되어 죽임을 당하게 해달라고 호소한 것과 같은 맥락이다.

구약의 제사는 제사를 드리는 자가 자신이 담당해야 할 죄의 형벌(עון/아본)을 희생제물이 대신 지게 함으로써 죄를 속죄하는 방식으로 이루어진다(레 5:17; 16:21-22). 하지만 레위기는 아무리 많은 제사를 드려도 죄의 원인인 이기적인 욕구를 청산하지 못한다면 당사자가 직접 제물이 되어 죄

---

191 Clements, *Jeremiah*, 79.
192 Huey, *Jeremiah*, 135.
193 Lundbom, *Jeremiah 1-20*, 630.

의 형벌을 담당해야 한다고 경고했다(레 26:41). 스바냐서가 형벌의 날을 야웨의 희생(화목제)의 날이라고 지칭하면서 그날에 유다 백성이 제물이 되는 심판을 받을 것이라고 예언한 것은 이런 배경에서 나왔다(습 1:8). 이런 맥락에서 유다가 악한 음모를 꾸미고 죄를 청산하지 못했기 때문에 스스로 거룩한 제물이 되어 포로의 형벌을 당하게 될 것이라고 예고하고 있다 (11:5).

이 신학은 이사야 40장에서도 발견된다. 이사야서를 보면 포로에서 돌아온 자들이 노역의 때가 끝나고 죄의 형벌을 배나 받았다고 토로한다 (사 40:2). 이사야 40:2에서 "노역"으로 번역된 히브리어 "차바"(אָבָצ)는 제의적 의무(cultic service)를 가리키기도 한다(민 4:3).[194] 또한 이사야 40:2에서 "죄악이 사함을 받았다"에 해당하는 히브리어 표현은 "죄의 형벌"을 뜻하는 "아본"(עָוֹן)과 "지불하다"라는 뜻의 동사 "라차"(רָצָה)를 사용하여 "죄의 형벌을 지불하다"라는 뜻이다. 이와 동일한 표현이 레위기 26:41에 등장함으로써 직접 제물이 되어 형벌을 받는다는 의미임을 깨닫게 해준다.[195] 이런 점을 고려하면 이사야 40:2이 제시하는 포로 기간은 유다 백성이 스스로 제물이 되어 제사를 드리는 기간임을 알 수 있다.[196]

한편 레위기 26장은 죄의 형벌로 유다가 7배의 재앙을 당하게 될 것이라고 말한다(레 26:18, 21). 그런데 이사야 40:2의 진술은 포로로 끌려간

---

194 Holladay, *A Concise Hebrew and Aramaic Lexicon*, 302.

195 레 26:41에서 개역개정판 한글 성경이 "죄악의 형벌을 기쁘게 받는다"라고 번역한 부분은 "죄의 형벌을 지불한다"라는 문구로 고쳐야 한다.

196 Milgrom은 레 26:41의 말씀은 포로로 끌려간 유다가 형벌을 받아 속죄하는 것으로 이해하고, 이런 신학이 사 40:2에서 발견된다고 주장한다. Jacob Milgrom, *Leviticus 23-27*, AYB 3B (New Haven: Yale University Press, 2001), 2333.

유다가 2배의 형벌을 받았다고 말하고 있다. 이런 차이와 관련해서 포로로 끌려간 유다가 하나님이 정한 형벌을 다 받지 않았다는 추론이 가능하다. 이런 이유로 이사야서는 백성의 형벌을 궁극적으로 메시아가 대신 지심으로써 언약 백성의 죄가 사해진다는 사실을 알린다(사 53장). 이것은 메시아인 예수 그리스도가 스스로 제물이 되어 우리가 받을 죄의 형벌을 대신 받을 것이라는 신학이다. 실제로 죄의 형벌을 받고도 살아남을 수 있는 사람은 없다. 따라서 이 대목은 메시아의 대속의 은혜가 얼마나 큰 것인지를 새삼 깨닫게 한다.

11:16-17은 식물 이미지를 사용하여 하나님과의 언약관계에 있는 백성을 열매 맺는 나무로 묘사하고 있다(2:3, 21). 하나님은 이스라엘과 언약을 맺으시면서 그들을 푸른 감람나무로 심으시고 그들이 공의와 의의 열매를 맺기를 바라셨다. 감람나무는 하나님의 언약의 파트너로서 이스라엘의 위상을 표현하기 위해 자주 사용되는 이미지다. 이런 맥락에서 호세아 14:6은 미래에 언약이 회복될 때 이스라엘이 다시 새로운 감람나무가 될 것이라고 말한다(참조. 롬 11:16-26).[197] 하지만 그들이 언약대로 열매를 맺지 않았기 때문에 하나님이 감람나무인 유다를 불로 태워 언약을 파기하실 것이라고 선언한다. 이는 더 이상 유다를 언약의 파트너로 삼지 않겠다는 의미다.

그 결과 "큰 소동 중에" 감람나무의 가지가 꺾이게 될 것이다(11:16). 어떤 이는 "큰 소동"이 군중이 제사를 드리는 소리라고 해석하면서, 이 말은 유다가 요란한 제사를 드리지만 결국 불에 탈 것이라는 뜻이라고 주장

---

197 Allen, *Jeremiah*, 141.

한다.[198] 하지만 이 소동은 감람나무가 불에 탈 때 나는 소리를 가리킨다고 보는 것이 옳다. 언약의 파트너인 유다가 불로 멸망하여 언약이 파기되는 이유는 바알에게 불로 분향함으로써 하나님의 노를 일으켰기 때문이다(11:17). 이는 우상을 불로 섬겼기 때문에 불 심판을 받는다는 아이러니다.[199]

(2) 예레미야의 첫 번째 고백(11:18-12:6)

이 단락은 예레미야의 첫 번째 고백이다.[200] 이 부분은 언뜻 앞의 11:1-17과 연관이 없는 것처럼 보이기도 한다. 하지만 11:6-8이 하나님의 말씀을 듣지 않는 유다가 언약의 파기로 인해 심판을 받게 되었음을 언급하고 11:21에서 "예언하지 말라"는 아나돗 사람들의 말을 인용하여 말씀을 듣지 않으려는 유다를 구체적으로 묘사한 점을 고려하면, 여기서 예레미야의 고백은 하나님의 심판의 당위성을 분명히 하는 기능을 한다. 또한 이 예레미야의 고백은 식물 이미지를 사용한다는 점에서 앞의 단락과 연결된다(11:16, 19; 12:2). 이로써 하나님이 감람나무로 심었던 유다를 불로 멸할 수밖에 없는 이유를 더욱 강조하고 있다.

　　11:18-12:6에서 예레미야는 하나님의 공의에 호소하며 자신의 처지

---

198 Holladay, *Jeremiah 1*, 355 참조.
199 Craigie and others, *Jeremiah 1-25*, 171.
200 11:18-12:6의 구조는 다음과 같다.
　　A. 나는 끌려가는 어린 양(11:18-19)
　　　B. 의로 판단하시는 하나님에 대한 호소(11:20)
　　　　C. 고향 사람(아나돗 사람)에 대한 하나님의 심판 약속(11:21-23)
　　　B´. 의로 판단하시는 하나님에 대한 호소: 악인이 왜 형통합니까?(12:1-2)
　　A´. 악한 자들을 끌려가는 양처럼 심판해달라는 촉구(12:3-4)
　　　　C´. 예레미야를 향한 경고: 형제와 아비를 믿지 말라(12:5-6)

를 하소연한다. 앞의 문맥에서 하나님은 공의와 의의 열매를 원하신다는 것을 언급했다(참조. 11:19). 예레미야는 하나님의 공의에 호소하면서 자신을 대적하는 자들을 심판해달라고 탄원한다. 이런 예레미야의 탄원은 당시 유다가 얼마나 공의에서 멀어졌는지를 입증해주는 것이기도 하다.

대적자들을 심판해달라는 예레미야의 탄원은 원수까지 사랑하라는 예수님의 명령에 위배되는 것처럼 보인다. 하지만 이것은 예언자로서 하나님의 사역을 방해하는 자들을 물리치고자 올리는 탄원이기에 꼭 부정적으로 볼 필요는 없다.[201] 한편으로 이 고백은 예언자 예레미야의 인간적인 모습을 보여준다.[202] 그리고 이 고백에서 보여진 예레미야의 고난은 유다의 멸망의 고통을 미리 체험하는 고난이라고 말할 수 있다.[203]

11:18-19에서 예레미야를 해치려는 사람들은 꾀를 내어 "우리가 그 나무와 열매를 함께 박멸하자"라고 말한다(11:19). 나무와 열매는 인간의 삶을 가리키는 이미지이므로, 열매를 맺는 나무에 예레미야를 대입시키고 그를 죽이자고 말하는 것이다.[204] 예레미야를 나무와 열매로 비유한 것은 11:16에서 유다를 열매 맺는 푸른 감람나무에 비유한 것을 떠올리게 한다. 따라서 이 표현은 하나님이 원하는 열매를 맺지 못하는 유다 백성이 공의와 의의 열매를 맺는 예레미야를 제거하고자 한다는 힌트를 준다. 이로써 유다 백성이 얼마나 사악한지를 드러낸다. 유다는 무죄한 나무인 예레미야를 제거하려고 했으나, 하나님은 오히려 열매 맺지 않는 나무인 유다를

---

201 Michael Avioz, "The Call for Revenge in Jeremiah's Complaints (Jer xi-xx)," *Vetus Testamentum* 55 (2005): 437-438.

202 Huey, *Jeremiah*, 136.

203 Stulman, *Order amid Chaos*, 150.

204 Allen, *Jeremiah*, 146.

뽑아버리실 것이다(12:15).

자신을 죽이려는 악한 음모 앞에서 예레미야는 하나님께 의로운 판단을 내려달라고 호소한다(11:20). 이 구절에서 개역개정판 한글 성경이 "공의"로 번역한 히브리어 단어는 의를 뜻하는 "체데크"다. 예레미야는 하나님을 "사람의 마음을 감찰하시는 만군의 야웨"라고 부르며 자신을 죽이려는 자들을 의(체데크)로 보복해달라고 요청한다. 여기서 "마음"으로 번역된 히브리어 단어 "킬야"는 콩팥을 가리킨다. 콩팥은 레위기 제사법에서 반드시 태워야 하는 제물로서 인간의 이기적인 욕구를 상징한다.[205] 예레미야는 자신을 죽이려는 유다 백성의 배후에 이기적인 욕구가 있음을 지적함으로써 죄의 원인인 이기적 욕구를 창조 질서의 원리인 의의 잣대에 비추어 심판해달라고 호소하고 있는 것이다.[206] 하나님의 심판은 개인적 원한이 아니라 우주적인 의미의 의를 실현하는 차원에서 실행되는 심판임을 보여주는 장면이다.

11:21-23은 구체적으로 예레미야를 죽이려는 자가 예레미야의 고향인 아나돗 사람이라고 밝히며 하나님이 그들에게 재앙을 내릴 것이라고 말한다. 고향 사람들은 예레미야에게 "너는 야웨의 이름으로 예언하지 말라"고 요구한다. 더 이상 하나님의 말씀을 듣지 않겠다는 뜻이다. 하지만 마음이 완악하여 하나님의 말씀을 듣지 않는 자들에게 저주가 임하게 될

---

205 Kiuchi, *Leviticus*, 82.

206 시편은 의를 창조 질서의 원리로 제시하고 있다(시 33편; 36편). 특별히 "체데크"/"체다카"가 창조 질서의 원리의 핵심이라는 주장에 대해 다음의 글을 참조하라. H. H. Schmid, "Creation, Righteousness, and Salvation: 'Creation Theology' as the Broad Horizon of Biblical Theology," in *Creation in the Old Testament*, ed. Bernhard W. Anderson (Philadelphia: Fortress Press, 1984), 107.

것이다(11:6-8). 따라서 아나돗 사람들의 말은 하나님의 심판의 불가피성을 더욱 돋보이게 한다.

예레미야는 다시 하나님의 의로운 판단을 호소하며 현재 형통한 악인을 처벌해달라고 요청한다(12:1-4). 앞서 아나돗 사람을 향한 하나님의 심판을 언급한 상황에서 예레미야가 다시 하나님께 의로운 판단을 촉구하는 것은 약간 이상하다. 여기서 예언자 예레미야의 연약함을 엿볼 수 있다.

예레미야는 그들이 하나님에 의해 심어진 나무로서 겉으로는 많은 열매를 맺고 있지만(2:21), 그들의 마음은 주께로부터 멀어져 있다고 호소한다(12:2). 나무를 심고 열매를 맺는 모티프는 11:16에 이미 나온 것으로서 다음 단락(12:14-17)에 다시 반복된다. 이로써 예레미야의 고백(11:18-12:6)이 11-13장의 문맥과 긴밀하게 연결됨을 알 수 있다.

12:2에서 "마음"으로 번역된 히브리어 단어는 콩팥을 뜻하는 "킬야"로서 욕구를 뜻한다. 이것은 예레미야를 핍박하는 자들의 잘못이 그들의 이기적 욕구에서 비롯되었다는 것을 다시금 드러낸다.[207] 그들은 풍성한 열매를 누리고 있지만 그들의 속은 이기적인 욕구로 가득하다. 그러므로 하나님 앞에서 이들이 맺은 열매는 공의와 의의 열매가 될 수 없다.[208]

예레미야는 도살장에 끌려가는 어린 양처럼 악한 자들을 심판해달라고 하나님께 요청한다(12:3). 그들이 직접 제사의 제물이 되게 해달라는 뜻이다. 11:19에서 예레미야는 자신을 끌려가는 양으로 비유했다. 이런 문맥에서 예레미야는 자신을 핍박하는 고향 사람들이 오히려 제물이 되어 심

---

207 콩팥은 인간 감정(욕구)의 좌소다. F. B. Huey, Jr., *Jeremiah*, NAC 16 (Nashville, Tenn.: B&H, 1993), 139 참조.
208 장성길, 『이스라엘의 구원과 회복의 드라마』(서울: 이레서원, 2007), 131.

판을 받게 해달라고 기도하고 있다. 덧붙여 예레미야는 이들의 죄로 인해 창조 질서마저 전복될 위험이 있다고 말한다(12:4; 참조. 4:23-26).

이런 예레미야의 간구를 들으신 하나님은 의외의 응답을 하신다(12:5-6). 하나님은 보행자와 함께 달려도 피곤하다면 어떻게 말과 경주할 수 있겠느냐며 예레미야를 질책한다. 이는 예레미야가 악한 자들로 인해 피곤하다고 호소하는 것에 대한 책망이다. 과연 예레미야는 후에 있을 말과의 경주에서 이길 수 있는가? 물론 하나님의 능력을 힘입는다면 이길 수 있을 것이다. 이는 아합의 전차보다 빨리 달리는 엘리야의 모습에서도 알 수 있다(왕상 18:46).[209] 하지만 하나님은 예레미야가 현재의 상황에서 낙심하는 것을 지적하고 책망하신다.

12:5의 후반부는 개역개정 한글 성경에서 "네가 평안한 땅에서는 무사하려니와"로 번역되었지만, 히브리어 원문에 충실하게 번역하면 "네가 평안한 땅을 의지한다면"이다. 이는 예레미야가 성공을 바라고 있음을 보여주는 표현이다. 하나님은 요단을 평안의 땅과 대조하여 언급하신다. 12:5에서 "요단강 물이 넘칠 때"로 번역된 부분은 히브리어로 "요단의 높음"이라는 뜻으로서 높게 우거진 요단의 수풀을 가리킨다.[210]

요단의 수풀은 지형적으로 험악하며 사자들이 출몰하는 위험 지역이다(49:19; 슥 12:3).[211] 따라서 12:5은 말들과 우거진 수풀을 언급함으로써 예레미야의 미래에 거룩한 전쟁이 놓여 있음을 알린다.[212] 하나님은 예레미

---

209 Holladay, *Jeremiah 1*, 379.
210 Holladay, *Jeremiah 1*, 380.
211 Allen, *Jeremiah*, 150.
212 Holladay, *Jeremiah 1*, 380.

야가 더 큰 전쟁과 같은 위협을 앞두고 인간적 평안(샬롬)에 기대려는 모습이 합당치 않다고 말씀하신다. 이로써 인애와 공의와 의의 열매를 맺는 자는 인간적 평안에 의지하기보다 환난 가운데서도 하나님과의 교제에서 오는 평안과 기쁨으로 상황을 헤쳐 나가야 한다는 교훈을 주고 있다.

더욱이 하나님은 고향 사람들뿐만 아니라 집안 식구들마저도 예레미야를 대적하게 될 것이라고 말씀하시면서 그들의 허울 좋은 말에 귀를 기울이지 말라고 경고하신다(12:6).[213] 이 구절에서 사람들이 "너의 뒤에서 크게 외친다"라고 말할 때 "크게"로 번역된 히브리어 단어는 "말레"(מָלֵא)다. 70인역(LXX)은 이 단어를 "많은 수"로 이해하여 "많은 수가 뒤에서 모인다"라고 번역했다. 어떤 이는 이 표현이 "죽이기에 충분히 찼다"를 함축적으로 표현한 말이라고 해석한다. 한편 런드봄(Lundbom)은 그들이 뒤에서 "외친다"라는 말에 초점을 맞춰 형용사 "말레"를 부사적 용법으로 이해함으로써 이 구절을 "온갖 힘을 다하여 오랫동안 예레미야를 비난한다"라고 해석한다.[214]

하지만 할러데이는 "말레"라는 단어를 "술 취해 있다"라고 해석하는 것이 더 정확하다고 본다(6:11; 13:12; 15:17; 23:9; 29:26)[215] "말레"의 기본적 의미는 "채우다"인데, 이 단어는 13:12에서 술에 취한 상태를 가리킬 때 사용되었다. 또한 15:17은 이 단어를 사용하여 예레미야가 의분으로 채워졌다고 말한다. 이런 해석을 종합해보면 12:6에서 사람들이 "말레"라고 말하는 것은 예레미야가 하나님의 분노로 인해 심판을 예언할 때 사람들이

---

213 이런 점에서 12:6은 11:21-23과 평행을 이룬다. Craigie and others, *Jeremiah 1-25*, 181.
214 Lundbom, *Jeremiah 1-20*, 648.
215 Holladay, *Jeremiah 1*, 381.

예레미야를 술에 취한 미친 사람으로 여기고 뒤에서 수군대는 모습을 표현한 것으로 보아야 한다(29:26). 나중에 13장은 예레미야의 뒤에서 수군거리며 "술 취한 자"라고 비난한 자들이 오히려 포도주에 취해 멸망하게 될 것이라는 아이러니를 보여준다(13:13-14).

(3) 언약 파기로 인한 저주와 회복(12:7-17)

앞서 예레미야의 고백(11:18-12:6)이 예레미야의 슬픔을 다루었다면, 12:7-17은 하나님의 슬픔에 초점을 맞추고 유다가 언약 파기로 인해 저주를 받게 될 것을 알린다. 유다의 멸망 앞에서 하나님은 유다가 원래 자신의 연인임을 밝히며 심판 이면에 자리한 자신의 슬픔을 전달하신다(12:7).[216] 언약을 파기한 유다는 외부의 침입(12:10-11)을 당하고 칼의 출현과 평강의 부재(12:12)를 겪으며 수치(12:13)를 받게 될 것이다. 유다의 멸망은 예레미야를 핍박하는 유다 백성을 향한 정의의 심판이기도 하다.

하나님은 유다의 멸망 이후에 열국도 뽑아버릴 것이지만, 후에는 그들도 회복된 하나님의 백성 중에 거하게 될 것이다(12:14-17). 12:7-17은 언약 파기로 인한 저주인 12:7-13과 미래에 있을 심판 후의 회복을 다루는 12:14-17로 나뉜다.[217]

---

216 Craigie and others *Jeremiah 1-25*, 184.
217 12:7-17의 구조는 다음과 같다.
    A. 하나님이 자신의 사랑하는 산업을 미워함(12:7-8)
      B. 하나님의 산업이 삼킴을 당할 것(12:9)
        C. 목자들이 포도원을 헐며 땅을 황폐케 함: 외부의 침입(12:10-11)
          D. 파괴하는 자들이 올 것(12:12)
        C′. 땅의 황폐함으로 인해 소산을 거둘 수 없을 것: 수치 당함(12:13)
      B′. 열국도 뽑아버릴 것(12:14)

① 언약 파기로 인해 칼이 임하고 평안이 사라짐(12:7-13)

이 단락은 유다를 파괴하는 자들이 와서 땅을 황폐하게 만들고 유다가 수치를 당할 것이라는 예언에 초점을 맞춘다(12:13). 먼저 하나님은 사랑하는 유다가 자신을 대적하였기 때문에 결국 유다를 원수의 손에 넘길 수밖에 없게 되었다며 슬퍼하신다(12:7-8).[218] 이제 유다는 "무늬 있는 매"가 되어 여러 짐승들과 새들이 유다를 에워싸게 될 것이다(2:9).

여기서 "무늬"라는 표현은 아름답지 않다는 뜻으로서 부정적인 뉘앙스를 가진다.[219] 하나님 앞에서 부정적으로 변한 유다가 다른 들짐승과 새들에 의해 삼켜질 것이라는 뜻이다. 일반적으로 특이한 무늬를 가진 새들은 다른 맹금류들의 공격을 받기 쉽다.[220] 따라서 이 표현은 무늬 있는 매로 변한 유다가 다른 새들의 공격을 받게 될 것을 예고해준다. 이런 유다의 변절은 왜 언약이 파기될 수밖에 없는지를 설명해준다.

12:10은 목자들이 하나님의 포도원을 헐었다고 말하면서 앞서 언급된 열매 모티프를 다시 끌어들인다(11:15-16, 19; 12:2). 유다는 포도나무처럼 열매를 맺지 못했기 때문에 외부의 침입으로 멸망하게 될 것이다(5:10; 6:9). 여기서 "목자들"은 외부의 침입자들을 가리킨다(6:3; 12:12).[221] 이들이 포도원을 헐 것이라고 말할 때 "헐다"에 해당하는 히브리어 동사는 "샤하트"(שחת)다. 이 단어는 13:9에서 백성의 교만을 "썩게 한다"라고 번역된 동사와 동일하다. 이를 통해 포도원을 헐게 되는 이유가 백성의 교만에 있음

A´. 열국을 돌아오게 하여 하나님의 백성 중에 세우실 것(12:15-17)

218 Lundbom, *Jeremiah 1-20*, 659.
219 Lundbom, *Jeremiah 1-20*, 658.
220 Huey, *Jeremiah*, 142.
221 Craigie and others, *Jeremiah 1-25*, 184.

을 내비친다. 포도원의 나무로 심겨진 유다가 열매를 맺지 못하자 땅이 황폐해졌다(12:11, 13).

본격적으로 유다는 외부의 침입을 받아 칼에 의해 그 땅이 삼켜질 것이고 평안을 얻지 못할 것이다(12:11-13). 칼로 인한 심판이 언약의 저주라는 점을 고려하면 이것은 언약 파기로 인한 저주가 내려질 것이라는 선언이다. 또한 평안은 언약의 대표적 축복인데도(16:5) 평안이 없다는 것은 더 이상 유다와의 언약이 유효하지 않다는 것을 뜻한다(참조. 신 28:65). 종합하면 이 단락은 언약의 저주를 언급하면서 언약 파기가 기정사실화됨을 알리고 있다.

② 회복: 뽑힌 후에 다시 심김(12:14-17)

하지만 하나님의 섭리의 주목적은 심판이 아니다. 물론 하나님은 유다의 멸망 이후에 열국을 뽑아버릴 것이라고 선언하신다(12:14).[222] 그렇지만 열국은 회복될 것이고, 이런 회복에는 유다의 회복이 전제되어 있다. 회복된 유다는 하나님의 백성이 될 것이고 열국에서 온 남은 자들도 하나님의 백성에 포함될 것이다(12:15-16). 하나님의 심판의 목적은 회복에 있음을 잘 보여주는 대목이다.

이 회복의 말씀은 하나님의 사랑(인애)의 속성을 드러내는 것이므로 11:18-12:6에서 하나님이 악인의 형통을 왜 방관하셨는지에 대한 실마리를 제공한다. 악인들을 당장 벌하지 않는 이유는 사랑의 하나님께서 그들이 돌아오기를 기다리시기 때문이다. 하나님은 심판의 하나님이기보다 사

---

[222] Clements, *Jeremiah*, 83.

랑의 하나님이시다.

(4) 언약 파기의 원인: 교만과 완악한 마음(13장)

13장은 언약 파기의 결과로써 언약의 저주를 받은 유다가 포로로 끌려가 흩어질 것을 명시적으로 예언한다(13:17, 24). 포로가 되어 흩어질 것이라는 말은 언약 파기를 확증하는 확실한 언약의 저주다. 덧붙여 언약 파기의 저주를 받은 유다는 수치를 당하게 될 것이다(13:22, 26). 이는 언약의 파기로 인해 외적의 침입을 받고 수치를 당하게 될 것이라는 12:7-13의 내용을 반복하는 것이다. 또한 13:24은 유다가 열매를 맺지 않아서 검불같이 흩어질 것이라고 말하는데, 이는 12장에 언급된 심고 뽑는다는 식물 이미지와 연속성을 가진다(12:14-17). 이런 점을 통해 13장이 12장과 긴밀히 연결됨을 확인할 수 있다.

13장은 언약의 파기로 인한 저주가 교만과 완악한 마음 때문임을 분명하게 드러낸다(13:10). 13장은 전반부(13:1-17)와 후반부(13:18-27)로 나뉘는데, 전반부는 교만이라는 말이 핵심을 이루고 있으며(13:9, 15, 17), 후반부에는 언약 파기의 저주로서 선포되는 포로로 흩어짐(13:20, 24)과 수치가 강조되고 있다(13:22, 26). 13장의 구조는 다음과 같다.

전반부(13:1-17)

A. 예레미야의 상징적 행동: 베 띠가 썩었음(nnʊ/샤하트)(13:1-7)

   B. 상징적 행동에 대한 해석: 교만을 썩게 할 것임(nnʊ/샤하트)(13:8-11)

A′. 하나님의 상징적 예언: 모든 병이 포도주로 차게 될 것임(13:12-14)

Bʹ. 교만하지 말라: 교만으로 인해 포로로 잡혀가게 될 것임(13:15-17)

후반부(13:18-27)

A. 유다가 포로로 잡혀감(13:18-19)

　B. 북방("차폰")의 적으로 인해 양 떼가 흩어짐(13:20)

　　C. 유다의 수치: 치마가 들림(13:21-22)

　　　D. 구스인의 피부의 예: 천성적으로 선을 행하지 못함(13:23)

　Bʹ. 겨불(초개)같이 흩어짐("푸츠")(13:24-25)

　　Cʹ. 유다의 수치: 치마가 들림(13:26)

A'. 화 있을진저 예루살렘이여(13:27)

① 전반부(13:1-17)

이 단락은 베 띠를 사서 묻는 예레미야의 상징적 행동을 통해 유다의 교만을 책망한다. 유다가 하나님의 말씀을 청종하지 않고 언약을 파기하여 포로로 잡혀가게 되는 이유는 교만 때문이다. 여기서는 그런 교만한 마음의 문제를 질타한다.

　먼저 예레미야는 하나님의 명령에 따라 허리에 차는 베 띠를 유브라데 강가의 바위틈에 감추는 상징적 행동을 수행한다(13:1-11). 어떤 이는 여기에 언급된 유브라데강은 메소포타미아의 유브라데강을 지칭하는 것이 아니라 아나돗 근처에 있는 와디 파라를 가리킨다고 주장한다.[223] 하지만 필자가 보기에 굳이 메소포타미아의 강이 아니라고 주장할 필요는 없다.

---

223 Clements, *Jeremiah*, 85.

베 띠를 감추기 위해 유브라데강으로 가라는 말씀은 미래에 유다가 유브라데강을 끼고 위치한 바빌로니아에 포로로 끌려갈 것이라는 힌트이기도 하다.[224] 감추어진 베 띠는 나중에 썩어서 쓸모가 없는 모습으로 변한다. 여기서 베 띠로 번역된 히브리어는 "에조르"(אזור)로서 허리를 감싸는 세마포 옷을 가리킨다. 이 옷의 신학적 의미는 이사야 11:5에 잘 드러난다. "공의로 그 허리띠(에조르)를 삼으며 성실로 그의 몸의 띠(에조르)를 삼으리라"(사 11:5). 이 구절을 예레미야 13:1과 연결하여 읽으면 예레미야서의 "에조르"는 인애와 공의와 의를 상징한다고 볼 수 있다. 따라서 예레미야가 베 띠를 유브라데강에 감추는 행위는 백성들이 인애와 공의와 의를 제대로 시행하지 않음으로써 베 띠가 썩듯이 언약의 줄이 썩어 언약이 파기됨을 알리는 의미라고 할 수 있다.

예레미야의 상징적 행동은 예레미야서 여러 곳에서 발견된다. 힌놈의 아들의 골짜기에서 토기장이의 옹기를 깨뜨리는 행위(19:1-3), 줄과 멍에를 목에 거는 행위(27:2), 아나돗의 땅을 사는 행위(32장), 레갑 족속을 포도주로 시험하는 행위(35장), 다바네스에 있는 파라오의 집 어귀의 벽돌 깔린 곳에서 큰 돌을 감추는 행위(43:8-13) 등이 그 예다. 이외에도 예레미야가 아내를 취하지 않는 행위(16:1-4), 잔칫집이나 상갓집에 가지 않는 행위(16:5-9) 등이 있다.[225] 이런 상징적 행위들은 유다 백성들에게 하나님의 심판과 구원을 시각적으로 보여줌으로써 백성들의 잘못을 교훈하는 효과가 있다. 더욱이 예레미야가 겪는 고난 자체에도 백성들의 고난을 체험하는

---

224 Allen, *Jeremiah*, 158.
225 Lundbom, *Jeremiah 1-20*, 667.

상징적 의미가 있다.[226]

하나님이 예레미야에게 상징적 행동을 요구하시는 것은 더 이상 백성들을 말로 설득하지 않겠다는 의지의 표현이다. 그러므로 이런 상징적 행동은 하나님의 심판이 정해졌다는 것을 간접적으로 시사해준다. 예레미야의 입장에서는 상징적 행동을 수행함으로써 백성의 고난을 미리 체험하고 하나님의 마음으로 사역을 할 수 있게 된다. 이런 의미에서 예언자란 하나님의 입장에서 행동하고 백성의 고난에 동참하는 자라는 사실을 알 수 있다.

13:8-11은 베 띠(세마포 옷)를 썩게 만든 이유를 설명한다. 베 띠가 사람의 허리에 속하듯이 베 띠로 상징된 유다는 원래 하나님의 소유다(13:11). 하나님의 소유라는 말에는 언약관계를 맺어 하나님의 형상으로 만든다는 신학적 의미가 담겨 있다(겔 16:8). 하나님은 유다를 그분의 소유인 베 띠로 삼아 유다를 하나님의 형상으로 만드시고 그들이 하나님의 형상 됨의 의무로서 인애와 공의와 의를 행하기를 원하셨던 것이다.

하지만 인애와 공의와 의를 행하여 빛을 발해야 할 백성이 교만을 상징하는 베 띠로 둔갑한 것을 본 하나님은 그것을 썩게 하실 것이라고 말씀하신다(13:9). 여기서 "썩게 하다"에 해당하는 히브리어 단어는 "샤하트"로서 이 동사는 신명기에서 언약관계가 파기될 때 사용되었다(신 31:29). 하나님은 이 단어를 사용하여 교만한 백성과 더 이상 언약관계를 맺지 않고 언약을 파기시킬 뜻을 내비치신다. 또한 백성의 교만의 배후에는 완악한 마음이 있음을 일깨우신다(13:10, "그 마음의 완악한 대로 행하며").

---

226 Lundbom, *Jeremiah 1-20*, 667.

하나님은 포도주라는 메타포를 사용하여 백성을 취하게끔 하는 방식으로 심판하실 것을 알리면서 동시에 백성들에게 교만하지 말라고 말씀하신다(13:12-17). 먼저 13:12-14은 공의와 의에서 떠난 유다가 포도주로 자신들의 기쁨을 채우려 하는 모습을 지적하고, 하나님도 동일한 방식으로 그들을 포도주에 취하게끔 하여 심판하실 것이라는 아이러니를 보여준다.

원래 유다는 하나님과의 교제의 기쁨으로써 자신들의 욕구를 궁극적으로 채우는 존재로 창조되었다. 하지만 유다는 세상적인 방법(술, 재물 등)을 통해 욕구를 채우려는 이기적 생각에 사로잡혀 있었다. 하나님은 그런 유다에게 그들이 좋아하는 포도주로 잔뜩 취하도록 하여(13:13) 멸하실 것이라고 말씀하시고 있다. 한 마디로 아이러니한 심판이다.

이어서 공의와 의의 열매를 맺어 하나님과 교제의 기쁨을 누리기보다는 세상적 수단(술)으로 기쁨을 누리려는 자들의 행태를 교만으로 정의하고 그 교만을 제어하라고 촉구한다(13:15-16). 결론적으로 유다는 교만으로 인해 포로로 잡혀가는 언약의 저주를 당하게 될 것이다(13:17). 이 저주를 앞에 놓고 예레미야는 눈물로 탄식한다. 예레미야의 눈물은 다가올 심판이 그만큼 클 것이라는 방증이다.[227]

② 후반부(13:18-27)

13:18-27은 유다가 공의와 의의 열매를 맺지 않은 결과로 언약이 파기되고 유다가 검불처럼 흩어지는 심판을 받아 수치를 당할 것이라고 예언한

---

227 Allen, *Jeremiah*, 161.

다.[228] 언약 파기의 궁극적인 원인은 그들의 마음이 구스인의 피부처럼 천성적으로 변하지 않기 때문이다(13:23).[229]

언약의 파기로 인한 심판은 포로로 잡혀가는 형태로 이루어질 것이다(13:18-19). 이때 네게브의 남방 성읍들이 봉쇄될 것이다(13:19). 이는 바빌로니아에 의해 유다가 포로로 잡혀가게 될 때, 바빌로니아와 협력한 에돔 군대들에 의해 네게브 지역이 점령당할 것을 예언하는 말씀이다.[230]

13:20은 유다를 공격하는 북방의 적을 향해 "눈을 들어 보라"고 말한다. 이 말은 3:2에서 우상숭배에 취해 있는 사람들을 겨냥해 주어진 말과 동일하다. 하지만 13장에서 이 말을 듣는 사람은 왕과 왕후다(13:18). 왕과 왕후에게 침략해 오는 북방의 적을 바라보라고 말씀하는 것이다. 이는 북방의 적으로 인해 왕의 백성인 양 떼들이 흩어질 것이라는 뜻이다. 하나님과 유다 사이의 언약은 목자와 양의 관계와 같다. 이 관계가 깨어지면 유다의 왕들도 백성인 양 떼를 잃게 될 것이다.

13:21-22은 언약의 저주에 초점을 맞춰 내용을 전개한다. 먼저 13:21은 대적이 언약 백성의 머리가 된다고 말하는데, 이것은 신명기에 의하면 언약의 저주다(신 28:44). 13:21의 히브리어 원문은 "네가 그들에게 가르쳤

---

228 13:18-27의 구조는 다음과 같다.
    A. 유다가 포로로 잡혀감(13:18-19)
      B. 언약 파기로 인한 심판: 북방("차폰")의 적으로 인해 양떼가 흩어짐(13:20)
        C. 언약의 저주: 수치로 치마가 들림(13:21-22)
          D. 구스인의 피부의 예: 천성적으로 선을 행하지 못함(13:23)
      B′. 언약 파기로 인한 심판: 검불(초개)같이 흩어짐("푸츠")(13:24-25)
        C′. 언약의 저주: 수치로 치마가 들림(13:26)
    A′. 예루살렘을 향한 심판(13:27)
229 Clements, *Jeremiah*, 86-87.
230 Allen, *Jeremiah*, 163.

던 자들, 즉 친구들이 너의 위에 머리가 될 것이다"라고 되어 있다. 이렇게 되면 대적자를 친구로 부르는 셈이 되어 언뜻 이상하게 들린다. 이 표현은 히스기야 때에 바빌로니아의 사신을 신뢰한 사건을 염두에 두고 한 말로 보인다. 이것이 맞다면 유다가 바빌로니아를 친구처럼 의지했던 사실을 상기시키면서 역설적으로 유다가 친구인 바빌로니아에 의해 멸망하게 될 것을 조롱하는 말이라고 볼 수 있다(겔 23:14-17).[231] 이는 그들이 연인이자 친구로 삼은 자들이 대적자가 되어 그들을 지배하는 우두머리가 될 것이라는 아이러니다.

이때 유다는 마음으로 "어찌하여 이런 일이 내게 닥쳤는고"라며 반문할 것이다(13:22). 하나님은 이 반문에 대해 그들이 수치스런 존재가 되었기 때문이라고 응답하신다. 13:22의 후반부에 나오는 "치마가 들리고"라는 말은 일종의 완곡어법으로서 옷이 벗겨지고 강간을 당하는 이미지를 담고 있다.[232] 전쟁에서 사로잡힌 여자는 옷이 벗겨졌고(겔 16:39-40) 남자의 경우도 마찬가지다(사 20:4). "발꿈치가 상하다"라는 표현 역시 그들의 신체의 은밀한 부분이 드러난다는 것을 완곡하게 표현한 것이다.[233] 이런 표현을 통해 유다가 신명기의 언약의 저주와 같은 수치를 온몸에 받은 채 심판을 당하게 될 것을 내비친다(참조. 신 28:37).

13:23은 13:18-27의 핵심으로서 언약 파기의 궁극적인 원인이 마음에 있음을 교훈한다. 이 구절에서 "하"(ה)는 의문문을 이끄는 것이라기보

---

231 Lundbom, *Jeremiah 1-20*, 685.
232 Craigie and others, *Jeremiah 1-25*, 193.
233 Lundbom, *Jeremiah 1-20*, 686.

다는 조건을 뜻하는 "만약"(if)의 의미를 가진 말로 보는 것이 옳다.[234] 이런 문법적 특성을 고려하여 이 구절을 번역하면 다음과 같다. "만약 구스인이 피부를, 표범이 그의 반점을 변하게 바꿀 수 있다면, 심지어 악을 배운 너희들도 선을 행할 수 있을 것이다." 언약의 파기로 인해 심판을 받는 상황에서 유다가 언약적 저주의 심판을 당하는 근본 원인이 마음의 문제에 있음을 역설하는 셈이다.

13:24은 등위접속사 바브(ㅣ)와 결합된 미완료형 동사로 시작하여 단락을 요약하고 결론을 이끄는 기능을 한다.[235] 그리하여 13:24 이후의 내용이 13장의 결론임을 알려준다. 13:24은 그들이 바람에 불려가는 검불(겨)과 같을 것이라고 말한다. 이 예언은 일차적으로 언약의 파기로 인해 포로로 끌려가는 언약적 저주를 당할 것이라는 뜻이다. 또한 검불이라는 풀 이미지에는 유다가 열매 없는 풀처럼 되었기에 풀과 같이 흩어지는 심판을 당한다는 신학적 의미가 담겨 있다(참조. 말 4:1). 언약을 통해 열매를 맺는 포도나무로 심겨진 유다가 더 이상 열매를 맺지 않았으므로 풀처럼 멸망하게 될 것이라는 선언이다.

13:25에 "네게 준 분깃"이라는 말은 "네가 행한 만큼 그대로 여호와께서 갚으시는 것"이라는 의미다.[236] "분깃"은 여호수아의 정복 때에 땅 분배

---

234 Paul Joüon, S. J. - T. Muraoka, A *Grammar of Biblical Hebrew 1*, Subsidia Bliblica 14/I (Roma: Editrice Pontificio Istituto Biblico, 1993), 167.

235 이런 형태는 미 6:16에서도 발견되어, 이 구절이 미 6장의 결론임을 시사해준다. 한편 Longacre는 내러티브에서 클라이맥스를 표시하는 형태로 바브 계속법 바브에 연결된 완료형 동사(Weqatal) 형태를 지목한다. Robert E. Longacre, "Weqatal Forms in Biblical Hebrew Prose: A Discourse-modular Approach," in *Biblical Hebrew and Discourse Linguists*, ed. Robert D. Bergen (Winona Lake, Ind.: Eisenbrauns, 1994), 95.

236 Lundbom, *Jeremiah 1-20*, 690.

를 위해 사용되었던 단어다.[237] 따라서 언약 파기로 더 이상 땅에 정착하지 못하고 검불 같은 풀이 되어 흩어지는 운명이 될 것임을 보여준다.

13:25의 "네가 나를 잊어버리고 거짓을 신뢰했다"라는 말에서 "거짓"은 우상숭배를 가리킨다(10:15). 여기서 유다의 우상숭배로 인해 언약이 파기됨을 다시금 확인해주고 있다. 언약의 파기로 인해 그들은 치마가 벗겨지는 수치를 당하게 될 것이다(13:26). 이는 치마가 벗겨진다는 은유를 통해 그들이 포로로 잡혀갈 때 벌거벗은 채로 끌려갈 것이라는 힌트를 준다.[238]

유다가 언약을 파기한 결과로 화가 임할 것이다(13:27). 본문은 유다가 언약을 파기한 구체적인 예시로 우상숭배를 재차 거론한다. 이 구절에서 "사악한 소리"는 말이 우는 소리를 뜻한다.[239] 하지만 5:8의 묘사를 고려하면 이 소리는 성적인 의미를 담고 있다. 따라서 "사악한 소리"는 유다가 하나님을 떠나서 자신의 욕심을 채우기 위해 우상숭배를 하며 이웃과 음행하는 지경에 이른 상황을 표현함으로써 그로 인해 언약이 파기되었음을 제시하는 표현이라고 할 수 있다.

2) 언약 파기와 마음의 문제(14-17장)

14-17장은 초두에 사자 공식(messenger formula)을 사용하여 새로운 단락의 시작을 알린다. 14-17장의 핵심 주제는 짝을 이루는 11-13장과 마찬가지

---

237 Holladay, *Jeremiah 1*, 416.
238 Clements, *Jeremiah*, 87.
239 Holladay, *Jeremiah 1*, 416.

로 언약 파기로 인한 저주의 선고다. 먼저 14장은 가뭄이라는 언약적 저주의 예를 들면서 언약 파기를 선언한다. 가뭄은 신명기에 언급된 대로 언약의 파기로 인해 발생하는 언약적 저주의 결과다(참조. 신 28:24). 언약이 파기되자 하나님은 11장에서 말씀하신 것처럼 예언자 예레미야에게 중보기도를 하지 말라고 명하신다(14:11). 이것은 유다를 더 이상 언약 백성으로 간주하지 않겠다는 것을 의미한다.

백성들은 언약 파기의 위협 앞에서 "우리와 세우신 언약"을 폐하지 말라고 간구하지만(14:21), 하나님은 므낫세의 죄로 인해 유다가 그 땅에서 떠나 포로로 끌려가게 될 것이라고 말씀하신다(15:4). 더욱이 아브라함 언약을 연상시키는 어휘들을 사용하여 아브라함 언약도 파기됨을 내비치신다(15:8, "그들의 과부가 내 앞에 바닷모래보다 더 많아졌느니라"). 전체 단락의 중간에는 예레미야의 고백(15:10-21)이 나오고 이에 대한 하나님의 응답(16:1-17:11)을 들은 예레미야가 다시 고백(17:12-18)하는 내용이 이어진다. 끝으로 17:19-27은 언약의 상징인 안식일을 지킬 것을 요구하며 마무리된다.

특별히 17장은 언약 파기의 저주로 인해 유다가 포로로 잡혀가 그 땅에서 흩어지게 될 것을 다시 강조한다(17:4). 그리고 그 저주의 원인이 마음의 부패에 있음을 독자들에게 각인시킨다(17:9, "만물보다 거짓되고 심히 부패한 것은 마음이라"). 덧붙여 부패한 마음의 배후에는 궁극적으로 이기적 욕구가 자리하고 있음을 교훈한다(17:10; 엡 2:3; 4:22; 약 1:14-15). 14-17장의 구조는 다음과 같다.

A. 언약 파기 선언(14:1-15:9)
  B. 예레미야의 두 번째 고백(15:10-21)

C. 언약 파기로 인한 저주와 회복: 유다를 땅에서 쫓아낸 후 땅으
로 인도(16장)

C′. 언약 파기의 원인: 마음의 부패(17:1-11)

B′. 예레미야의 세 번째 고백(17:12-18)

A′. 언약 파기를 피하기 위해서는 안식일을 준수하라(17:19-27)

(1) 언약 파기 선언(14:1-15:9)

14:1-15:9은 언약 파기로 인한 저주의 결과인 가뭄을 언급하면서 언약 파
기를 선포한다. 이 단락은 11장과 마찬가지로 예레미야에게 더 이상 중보
기도를 하지 말라고 말하여(11:14; 14:11) 하나님이 유다를 더 이상 언약 백
성으로 여기지 않고 그들과 맺은 언약을 파기하신다는 사실을 확증해준
다. 언약의 파기가 확정된 상황에서 언약을 폐하지 말라는 백성의 간구는
공허한 메아리에 불과한 것이다(14:21). 이 단락은 언약의 저주로 인해 사
람들이 수치를 당한다(חבש/부쉬)는 사실이 초두와 말미에 언급되면서 앞뒤
를 감싸는 구조를 이룬다(14:4; 15:9). 14:1-15:9의 구조는 다음과 같다.[240]

A. 언약 파기로 인한 저주의 결과인 가뭄으로 수치를 당할 것임(14:1-6)

B. 우리의 호소: 죄를 인정, 버리지 마옵소서(14:7-9)

C. 야웨가 언약 파기를 결심: 더 이상 중보하지 말라(14:10-12)

D. 언약 파기로 인한 심판: 칼과 기근으로 망하게 될 것임

---

240 반면 Weiser는 14:17에서 새로운 단락이 시작된다고 주장한다. Arthur Weiser, *Das Buch Jeremia* (Götingen: Vandenhoeck & Ruprecht, 1969), 121.

(14:13-18)

B′. 우리의 호소: 죄를 인정, 언약을 파기하지 마옵소서(14:19-22)

C′. 야웨가 언약 파기를 결심: 중보기도를 듣지 않음(15:1)

D′. 언약 파기로 인한 심판: 칼, 기근, 짐승에 먹힘(15:2-4)

A′. 언약 파기로 인한 저주로 인해 수치를 당할 것임(15:5-9)

위의 구조를 보면 단락 D/D′가 핵심이 되어 언약 파기로 인한 저주(칼, 기근, 짐승에게 먹힘, 포로로 끌려감)를 강조하고 있음을 알 수 있다.

① 언약 파기 선언과 저주의 심판 1(14:1-18)

14:1은 가뭄이 임한 상황을 언급하며 시작한다. 가뭄은 식물의 성장을 방해하는 요소로서 식물 이미지와 깊은 연관이 있다(14:6, "풀이 없으므로"). 이런 점에서 이 단락은 11장의 식물 이미지와 평행을 이룬다(11:16). 가뭄은 언약을 위반했을 때 일어나는 언약의 저주 중 하나다(신 11:17; 28:22-24; 왕상 8:35-36).[241] 이를 보면 언약을 위반하여 공의와 의의 열매를 맺지 못한 유다를 향해 하나님께서 언약의 저주로 가뭄을 내려 실제로 과실의 열매를 거두지 못하게 하셨음을 알 수 있다.

가뭄이라는 언약의 저주를 받은 예루살렘은 하나님께 부르짖지만 응답을 받지 못할 것이다(14:2). 여기서 "부르짖음"에 해당하는 히브리어 "체바하"(צְוָחָה)는 고통을 당할 때 내는 소리다.[242] 공의와 의에서 벗어난 예루

---

241 Lundbom, *Jeremiah 1-20*, 695.

242 Craigie and others, *Jeremiah 1-25*, 201.

살렘이 가난한 자의 부르짖음에 귀를 닫았기 때문에 하나님도 그들의 고통스런 부르짖음에 응답하지 않을 것이라는 교훈을 주고 있다(14:12).

귀인들이 사환을 보내어 우물에서 물을 길으려고 했지만 물을 얻지 못하고 수치를 당한다(14:3). 언약의 파기로 인해 가뭄과 함께 수치가 임하게 되었음을 알려주는 대목이다. 여기서 "우물"로 번역된 히브리어 단어는 "저수지"(סַב/게브)를 뜻한다. 저수지에 물이 마르는 것은 유다가 생수의 근원을 버리고 스스로 웅덩이를 판 언약 파기의 결과다(2:13; 17:7-8). 따라서 하나님이 언약 파기의 저주로써 저수지에 물이 없게 하셨음을 간접적으로 일깨워주고 있다.

가뭄을 겪게 된 유다는 하나님께 자신들의 죄를 용서해달라고 호소한다(14:7-9). 언뜻 보면 이들이 자신들의 죄를 인정하는 것처럼 보인다(14:7, "우리가 주께 범죄하였나이다"). 이들은 자신들이 "주의 이름으로 일컬음을 받는 자"라고 하면서 하나님의 구원을 촉구한다(14:9). 주의 이름으로 일컬음을 받는다는 것은 자신들이 주님의 소유로서 주님과의 언약관계에 있음을 강조하는 표현이다(참조. 13:11).[243] 하지만 이들은 언약의 핵심인 인애와 공의와 의를 행하지 못한 사실을 회개하지 않고 언약 백성으로서의 지위를 내세우며 용서를 구했다. 따라서 이들의 회개는 하나님의 뜻과 동떨어진 거짓 회개였다.

언약의 파기는 되돌릴 수 없기에 하나님은 예레미야에게 더 이상 중보기도를 드리지 말라고 말씀하신다(14:10-12). 하나님은 유다가 금식과 제사를 드릴지라도 응답하지 않으실 것이라고 선을 긋는다. 하나님이 응답

---

[243] Craigie and others, *Jeremiah 1-25*, 203.

하시지 않은 결과로 칼과 기근과 전염병이 그들을 괴롭힐 것이다(14:12). 칼과 기근과 전염병은 언약적 저주의 결과로서 예레미야서에서 15번 등장한다(레 26:25-26).[244]

거짓을 예언하는 자들이 칼과 기근으로 먼저 망하게 될 것이다(14:13-16). 거짓 예언자들이 멸망의 상황 앞에서 오히려 평강을 외치며 언약의 저주가 임하지 않을 것이라고 말했기 때문이다. 이는 언약을 온전히 수호해야 할 예언자들이 언약의 저주로 먼저 망하게 될 것이라는 아이러니다.

일반 백성들에게도 칼과 기근이라는 언약의 저주가 임하게 될 것이다(14:17-18). 이 저주는 다시금 상처로 표현된다(14:17). "상처"로 번역된 히브리어 단어는 "쉐베르"로서 하나님이 징계로 그들에게 내린 벌을 뜻한다(5:3; 6:14). 언약 파기로 인해 임하는 칼과 기근이라는 언약의 저주가 궁극적으로 하나님의 징계라는 것을 일깨워주는 대목이다.

② 언약 파기 선언과 저주의 심판 II(14:19-15:9)

14:19-22은 "우리"의 호소를 다룬다. 여기서 "우리"는 14:7-9에서 그랬던 것처럼 자신들의 죄를 인정하고 언약을 파기하지 말라고 간구한다. 하지만 이들은 진정한 회개는 없이 오로지 언약을 파기하지 말라고 촉구할 뿐이다(14:21, "언약을 기억하시고 폐하지 마옵소서). 이들의 간구는 언약 파기로 인한 저주를 피하기 위한 임시방편에 불과했다.

따라서 하나님은 그들의 간구를 듣지 않고 기필코 언약을 파기하실 것이다. 하나님은 이를 증명하기 위해 모세와 사무엘을 언급하시면서 그

---

244 Huey, *Jeremiah*, 153.

들이 중보기도를 할지라도 듣지 않겠다고 말씀하신다(15:1). 모세와 사무엘은 모두 예언자로서 언약의 중보자였기 때문에 이들의 말을 듣지 않겠다는 것은 반드시 언약을 파기할 것이라는 명확한 뜻이다.[245]

15:2-4은 언약 파기의 결과로써 칼, 기근, 짐승에 죽는 저주의 심판을 당할 것이라고 선언한다(15:2).[246] 15:3에서 개역개정판 한글 성경이 "찢는 개"로 번역한 부분에서 "찢다"에 해당하는 히브리어 동사는 "사하브"(סחב)로서 "끌어내다"라는 의미다. 그리하여 칼에 의해 죽은 시체들을 나중에 개들이 끌어내어 먹을 것임을 보여준다.[247] 또한 "공중의 새와 땅의 짐승"에 대한 언급은 유다 백성들의 시체를 들짐승들이 먹을 것이라는 의미다(7:33; 19:7). 이를 통해 언약적 저주의 심판을 받을 때 매장되지 못하고 거리에 나뒹굴 유다의 모습을 적나라하게 제시한다(참조. 8:1-3).

15:4은 심판이 언약을 위반한 므낫세의 범죄로 인한 것이라고 밝히면서, 언약의 저주 아래에 있는 유다가 열국에게 두려움의 대상이 될 것이라고 말한다(왕하 21:10-15; 23:26; 24:3).[248] 개역개정판 한글 성경은 이 구절을 "그들을 세계 여러 민족 가운데에 흩으리라"고 번역했지만, 히브리어 원문에 충실히 번역하면 "세계 여러 민족에게 두려움이 될 것이다"라는 말이 된다.[249] 세계 모든 민족들을 하나님의 자녀가 되도록 해야 할 유다가 언약의 목적을 감당하지 못하고 오히려 열국에게 두려움이 될 것이라는 의미다. 믿는 성도가 사명을 감당하지 못하면 믿지 못한 자들보다 더 못하게

---

245 Dearman, *Jeremiah*, 155.
246 Clements, *Jeremiah*, 94.
247 Lundbom, *Jeremiah 1-20*, 721.
248 Craigie and others, *Jeremiah 1-25*, 204.
249 Lundbom, *Jeremiah 1-20*, 722.

된다는 진리를 보여주는 말씀이다.

끝으로 15:5-9은 언약의 위반으로 인한 저주의 결과인 수치와 근심을 다시 언급한다. 이로써 수치를 언급하는 14:1-6과 짝을 이루어 14:1-15:9을 하나의 단락으로 읽도록 유도한다(14:4; 15:9). 이처럼 언약의 파기로 인해 사람들이 두려움과 함께 수치를 당하게 될 것을 앞뒤로 언급함으로써 언약 파기가 얼마나 큰 고통인지를 일깨워주고 있다.

유다는 하나님이 원하시는 뜻대로 살지 못했기 때문에 결국 하나님이 이들을 키로 흩어버리는 방식으로 멸하실 것이다(15:7). 키로 겨를 날려 보내는 것과 같은 하나님의 심판으로 유다가 흩어지게 될 것이다.[250] 겨라는 식물 이미지의 사용은 유다의 심판이 하나님이 원하는 열매인 공의와 의를 맺지 않은 결과임을 보여주는 역할을 한다(참조. 14:6). 그럼으로써 언약 백성이 인애와 공의와 의의 열매를 맺지 않아 껍데기가 되면 겨와 같이 흩어지는 자업자득의 심판을 받게 된다는 사실을 교훈해준다.

이 심판으로 인해 유다의 자녀들이 죽음으로써 바닷모래와 같이 많은 과부가 나오고 그 과부들은 수치와 근심을 당하게 될 것이다(15:8-9). 과부가 바닷모래보다 많아질 것이라는 말은 아브라함 언약에서 내포된 축복이 역전되어 저주로 바뀌는 것을 뜻한다.[251] 이를 통해 언약 파기로 인해 유다가 바빌로니아에 포로로 잡혀가는 사건이 모세 언약의 취소뿐만 아니라 아브라함 언약의 취소로까지 이어진다는 것을 깨닫게 한다(참조. 4:2).

---

250 Allen, *Jeremiah*, 176.
251 Lundbom, *Jeremiah 1-20*, 728.

(2) 예레미야의 고백(15:10-21)

이 단락은 예레미야의 두 번째 고백이다. 14:1-15:9에서 언약 파기로 인한 저주를 다룬 후 왜 예레미야의 고백이 나오는지에 대해 의문을 제기할 수 있다. 하지만 예레미야의 고백을 자세히 살펴보면 앞의 문맥이 가뭄을 언급한 것과 비슷하게 자신의 심리적인 가뭄을 호소하고 있음을 알 수 있다. 실제로 가뭄이라는 주제로 앞의 문맥(14:1-15:9)과 예레미야의 고백(15:10-21)이 서로 연결된다(15:18, "주께서는 내게 대하여 물이 말라서 속이는 시내 같으시리이까").[252]

14:19에서 유다 백성은 하나님께 왜 "치시고 치료하지 아니하시나이까"라고 반문했다. 여기서 "치다"와 "치료"에 해당하는 히브리어 단어는 각각 "나카"(נָכָה)와 "마르페"(מַרְפֵּא)다. 그런데 예레미야도 동일한 어근의 낱말들을 사용하여 자신의 상처(מַכָּה/마카)와 치료(הֵרָפֵא/헤라페)를 고백하고 있다(15:18).

이런 유비점을 통해 예레미야도 유다 백성과 마찬가지로 언약의 저주 아래에 있음을 알 수 있다. 다만 유다 백성이 죄로 인해 상처와 책망을 당한 것에 비해, 예레미야는 사역을 하면서 백성으로부터 상처를 당하고 있다. 예레미야는 이런 상처 앞에서 보복도 하지 않고 침묵을 지키시는 하나님을 원망하고 있다.[253]

---

252 Lundbom, *Jeremiah, 1-20*, 695.
253 15:10-21의 구조는 다음과 같다.
    A. 예레미야의 탄식: 자신의 탄생을 저주(15:10)
     B. 하나님의 응답: 내가 구하여 줄 것임(15:11)
      C. 하나님의 진노와 맹렬한 불(15:12-14)
       D. 야웨여 보복하소서(15:15)
      C′. 하나님이 예레미야에게 주신 분노(15:16-17)

고백의 처음부터 예레미야는 자신의 출생을 저주한다(15:10; 20:14). 특별히 자신이 온 세계에 다투는 자와 싸우는 자를 만날 자라고 토로한다. 여기서 언급되는 "다툼"(ריב/리브)과 "싸움"(מדון/마돈)이라는 단어는 타인과 논쟁하는 모습과 관련이 있다. 실제로 예레미야 26장의 성전설교를 보면 그는 공식적으로 사람들에 의해 기소되어 논쟁을 벌여야 하는 상황에 처한다.[254]

15:10의 후반절에서 예레미야는 자신이 타인에게 돈을 꾸지도 꾸어주지도 않았다고 말한다. 이것은 부당한 이자를 받고 돈을 빌려주지 않았다는 뜻으로, 예레미야가 율법대로 행동했음을 보여주는 말이다(출 22:25; 시 15:5).[255] 한편으로는 당시 사람들이 예레미야를 고리대금업자나 악성 채무인으로 취급하면서 그를 학대했음을 반증하는 말이기도 하다.[256]

어쨌든 예레미야는 자신이 아무런 잘못을 하지 않았다고 말하면서 부당함을 호소한다(15:10b). 여기서 예레미야가 무고하게 당하는 고난은 왜 유다가 저주를 당할 수밖에 없는지를 설명해주는 기능을 한다. 그리하여 유다가 언약의 저주를 당하는 것이 자업자득임을 드러내준다.

하나님은 무고하게 고난을 당하는 예레미야를 구출하고 복 주실 것이라고 맹세하신다(15:11). 15:11의 초두에 등장하는 "임 로"(אם־לא)는 하나님의 맹세를 표현하는 말로서, 만약 그렇게 하지 않는다면 저주를 당할 것

A′. 예레미야의 탄식: 주는 속이는 시냇물(15:18)
  B′. 하나님의 응답: 돌아오라(15:19-21)

254 Lundbom, *Jeremiah 1-20*, 732.
255 Allen, *Jeremiah*, 180.
256 Walter Baumgartner, *Jeremiah's Poems of Lament*, trans. David E. Orton (Sheffield: Almond Press, 1988).

이라는 뜻을 내포한다. 예레미야에게 저주가 임하지 않을 것이라고 하시면서 만약 저주가 임하면 그때는 하나님 자신이 저주를 받을 것임을 선언하고 있는 것이다.

15:11에서 개역개정판 한글 성경이 "강하게 하다"로 번역한 히브리어 동사는 "샤라"(שָׁרָה)로서 "구원하다"라는 뜻이다. 이를 통해 하나님이 예레미야를 구원하실 것을 보여준다. 이 구원은 선(토브)을 위한 것이다. 따라서 한글 성경이 "선"을 "복"으로 번역한 것은 잘못이다. 이처럼 예레미야는 선을 위해 구원을 받을 것이지만, 예레미야를 저주하는 대적자들은 재앙을 당하게 될 것이다. 여기서 "재앙"에 해당하는 히브리어 단어는 "라아"(רָעָה)로서 "악"을 의미한다. 이로써 선악의 기준을 하나님께 두어 선을 행하는 예레미야에게는 하나님이 선을 주실 것이지만, 악을 따르는 대적자들에게는 악으로 보응하실 것이라는 교훈을 주고 있다.

하나님은 예레미야를 핍박하는 유다를 북방의 철과 놋을 통해 멸하실 것이라고 말씀하신다(15:12-14). 여기서 언급된 북방의 철과 놋은 누구인가? 혹자는 예레미야라고 본다(1:18; 15:20).[257] 하지만 6:28에서는 놋과 철이 완악한 백성들을 뜻했던 것처럼 예레미야서에서 놋과 철은 다양한 의미로 사용된다. 여기에 언급된 북방의 철과 놋은 문맥상 북방의 적인 바빌로니아를 상징하는 것으로 보인다(1:14-15; 4:5; 6:1; 13:20).[258]

하나님은 유다의 모든 재산과 보물을 적에게 탈취물로 넘겨줄 것이다(15:13). 탈취물이라는 표현은 20:5에서 다시 등장하는데, 거기서는 제사장

---

257 Lundbom, *Jeremiah 1-20*, 735.
258 Allen, *Jeremiah*, 181.

바스홀에 대해 예언하면서 바빌로니아에게 모든 부를 탈취물로 줄 것이라고 말한다. 그러므로 탈취물에 대한 언급은 북방의 적인 바빌로니아에 의해 예루살렘이 멸망할 사건을 함축적으로 보여주는 말이다. 이때 탈취는 "값없이" 이루어질 것이다.

설상가상으로 유다는 탈취를 당할 뿐만 아니라 포로로 잡혀가게 될 것이다(15:14). 이 구절에서 "네가 알지 못하는 땅에 이르게 한다"라고 할 때 "이르게 하다"라는 동사의 어근은 "아바르"(עָבַר)이다. 하지만 70인역을 포함한 다른 사본은 이 단어를 "아바드"(עָבַד)로 이해한다. 아마도 후자가 더 정확한 것으로 보인다. 이렇게 되면 다음과 같이 해석할 수 있다. "그래서 네가 너의 적을 섬기도록 만들 것이다." 이는 하나님을 섬기지 않으면 포로로 끌려가서 오히려 적을 섬기게 될 것이라는 아이러니다(28:13-14).[259]

15:14에서 "알다"라는 동사를 사용한 것도 의미심장하다. 유다가 하나님의 뜻을 알지 못하였기에 알지 못하는 땅으로 가서 고통을 당하게 될 것을 시사하기 때문이다. 이것은 하나님의 뜻을 알지 못한 대가로 알지 못하는 땅에서 심판을 당할 것이라는 또 다른 아이러니를 보여준다. 15:14의 후반부는 하나님이 진노의 "맹렬한 불"로 유다를 "사를" 것이라고 말한다(참조. 신 32:22). 이로써 불로 유다에 대한 심판이 이루어지고 열국과 창조 질서가 전복될 것이라는 힌트를 준다(51:58).

15:15에서 예레미야는 하나님께 원수를 보복해달라고 호소한다(11:20 참조). 이 구절은 "알다"라는 동사가 초두와 말미에 등장하는 구조로 되어

---

259 Allen, *Jeremiah*, 182.

있다.[260] 15:15의 초두에 나오는 "당신은 아십니다"라는 말에서 "알다"에 해당하는 동사는 완료형으로 쓰였다. 이것은 하나님이 예레미야의 고통을 과거부터 지금까지 알고 계신다는 의미다.[261] 하지만 하나님의 보복이 더디게 오고 있기에 예레미야는 자신이 고통 중에 있다고 토로한다.

더욱이 예레미야는 자신이 부끄러움을 당하고 있다고 말한다(15:15b). 여기서 "부끄러움"에 해당하는 히브리어 단어는 "헤르파"다. 이 단어는 15:18a에서 언급된 "치료하다"의 부정사 연계형인 "헤라페"와 문자적 기교를 이룬다.[262] 예레미야는 자신의 수치와 하나님의 치료를 의도적으로 대조시키면서 빨리 자신의 수치를 치료해달라고 호소한다. 예레미야는 이런 고뇌를 겪음으로써 유다 백성이 겪게 될 고통과 절망을 미리 체험하고 있는 것이다.[263]

하나님의 보복이 더디게 오자 분노로 휩싸인 예레미야는 급기야 하나님을 원망한다(15:16-18). 15:16에서 예레미야는 처음에 하나님으로부터 소명과 말씀을 받았을 때 자신의 마음에 기쁨이 넘쳤던 사실을 상기한다(참조. 1:9, 12). 그는 어린 나이에 예언자로 부름을 받는 것이 두려웠지만 그럼에도 하나님이 자신에게 말씀하시는 것이 특권이라는 사실을 알게 되고 그 말씀으로 인해 기쁨을 가지게 되었음을 인정하고 있다.

---

260 15:15의 구조는 다음과 같다.
　　A. 당신은 아십니다
　　　B. 나를 기억하여 박해하는 자를 보복하소서
　　　B′. 오래 참음으로 인해 나를 멸망치 않게 하소서
　　A′. 나의 수치를 아십시오
261 Lundbom, *Jeremiah 1-20*, 747.
262 Lundbom, *Jeremiah 1-20*, 743.
263 Clements, *Jeremiah*, 98.

15:16의 후반부에서 예레미야는 소명 시에 자신이 "주의 이름으로 일컬음을 받았다"라고 고백한다. 이 표현은 법궤(삼하 6:2), 성전(렘 7:10-11, 14, 30), 예루살렘(렘 25:29), 언약 백성(렘 14:9)에 적용되는 말이다. 이사야의 문맥에서 하나님의 이름으로 불린다는 말은 하나님의 소유가 된다는 뜻이다 (사 63:19). 이런 점을 고려하면 예레미야가 소명 시 하나님의 이름에 의해 불렸다는 말은 그가 하나님과 언약관계를 맺고 하나님의 소유가 되었다는 뜻임을 추론할 수 있다.

흥미롭게도 "주의 이름으로 일컬음을 받는다"라는 표현은 14:9에서 죄 많은 유다 백성이 자신들에게 했던 말이기도 하다. 그래서 15:16과 14:9을 연결해서 읽으면 유다가 주의 이름으로 일컬음을 받은 예레미야를 핍박함으로써 그들이 더 이상 주의 이름으로 일컫는 언약 백성이 되지 못하게 되었다는 사실을 유추할 수 있다. 예레미야는 자신이 주의 이름으로 일컬어지는 언약관계에 있었기 때문에 주님과의 교제의 기쁨을 누렸다고 말한다. 이런 고백을 통해 주의 말씀을 통한 교제의 기쁨을 누리는 것이 언약관계의 핵심이라는 것을 깨달을 수 있다(15:16b).

예레미야는 자신이 "기뻐하는 자의 모임"에 앉지 않았다고 말한다 (15:17) 여기서 기뻐하는 자의 모임은 사적으로 한담하며 웃는 사람들의 모임을 가리킨다.[264] 이는 예레미야 자신이 결혼하지 않고 혼자 있었다는 뜻으로 볼 수도 있다(참조. 16:2-9).[265] 어쨌든 예레미야는 자신이 주님과의 교제의 기쁨을 통해 만족하려고 했기 때문에 인간적인 기쁨을 누리는 곳을

---

264 Lundbom, *Jeremiah 1-20*, 745.
265 Lundbom, *Jeremiah 1-20*, 745.

찾지 않았다고 피력한다. 이를 뒤집어보면 예레미야가 원래는 사람들과의 만남과 파티를 좋아했을 것이라고 추측할 수 있다. 그럼에도 불구하고 예레미야는 하나님의 말씀으로부터 오는 기쁨에 만족함으로써 인간적 기쁨을 추구하지 않았던 것이다.

더욱이 예레미야는 "주의 손에 붙들려 홀로 앉았다"라고 말한다(15:17b). 이 말은 에스겔 3:14-15을 연상시킨다. 에스겔은 하나님의 강력한 팔로 인해 하나님의 분노로 가득 차게 되는데, 마찬가지로 예레미야도 하나님의 손(권능)에 의해 분노로 채워진다. 예레미야가 "주께서 분노로 내게 채우셨다"라고 고백했던 것은 바로 이런 이유에서다(15:17c). 그는 하나님의 맹렬한 진노를 따라 자신도 하나님의 분노로 채워져 하나님을 닮게 되었던 것이다(참조. 6:11).

15:18은 이 단락의 클라이맥스다. 이 구절에는 동사의 부정사 절대형이 사용되어 단락의 절정을 보여준다. 예레미야서에서 부정사 절대형은 클라이맥스를 가리키는 표지 역할을 한다.[266] 예레미야는 하나님의 분노의 심판이 더디게 오자 자신의 마음속에 하나님의 분노가 더욱 쌓이게 되었다고 말한다(15:18). 그는 자신을 핍박하는 원수를 하나님이 벌하지 않는 것을 보고 쌓인 분노를 폭발시키지 않을 수 없었다.

예레미야는 자신이 당하는 고통을 하나님이 주신 상처로 표현하며 그것을 치료해달라고 간구한다. "상처"와 "치료"라는 낱말은 언약의 저주 아래 놓인 유다가 하나님께 도움을 호소할 때 사용한 낱말과 같은 어근의 단

---

266 이와 비슷한 경우는 31:18-20에서도 발견된다. 31:18-20은 부정사 절대형을 집중적으로 사용하여 31:15-26의 클라이맥스를 이루고, 새 언약의 체결이 고난당하는 백성을 향한 하나님의 긍휼에서 나온 것임을 극적으로 드러낸다(31:20, "내가 반드시 그를 불쌍히 여기리라").

어들이다(14:19). 예레미야는 이런 단어를 사용함으로써 마음속의 분노로 인해 자신이 언약의 저주 아래 놓여 있음을 내비치고 있다.

물론 예레미야가 당한 상처는 유다 백성이 우상숭배와 같은 외형적 불순종으로 인해 받은 상처와 같지 않다. 그의 상처는 백성들의 핍박으로 인한 것이었다. 하지만 예레미야는 자신의 상처와 고통에 대해 아무런 조치를 취하지 않는 하나님의 모습에 더 큰 상처를 받았다. 그래서 하나님이 주신 상처를 낫게 해달라고 간구했던 것이다(14:19). 그런데 후일에 예레미야의 상처는 그가 사람을 너무 믿은 데서 온 상처였음이 판명난다(17:5, "무릇 사람을 믿으며"). 그것은 하나님께 순종하면서도 동시에 사람을 의지하고 기대했기 때문에 받은 상처였다.[267]

분노로 폭발한 예레미야는 "주께서는 내게 대하여 물이 말라서 속이는 시내 같으시리이까?"라고 반문한다(15:18b). 이것은 자신에게 가뭄으로 대변되는 언약의 저주가 임했다는 하소연이기도 하다. 또한 자신도 유다 백성처럼 언약의 저주 아래에 있음을 드러내는 표현이다(14:1, 16).

이 구절에서 "속이는 시냇물"의 "속이다"에 해당하는 히브리어 표현은 동사 "아만"(אמן)의 수동형(니팔형) 완료형과 부정어가 결합된 형태다. 따라서 "신뢰할 수 없다"라고 번역될 수 있다. 그러므로 예레미야는 생수의 근원되신 하나님이 언약관계를 신실하게 지키지 않는다고 고발하고 있는 것이다(참조. 2:13).

이런 예레미야의 원망에 대해 하나님이 응답하신다(15:19-21). 하나님은 예레미야의 잘못을 지적하며 회개하라고 촉구하신다. 하나님은 "네

---

267 Holladay, *Jeremiah 1*, 492.

가 돌아오면, 나는 너를 돌아오게 하여 내 앞에 세울 것이다"라고 말씀하신다(15:19). 이 부분은 "슈브"(שׁוּב)라는 단어를 통해 문자적 기교를 이루고 있다. 예레미야가 회개하고 돌아오면 하나님도 그를 되돌려서 예언자로서의 사역을 감당하게 할 것이라는 의미다. 돌아오라는 말은 하나님이 유다 사람들에게 하셨던 말씀이었다(4:1). 이런 점에서 예레미야에게도 동일하게 돌아오라고 말씀하시는 것은 문제의 원인이 예레미야에게 있음을 보여준다.[268] 예레미야의 실수는 자신의 생각대로 하나님의 심판을 재단한 것이다. 이는 사람의 길이 사람에게 있지 않고 하나님께 있다는 것을 망각한 결과다. 예레미야는 나중에 이것을 깨닫고 진정으로 회개한다(10:23).

15:19b은 개역개정 한글 성경에서 "네가 만일 헛된 것을 버리고 귀한 것을 말한다면"이라고 번역되었는데, 이것의 히브리어 원문은 "네가 무가치한 것보다 더 귀한 것을 나오도록 한다면"이다.[269] 지금까지 예레미야의 말이 하나님께 무가치한 말이었다는 방증이다. 그렇다면 그가 한 무가치한 말은 구체적으로 무엇인가? 하나님을 속이는 시냇물이라고 말한 것인가? 아니면 사람들에게 보복해달라고 한 것인가?

어떤 학자는 예레미야가 하나님의 뜻에 반해 평화를 외쳤기 때문이라고 말한다(4:10).[270] 하지만 이것은 신빙성이 없다. 필자가 보기에 여기서 무가치한 말은 하나님의 심판이 더디 오는 것에 대한 예레미야의 원망의 말이다. 그러자 하나님은 그런 무가치한 말을 버리고 귀한 것을 말하라고 꾸짖으셨다. 이는 하나님의 사역자는 원망을 입에 담아서는 안 된다는 진리

---

268 Allen, *Jeremiah*, 184.
269 Lundbom, *Jeremiah 1-20*, 749.
270 Lundbom, *Jeremiah 1-20*, 750.

다. 하나님은 예레미야에게 "그들은 네게로 돌아오려니와 너는 그들에게로 돌아가지 말지니라"고 말씀하신다(15:19c). 이로써 예언자가 하나님의 뜻을 원망하게 되면 죄악된 백성들의 모습이 된다는 사실을 교훈해주고 있다.

예레미야가 회개한다면 하나님은 그를 놋 성벽이 되게 하실 것이라고 약속하신다(15:20). 곧 그를 놋 성벽으로 만들어 어려움 속에서 보호해 주실 것이라는 말씀이다. 또한 놋 성벽이 되게 한다는 말은 예레미야를 하나님의 예언자로 다시 사용하시겠다는 증표이기도 하다(1:18-19).

10:19-24에는 이런 책망을 들은 예레미야가 회개하는 모습이 나온다. 10:19에서 예레미야는 "슬프다, 내 상처여. 내가 중상을 당하였도다"라고 말한다. 여기서 "중상"으로 번역된 히브리어 단어는 "마카"로서 15:18에서 언급된 "상처"와 동일한 단어다. 이어서 그는 "이는 참으로 고난이라, 내가 참아야 하리로다"라고 말한다(10:19b).

10:23에서 예레미야는 "사람의 길이 자신에게 있지 아니하니 걸음을 지도함이 걷는 자에게 있지 아니하나이다"라고 말하면서, 비록 하나님이 자신을 해하는 자를 보복하지 않을지라도 자신은 하나님의 뜻을 전적으로 따르며 사역하겠다고 결심한다. 그리고 예레미야는 자신이 백성으로 인해 당한 상처가 하나님께 순종하지 않은 징계의 결과임을 알고 하나님께 그 징계를 너그럽게 해달라고 회개한다(10:24). 이 대목에서 원망을 그치고 회개함으로써 전적으로 하나님의 뜻과 주권을 따르겠다고 결심하는 예레미야의 변화를 목격할 수 있다.

(3) 언약 파기로 인한 심판과 회복(16장)

예레미야의 고백(15:10-21) 바로 뒤에 왜 16장이 나오는지를 이해하기는
쉽지 않다.[271] 하지만 필자가 보기에 16장은 17:1-11과 함께 하나님이 예
레미야의 고백(15:10-21)과 관련해서 예레미야와 유다 백성에게 대답하시
는 말씀이다. 예를 들어 15:17에서 예레미야는 기뻐하는 모임(잔칫집)에 가
지 않았다고 하는데, 16:1-9에서 하나님은 예레미야에게 결혼하지 말고
잔칫집과 상갓집의 모임에 계속 가지 말라고 명령하신다. 16:12-18은 유
다를 향한 하나님의 응답인데, 이는 예레미야의 고백에서 언급되었던 유
다를 향한 하나님의 심판을 다시 반복한 것이다. 다시 말해 유다가 알지
못하는 땅에 포로로 잡혀가게 될 것을 하나님의 응답으로써 확인해주고
있는 것이다(15:14; 16:13).

예레미야와 유다를 향한 하나님의 응답은 17:1-11에도 나타난다. 그
응답을 들은 예레미야가 회개하는 내용이 17:12-18이다. 이런 의미에서
16:1-17:11은 예레미야의 고백에서 촉발된 원망에 대한 하나님의 응답을
들려주는 내용으로 이해할 수 있다. 할러데이(Holladay)는 17:5-8의 사람을
믿지 말고 야웨를 의지하라는 말씀은 15:17의 예레미야의 분노에 대한 야
웨의 응답의 절정이라고 설명한다.[272]

16장은 전반부(16:1-11)와 후반부(16:12-21)로 나뉜다.[273] 특별히 후반

---

271 Holladay, *Jeremiah 1*, 467.
272 Holladay, *Jeremiah 1*, 467.
273 16장의 구조는 난해하지만 다음과 같은 구조를 이룬다.
  A. 예레미야를 향한 세 가지 명령(16:1-9)
    a. 결혼하지 말라(1-4절)
      b. 초상집에 들어가지 말라: 은혜를 베풀지 않을 것임(5-7절)
    a'. 잔칫집에 들어가지 말라(8-9절)

부는 땅을 주제로 미래에 있을 하나님의 심판과 구원을 다룬다. 16장의 중심 내용은 언약의 파기로 인한 저주 때문에 하나님의 심판이 있을 것이고 그 심판의 원인은 우상숭배라는 점을 역설하는 데 있다(16:10-11). 그 결과 기쁨이 사라지고 유다는 땅에서 쫓겨나게 될 것이다(16:12-13). 하지만 하나님의 심판은 심판으로 끝나지 않고 결국 구원으로 끝날 것이다. 그러면서 유다가 다시 땅으로 돌아오게 될 것을 내비친다(16:14-15). 이 점은 16장과 평행을 이루는 12:7-17에서 이미 언급된 것이다.

① 언약 파기로 인한 저주: 칼과 기근, 평안이 없음(16:1-11)

16:1-11은 예레미야의 고백(15:10-21)에서 언급된 예레미야의 탄식을 겨냥해 주어진 하나님의 응답이다. 예레미야는 고백 중에 자신이 "기뻐하는 자의 모임"에 참여하지 않았다고 말했는데(15:17), 16:1-11에서 하나님은 예레미야에게 결혼하지 말고 잔칫집에도 출입하지 말라고 요구한다. 이는 예레미야가 상처로 탄식하는 이유가 그가 사람을 의지했기 때문이라는 암시다.

언약 파기가 확정됨에 따라 언약의 저주인 독한 병과 칼과 기근이 유다에 엄습하고 평강이 없어질 것이다(16:4, 5). 이런 상황을 앞두고 내려진 하나님의 명령은 예레미야로 하여금 백성들이 심판으로 인해 겪게 될 고

      B. 유다의 심판 원인: 우상숭배와 율법을 지키지 않음(16:10-11)
    A´. 땅과 관련된 하나님의 3가지 행동(16:12-18)
      a. 열조가 알지 못하는 땅으로 가게 될 것(12-13절)
       b. 하지만 다시 땅으로 돌아오게 될 것(14-15절)
      a´. 땅을 더럽혔기 때문에 죄를 배나 갚을 것(16-18절)
      B´. 미래의 열국: 우상숭배를 회개, 야웨를 알게 됨(16:19-21)

통을 미리 체험하도록 한 하나님의 뜻이다.[274] 이제 16:1-11의 내용을 분석해보자.

먼저 하나님은 예레미야에게 결혼하지 말라고 명령하신다(16:1-4). 결혼을 통해 자녀의 축복을 누리는 인간에게 결혼을 하지 말라는 말은 더 이상 자녀의 축복을 주지 않겠다는 뜻이다. 이는 아브라함 언약의 파기로 유다에게 저주가 임할 것을 예표하는 말이다(15:7). 더욱이 언약의 저주로 인해 유다는 독한 병과 칼과 기근으로 죽게 될 것이고 공중의 새와 땅의 짐승이 그들의 시체를 먹을 것이다(16:4). 독한 병과 칼과 기근으로 죽임을 당하며 공중의 새와 땅의 짐승이 매장되지 않는 시체를 먹는 것은 신명기가 기술한 언약의 저주다(신 28:26).

두 번째로 하나님은 예레미야에게 초상집에 가지 말라고 명령하신다(16:5-7). 이는 언약의 파기로 인해 평강과 인애와 긍휼을 잃은 유다가 초상집처럼 슬픔에 잠기게 될 것이라는 뜻이다(16:5, "내가 이 백성에게서 나의 평강을 빼앗으며"). 언약의 대표적인 축복인 평강이 실종될 것을 보여줌으로써 언약 파기를 확실히 할 것이라는 의미다(참조. 신 28:65). 백성이 언약의 파기로 고통을 당하면서 평강과 고침이 없다고 한탄한 것은 바로 이런 맥락에서다(8:11, 15). 확실히 언약의 파기는 더 이상 하나님으로부터 오는 평강이 없다는 뜻이다. 언약 파기와 저주를 다룬 11-13장이 이 점을 동일하게 강조한 것은 우연이 아니다(12:12, "모든 육체가 평안하지 못하도다").

언약의 파기로 인해 유다가 저주를 당할 때 그들을 위로하는 자가 없

---

274 Clements, *Jeremiah*, 101.

을 것이다(16:6-7).[275] 16:6은 "자기 몸을 베거나 머리털을 미는 자도 없을 것"이라고 말하며 이교도들이 애곡하는 모습을 그리고 있다(신 14:-2).[276] 이로써 이교도처럼 변한 유다가 더 이상 애곡조차도 하지 못하게 될 것을 예고하고 있다.

세 번째로 하나님은 예레미야에게 잔칫집에 가지 말라고 명령하신다 (16:8-9). 이는 결혼하지 말라는 명령(16:1-4)과 함께 유다 땅에 기쁨이 사라질 것이라는 예언이다.[277] 언약관계는 하나님과의 교제에서 오는 기쁨으로 요약된다. 따라서 기쁨을 상징하는 잔칫집에 가지 말라는 말씀은 더 이상 하나님이 유다 백성과 교제의 기쁨을 나누지 않겠다는 뜻으로 이해할 수 있다(16:9). 이미 15:16-17에서 예레미야는 자신이 하나님이 주신 기쁨을 가지고 기쁨의 모임에 가지 않았다고 고백한 바 있다. 따라서 16장에서 하나님은 예레미야에게 계속적으로 기쁨의 모임에 참여하지 말라고 명령하시고 있는 것이다.

16:10-11은 언약의 파기로 인해 기쁨이 사라지게 된 원인을 설명해 준다. 그 원인은 간단히 말해 하나님을 전적으로 따르지 않고 우상을 숭배하여 율법을 지키지 않았기 때문이다(참조. 11:4-5). 이런 설명은 15장에서 예레미야가 고백 중 드러낸 원망에 대한 하나님의 응답으로도 볼 수 있다. 이렇게 되면 예레미야가 하나님께 탄식하고 원망하는 것은 유다 백성처럼 하나님의 율법을 온전히 준수하며 하나님의 뜻대로 행하지 않았기 때문임을 간접적으로 책망하는 셈이다.

---

275 Craigie and others, *Jeremiah 1-25*, 217 참조.

276 랄레만, 『예레미야』, 248.

277 Allen, *Jeremiah*, 190.

② 회복: 포로로 잡혀간 후 다시 땅으로 인도(16:12-21)

이 단락은 땅을 주제로 미래에 하나님이 행하실 세 가지 행동을 언급한다. 각각의 행동은 "보라"라는 뜻의 히브리어 단어 "히네"(הִנֵּה)로 시작되어 세 단락을 자연스럽게 구분해준다(16:12, 14, 16).[278]

우선 하나님의 행동으로 인해 유다가 땅에서 쫓겨나게 될 것이다(16:12-13). 땅에서 쫓겨난다는 것은 언약의 파기로 인한 명백한 저주다. 이런 언약적 저주의 원인은 마음이 완악했기 때문이다(16:12). 이 마음의 문제는 본격적으로 17:1-11에서 다뤄진다(17:1, 5, 7, 9, 10). 유다는 마음의 문제로 야웨를 알지 못함으로써 야웨의 성품인 인애와 공의와 의를 실행하지 못했다(9:24). 그 결과 하나님은 그들을 알지 못하는 땅으로 쫓아내실 것이다(16:13). 이는 하나님을 알지 못했기 때문에 알지 못하는 땅으로 보내진다는 아이러니다.

이것은 이미 예레미야의 고백에서 하나님이 말씀하신 바이기도 하다(15:14). 따라서 16:13은 예레미야의 고백을 다시 확인해주는 기능을 한다. 유다는 하나님을 알지 못하고 우상을 숭배했기 때문에(16:12), 그들이 알지 못하는 땅에서 마음껏 우상을 섬기게 될 것이다(16:13b). 하나님의 심판은 백성의 죄의 모습대로 고스란히 실행되는 자업자득의 심판임을 일깨워주는 구절이다.

16:13의 후반부는 은혜를 베풀지 않을 것이라는 하나님의 말씀이다. 이것은 언약 파기로 인해 더 이상 인애와 긍휼을 베풀지 않겠다는 하나님의 의지(16:5)를 다시 확증해주는 말이다. 땅에서 떠나 포로로 잡혀가게 된

---

278 장성길, 『이스라엘의 구원과 회복의 드라마』, 161 참조.

다는 선언은 더 이상 인애와 사랑과 긍휼로 대변되는 언약관계를 맺지 않겠다는 뜻이다(삼상 20:7-8). 하지만 하나님은 새로운 출애굽 모티프를 통해 미래에 유다를 가나안 땅으로 다시 돌아오도록 하실 것이다(16:14-15).[279] 하나님의 계획은 심판이 아니라 궁극적으로 구원에 있음을 강조해주는 말씀이다.

16:16-18은 유다가 우상숭배로써 땅을 더럽혔기 때문에 언약의 파기로 인해 심판을 당하게 될 것이라는 내용을 반복한다. 하나님은 물고기를 잡는 어부와 사냥하는 포수를 불러 유다 백성을 샅샅이 잡을 것이고 이 심판에서는 그 누구도 숨을 수 없다고 말씀하신다(16:17). 이는 하나님을 피해 숨어 마음으로 이기적인 욕구를 추구했던 자들이 드러나게 되어 멸망하게 될 것이라는 선언이다(참조. 16:12).

이들은 하나님으로부터 죄에 대해 갑절의 심판을 받을 것이다(16:18). 죄를 배나 갚게끔 한다는 말은 이사야 40:1-2을 연상시킨다. 이 말은 온전히 벌을 받게 한다는 의미다.[280] 그만큼 유다가 세상의 중심으로서의 사명을 감당하지 않았기 때문에 다른 열국에 비해 더 많은 벌을 받는 것이라고 볼 수도 있다. 유다는 겉으로는 하나님을 섬긴다고 하면서도 속으로 하나님의 법을 어기는 이율배반적 행위를 일삼으며 죄를 자행했다. 그 결과 하나님의 심판 앞에서 벌을 배로 받게 될 것이다(16:17-18). 한편 레위기 26:28은 하나님의 심판이 7배의 형벌을 갚는 방식이 될 것이라고 예언한 바 있다. 이런 점에서 유다가 벌을 배로 받는다는 예레미야서의 말씀은 여

---

279 Allen, *Jeremiah*, 192.
280 Huey, *Jeremiah*, 170.

전히 하나님의 자비를 보여주는 것이라고 볼 수 있다.

16:19-21은 하나님의 심판이 유다의 심판으로 끝나지 않고 다른 민족에게도 영향을 미친다는 사실을 보여준다. 그리하여 다른 민족들이 하나님의 심판을 본 후 우상숭배를 회개하고 야웨를 알게 될 것이라고 예고한다. 열국의 신은 허망(הֶבֶל/헤벨)하기에(16:19) 열국이 우상숭배를 버리고 하나님을 알게 될 것이라는 말씀이다(16:21). 또한 유다를 향한 하나님의 심판이 계기가 되어 마침내 열국에 구원이 임할 것을 보여주고 있다.

(4) 언약 파기의 원인: 이기적 욕구(17장)

17장은 언약의 저주를 받은 유다가 포로로 잡혀가게 될 것을 재차 확인해 줌으로써 언약 파기가 확정되었음을 알린다(17:4). 특별히 이 장은 언약 파기의 배후에 마음의 문제가 있음을 강하게 부각시킨다(17:1-11). 17:10에 언급된 "폐부"에 해당하는 히브리어 단어는 콩팥을 뜻하는 "킬야"다. 구약은 콩팥을 인간의 이기적 욕구가 자리한 좌소로 여긴다. 따라서 이 구절은 언약 파기의 배후에 마음의 기능을 잠식시키는 이기적 욕구가 자리하고 있음을 교훈해주고 있다. 이어서 예레미야의 고백(17:12-18)은 마음과 관련하여 예레미야가 회개하는 모습을 보여준다. 결론인 17:19-26은 언약 파기를 피하려거든 언약의 표징인 안식일을 준수하라고 촉구하며 종결된다 (출 31:13).

① 마음의 문제(17:1-11)

13장이 마음의 문제를 거론하고 끝나는 것(13:10, 23)과 같이 17:1-11도 마음의 문제를 부각시킨다(17:1, 9, 10). 언약 파기의 근본 원인이 마음의 문제임을 다시금 보여주는 것이다. 특별히 이기적인 욕구를 뜻하는 콩팥(킬야)을 언급함으로써 마음 저변에 깔린 이기적 욕구가 죄의 궁극적인 원인임을 일깨워준다(17:10, "나 여호와는 심장을 살피며 폐부[콩팥]를 시험하고").[281]

17:1-11은 15:10-21의 예레미야의 고백에 등장한 탄식에 대한 하나님의 응답이다. 하나님은 예레미야의 문제가 마음의 문제임을 지적하시고 그에게 사람을 의지하지 말고 야웨를 의지하라고 교훈하신다(17:5-8).

하나님은 유다가 지속적으로 우상을 숭배함으로써 유다의 죄가 마음판과 제단 뿔에 새겨졌다고 질타하신다(17:1-2). 개역개정판 한글 성경은 이 부분을 "유다의 죄가 새겨졌거늘 그들의 자녀가 우상의 제단을 생각한다"는 식으로 번역했다. 하지만 원문에 충실히 번역하면 "유다의 자녀들이 우상의 제단들과 아세라를 기억하고 있기 때문에 유다의 죄가 마음과 제단 뿔에 깊게 새겨졌다"라는 의미다.[282] 이를 보면 당시 유다는 자신들의 이익을 위해 풍요의 신인 아세라를 섬기고 하나님을 떠났다는 것을 알 수 있다.[283]

유다의 죄는 금강석 끝 철필로 마음 판에 새겨진 까닭에 도무지 지

---

281 17:1-11의 구조는 다음과 같다.
   A. 마음의 문제(17:1-2)
     B. 하나님의 심판: 유다가 부와 기업을 잃을 것(17:3-4)
       C. 하나님의 저주(17:5-6)
       C′. 하나님의 복(17:7-8)
   A′. 마음의 문제(17:9-10)
     B′. 하나님의 심판: 불의한 자가 부를 잃게 될 것(17:11)
282 Lundbom, *Jeremiah 1-20*, 777.
283 Clements, *Jeremiah*, 105.

워질 수 없을 정도로 마음이 부패해 있었다(17:1). 설상가상으로 유다의 죄는 마음 판뿐만 아니라 제단 뿔에 새겨져 있다고 말한다. 곧 우상숭배로 인한 죄가 제단의 제사를 통해서도 지워질 수 없는 지경에 이르렀던 것이다.

레위기는 속죄제를 드릴 때 피를 번제단의 뿔에 발라 오염된 죄를 씻도록 하였다(레 4:25; 16:18). 번제단의 뿔에 피를 바르는 이유는 번제단이 궁극적으로 인간의 몸을 상징하기 때문이다.[284] 따라서 인간의 몸을 상징하는 번제단을 피로 씻음으로써 인간의 죄를 씻는 의식을 행했던 것이다. 하지만 예레미야서는 유다의 죄가 번제단의 뿔에 철필로 새겨져 있으므로 더 이상 속죄가 불가능하다고 선언한다. 이처럼 죄가 고착되어 더 이상 지워질 수 없는 지경에 이르렀기 때문에 언약이 파기되었고 예루살렘 성전도 무너질 수밖에 없다는 설명이다.

마음에서도 지울 수 없는 죄로 인해 하나님은 유다로 하여금 부와 기업을 잃게 하실 것이다(17:3-4). 여기서 부와 재물을 언급하는 이유는 하나님을 떠난 유다가 재물을 통해 만족과 기쁨을 얻으려고 우상을 섬겼기 때문이다. 하지만 결과적으로 우상숭배를 통해 재물과 부를 추구했던 그들은 심판을 받아 모든 것을 잃게 될 것이다. 또한 알지 못하는 땅으로 쫓겨나 대적을 섬기게 되는 아이러니한 심판을 당할 것이다(17:4). 포로로 잡혀가는 것은 언약 파기를 확실하게 하는 언약의 저주라는 점에서 이 장면은 언약 파기의 확실성을 다시금 보여주고 있다.

---

284 Mary Douglas, *Leviticus as Literature* (Oxford: Oxford University Press, 1999), 80 참조; Kiuchi, *Leviticus*, 285.

17:5-8은 하나님의 저주와 복을 언급하고 하나님이 원하는 마음은 자신을 전적으로 의지하는 마음임을 일깨워준다(17:7). 야웨를 의지하지 않고 사람을 믿으며 육신을 의지하는 마음은 저주를 받을 것이다(17:5-6). 이런 마음을 가진 자는 사막의 떨기나무처럼 가뭄을 겪으며 고통을 당하게 될 것이다. 반면 하나님을 의지하는 마음을 가진 자는 물가에 심겨진 나무와 같아서 가뭄을 겪지 않고 결실이 그치지 않을 것이다(17:7-8).

시편은 물가에 심겨져 결실을 맺는 자를 가리켜 마음에 율법을 새기는 자라고 교훈하였다(참조. 시 1:3; 40:8).[285] 이런 맥락에서 복을 받는 마음은 하나님의 말씀 배후에 있는 사랑을 느끼고 그분을 의지함으로써 그분의 말씀인 공의와 의를 자발적으로 실천하는 마음임을 알 수 있다.

한편 17:5-8의 말씀은 15:10-21에서 하나님을 향해 "물이 말라서 속이는 시내 같으시다"라고 원망한 예레미야를 겨냥한 하나님의 응답의 절정이다. 이 응답을 보면 예레미야가 사역하면서 핍박을 받을 때 하나님께 원망한 이유가 사람을 의지하려는 예레미야의 숨겨진 마음 때문임을 알 수 있다. 이는 사역자가 받는 상처의 가장 큰 원인은 사람을 의지하는 데 있음을 깨닫게 해주는 교훈이다.

하나님은 언약 파기의 배후에 마음의 문제가 있음을 재차 언급하신다(17:9-10). 개역개정판 한글 성경은 17:9을 "만물보다 거짓되고 심히 부패한 것은 마음"이라고 번역하였으나 원문은 "마음이 어떤 만물보다 교활하고 치료할 수 없다"이다. 그리하여 죄악된 마음은 하나님의 창조 의도에서 가장 빗나간 것임을 독자들에게 각인시킨다.

285 김창대, 『한 권으로 꿰뚫는 시편』(서울: IVP, 2015), 62.

또한 하나님은 폐부를 시험하신다고 말씀하신다(17:10). 여기서 "폐부"로 번역된 히브리어 단어는 콩팥을 뜻하는 "킬야"다. 인간의 콩팥은 인간의 욕구를 상징하는 기관으로서, 이 구절은 잘못된 마음의 저변에 이기적인 욕구가 자리 잡고 있음을 다시금 확인해주고 있다(참조. 11:20; 12:2). 그리고 이를 통해 하나님과의 교제에서 얻는 기쁨이 아닌 세상의 재물과 쾌락에서 오는 기쁨으로 욕구를 채우려는 이기심으로 인해 사람의 마음이 잠식되고 부패한다는 교훈을 준다.

하나님을 의지하기보다 재물을 의지하고 거기서 오는 기쁨으로 욕구를 채우려는 자는 결코 부를 얻지 못할 것이다. 마치 자고새가 자기가 낳지 아니한 알을 품으면 그 알에서 나온 새가 나중에 떠나가듯이, 그들이 쌓은 재물도 결국 그들을 떠날 것이다(17:11).[286] 언약의 파기로 인해 재물을 잃고 땅에서 쫓겨나게 될 것이라는 이 선언은 이기적 욕구가 결코 인간을 만족시키지 못한다는 사실을 가르쳐준다.

② 예레미야의 고백(17:12-18)

이 단락은 11-17장에서 마지막으로 등장하는 예레미야의 고백이다. 앞의 내용을 정리하면 15:10-21의 고백에서 예레미야는 하나님을 "속이는 시내"로 비유하며 원망하였고, 이어 16:1-17:11에서 하나님이 그 원망에 대한 응답을 주셨다. 이런 문맥에서 17:12-18은 하나님의 응답을 들은 예레미야가 회개하며 자신에게 응답하신 하나님을 다시금 "생수의 근원"이라고 고백하는 내용이다(17:13).

---

286 장성길, 『이스라엘의 구원과 회복의 드라마』, 166.

17:12-18은 15:10-21의 어휘를 많이 공유하고 있다. 예를 들어 17:13-14는 "생수", "고침"이라는 말을 사용함으로써 15:18을 연상시킨다. 또한 15:19에서 하나님은 예레미야의 예언자 직을 언급하셨는데, 마찬가지로 17:16도 예레미야의 예언자 직분을 언급하고 있다.[287]

예레미야는 야웨를 생수의 근원이라고 부르며 자신을 고쳐달라고 간구한다(17:12-14). 이런 간구는 자신의 상처가 마음의 문제에서 비롯되었음을 인정했기 때문이다. 예레미야는 하나님이 불의해서가 아니라 자신의 마음의 문제 때문에 하나님을 원망하고 있음을 직시하고 회개함으로써 하나님의 치유를 구하는 것이다.[288]

17:16은 번역하기가 매우 난해하다. 개역개정판 한글 성경은 이 구절을 "나는 목자의 직분에서 물러가지 아니하고 주를 따랐사오며"라고 번역했다. 하지만 히브리어 원문에 충실히 번역하면 "나는 당신을 따라서 목자가 되는 것을 원래 추구하지 않았습니다"가 된다.[289] 예언자 직을 박탈할 것이라는 하나님의 말씀(15:19)에 대해 예레미야가 자신의 입장을 전달하고 있는 것이다.

예레미야는 자신이 재앙의 날을 선포하기를 원하지 않았다고 토로한

---

287 17:12-18의 구조는 다음과 같다.
   A. 생수의 근원이신 야웨를 버리는 자는 수치를 당할 것(17:12-13)
      B. 야웨여, 나를 고치고 구원하소서(17:14)
         C. 원래 나는 목자의 직분을 원하지 않았습니다(17:15-16)
      B′. 야웨여, 내게 두려움이 되지 마옵소서(17:17)
   A′. 나를 박해하는 자로 수치를 당하게 하소서(17:18)
288 Holladay, *Jeremiah 1*, 507.
289 Lundbom, *Jeremiah 1-20*, 799; Holladay, *Jeremiah 1*, 507.

다(17:16b).[290] 이로써 재앙의 날을 선포함으로 인해 백성으로부터 상처를 받고 자신의 마음이 분노로 채워지게 된 까닭에는 어느 정도 하나님의 탓도 있음을 간접적으로 내비친다. 예레미야는 자신을 박해하는 자에게 수치를 주어 하나님의 말씀대로 죗값을 배로 갚게 해달라고 간구한다(16:18; 17:18). 원수를 갚아 달라는 기도는 부정적으로 볼 수도 있지만, 이를 예언자로서의 사역을 감당할 수 있도록 원수를 제거해달라는 간구로 해석한다면 꼭 부정적이라고 할 수는 없다.

정리하면 17:12-18에서 언급된 예레미야의 고백은 원망하는 자신을 향한 하나님의 책망을 들은 후에 예레미야가 회개하는 내용이다. 예레미야는 특별히 자신의 문제의 궁극적 원인이 마음으로 온전히 하나님을 의지하지 않은 데 있음을 인정하고 회개하고 있다. 그러면서도 여전히 사역에서 오는 상처와 고통을 호소하면서 빨리 상황을 해결해달라고 하나님께 간구하는 인간적인 면을 보여준다.

③ 안식일을 지키라(17:19-26)

17:19-26은 11-17장의 결론으로서 안식일을 거룩하게 지키라는 명령으로 종결된다. 안식일은 모세 언약의 표징으로서 이 명령은 언약을 지키라는 권면이다(출 31:13). 11장은 유다가 언약을 위반하였으므로 언약이 파기되었다는 내용(11:1-10)으로 시작하는데, 17장의 마지막은 언약을 지키라는 권면으로 끝난다. 따라서 언약이라는 틀을 통해 11-17장이 하나의 대단락을 이루고 있음을 알린다.

---

290 Huey, *Jeremiah*, 177.

하나님은 예레미야에게 왕들이 출입하는 평민의 문과 예루살렘의 모든 문에 서서 안식일 준수를 촉구하라고 명령하신다(17:19). 여기서 "왕들이 출입하는 평민의 문"은 왕궁으로 들어가는 예루살렘의 문으로서, 예루살렘 동쪽 성벽에서 북쪽에 위치한 문으로 추정된다.[291]

안식일을 거룩하게 지키라는 명령은 하나님의 말씀을 청종하라는 말과 밀접하게 연결된다(17:22-23). 원래 안식일을 지킨다는 것은 에덴동산에서 하나님과 함께 안식했던 것을 기억함으로써 에덴동산의 안식의 축복을 미리 선취한다는 의미를 가진다. 에덴동산의 안식은 전적으로 선악의 기준을 하나님께 두는 자만이 누릴 수 있는 평강의 축복이었다. 그러므로 안식일을 거룩하게 지킨다는 것은 선악의 기준을 하나님께 두고 하나님이 보여주시는 선을 따르겠다는 의지를 담고 있다. 안식일 준수 명령이 자연스럽게 하나님의 명령을 청종하는 것과 연결되는 것은 바로 이런 이유 때문이다(17:23).

안식일을 거룩하게 지키면 다윗 언약과 성전이 계속 유효하고, 그 성전에서 하나님을 향한 제사가 시행될 것이다(17:24-26). "다윗의 왕위에 앉아 있는 왕들과 고관들이 병거와 말을 타고 이 성문으로 들어오되 그들과 유다 모든 백성과 예루살렘 주민들이 함께 그리할 것이요, 이 성은 영원히 있을 것이며"(17:25). 이 약속은 성전 파괴를 통해 언약의 파기를 알린 7장을 역전시킴으로써 다윗 언약이 영원할 것임을 보여준다.

또한 하나님이 언약 파기를 선언했음에도 불구하고 유다가 안식일 준수라는 하나님의 명령에 순종한다면 여전히 기회가 있음을 제시하고 있

---

291 Allen, *Jeremiah*, 208.

다.[292] 물론 그들이 계속 불순종한다면 불 심판이 임하게 될 것이다(17:27).
불 심판은 11:16에서 이미 언급된 것이기 때문에 불이라는 모티프는
11-17장을 하나로 엮는 기능을 한다.[293]

---

292 Clements, *Jeremiah*, 110.

293 Holladay, *Jeremiah 1*, 511.

5.
언약 고소를 통한 유다의 멸망(18-24장)

이 대단락은 언약 위반을 고소하는 장면으로 시작하여(18:13-17) 유다가 멸망하게 될 것이라는 선포의 내용을 다룬다. 유다의 멸망은 하나님의 창조의 능력으로 성취될 것이다. 이를 강조하기 위해 "뽑고 파하고 멸할 것"이라는 하나님의 주권적 행동이 초두와 말미에 언급된다(18:7; 24:6). 또한 선(토브)과 악(라)이라는 말이 앞뒤에 포진되어 이 대단락을 하나의 단락으로 읽으라는 신호를 준다(18:4, 8, 10, 12, 19, 23; 24:2-3, 5-6).

이 대단락은 공의와 의를 행하지 않는 유다의 왕들과 거짓 예언자들(제사장 포함)을 책망하면서 언약의 의무인 공의와 의를 위반한 결과로 유다가 멸망하게 될 것을 분명히 한다. 이런 점에서 18-24장은 언약 위반을 고소하여 유다의 멸망을 예언한 2-6장과 짝을 이룬다. 덧붙여 21-23장은 공의(미쉬파트)라는 낱말을 직접 언급함으로써 비슷하게 공의를 강조한 5장과 짝을 이룬다(5:1, 4, 5, 28; 21:12; 22:3, 13, 15; 23:5). 구체적으로 21-23장은 공의와 의를 행하는 데 모범을 보이지 못한 왕과 예언자와 제사장을 책망하고 그들로 인해 백성까지 함께 멸망을 당할 것이라고 선언한다(21-23장).

하지만 유다의 멸망은 하나님의 궁극적인 계획이 아니기 때문에, 결국 다윗 계열에서 새로운 의로운 가지가 나오고 그는 "야웨는 우리의 의"라는 뜻의 이름을 갖게 될 것이다(23:5-6). 이 새로운 메시아의 이름은 "야웨는 나의 의"라는 뜻을 가진 시드기야 왕의 이름과 대조됨으로써, 하나님의 뜻을 따라 미래에 일어날 다윗 계열의 메시아는 백성들로 하여금 공의와 의를 행하도록 할 것임을 시사해준다(33:14-26).

18-24장은 토기장이이신 하나님의 창조 능력으로 언약을 위반한 유다를 멸망시킬 것이라는 내용(18-20장)과, 유다의 지도자들이 공의와 의를 행하지 않은 결과로써 유다가 멸망할 것이라는 내용(21-24장)으로 나뉜다.[294] 18-24장의 구조는 다음과 같다.

A. 파괴하고 세우시는 토기장이이신 하나님과 유다의 멸망(18:1-17)

  (예레미야의 고백[18:18-23])

  B. 심판이 정해졌음: 깨진 옹기와 바스훌을 통한 멸망의 예언(19:1-20:6)

  (예레미야의 고백[20:7-18])

  C. 공의와 의가 없는 왕들로 인해 멸망함(21:1-22:30)

    D. 이상적인 왕 메시아를 통한 회복(23:1-8)

  C′. 공의와 의가 없는 거짓 예언자와 제사장들로 인해 멸망함
    (23:9-40)

A′. 파괴하고 세우시는 하나님(24:1-7)

  B′. 심판이 정해졌음: 나쁜 무화과(24:8-10)

---

294 Louis Stulman, "The Prose Sermons as Hermeneutical Guide to Jeremiah 1-25: The Deconstruction of Judah's Symbolic World," in *Troubling Jeremiah*, ed. A. R. Pete Diamond, Kathleen M. O'Connor & Louis Stulman, JSOTSup. 260 (Sheffield: Sheffield Academic Press, 1999), 54-60.

1) 하나님의 창조의 능력으로 유다가 멸망하게 될 것(18-20장)

이 단락은 하나님을 자신의 계획대로 유다를 빚으시는 토기장이로 묘사하고, 토기장이신 하나님이 자신의 주권적 계획에 순응하지 않는 유다를 창조적 능력으로 멸망시키실 것을 예고한다.[295] 18-20장의 구조는 다음과 같다.

> A. 진흙인 유다와 토기장이신 하나님의 주권(18:1-12)
> B. 유다의 멸망: 동풍에 흩어버림(18:13-17)
> C. 예레미야의 고백(18:18-23)
> A′. 토기장이의 옹기를 깨라(19장)
> B′. 제사장 바스훌을 통한 유다의 멸망: 바빌로니아에 포로로 끌려감(20:1-6)
> C′. 예레미야의 고백(20:7-18)

(1) 토기장이 비유를 통한 유다의 멸망 선언(18장)

18장은 생각(꾀)을 뜻하는 "마하샤바"(מַחֲשָׁבָה)라는 단어 및 이와 같은 어근인 동사 "하샤브"(חָשַׁב)가 핵심어로 등장한다(18:11, 12, 18). 그리고 같은 의미군(semantic field)에 속하는 "계획"이라는 뜻의 단어 "에차"(עֵצָה)가 빈번히 사용된다(18:18, 23; 참조. 19:7). 또한 선(토브)과 악 또는 재앙(라/라아)이라는

---

295 확실히 내용적으로 18-20장은 주제적 통일성을 이룬다. Craigie and others, *Jeremiah 1-25*, 240.

말이 자주 나타난다(18:4, 8, 10, 12, 20, 23). 이로써 18장은 선을 행하는 백성들에게 선을 베푸시려는 하나님의 계획을 밝히고 그런 하나님의 계획에서 이탈하여 악을 행한 유다는 재앙으로 멸망할 수밖에 없음을 각인시킨다.

① 하나님의 계획은 인애와 공의와 의를 행하도록 하는 것(18:1-12)

토기장이가 자신의 주권에 따라 진흙을 굳게 하거나 터지게 할 수 있는 것처럼 하나님도 유다를 비롯한 민족들을 뽑아버리거나 파하거나 멸하실 수 있다. 그러므로 유다뿐만 아니라 열국이 하나님의 계획에 부합하게끔 선을 행하지 않는다면 재앙(악)이 임하여 멸망하게 될 것이다. 하지만 이런 경고에도 불구하고 유다는 하나님의 계획을 따르지 않겠다고 항변하며 교만함을 드러낸다. 18:1-12은 구조적으로 18:1-6과 18:7-12로 나뉜다.[296]

18:1-6은 유다를 진흙으로, 하나님을 토기장이의 이미지로 묘사한다. 하나님은 예레미야에게 "토기장이의 집으로 내려가라"고 명령하신다(18:2). 이렇게 "내려가라"고 명령하시는 이유는 토기장이의 집이 물가에 있는 낮은 지역에 있기 때문이다.[297] 거기서 토기장이가 자기 보기에 "좋은 대로" 그릇을 만드는 모습이 포착된다. 이 모습을 통해 하나님이 유다를 자신의 뜻대로 만드시는 분이심을 보여준다(18:4).[298] 18:4에서 "좋다"로 번역된 히브리어 동사는 "야샤르"(יָשַׁר)다. 동일한 어근의 명사 "야사르"(יָשָׁר)는 주로 "정직"으로 번역되며 인애와 공의와 의를 함축적으로 요약할 때 사용된다(참조. 시 19:8; 잠 1:3).

---

296 Clements, *Jeremiah*, 112.

297 Allen, *Jeremiah*, 214.

298 Allen, *Jeremiah*, 214-215.

특별히 미가서 2장은 명사 "야샤르"와 "행하다"라는 동사 "할라크"(הלך)를 사용하여 "정직하게 행하는 자"에게 하나님이 복을 내리신다고 언급하면서(미 2:7) 이에 대한 반대는 "교만히 행하는 것"이라고 교훈한다(미 2:3). 미가서에서 "정직"으로 번역된 "야샤르"는 공의를 뜻하는 "미쉬파트"와 평행을 이루어 등장한다(미 3:9). 이런 점을 종합해보면 미가서에 등장하는 "야샤르"는 공의를 포함하는 말로서 인애와 공의와 의로 걸어가는 모습을 함축적으로 표현하는 단어임을 알 수 있다(참조. 미 6:8).

미가서에서 쓰인 "야샤르"의 용법을 예레미야서에 대입해보면, 18:4은 토기장이신 하나님이 유다를 "야샤르"로 대변되는 인애와 공의와 의를 행하는 백성으로 만드셨다는 점을 암시하고 있다(참조. 9:24). 또한 이런 인애와 공의와 의로 빚어가는 모습을 하나님의 계획(마하샤브)으로 표현한다. 따라서 유다가 이 계획에서 이탈하여 언약의 의무를 이행하지 않음으로써 인애와 공의와 의가 실종되자, 하나님은 유다를 치실 수밖에 없다고 말씀하신다(18:11).

18:7-10은 "뽑거나 부수거나 멸하다"라는 동사와(18:7) "건설하거나 심는다"라는 동사를 언급하여(18:9), 민족들이 행하는 선과 악에 따라 그들을 멸하시고 세우시는 하나님의 주권적 이미지를 조명한다. 하나님의 계획인 인애와 공의와 의는 유다뿐만 아니라 열국에게도 요구되는 사항이다. 이 계획에서 이탈하여 계속 악을 행한다면 하나님은 열국에게 내리려고 했던 선을 거둬들이실 것이다(18:8-10).

결국 진흙과 토기장이로 묘사되는 하나님의 이미지와 민족의 행위대로 갚으시는 하나님의 모습은 상호 보완적인 관계다.[299] 토기장이신 하나님이 자신의 계획을 이뤄나가고 계시기 때문에 하나님의 계획을 실천하는 민족은 살 것이고 그 계획에 따르지 않는 민족은 재앙으로 인해 멸망할 것이다.

결론에서 하나님은 유다에게 하나님의 계획인 인애와 공의와 의라는 선을 좇아 행하지 않으면 그들에게 재앙을 내리겠다고 위협하신다(18:11). "재앙을 내리다"에서 "내리다"에 해당하는 히브리어 동사는 그릇을 만드는 토기장이를 의미하는 "요체르"와 같은 어근의 동사인 "야차르"(יצר)다. 이런 단어의 사용을 통해 토기장이신 하나님은 백성을 선으로 빚으시는 분이시지만 백성이 선에서 이탈하면 재앙을 빚으시는 분임을 일깨워주고 있다.[300] 더욱이 18:11은 "계획"을 뜻하는 "마하샤바"를 직접 언급함으로써 하나님은 선뿐만 아니라 재앙까지도 계획하실 수 있는 분임을 부각시킨다.

하지만 재앙을 계획하실 것이라는 하나님의 말씀에 유다는 "우리는 우리 계획대로 행한다"라고 반응한다(18:12). 18:12에서 "계획"으로 번역된 히브리어 단어는 "마하샤바"다. 유다가 자신의 계획대로 행할 것을 고집하는 이유는 하나님의 계획이 헛되다고 생각하기 때문이다. 하나님의 계획이 아닌 인간적인 계획을 고수한다는 것은 인애와 공의와 의에서 이탈하여 "각기 악한 마음이 완악한 대로 행한다"는 뜻이다(18:12b). 이 대목에서 사람이 인간적인 계획을 추구하는 이유는 이기적인 욕구를 채우려는

---

299 Daniel A. Frese, "Lessons from the Potter's Workshop: A New Look at Jeremiah 18.1-11," *JSOT* 37.3 (2013): 371-388 참조.

300 Huey, *Jeremiah*, 181.

마음 때문임을 알 수 있다.

정리하면 18:1-12은 하나님의 계획과 인간의 계획을 서로 대조시킴으로써 유다가 하나님의 계획을 따르지 않았기 때문에 멸망할 수밖에 없음을 교훈한다. 하나님의 계획은 백성들이 인애와 공의와 의를 행하도록 하는 것이다. 그리고 그를 통해 평안과 미래와 희망을 주는 데 그 목적이 있다(29:11). 29:11의 "생각"에 해당하는 히브리어는 "마하샤바"로서 계획과 같은 의미 군에 속한 단어다. 그러므로 하나님의 계획을 추구하는 자에게 평안, 미래, 희망이 있다는 것을 보여주고 있다.

하나님은 자신의 계획을 따라 인애와 공의와 의를 행하는 자에게 "크고 은밀한 일"을 성취시켜 주실 것이라고 약속하신다(33:2-3). 33:2의 "크고 은밀한 일"은 하나님의 계획을 뜻한다. 그리고 이 구절에서 "성취한다"에 해당하는 히브리어는 토기장이가 자신의 계획대로 그릇을 빚는 행동을 뜻하는 동사 "야차르"의 분사형(יֹצֵר/요체르)이다. 이처럼 33:2의 크고 은밀한 일이 토기장이신 하나님의 계획에서 나온 것임을 보여줌으로써 하나님은 자신의 계획을 추구하는 자에게 놀라운 일을 행하실 것을 깨닫게 한다.

결론적으로 이 단락은 하나님의 계획을 추구할 때 잠시 손해를 보는 것 같지만 결국은 축복을 받는다는 사실을 각인시키는 역할을 한다. 이와 관련해서 이사야서는 오직 하나님의 계획을 구하는 자만이 새 하늘과 새 땅으로 대변되는 천국에 들어갈 수 있다고 교훈한다(65:2).[301]

---

[301] 김창대, 『이사야서의 해석과 신학: 시온이 공의와 의로 빛나게 하라』, 580.

② 언약 고소를 통한 유다의 멸망(18:13-17)

18:13-17은 언약 고소를 통해 하나님의 계획을 추구하는 대신 인간의 계획을 추구함으로써 언약을 위반한 유다의 멸망을 선포하는 내용이다. 예레미야는 2장의 언약 고소에서 비록 우상일지언정 자기들이 섬기는 신을 바꾸지 않는 이방 민족들을 언급하면서 하나님을 잊어버린 유다를 강하게 질타했다(2:9-11). 마찬가지로 18장에서도 여러 이방 나라와 달리 유다가 자신의 신인 하나님을 잊어버렸다고 질책한다(18:13-15).[302] 특별히 레바논 산지에 있는 바위의 눈이 떠나지 않고 요단강의 찬물이 끊어지지 않는 방식으로 창조 질서는 계속 유지되고 있음에도 불구하고, 유다는 하나님을 떠나고 있다고 강하게 책망한다(18:14).

유다는 하나님을 떠나 인애와 공의와 의를 행하지 않았을 뿐만 아니라 우상에게 분향하여 옛길에서 넘어지고 닦지 아니한 길로 가는 가증한 일을 서슴없이 행했다(18:15b). 여기에 언급된 옛길은 5:4에 의하면 언약의 의무인 공의를 실행하는 길을 가리킨다. 결국 18:13-17은 언약 고소를 다루는 5:4의 단어를 사용하여 유다가 언약의 의무인 공의를 행하지 않고 있음을 질타하고 있는 것이다.

언약을 위반한 유다는 두려움과 웃음거리가 되고 원수 앞에서 동풍에 흩어지는 풀과 같이 흩어지게 될 것이다. 옛적 길 곧 선한 길(율법)을 걸어가며 인애와 공의와 의의 열매를 맺지 않았기 때문에(6:16), 열매 맺지 못하는 풀로 전락하여 동풍에 흩어지게 될 것이라는 설명이다(13:24).[303] 여기

---

302 Clements, *Jeremiah*, 114.
303 Holladay, *Jeremiah 1*, 526.

서 동풍에 흩어지게 된다는 것은 포로로 잡혀가게 됨을 의미한다.

하나님은 그들이 재난을 당할 때 그들에게 등을 돌리고 얼굴을 보이지 않으실 것이다. 이 구절을 2:27의 내용과 연결하면, 그들이 우상을 숭배하며 하나님께 등을 보이고 얼굴을 보이지 않았기 때문에 하나님도 그들에게 등을 돌리고 그들의 고난을 쳐다보지 않겠다는 의미로 해석할 수 있다.[304] 이로써 18:13-17은 언약 고소를 다루는 2:9-28과 긴밀한 관계를 맺고 있음을 알 수 있다.[305]

③ 예레미야의 고백(18:18-23)

이 단락은 예레미야가 자신을 죽이려는 유다 백성의 계획을 알고 하나님께 부르짖는 내용을 다룬다. 계획을 뜻하는 히브리어 단어 "에차"가 초두와 말미에 등장하여 독자가 이 부분을 하나의 단락으로 읽도록 유도한다(18:18, 23).[306]

유다 백성은 꾀를 내어 예레미야를 치자고 말한다(18:18). 여기서 "꾀를 내다"로 번역된 히브리어 동사는 "하샤브"로서 18:12의 "우리의 계획"에서 "계획"으로 번역된 히브리어 단어 "마하샤바"와 같은 어근의 낱말이다(참조. 18:11). 예레미야의 고백은 이런 단어 사용을 통해 앞의 18:1-12과

---

304 Holladay, *Jeremiah 1*, 526.
305 이상의 관찰을 종합해보면 18-24장은 언약 고소를 통한 유다의 멸망을 얘기한 2-6장과 짝을 이루고 있음을 확실히 알 수 있다.
306 18:18-23의 구조는 다음과 같다.
    A. 유다 백성이 인간의 계획(에차)으로 예레미야를 치려고 함(18:18)
      B. 예레미야의 중보기도를 악으로 갚으려고 함(18:19-20)
      B′. 예레미야의 저주 기도(18:21-22)
    A′. 유다 백성의 계획(에차)과 악을 사하지 마소서(18:23)

연결되어 하나님의 계획을 저버리고 인간의 계획을 추구하는 유다의 모습이 구체적으로 예레미야를 죽이려는 모습으로 나타나고 있음을 보여준다.[307] 그리고 인애와 공의와 의를 저버린 인간의 계획은 예언자를 통해 오는 하나님의 말씀을 거부하는 형태로 나타나고 있음을 일깨워주고 있다.

당시 유다는 "제사장에게서 율법이, 지혜로운 자에게서 책략이, 예언자에게서 말씀"이 끊어지지 않기 때문에 하나님의 말씀을 전하는 예레미야를 죽여도 된다는 논리를 편다(18:18). 이 대목에서 인간의 계획을 합리화하기 위해 제사장, 지혜자, 거짓 예언자가 동원되는 아이러니를 발견할 수 있다.[308]

유다가 지혜로운 자의 책략이라고 말할 때 "책략"에 해당하는 히브리어 단어는 "에차"로서 "계획"을 뜻한다. 이를 통해 유다 백성들이 자신들에게도 계획이 있음을 보여주고 예레미야를 제거하려 했음을 알 수 있다. 18:19은 인간적인 계획에 따라 예레미야를 죽이려는 자들을 "다투는 자들"이라고 말한다. 예레미야를 죽이려는 인간의 계획은 결국 악이다. 예레미야가 이들을 위해 중보기도를 드렸던 것을 생각해보면, 이들의 행위는 예레미야의 선을 악으로 갚는 셈이었다(18:20).

이를 알게 된 예레미야는 악인에게 저주가 내려지기를 기도한다(18:21-23). 여기서 드려지는 저주 기도는 개인적인 복수의 차원이 아니라 하나님 나라의 계획을 성취하기 위해 드리는 간구다.[309] 예레미야는 오랫동안 이들을 위해 중보기도를 드렸건만 이들이 변하지 않자 하나님 나라

---

307 Allen, *Jeremiah*, 218.
308 Allen, *Jeremiah*, 219.
309 장성길, 『이스라엘의 구원과 회복의 드라마』, 180.

를 위해 탄식하며 그들을 향한 저주 기도를 드린 것이다.[310] 결국 예레미야는 하나님의 계획(에차)에서 이탈한 인간의 계획을 제거해달라고 간구하며 고백을 마무리한다.

(2) 유다의 멸망은 자업자득(19-20장)

19장에서 예레미야는 토기장이의 옹기를 깨뜨리는 상징적 행동을 한다. 그는 옹기를 깨뜨리는 모습을 직접 보여줌으로써 18:1-12에 언급된 "뽑고 부수거나 멸할 것"이라는 위협이 실현될 것을 예언하고 있다(19:10). 옹기를 깨뜨리는 것은 인간의 계획(에차)을 멸하고 하나님의 계획을 이루기 위한 행동이다(19:7). 19장은 유다가 멸망하는 이유가 그들이 목을 곧게 함으로써 하나님의 뜻을 구하지 않았기 때문이라고 다시 밝힌다(19:15). 그리하여 유다의 멸망이 하나님의 계획보다 인간의 계획을 추구한 결과임을 확증한다(18:12).

이런 점에서 19장은 "계획"(에차)이라는 단어를 사용하여 하나님의 계획과 인간의 계획을 대조시킨 18장과 연결된다. 하나님의 계획보다 인간의 계획을 추구한 유다는 도벳에서 자녀를 불태워 몰렉에게 바치는 우상 숭배를 자행했다. 그러자 하나님도 온 유다 땅을 도벳으로 만들어 불태우겠다고 선언하신다. 이로써 유다의 멸망이 자업자득임을 교훈한다(19:13)

이어서 20장은 제사장 바스훌과의 대면 및 예레미야의 고백을 다룬다. 예레미야를 조롱하는 바스훌의 망령된 행동을 통해 유다의 멸망이 어떻게 필연적일 수밖에 없는지를 조명한다. 예언자 예레미야를 조롱하고

---

310 Craigie and others, *Jeremiah 1-25*, 254.

가슴 아프게 한 대가로 인해 유다가 조롱을 당하고 멸망할 것이라는 선언이 주어진다. 이 대목에서 주의 사역자를 함부로 대해서는 안 된다는 교훈을 얻을 수 있다.

① 토기장이의 옹기(19장)

19장에서 하나님이 깨진 옹기를 통해 심판이 확정되었음을 선포하시는 이유는, 18:12의 말씀처럼 유다 백성들이 자신의 계획대로 행동했기 때문이다. 이런 점에서 19장은 18장과 연결점을 가진다. 19장의 구조는 다음과 같다.

A. 토기장이의 옹기를 가지고 도벳에서 재앙을 선포함(19:1-3)
  B. 도벳이 살육의 골짜기가 될 것임(19:4-6)
    C. 예루살렘의 계획이 무너짐(19:7-9)
A′. 토기장이의 옹기가 깨짐: 시체가 도벳에 장사될 것임(19:10-12)
  B′. 온 유다가 도벳이 될 것임(19:13)
    C′. 하나님의 계획을 따르지 않아 재앙이 옴(19:14-15)

하나님은 예레미야에게 백성의 어른들과 제사장 몇 사람을 데리고 하시드 문 어귀에 있는 힌놈의 아들의 골짜기로 가서 재앙을 선포하라고 하셨다(19:1-3). 예루살렘 성벽에 딸린 하시드(חַרְסִית/하르시트) 문은 사람들을 남쪽에 위치한 힌놈의 아들의 골짜기로 인도하는 문이다. 하시드 문은 "깨진 토기 조각의 문"(Potsherd gate)이라는 뜻이다.[311] 힌놈의 아들의 골짜기는 깨진 토기들이 버려지는 장소였다. 따라서 하나님은 예레미야에게 토기장이의 옹기를 갖고 하시드 문을 통해 힌놈의 아들의 골짜기로 가라고 명령하셨던 것이다.[312]

또한 이곳은 우상숭배의 온상지였다. 특별히 힌놈의 아들의 골짜기 안에 있는 도벳은 유다가 자신의 아들들을 불태워 제사를 드렸던 곳이다. 이 도벳은 요시야의 개혁 때 파괴되었지만(왕하 23:10) 여호야김(기원전 609-598년) 때 재건되었다.[313] 하나님은 예레미야를 통해 유다가 하나님을 버리고 그곳에 바알을 위한 산당을 세워 아들들을 불태운 행위를 질타하셨다 (19:4-5). 그리고 예레미야는 그곳이 도벳이나 힌놈의 아들의 골짜기가 아닌 죽임의 골짜기로 불릴 것이라고 예언한다(19:6; 7:31-33).

19:7-9은 하나님의 재앙이 이루어지는 방식을 설명한다. 하나님이 재앙을 내리는 목적은 유다와 예루살렘의 계획(에차)을 무너뜨리기 위함이다. 앞서 18장은 하나님의 계획을 저버리고 인간의 계획을 추구하는 유다가 파괴될 것이라고 예언했다(18:12). 이 점을 고려하면 하나님의 재앙은 인간이 자신의 계획을 추구하고 하나님의 계획에서 이탈한 대가라고 볼 수 있다(19:7).

19:7에서 "예루살렘의 계획을 무너뜨린다"라고 할 때 "무너뜨리다"에 해당하는 히브리어 동사 "바카크"(בקק)는 19:1에서 "옹기"로 번역된 단어 "바크부크"(בקבק)와 비슷한 소리다. 이런 언어 유희를 통해 옹기를 깨뜨

---

311 Craigie and others, *Jeremiah 1-25*, 259.
312 Lundbom, *Jeremiah 1-20*, 838.
313 Lundbom, *Jeremiah 1-20*, 495.

리는 행위에는 유다의 인간적 계획을 무너뜨린다는 신학적 의미가 있음을 교훈한다.[314]

하나님의 재앙은 칼과 기근과 짐승들을 통해 이루어질 것이며(19:17b; 14:12; 16:4), 그 결과 유다는 놀람과 조롱거리가 될 것이다. 또한 압박하는 대적자들로 인해 자신들이 사랑하는 아들과 딸들의 살을 먹게 될 것이다 (19:9). 자녀들을 불태우며 우상숭배를 한 대가로써 그들이 사랑하는 자녀를 먹는 고통을 당할 것이라는 아이러니다.[315] 자녀를 죽이는 것이 그렇게 좋다면 실컷 자녀를 죽이게 해 주겠다는 하나님의 조롱이 담긴 말씀이다.

하나님은 토기장이의 옹기를 깨뜨리는 상징적 행위를 통해 유다와 예루살렘을 멸망시키고 유다 땅을 도벳과 같은 곳으로 만들 것이라고 천명하신다(19:10-13). 19:10에서 옹기를 "깨뜨린다"라고 할 때 "깨뜨리다"에 해당하는 히브리어 동사 "샤바르"(שָׁבַר)는 유다가 당하는 "중한 상처"로 번역된 "쉐베르"(שֶׁבֶר)와 같은 어근의 단어다(6:14; 8:11; 14:17).[316] 이런 유사성을 통해 유다가 당하는 상처가 유다의 멸망으로 완성된다는 그림을 제공해준다.

유다가 멸망하는 이유는 하늘의 만상에 분향하고 이방신에게 전제를 드렸기 때문이다(19:13). 하늘의 별들을 섬기는 것은 가나안, 바빌로니아, 아시리아, 이집트에서 행해진 우상숭배의 한 형태다(왕하 21:3-5; 23:11, 12).[317] 사람들은 별들을 숭배할 때 지붕에서 별들을 보며 향을 피우고 술

---

314 Craigie and others, *Jeremiah 1-25*, 260.

315 Allen, *Jeremiah*, 227.

316 Allen, *Jeremiah*, 227.

317 Bruckner, *Jonah, Nahum, Habakkuk, and Zephaniah*, 287.

을 부었다. 이런 행위는 보통 별들을 잘 볼 수 있는 밤에 이루어졌다(렘 19:13; 32:29).

일월성신에 대한 숭배는 므낫세가 유다에 본격적으로 도입한 것이었다(참조. 왕하 21:4; 23:11-12). 실제로 유다의 우상숭배는 므낫세(기원전 687-641년)의 통치 기간에 극에 달했다. 그는 바알과 아세라를 위한 단을 세우고(왕하 21:3) 아시리아의 우상들을 섬겼다. 일월성신에 대한 숭배는 아시리아에서 수입한 것으로서 아시리아를 향한 친화적 정책의 일환이었다. 일월성신에 대한 숭배는 요시야의 종교개혁으로 잠시 수그러들었다가 그가 죽은 후 유다에서 다시 성행하였다(렘 7:18; 8:2; 19:13).

하나님은 우상을 좋아하는 유다를 향해 그들의 집을 우상을 섬기는 도벳처럼 만들어 주겠다고 말씀하신다(19:13b; 32:20, 36). 이것은 확실히 아이러니한 심판이다. 도벳에서 사람을 죽이며 우상숭배를 한 대가로써 그들이 사는 모든 곳을 죽음의 골짜기인 도벳으로 만들어주겠다는 것을 제시하고 있다.

끝으로 하나님은 도벳에서 성전 뜰로 돌아온 예레미야를 통해 반드시 재앙이 임하게 될 것이라고 선포하신다(19:14-15). 하나님은 백성이 "목을 곧게 하여 내 말을 듣지 아니함이라"고 말씀하신다(19:15). 재앙의 궁극적인 원인이 말씀을 듣지 않고 인간의 계획을 추구했기 때문이라는 설명이다(19:7).[318]

말씀을 듣지 않는 백성에게 하나님의 재앙이 내릴 때에 그 재앙의 소리를 듣고 백성의 귀가 떨게 될 것이다(19:3, "그것을 듣는 모든 자의 귀가 떨리

---

318 Huey, *Jeremiah*, 189.

니"). 이는 하나님의 말씀을 듣지 않았기 때문에 강압적으로 듣게 하실 것이라는 아이러니다. 하지만 "귀가 떨리는" 상황에 이르면 이미 때가 늦은 것이다. 유다 백성은 더 이상 기회를 얻지 못하고 멸망하게 될 것이다. 심판 전에 하나님의 말씀에 반응하는 것이 얼마나 중요한지를 일깨워주는 대목이다.

② 제사장 바스훌의 이야기와 예레미야의 고백(20장)

20장은 성전의 총감독인 제사장 바스훌과의 대면(20:1-6)과 예레미야의 고백(20:7-8)으로 구성되어 있다. 19장에서 20장으로 이어지는 문맥의 흐름을 보면, 하나님의 계획대로 행동하지 않은 유다가 멸망하게 될 것이라는 앞 장의 예언이 제사장 바스훌의 이야기와 예레미야의 고백을 통해 더욱 견고해지고 있음을 확인할 수 있다.

제사장 바스훌은 유다의 멸망을 선언하는 예레미야를 구타하고 감옥에 가둔 후 나무 고랑을 목에 걸어 채웠다(20:1-2). 나중에 나무 고랑에서 풀려난 예레미야는 하나님이 바스훌을 "마골밋사빕"이라고 부르신다고 선포한다(20:3). "마골밋사빕"은 "사방으로부터 오는 두려움"이라는 뜻이다. 그 이름과 같이 하나님의 심판이 사방에서 올 것이라고 예언하는 말이다. 이는 유다가 대적자들에 의해 둘러싸여 곤경을 당할 것이라는 19:9의 내용을 연상시킨다. 이로써 바스훌을 향한 심판의 예언은 유다의 멸망 예언을 더욱 확증해주고 있다.

바스훌을 향한 심판은 유다를 향한 심판의 본보기로 제시된다(20:4-6). 먼저 바스훌은 모든 친구들의 두려움이 될 것이다(20:4). 여기서 "두려움"으로 번역된 히브리어 단어는 "마고르"(מָגוֹר)다. 앞서 바스훌을 "마골밋사법"이라고 말할 때 나오는 "마골"과 같은 단어다. 따라서 그를 향한 심판이 이름 그대로 이루어질 것을 예고해준다. 또한 "마고르"에서 "고르"는 포로로 잡혀가는 동사인 "구르"와 비슷한 음이기도 하다. 그리하여 바스훌의 새로운 이름인 "고르"처럼 유다가 포로로 잡혀가게(구르) 될 것을 암시한다.[319]

바스훌의 모든 친구들도 칼에 맞아 죽거나 바빌로니아에 포로로 잡혀가게 될 것이다(20:4b). 이전까지 예레미야는 북방의 적의 침입을 받아 유다가 멸망할 것이라고 예언하면서도 바빌로니아를 직접 언급하지는 않았다. 그런데 처음으로 여기서 바빌로니아가 북방의 적임을 적시하고 있다. 바스훌의 모든 식구들도 포로로 잡혀가게 될 것이다(20:6). 이런 예언들은 유다가 칼로 죽임을 당하고 포로로 잡혀가게 될 것이라는 예언을 바스훌의 집에 적용한 것이다(19:7; 18:17). 이처럼 바스훌의 이야기에 나오는 예언은 유다의 멸망을 확증하는 역할을 한다.

20:7-18은 예레미야의 마지막 고백으로서 바스훌과 같은 사람들의 조롱을 받은 예레미야가 탄식하는 내용이다. 여기에 나오는 예레미야의 고백은 유다가 왜 멸망할 수밖에 없는지를 설명해준다. 구체적으로 예레미야는 자신이 사람들의 조롱거리가 되었다고 토로한다(20:7). 이런 토로는 나중에 유다가 놀람과 조롱거리가 될 것이라는 심판에 정당성을 부여한다(19:8).

예레미야는 유다 백성이 자신을 가리켜 "사방으로부터 오는 두려움"이라고 조롱한다고 호소한다(20:10). 이런 호소는 거꾸로 예언자를 조롱하

---

319 Craigie and others, *Jeremiah 1-25*, 267.

는 유다가 사방으로부터 오는 두려움이라는 심판을 당하게 될 것을 확증
해주는 기능을 한다(19:9; 20:3).[320]

20:7에 나타난 사람들의 조롱은 20:2의 바스훌로 인한 핍박을 연상시
킨다. 어쨌든 예레미야는 바스훌의 핍박을 받고 사람들의 조롱에 대해 탄
식의 기도를 드린다. 하지만 이후 유다 백성은 예레미야를 무고하게 조롱
한 대가로 조롱을 받게 될 것이다(19:8). 이런 점에서 유다의 멸망은 자업
자득이라고 할 수 있다.

예레미야는 말씀을 전할 때뿐 아니라 말씀을 전하지 않을 때도 고통
스럽다고 토로하면서, 하나님이 주신 분노로 인해 마음이 불붙는 것 같이
답답하여 견딜 수 없다고 하소연한다(20:9). 이런 진퇴양난으로 인해 예레
미야는 자신이 저주를 당하고 있다고 탄식한다.[321] 이 탄식은 자신의 생일
에 대한 저주로 이어져 예레미야는 자신이 태어나지 않았다면 좋았을 것
이라고 한탄하기에 이른다(20:14-18).

20:10-11은 예레미야의 말에 분노하여 그를 넘어뜨리려는 대적자의
모습을 그린다. 20:10에서 "무리의 비방"과 "사방으로부터 오는 두려움"
이라는 말은 대적자들이 예레미야를 "사방으로부터 오는 두려움"이라고
부르며 그를 조롱하는 모습을 가리킨다.[322] 평소 예레미야는 하나님의 재

---

320 20:7-18의 구조는 다음과 같다.
서론. 예레미야가 말씀을 전하여 치욕과 모욕거리가 됨(20:7-8)
A. 예레미야가 말씀을 전하지 않으면 마음이 답답함(20:9)
  B. 사람들이 사방에서 예레미야에게 보복하려고 함(20:10-11)
  B′. 사람들에게 보복해달라는 예레미야의 간구(20:11-13)
A′. 말씀을 전할 수밖에 없는 예레미야가 자신의 생일을 저주함(20:14-18)
321 Holladay, *Jeremiah 1*, 558.
322 Lundbom, *Jeremiah 1-20*, 857.

앙이 "사방으로부터 오는 두려움"이 될 것이라고 선포했다(6:25; 20:3; 46:5; 49:29).[323] 대적자들은 이런 예레미야의 말을 비꼬아 "저 사방으로부터 두려움이 온다"라고 예레미야를 조롱했던 것이다. 뒤늦게 이를 안 예레미야는 절망할 수밖에 없었다.

설상가상으로 이들은 "고소하라, 우리도 고소하리라"고 말한다(20:10b). 이 부분을 히브리어 원문에 충실히 번역하면 "우리가 그를 비난하기 위해서 그를 비난하라"가 된다. 이 사람들은 다른 사람들을 부추겨 예레미야를 비난하도록 만든다. 따라서 이들은 예레미야와 친분이 있는 자들로서 겉으로만 예레미야를 위하는 척 행동하는 사람들이다.

이들은 다른 사람들에게 예레미야의 잘못을 비난하도록 부추기면서 자신들도 이에 동참할 방법을 찾고 있었다. 그들은 예레미야를 보호하는 것처럼 가장하고 있지만 실상은 그를 공격하기 위해 발톱을 감춘 것이다. 심지어 예레미야의 친한 친구들마저 겉으로는 평화의 관계를 맺고(히브리어 원문은 친구들을 "나의 평화의 사람들"이라고 명명함) 있으면서도 오히려 그를 주시하며 그가 넘어지기를 바랐다(20:10c). 이들의 평화가 얼마나 가증한 것인지 그리고 예언자 예레미야가 얼마나 외로운 사역을 펼쳤는지를 짐작할 수 있는 대목이다. 여기서 예레미야의 불쌍한 단면이 드러난다.

대적자들은 예레미야가 선포하는 말에서 꼬투리를 잡고자 했다(20:10d).[324] 이들은 "그가 혹시 유혹을 받게 되면 우리가 그를 이기어 우리 원수를 갚자"라며 계략을 세웠다(20:10). 여기서 "원수를 갚자"라는 말은

---

323 Lundbom,*Jeremiah, 1-20*, 857,

324 Allen,*Jeremiah*, 231.

직역하면 "우리가 우리의 보복을 취하자"라는 뜻이다. 그들은 예레미야가 전하는 말씀을 자신들을 향한 무고한 공격으로 간주하고 보복(네카마)하려고 했다.

예레미야는 이처럼 자신에게 보복하려는 대적자들을 겨냥하여 하나님의 보복(네카마)을 호소한다(20:12). 예레미야는 하나님을 가리켜 자신의 심장과 폐부를 시험하시는 분이시라고 고백한다(11:20; 12:2; 17:10). 여기서 "폐부"로 번역된 히브리어는 콩팥을 뜻하는 "킬야"로서 인간의 욕구를 상징한다.[325] 예레미야는 자신의 욕구가 하나님의 뜻에서 벗어난 이기적 욕구에서 나온 것이 아님을 고백하고, 하나님 나라를 세우기 위한 차원에서 보복을 시행해달라고 요구한다. 하나님의 보복을 구한 예레미야는 하나님을 향한 찬양으로 간구를 마무리하면서, 그 보복이 자신의 영광이 아닌 하나님의 영광을 위한 것임을 분명히 한다(20:13).

이어 20:14-18에서 예레미야는 욥이 자기 생일을 저주한 것처럼 자신의 생일을 저주한다(욥 3:1). 예레미야의 고난이 욥의 고난과 비교되고 있는 셈이다. 욥이 겪은 고난은 인과응보에 기반을 둔 잘못된 신학을 깨우쳐주기 위한 고난이었다. 이런 점에서 예레미야의 고난도 전통 질서를 전복시키고 새로운 창조 질서를 만들기 위한 고난으로 이해할 수 있다.[326]

예레미야가 생일을 저주하는 이유는 그가 하나님의 말씀을 전하든 전하지 않든 고통을 당할 수밖에 없는 실존적 현실 때문이었다. 또한 생일에 대한 저주는 유다의 멸망으로 인해 예레미야도 고통을 당할 것이라는 의

Lundom, *Jeremiah 1-20*, 862.
Stulman, *Order amid Chaos*, 160-161.

전반부 (1-24장)

미를 가진다.[327] 하지만 무엇보다 백성들의 핍박에서 오는 고통으로 인해 자신의 생일을 저주하는 것이 가장 컸다.

이처럼 예언자를 조롱하고 괴롭히는 백성은 하나님으로부터 그에 상응하는 대가를 받게 될 것이다. 그리하여 유다가 심판을 받을 때 하나님은 그들이 다음과 같이 고백할 것이라고 말씀하신다. "사는 것보다 죽는 것을 원하리라"(8:3). 예언자가 죽고 싶은 지경에 이르도록 괴롭힌 백성들이 "사는 것보다 죽은 것이 낫다"라고 외치게 될 것이라는 뜻이다. 여기서 하나님의 공의의 심판이 얼마나 무서운 것인지를 깨달을 수 있다.

2) 유다의 멸망 이유: 지도자들의 죄악(21-23장)

21-23장은 왕들과 예언자들의 죄로 인해 유다가 멸망 받을 수밖에 없음을 강조한다. 지도자들이 언약의 의무인 공의와 의를 행하지 않아 하나님의 계획에서 이탈했기 때문에 유다가 멸망할 것이라는 내용을 다시 반복하고 있다(참조. 5-6장). 내용상 전반부(21:1-23:8)는 왕들의 죄악을, 후반부(23:9-40)는 거짓 예언을 하는 예언자의 죄악을 다룬다. 예언자의 거짓 예언은 나중에 28-29장에서 다시 등장하므로 언뜻 보면 중복된다는 느낌을 준다. 하지만 자세히 들여다보면 28-29장은 성전이 무너지지 않을 것이라는 거짓 예언자의 예언에 초점을 맞춘 반면, 23장은 소위 예언을 한다면서 인애와 공의와 의를 행하지 않는 예언자들의 삶에 초점을 맞추고 있음을

---

327 Craigie and others, *Jeremiah 1-25*, 280.

알 수 있다.

(1) 왕들의 죄악으로 인한 멸망(21:1-23:8)

21:1-23:8은 왕들의 죄로 인해 유다가 멸망할 수밖에 없다고 선언한다
(22:15, "네 아버지가 먹거나 마시지 아니하였으며 정의[공의]와 공의[의]를 행하지 아
니하였느냐? 그때에 그가 형통하였었느니라"). 유다가 멸망하는 이유는 왕들이
공의와 의를 행하지 않아 언약을 버렸기 때문이라는 설명이다(22:9, "그들이
자기 하나님 여호와의 언약을 버리고"). 21:1-23:8의 구조는 다음과 같다.

서론. 유다의 멸망 예고(21:1-10)
A. 유다 왕들이 공의와 의를 행하지 않음(21:11-22:5)
  B. 백향목과 같은 왕궁이 언약 파기로 황폐해질 것(22:6-9)
    C. 살룸(여호아하스)이 잡혀간 곳에서 돌아오지 못할 것(22:10-12)
      D. 공의와 의를 행치 않는 여호야김이 나귀같이 매장당할 것
      (22:13-19)
  B'. 백향목에 거하는 자가 불순종으로 고난을 당할 것(22:20-23)
    C'. 고니야(여호야긴)가 잡혀간 곳에서 돌아오지 못할 것(22:24-30)
A'. 미래에 메시아가 공의와 의를 행할 것(23:1-8)

위의 구조를 보면 21:1-23:8의 핵심 메시지는 중간에 위치한 단락 D(22:13-
19)에 있다. 그리하여 공의와 의에서 멀어진 여호야김이 비참하게 죽게 되
는 것을 강조함으로써 유다 왕들의 죽음을 통해 유다의 멸망이 반드시 성
취될 것을 알린다.

① 유다의 멸망 예고(21:1-10)

21:1-10은 21:1-23:8의 서론으로서 다윗 왕궁과 예루살렘의 백성들이 멸망할 것을 예언하는 내용이다.[328] 이 부분은 기원전 588-586년에 바빌로니아 왕인 느부갓네살이 예루살렘을 공격한 사건을 역사적 배경으로 한다.[329] 이런 일촉즉발의 상황을 맞은 시드기야는 예레미야에게 사람을 보내어 하나님의 기적을 간구한다(참조. 21:2, 4; 37:3).[330] 이는 마치 히스기야가 산헤립의 침공을 앞두고 급하게 사람을 보내어 예언자 이사야를 찾는 것과 비슷하다(사 37:1-2). 시드기야를 마주한 예레미야는 예루살렘의 왕과 백성이 칼과 기근과 전염병으로 죽게 될 것이라고 선포한다(21:3-7). 유다의 무기들은 무용지물이 되어 바빌로니아를 향해 제대로 사용해보지도 못하고 성가운데 쌓이게 될 것이다(21:4).

하나님은 든 손과 강한 팔로 유다를 치실 것이다(21:5). 원래 "든 손과 강한 팔"은 하나님이 자기 백성을 구원하실 때 사용되는 전문 용어다. 하지만 이제 거꾸로 백성을 향한 심판 용어로 쓰이게 되었다(출 6:6; 신 4:34; 5:15; 7:19; 11:2; 26:8).[331] 하나님은 전염병으로 예루살렘 성 안의 사람들을 치시고, 바빌로니아 군대의 칼로 성 밖의 백성을 죽이실 것이다(21:6-7).[332]

21:8-10은 예루살렘의 사람들이 칼과 기근과 전염병에 의해 죽게 될 것이라고 다시 확인해주면서 바빌로니아에게 항복하는 것만이 살길이라고 밝힌다. 또한 바빌로니아에 의해 유다 왕궁과 예루살렘이 멸망할 것이

---

328 Allen, *Jeremiah*, 239.
329 Clements, *Jeremiah*, 125.
330 Allen, *Jeremiah*, 240.
331 랄레만, 『예레미야』, 286.
332 랄레만, 『예레미야』, 286.

고 시드기야가 칼로 죽임을 당하게 될 것이라고 예고하며 다윗 왕조에 희망이 없음을 선고한다(39:4-7; 52:7-11).

끝으로, 하나님은 예루살렘에 복보다 화를 내리시기로 작정하셨음을 분명히 하신다(21:10). 여기서 "화"로 번역된 히브리어 단어는 "라아"(רָעָה)로서 악을 뜻하는 "라"와 음성적으로 비슷하다. 그리하여 청각적 연상을 통해 예루살렘의 왕궁과 백성들이 화를 당하는 것이 그들의 악(רַע/라) 때문임을 간접적으로 암시해준다.

② 유다 왕궁과 예루살렘의 멸망 원인: 공의와 의의 부재(21:11-22:19)

이 단락은 유다 왕궁과 예루살렘이 공의와 의를 행치 않아서 멸망했다는 것을 강조한다. 공의와 의는 원래 하나님과의 언약관계에서 백성들이 지켜야 할 의무사항이었다. 따라서 이런 공의와 의를 행치 않았으므로 언약이 파기되어 유다가 멸망할 수밖에 없다는 논리를 제시하고 있다(22:9). 먼저 21:11-22:5은 유다 왕의 집(왕궁)이 공의와 의에서 이탈했음을 지적한다. 이 소단락의 구조는 다음과 같다.

> A. 유다 왕가에 대한 하나님의 말씀(21:11)
>> B. 공의와 의를 행하라: 정의(공의)로 판결하라(21:12a)
>>> C. 그렇지 않으면 분노의 불 심판이 임하게 될 것(21:12b-14)
> A´. 유다 왕의 집과 예루살렘 백성들을 향한 하나님의 말씀(22:1-2)
>> B´. 공의와 의를 행하라: 그러면 다윗 왕위가 계속될 것(22:3-4)
>>> C´. 그렇지 않으면 유다 왕의 집이 황폐하게 될 것(22:5)

하나님은 유다 왕가가 공의와 의를 행하지 않은 것을 질타하시며 그들에게 공의롭게 판결하라고 촉구하신다(21:11-12a). 21:12은 유다 왕의 집을 "다윗의 집"이라고 칭한다. 이 호칭은 하나님을 신뢰하지 않은 아하스 왕을 부를 때 사용된 용어로서 매우 부정적인 뉘앙스를 갖는다(사 7:13).[333] 요컨대 유다 왕궁을 향한 책망의 핵심은 왕의 의무인 공의와 의를 행하지 않았다는 질타에 있다(삼하 8:15; 시 72:1-4).[334]

아무리 예루살렘이 난공불락의 요새일지라도 공의와 의를 행하지 않는 유다 왕가는 불로 멸망할 것이다(21:13-14). 21:13에서 "골짜기와 평원 바위의 주민"으로 번역된 표현을 히브리어 원문에 가깝게 번역하면 "골짜기와 평원의 바위 위에 좌정한 너여"가 된다.[335] 여기에 쓰인 2인칭 단수 대명사 "너"는 다윗 왕가를 지칭함으로써 다윗 왕가가 예루살렘에서 군림하며 백성들을 착취하고 핍박했음을 간접적으로 보여준다.[336]

예루살렘 사람들은 "누가 내려와서 치리요"라고 말했다. 예루살렘의 동·남·서쪽은 골짜기로 둘러싸여 있었기 때문에 예루살렘을 공격할 수 있는 유일한 통로는 산악지대인 북쪽뿐이었다. 이런 점을 고려하면 "내려온다"라는 표현은 아마도 예루살렘 북쪽에 위치한 산에서 적들이 내려오는 모습을 묘사하는 것처럼 보인다.[337]

21:13의 후반절에 언급된 "우리의 거처"에서 "거처"에 해당하는 히브

---

333 Holladay, *Jeremiah 1*, 575.
334 Richard G. Smith, *The Fate of Justice and Righteousness During David's Reign: Narrative Ethics and Rereading the Court History according to 2 Samuel 8:15-20:26*, Library of Hebrew Bible/Old Testament Studies 508 (New York: T&T Clark, 2009), 68.
335 Clements, *Jeremiah*, 128.
336 Clements, *Jeremiah*, 128.
337 Allen, *Jeremiah*, 243.

리어는 "메오나"로서, 숨겨진 굴과 같이 난공불락의 요새를 뜻한다. 예루살렘 백성들은 자신들이 거하는 요새가 적의 침입을 허용하지 않는 안전한 곳이라고 자랑했다. 하지만 공의와 의를 행하지 않는 유다 왕가와 예루살렘은 반드시 멸망할 것이고, 이들의 자랑은 공허한 신기루가 될 것이다(21:14). 공의와 의에서 멀어진 어떤 기초와 업적도 무너질 수밖에 없다는 진리를 일깨워주는 대목이다.

하나님은 공의와 의를 행하지 않는 유다 왕가가 멸망하게 될 것이라고 반복해서 말씀하신다(22:1-5). 그리고 공의와 의를 행하지 않은 백성들도 질타하신다(22:2). 당시 고대 근동에서 공의와 의는 오로지 왕의 의무였다.[338] 하지만 하나님과 언약관계에 있었던 이스라엘은 백성들 역시도 공의와 의를 행함으로써 언약의 의무를 이행해야 했다. 이런 신학의 바탕에는 이스라엘 백성 모두가 왕적 존재라는 모세 언약의 이상이 있었다(출 19:6).

유다의 왕과 백성들이 공의와 의를 행한다면 다윗의 왕위가 지속되고 다윗 언약으로 대표되는 언약관계가 계속 유효할 것이다(22:4). 이 말은 안식일을 지키면 다윗의 왕위가 계속될 것이라는 말씀을 연상시킨다(17:24-25).[339] 하나님은 유다가 공의와 의를 행하지 않는다면 유다 왕가를 황폐하게 만드실 것이라고 맹세하신다(22:5). 언약은 하나님의 자기 맹세와 같다(눅 1:73). 이런 점에서 유다 왕의 집을 무너뜨리겠다는 하나님의 맹세는 이전의 맹세인 언약들을 뒤엎고 파기하시겠다는 뜻으로 해석할 수 있다.

---

338 Smith, *The Fate of Justice and Righteousness*, 63.

339 Lundbom, *Jeremiah 21-36*, 120.

22:6-12은 언약의 파기로 인해 왕궁과 예루살렘이 황폐해질 것이라고 선언하며(22:6-9) 살룸(여호아하스)이 잡혀간 곳에서 돌아오지 못할 것이라고 예언한다(22:10-12). 이로써 다윗 왕위가 더 이상 계승되지 않음을 선포한다(22:30). 먼저 유다 왕의 집(왕궁)을 길르앗과 레바논의 머리에 비유한다(22:6). 길르앗은 고대에 울창한 숲으로 유명한 곳으로서, 이러한 묘사는 왕궁이 울창한 숲처럼 화려한 나무로 만들어졌음을 시사해준다(참조. 21:14).[340]

22:7은 예루살렘 왕궁을 레바논의 백향목에 대입시키고 있는데, 이는 다윗 왕궁이 많은 백향목으로 지어졌기 때문이다(삼하 7:2; 왕상 7:2, 11-12).[341] 백향목으로 지어진 왕궁은 화려하고 안락하다. 하지만 하나님은 화려한 왕궁의 백향목을 찍어 불에 던져 왕궁을 파괴하실 것이다. 왕궁의 파괴는 자연스럽게 예루살렘의 멸망으로 이어진다(22:8).

예루살렘과 유다의 멸망은 왕을 비롯한 백성이 하나님과 맺은 언약을 저버렸기 때문이다(22:9, "그들이 자기 하나님 여호와의 언약을 버리고 다른 신들에게 절하고 그를 섬긴 까닭이라"). 예루살렘의 왕들과 백성들은 공의와 의에서 벗어났을 뿐만 아니라 우상숭배까지 자행하며 언약을 위반하였다. 따라서 언약 고소를 통해 유다가 멸망할 수밖에 없다는 논리를 보여주고 있다(참조. 18:15).

22:10-12은 살룸(여호아하스)이 잡혀간 곳에서 돌아오지 못할 것이며 결국 유다에서 왕위가 끊어지게 될 것이라는 예언이다. 살룸은 기원전 609

---

340 Holladay, *Jeremiah 1*, 584.
341 Allen, *Jeremiah*, 245.

년에 이집트의 파라오 느고에게 잡혀간 유다 왕 여호아하스의 별칭이다
(대상 3:15).[342] 22:11이 여호아하스 대신에 살룸을 언급한 이유는 그가 예
루살렘에서 재임한 기간이 3개월밖에 되지 않았기 때문으로 보인다(참조.
22:24). 역사적으로 살룸은 느고에게 죽은 요시야를 이어 왕위에 올라 예루
살렘에서 3개월 동안 통치하였다. 하지만 3개월 후 느고는 북쪽 시리아에
위치한 리블라에 살룸을 감금한 후 다시 이집트로 데리고 갔다. 볼모로 끌
려간 살룸은 그 후로 다시는 유다 땅으로 돌아오지 못했다(참조. 왕하 23:31-
35).[343]

　　22:10에서 "죽은 자"와 "잡혀간 자"는 느고의 손에 죽은 요시야 왕과
느고에게 잡혀간 살룸을 가리킨다. 하나님은 죽은 요시야 왕에 대해 슬퍼
하지 말고 잡혀간 살룸에 대해 슬퍼하라고 말씀하신다. 이는 살룸처럼 유
다 백성이 포로로 잡혀가게 될 것이기 때문이다. 따라서 포로로 잡혀가 비
참한 삶을 살게 될 것을 슬퍼하라고 말씀하신다(22:12).

　　22:13-19은 느고에 의해 여호아하스의 뒤를 이어 유다 왕으로 세워
진 여호야김(기원전 609-598년)에 대한 예언이다.[344] 이 소단락은 "화" 또는
"슬프다"로 번역된 히브리어 단어 "호이"(הוי)가 초두와 말미에 각기 등장
하여 앞뒤를 감싸는 구조로 되어 있다(22:13, 18). 이 부분의 요점은 여호야

---

342 랄레만, 『예레미야』, 293.
343 Clements, *Jeremiah*, 131.
344 22:13-19의 구조는 다음과 같다.
　　A. 자기 이웃에게 공의를 행치 않는 자는 "화"(호이)를 당할 것임(22:13)
　　　B. 여호야김의 탐욕: 큰 집을 짓고 백향목으로 화려하게 꾸밈(22:14)
　　　　C. 요시야는 공의와 의를 행하여 형통하였음(22:15-16)
　　　B´. 여호야김이 탐욕으로 공의와 의를 행하지 않음(22:17)
　　A´. 여호야김이 죽을 때, 무리가 슬퍼하지(호이) 않을 것임(22:18-19)

김이 공의와 의를 행치 않아 나귀처럼 매장당할 것이라는 말씀이다(22:19, "그가 끌려 예루살렘 문밖에 던져지고 나귀같이 매장함을 당하리라"). 이로써 유다의 왕위가 끊어지고 결국 유다가 멸망하는 이유가 공의와 의의 부재 때문임을 재차 강조한다.

먼저 여호야김이 무리한 건축 사업으로 화려한 왕궁을 세우는 과정에서 일하는 백성에게 품삯을 주지 않고 공의와 의에서 이탈한 모습을 묘사한다(22:13). 여기서 백성들은 "자기의 이웃"으로 불린다. 이런 호칭을 통해 이스라엘에서는 왕과 백성의 관계가 주종 관계가 아닌 이웃 관계이며, 왕은 백성에게 공의와 의의 모범을 보여줌으로써 백성을 섬기는 자로 여겨졌음을 알 수 있다(참조. 왕상 12:7).

여호야김이 왕궁을 만들고 백향목으로 치장하려고 했던 것은 그의 탐욕 때문이었다(22:14, 17). 학자들은 건축 사업을 벌이는 여호야김의 이야기가 기원전 609-605년을 배경으로 한다는 데 동의한다.[345] 당시 여호야김은 이집트의 느고에게 무거운 조공을 바치는 신세였다(왕하 23:35).[346] 이를 염두에 두면 그가 무리하게 건축 사업을 강행한 배경에는 그의 탐욕이 자리하고 있음을 알 수 있다. 이 탐욕이 백성들을 향한 공의와 의무를 저버리는 결정적인 원인이 된 것이다.

22:15-16은 요시야 왕을 예로 들면서 왕의 통치 목적은 백향목을 많이 사용하여 왕궁을 화려하게 꾸미는 대신 공의와 의를 행하는 데 있다고 밝힌다. 그럴 때 왕이 형통할 수 있다는 교훈이다. 22:16은 공의와 의를 행

---

345 Holladay, *Jeremiah 1*, 594.
346 Lundbom, *Jeremiah 21-36*, 136.

하는 요시야가 하나님을 알았다고 말함으로써 하나님을 아는 것이 공의와 의를 행하는 것임을 가르쳐준다.[347] 이 가르침을 새 언약에 적용하면, 31:31-34에서 미래에 새 언약이 체결될 때 백성이 안다는 말은 새 언약의 백성이 공의와 의를 실행한다는 뜻임을 알 수 있다.

공의와 의를 행하지 않는 여호야김은 비참하게 죽게 될 것이다(22:18-19). 여호야김이 죽을 때 무리들은 그에게 "슬프다, 내 형제여"라고 말하지 않을 것이다(22:18). 하나님과 언약관계에 있는 백성들은 모두 언약 공동체를 이루어 언약의 의무를 행하는 형제 관계에 있었다. 이런 점에서 죽은 여호야김에 대해 "형제"라는 말을 쓰지 않는다는 것은 여호야김이 공동체를 향한 언약의 의무를 위반했음을 입증해준다.[348]

22:18에서 "슬프다"라고 번역된 히브리어 단어는 "호이"로, 22:13에서 하나님의 심판을 의미하는 "화"와 동일한 단어다. 이런 문자적 기교를 통해 여호야김의 죽음이 하나님으로부터 온 재앙이기 때문에 언약 공동체에게 슬픔이 되지 않았다는 것을 보여준다.[349]

여호야김이 죽을 때 그의 시체가 예루살렘 문밖으로 던져져서 나귀같이 매장당하게 될 것이다(참조. 22:19; 36:30). 거대한 건축 사업을 벌였던 여호야김이 죽은 후 땅에 묻히지 마치 못하고 나귀 같은 큰 짐승의 시체처럼 처치 곤란하여 버려지는 신세로 전락할 것이라는 아이러니다.[350] 열왕기는 여호야김이 "그의 조상들과 함께 갔다"라고 말하면서 그가 편안하게

---

347 Lundbom, *Jeremiah, 21-36,* 139.

348 Allen, *Jeremiah,* 251.

349 Allen, *Jeremiah,* 251.

350 Craigie and others, *Jeremiah 1-25,* 313.

임종을 맞이한 것처럼 서술한다(왕하 24:6). 하지만 열왕기는 여호야김이 바빌로니아가 여호야긴을 잡아가기 3개월 전에 갑작스럽게 죽음을 맞이했다고 보도한다(왕하 24:8). 이런 점을 보면 열왕기의 기술 역시 여호야김의 죽음에 대해 불길한 모습을 어느 정도 내비치고 있다.[351]

③ 유다 왕들의 불순종으로 인해 왕이 사라지게 될 것임(22:20-30)

이 단락은 왕궁을 레바논의 화려한 백향목의 이미지로 묘사하고 그곳에 거하는 자가 불순종으로 고난을 당할 것이라고 말한다(22:20-23). 이어서 유다 왕 고니야(여호야긴)가 잡혀간 곳에서 돌아오지 못할 것이라고 말하여 (22:24-30), 유다 왕조가 무너지고 왕위가 끊어질 것을 예고한다.

하나님은 레바논과 바산과 아바림에서 그분의 심판으로 유다가 멸망하게 되었음을 외치라고 명령하신다(22:20). 레바논은 북쪽, 바산은 북동쪽에 있으며, 아바림은 남동쪽에 위치한 모압의 영토 내에 있다(신 32:49). 구체적으로 하나님은 "너를 사랑하는 자가 다 멸망하였음이라"고 외칠 것을 주문하신다. 여기서 "너를 사랑하는 자"는 유다의 동맹군을 가리킨다.[352]

이 외침은 유다 왕들과 백성들에게 유다의 동맹군들이 전멸했음을 알려서 유다의 멸망이 임박했음을 깨닫게 한다.[353] 유다가 멸망하는 이유는 평안할 때 하나님의 목소리를 청종하지 않았기 때문이다(22:21). 여기서 목소리를 청종하지 않았다는 말은 하나님의 말씀대로 공의와 의를 행하지 않았다는 뜻이다.

---

351 Clements *Jeremiah*, 134.
352 Lundbom *Jeremiah 21-36*, 149,
353 Huey *Jeremiah*, 208.

이어서 유다 왕들에게 초점을 맞춰 왕조가 멸망할 것을 선언한다 (22:22-23). 먼저 유다 왕들을 "목자"로 부르면서 그들이 악으로 인해 바람에 삼켜질 것이라고 말한다(22:22). "바람에 삼켜진다"라는 표현에서 "삼켜진다"에 해당하는 히브리어 동사는 "라아"(רעה)로서 "양을 돌보다"라는 의미다. 그리고 이 단어에서 "목자"를 뜻하는 "로에"(רעה)가 나온다. 따라서 "로에"(목자)인 왕이 양 떼인 백성들을 제대로 돌보지 못한 까닭에 바람이 그들을 돌보듯이 흩어지게 할 것이라는 언어 유희를 보여주고 있다.[354] 왕이 의무를 다하지 못하면 그것이 오히려 화가 된다는 진리를 청각적 유사성을 통해 강조하고 있는 것이다.

22:23은 "레바논에 살면서 백향목에 깃들이는 자"를 부르면서 시작한다. 레바논의 백향목은 유다의 왕궁을 표현하는 메타포로, "백향목에 깃들이는 자"는 유다의 왕을 가리킨다. 화려한 왕궁에 평안하게 살면서 하나님의 목소리를 청종하지 않은 유다 왕은 여인이 해산하는 것과 같은 상황에 처할 것이다.[355] 유다의 왕은 공의와 의를 행하여 열국을 하나님의 자녀로 만들어야 하는 해산하는 여인과 같은 사명이 있었다. 하지만 그런 사명을 수행하지 못한 유다 왕들이 해산하는 여인의 고통을 겪으면서 결국 멸망하게 될 것이라는 뜻이다.

끝으로 고니야(여호야긴)가 기원전 597년에 바빌로니아로 끌려가 다시는 돌아오지 않을 것이라고 말하면서 더 이상 유다 왕조가 계승되지 못하고 멸망할 것을 예언한다(22:24-30). 고니야는 여호야김이 죽고 왕위에 오

---

354 Lundbom, *Jeremiah 21-36*, 151.
355 랄레만, 『예레미야』, 298.

른 여호야긴의 또 다른 이름이다. 그는 예루살렘에서 3개월 동안 통치하다가 바빌로니아의 느부갓네살에게 포로로 끌려갔다(왕하 24:8-10). 이 고니야에 대한 예언은 예루살렘에서 3개월 동안 통치했던 살룸이 다시 돌아오지 않을 것이라는 22:10-12의 예언과 평행을 이룬다.

비록 고니야가 하나님의 인장 반지같은 귀한 소유물일지라도 하나님은 그것을 손에서 빼내어 느부갓네살의 손에 넘겨 줄 것이다(22:24). 인장 반지는 하나님이 주신 왕직을 상징하는 말이다.[356] 이를 통해 고니야가 제아무리 하나님으로부터 왕직을 받은 귀한 몸일지라도 그 땅에서 쫓겨나 돌아오지 못하게 될 것을 일깨워준다(22:26-27). 더욱이 22:28은 고니야를 "이 사람"이라고 부르며 그의 가치를 깎아내리고 있다(22:30).[357] 어쨌든 고니야는 하나님 앞에서 귀한 존재임에도 불구하고 포로로 끌려간 후 돌아오지 못할 신세가 될 것이다. 이로써 "유다를 다스릴 사람이 다시는 없을 것"이라는 예언을 확증해준다(22:30).

④ 참 목자이신 메시아의 출현(23:1-8)

하나님의 계획은 유다 왕조의 멸망이 아닌 회복에 있다. 따라서 하나님은 미래에 다윗에게서 의로운 가지인 메시아를 일으키고, 그는 공의와 의를 행하게 될 것이다(23:5).[358] 먼저 23:1-2은 목자들의 잘못으로 인해 유

---

356 Clements, *Jeremiah*, 136.
357 Allen, *Jeremiah*, 254.
358 23:1-8의 구조는 다음과 같다.
  A. 양 떼를 흩어지게 하는 목자들을 향한 하나님의 보응(23:1-2)
    B. 하나님이 양 떼들을 돌아오게 하고 생육하고 번성하도록 하실 것(23:3)
      C. 미래에 양 떼를 기르는 목자들이 세워질 것(23:4)
      C′. 미래에 메시아가 출현하여 공의와 의를 행할 것(23:5)

다의 왕궁과 예루살렘이 멸망하고 포로로 잡혀가게 되었다고 밝힌다(참조. 22:22). 유다의 왕들은 목자로서 하나님의 백성을 기르는 자들이어야 함에도 불구하고 그들이 양 떼를 돌보지 않았다고 말한다(23:2). 여기서 "돌보다"에 해당하는 히브리어 단어는 "파카드"(פָקַד)다. 흥미롭게도 같은 구절에서 하나님이 양 떼를 돌보지 않은 목자들을 보응하실 것이라고 말씀하실 때 쓰인 "보응하다"에 해당하는 히브리어도 "파카드"다.

이런 언어 유희를 통해 목자들을 향한 하나님의 심판이 목자들의 의무 소홀로 인한 것임을 부각시킨다.[359] 하나님이 일부러 "파카드"를 사용하여 목자들을 심판하실 것이라는 말은 심판 후 하나님이 직접 양 떼를 돌보실 것(파카드)이라는 뜻이기도 하다.

실제로 하나님은 미래에 흩어진 양 떼의 남은 자들을 포로에서 돌아오게 하며 생육하고 번성하게 하실 것이다(23:3). 여기서 포로로 끌려갔다가 나중에 돌아오는 자들을 "양 떼의 남은 자"라고 표현한 것도 의미심장한 대목이다. 이는 포로로 끌려간 모든 양들이 하나님의 언약 백성이 되어 돌아오는 것은 아니라는 말이다. 미가서 4장은 돌아오는 양 떼를 발을 절뚝거리며 걷는 자로 묘사한다(미 4:6-7).

이는 포로 생활이라는 환난을 통과하면서 자신이 죄인이라는 사실을 자각하고 겸비하게 된 자만이 구원을 받는 남은 자가 될 것을 의미한다(렘 31:18-20). 하나님은 이 남은 자를 구원하시며 그들을 생육하고 번성케 하실 것이다(23:3b). 생육하고 번성한다는 것은 아브라함 언약을 연상시킨다

B′. 하나님이 유다를 구원하고 평안히 살도록 할 것(23:6)
A′. 이스라엘 자손이 땅에서 흩어지지 않고 살게 될 것(23:7-8)

359 Craigie and others, *Jeremiah 1-25*, 326.

(창 12:2). 그래서 과거에 아브라함과 언약을 맺었던 것 같이 미래에 백성과 다시 언약관계를 맺으실 것이라는 암시를 준다.

미래의 언약관계를 위해 하나님은 다윗에게서 의로운 가지를 일으켜 그로 하여금 공의와 의를 행하도록 하실 것이다(23:5). 이는 33:14-15을 연상시키는 말이다. 33장은 새 언약에서 이루실 하나님의 약속을 다루고 있기 때문에, 새 언약이 메시아를 통해 이루어질 것을 보여주는 셈이다. 새 언약이 체결될 때 메시아는 참 목자가 되어 백성을 공의와 의로 인도하실 것이다.

미래에 메시아는 "야웨는 우리의 의"로 불리게 될 것이다(23:6). 시드기야의 이름은 "야웨는 나의 의"라는 뜻이었지만 미래에 도래할 메시아는 모든 사람에게 야웨의 의를 가져다줄 것이라고 말함으로써 의도적으로 메시아와 시드기야를 대조시킨다.[360] 과거에는 주로 백성을 구원하고 언약관계를 맺는 형태로 야웨의 의의 모습이 제시되었다. 하지만 미래에 새 언약이 체결될 때 그려질 야웨의 의는 백성을 구원할 뿐만 아니라 더 이상 죄를 짓지 않도록 백성을 의롭게 하는 모습으로 나타날 것이다(사 45:25; 51:6, 7). 그러므로 메시아가 "야웨는 우리의 의"라고 불린다는 사실은 미래에 새 언약의 백성들이 메시아가 행하는 의로 말미암아 의를 지속적으로 행하는 왕 같은 존재로 변형될 것이라는 의미를 담고 있다. 곧 언약 백성이 인애와 공의와 의를 행하는 자로 변형될 것이라는 뜻이다.

한편 23:6에서 언급된 "유다"와 "이스라엘"은 각각 남유다와 북이스라엘이라는 별개의 실체라기보다는 단순히 미래의 하나님의 백성을 표현

---

360 Clements, *Jeremiah*, 139.

한 것으로 보는 편이 더 설득력이 있다. 이는 23:7에서 유다와 이스라엘이 "이스라엘 자손"으로 불린다는 점에서 지지를 얻는다.[361]

이어서 결론으로 새 언약의 백성들이 하나님의 구원의 은혜를 감사하며 살게 될 것을 알린다(23:7-8). 과거 하나님은 이집트에서 억압 받는 이스라엘을 구원하시고 그들에게 하나님의 사랑을 깨달아 공의와 의를 행하라고 촉구하셨다(미 6:4-8). 마찬가지로 하나님은 미래에 제2의 출애굽의 은혜를 통해 자기 백성을 구원하시고 그들과 새 언약을 체결하실 때도 그들에게 공의와 의를 요구하실 것이다.

제2의 출애굽 사건은 죄인이었던 백성을 아무 자격 없이 포로에서 구원한 사건이라는 점에서 첫 번째 출애굽의 구원보다 더 큰 은혜라고 할 수 있다.[362] 이런 점에서 미래에 제2의 출애굽을 통해 새 언약 안으로 들어오는 언약 백성은 하나님의 더 큰 사랑과 은혜를 깨닫고 더욱 자발적으로 하나님의 뜻인 공의와 의를 행하게 될 것이다. 이런 통찰은 오늘날 새 언약의 백성으로 살아가는 우리들에게 시사하는 바가 크다. 우리도 새 언약의 수혜자로서 하나님의 크신 은혜를 받아 공의와 의를 실행하도록 부름을 받았다는 것을 일깨워주기 때문이다.

(2) 공의와 의에서 떠난 예언자들과 제사장의 죄악(23:9-40)

이 단락은 거짓을 예언하는 예언자와 제사장들의 잘못으로 유다가 멸망하게 되었음을 지적한다. 여기서 제사장들이 예언자와 함께 언급되는 것

---

361 Allen, *Jeremiah*, 259.
362 Holladay, *Jeremiah 1*, 623.

은 그들도 성전에서 예언자처럼 예언을 했기 때문이다(23:11, 33; 참조. 20:6). 거짓 예언자들은 삶에서 인애와 공의와 의를 행하기는커녕 도리어 간음을 행하면서(23:14) 불의를 행하는 자들에게 평안을 외쳤다(23:17).[363] 그들은 설상가상으로 야웨의 회의에 참석하지도 않고서는 꿈을 얻었다고 거짓말을 했다(23:22, 25).

엎친 데 덮친 격으로 백성들은 인애와 공의와 의에서 이탈한 거짓 예언자들을 따랐다. 이를 보신 하나님은 거짓 예언자와 불의한 제사장들과 함께 백성도 멸망하게 될 것이라고 선포하신다(23:15, 34). 공의와 의를 행하지 않는 지도자들을 따르는 것도 공의와 의에서 이탈한 행위로 간주하신 것이다. 23:9-40의 구조는 다음과 같다.

서론. 유다의 죄로 인해 예레미야가 취한 자처럼 변하고 땅이 마름
(23:9-10)
A. 예언자와 제사장의 불의로 인해 백성이 재앙을 당하게 될 것임
(23:11-15)
B. 예언자들이 하나님이 주시지 않은 묵시로 평안을 예언함(23:16-17)
C. 하나님이 야웨의 회의에 참여하지 않은 예언자들을 치실 것임
(23:18-22)
D. 하나님 앞에서 숨을 자가 없음(23:23-24)
B′. 예언자들이 꿈을 꾸었다고 말하며 예언함(23:25-28)

---

363 Clements, Jeremiah, 140.

C′. 하나님이 거짓 꿈을 예언하는 예언자들을 치실 것임(23:29-32)

A′. 백성과 예언자와 제사장이 멸망할 것임(23:33-40)

① 평안을 예언하는 거짓 예언자들이 재앙을 당할 것(23:9-24)

야웨의 회의에 참여하지도 않고 거짓으로 평안을 예언하는 자들로 인해 백성과 예언자가 함께 망하게 될 것이다. 공의와 의에서 벗어난 예언자의 악으로 인해 유다가 멸망한다는 설명이다. 언약의 의무를 이행하지 않아 공의와 의가 실종되고 언약 위반이 드러나자 멸망이 선언되고 있는 것이다.

예언자 예레미야는 심판의 말씀을 전할 때 두려움으로 떨려 마치 술 취한 자 같이 되었다고 토로한다(23:9-10). 아마도 백성들은 이렇게 떨면서 심판을 전하는 예레미야의 모습을 보고서는 그의 뒤에서 그가 "술 취했다"라고 말한 것으로 보인다(12:6). 어쨌든 심판을 외치는 예레미야의 모습은 평안을 외치는 거짓 예언자들의 모습과 확연히 대조된다(23:17). 하나님의 말씀이 심판일 수밖에 없는 이유는 유다가 간음하고 악했기 때문이다(23:10). 거짓 예언자도 예외는 아니었다(23:14). 그 결과 유다는 언약의 저주인 가뭄을 겪고 멸망하게 될 것이다(23:10).

23:11-17은 거짓을 예언하는 예언자와 제사장을 본격적으로 언급하면서 그들의 악으로 인해 재앙이 임할 것이라고 선언한다. 23:11에 언급된 예언자와 제사장은 성전에서 활동하는 자들로서 이들은 제도권과 결탁하고 왕과 백성의 환심을 사기 위해 예언을 했다(5:31; 6:13; 20:6).[364] 예루살렘의 예언자들은 간음과 거짓을 자행했고 거짓 예언으로 악을 행하는 자들

---

364 Clements, *Jeremiah*, 142.

을 도왔다. 이런 행위는 바알을 의지하며 예언하는 사마리아의 예언자들보다 더 악한 것이었다(23:13-14).[365]

첫째, 예루살렘의 예언자들의 죄는 간음이었다. 이들은 예루살렘을 간음하는 소돔과 고모라 같이 만들었다(23:14). 여기서 소돔과 고모라가 언급되는 것은 예루살렘이 나중에 소돔과 고모라처럼 불로 멸망하게 될 것을 시사한다(22:7). 예루살렘 예언자들의 간음으로 인해 온 땅이 악으로 뒤덮일 것이고 그들도 사마리아 예언자들처럼 멸망하게 될 것이다(23:15). 예루살렘의 거짓 예언자들이 간음했다는 지적은 거꾸로 참 예언자의 기준이 인애와 공의와 의로운 행동에 있음을 보여주는 효과가 있다.[366] 예레미야서에서 참 예언자의 표식은 예언의 정확성보다는 오히려 도덕적으로 인애와 공의와 의를 행하는가로 나타난다.

둘째, 예루살렘의 예언자들의 악은 묵시를 받지 않았음에도 불구하고 거짓으로 백성들에게 평안을 외쳤다는 데 있었다(23:16-17). 이들의 묵시가 거짓인 이유는 자신의 마음으로 꾸며낸 말씀을 전했기 때문이다(23:16). 설상가상으로 이들은 악을 행하는 자들을 향해 평안을 말하는 거짓 예언을 자행했다(23:17).[367]

구약에서 참 예언자와 거짓 예언자를 구분하는 기준은 야웨의 천상회의에 참석했는지에 따라 판가름난다. 참 예언자는 야웨의 천상회의에 참석하여 하나님의 뜻을 듣고 예언하는 자다. 이에 반해 거짓 예언자들은 야웨의 회의에 참석하지 않았기 때문에 하나님의 뜻을 알지 못한다(왕상

---

365 Craigie and others, *Jeremiah 1-25*, 340.

366 Clements, *Jeremiah*, 142.

367 Clements, *Jeremiah*, 141.

22:19-23). 따라서 하나님은 자기 멋대로 말씀을 예언하는 거짓 예언자들을 치실 것이다(23:18-22).

본문은 갑자기 하나님 앞에서는 누구도 숨을 수 없다고 말한다(23:23-24). 이 내용은 얼핏 보면 예언자들의 죄로 인해 재앙이 임한다는 주위의 내용과 잘 어울리지 않는다.[368] 하지만 거짓 예언자들의 예언은 자신의 숨은 계획 속에서 이익을 얻기 위한 행동임을 고려하면, 하나님 앞에서 누구도 숨을 수 없다는 말은 하나님이 그들의 숨은 계획을 알고 심판하실 것을 보여주는 말씀으로 이해할 수 있다(사 29:15).[369]

② 거짓 꿈을 말하는 예언자들이 멸망할 것(23:25-40)

23:25-28은 꿈을 꾸었다고 거짓으로 말하는 예언자들에 관한 내용이다. 앞서 거짓 예언자들은 하나님으로부터 묵시를 받았다고 말하면서 가짜 평안을 외쳤다(23:16-17). 그들은 자신이 하나님으로부터 온 꿈을 꾸었다고 말하기도 한다(23:25). 이들의 거짓된 꿈의 저변에는 악한 마음, 즉 이기적인 욕구가 자리하고 있다(23:26). 23:26의 "간교한 것"에 해당하는 히브리어 단어 "타르미트"는 속임을 뜻한다. 이들이 하나님으로부터 온 꿈을 꾸었다고 말하는 것은 사람들을 속여서 자신의 이익을 추구하려는 계산에서 나온 행동이다. 즉 이기적 욕구로 거짓 예언을 하고 있는 것이다.

거짓 꿈은 거짓 예언자들이 꾸며낸 것이다. 23:27a에서 개역개정판 한글 성경이 "말한다"라고 번역한 히브리어 단어는 "하샤브"(חשב)의 분사형

---

368 Huey, *Jeremiah*, 217.
369 Allen, *Jeremiah*, 268.

으로 "꾸미다" 또는 "계획하다"라는 뜻이다. 이 단어와 같은 어근의 명사인 "마하샤브"(계획)는 18장에서 하나님의 계획과 인간의 계획을 언급할 때 사용되었다(18:11, 12). 결국 거짓 예언자들의 거짓 꿈은 그들의 인간적인 계획에서 나온 것이다. 이로 인해 백성들은 하나님의 이름을 잊어버리는 자들이 되었다(23:27b). 하나님의 이름을 망각한다는 것은 언약의 의무인 인애와 공의와 의에서 이탈했다는 뜻이다.

거짓 예언자와 달리 하나님의 진짜 말씀을 받는 참 예언자는 말씀을 "성실함"으로 전하는 자다(23:28). 이 구절에서 "성실함"으로 번역된 히브리어는 "에메트"(אמת)로서 인애와 공의와 의를 모두 함의하는 말이다. 따라서 참 예언자는 인애와 공의와 의를 실천하고 백성들에게도 인애와 공의와 의를 행하도록 선포하는 자라는 신학을 제공하고 있다.

거짓된 꿈을 말하는 예언자들과 하나님의 말씀을 진정으로 받아 전하는 예언자는 각각 겨와 알곡으로 비유된다(23:28b). 그리하여 아무런 유익을 주지 않는 겨와 같이 거짓 예언자는 공동체에 쓸모없는 존재임을 내비친다.[370] 더 나아가 겨로 대표되는 거짓 예언자의 이미지는 그들이 열매가 없는 겨처럼 인애와 공의와 의의 열매를 맺지 못했음을 일깨워주는 효과가 있다.

하나님은 부스러뜨리는 방망이로 거짓 예언자들을 치실 것이다(23:29-32). 예언자는 하나님의 말씀을 가진 자이고, 하나님의 말씀은 백성들로 하여금 인애와 공의와 의를 지향하도록 고치는 방망이와 같다. 그러므로 방망이와 같은 하나님의 말씀을 사익을 위해 갖고 노는 거짓 예언자

---

[370] Craigie and others, *Jeremiah 1-25*, 349.

들을 향해 하나님이 그들을 직접 방망이로 내리치겠다고 말씀하시는 것이다. 지도자가 하나님의 말씀을 경솔히 대한 대가가 얼마나 큰지를 잘 보여주는 대목이다.

23:33-40은 함부로 "엄중한 말씀"(אַשָׂמ/마사)을 묻는 백성과 거짓 예언자들과 제사장들에게 심판을 선언한다. 당시 백성들은 하나님의 뜻을 행하지도 않으면서 예언자나 제사장들에게 하나님의 "엄중한 말씀"이 무엇이냐고 물었고, 거짓 예언자들과 타락한 제사장들은 자신들에게 하나님의 "엄중한 말씀"이 있다고 거짓말을 했다. 그래서 하나님은 다시는 "엄중한 말씀"이라는 말이 백성과 예언자와 제사장의 입에 오르지 못하게 하라고 명령하신다(23:33-34).

이런 명령을 내린 이유는 그들이 하나님의 말씀을 왜곡하고 자신들의 생각을 하나님의 "엄중한 말씀"으로 둔갑시켰기 때문이다. 23:36에서 개역개정판 한글 성경은 "각 사람의 말이 자기에게 중벌이 되리니…하나님의 말씀을 망령되이 사용함이니라"라고 번역했는데 이 부분은 다음과 같이 번역하는 것이 더 옳다.[371]

각각 자신이 생각한 말이 엄중한 말씀이 되고 있다. 왜냐하면 그들이 우리의 하나님, 만군의 하나님이신 생명의 하나님의 말씀을 바꿔 해석하기 때문이다.

23:37-40은 "엄중한 말씀"이라고 함부로 외친 거짓 예언자에게 시선을 모으면서 그들이 그런 말을 한 대가로 벌을 받게 될 것이라고 예언한다. 유

---

[371] Lundbom, *Jeremiah 21-36*, 218 참조.

다 왕궁의 목자들이 악을 행하여 수치와 욕을 당하듯이(22:22), 하나님은 거짓 예언자들을 온전히 잊고 그들과 예루살렘 성읍이 영원한 치욕과 수치를 당하도록 하실 것이다(23:39-40). 23:39에서 하나님이 거짓 예언자들을 잊을 것이라고 말할 때 "잊다"에 해당하는 히브리어는 "나사"(נשא)로서 "엄중한 말씀"을 뜻하는 "마사"(משא)와 같은 어근의 동사다. 이런 언어 유희를 통해 하나님은 함부로 "마사"라고 말하는 거짓 예언자들에게 그들이 말한 대로 "나사"시킬 것이라는 아이러니를 보여준다.[372] 하나님이 거짓 예언자들을 잊으시는 것은 23:27에서 거짓 예언자들의 계획으로 인해 백성들이 야웨의 이름을 잊게 된 것에 대한 보응이기도 하다. 거짓 예언자들이 백성들로 하여금 하나님을 잊도록 만들었기 때문에 하나님도 그들을 잊으시는 심판을 내릴 것이라는 뜻이다. 이로써 거짓 예언자들을 향한 심판이 자업자득의 심판임을 보여준다.

3) 하나님의 창조의 능력으로 유다가 멸망하게 될 것(24장)

24장은 예레미야서 전반부(1-24장)의 결론이다. 24장은 1장과 같이 파괴하고 세우시는 하나님의 창조 능력을 다시 부각시킴으로써 지도자들의 죄로 인해 유다가 하나님의 심판을 받고 멸망할 것을 확증한다.[373] 따라서 24

---

372 Holladay, *Jeremiah 1*, 652-653.
373 24장의 구조는 다음과 같다.
　서론. 좋은 무화과와 나쁜 무화과의 환상(24:1-3)
　A. 좋은 무화과는 포로로 끌려간 자들(24:4-5)
　　B. 세우고 심는 하나님이 포로들을 다시 땅에 심으실 것(24:6-7)

장은 1장과 함께 전반부에 해당하는 부분을 앞뒤로 감싸고 있음을 알 수 있다.

24장은 내용 면에서 하나님의 창조 능력으로 다시 돌아오는 자가 있음을 말하는 24:1-7과, 하나님의 능력으로 멸망하게 되는 자들이 있음을 선포하는 24:8-10로 나뉜다. 24장의 핵심 메시지는 바빌로니아에 포로로 잡혀간 자들은 좋은 무화과로서 희망이 있지만(24:5-6), 유다의 왕인 시드기야와 고관들과 예루살렘의 남은 자들과 이집트 땅에 사는 자들은 나쁜 무화과로서 멸망을 피할 수 없다는 것이다(24:8-10; 29:17).

바빌로니아에 끌려가지 않고 남아 있는 유다는 포로, 칼, 기근, 전염병이라는 언약의 저주를 받아 멸망하게 될 것이다(24:9-10). 언약의 저주로 인한 멸망은 18-20장에서 이미 언급된 것이다(18:17; 19:7, 20:4). 그러므로 24장은 18-20장에서 제시된 유다 멸망의 예언을 재차 상기시켜주고 있다. 24장의 역사적 배경은 기원전 597년에 유다가 2차로 바빌로니아에 끌려간 이후 얼마 지나지 않은 시기로 추정된다(24:1).[374] 이제 본문을 분석해보기로 하자.

하나님은 먼저 예레미아에게 성전 앞에 놓인 무화과 두 광주리를 보여주시고 하나님의 뜻을 말씀하신다(24:1-3). 한 광주리에는 처음 익은 좋은 무화과가 담겨 있고, 다른 한 광주리에는 먹을 수 없는 나쁜 무화과가 있다. 이 두 개의 무화과 광주리가 실제인지 아니면 환상인지는 분명치 않

A´. 나쁜 무화과는 시드기야를 비롯한 예루살렘의 남은 자들(24:8)
   B´. 예루살렘의 남은 자들이 포로, 칼, 기근, 전염병으로 멸망(24:9-10)

374 Paul R. House, *Old Testament Theology* (Downers Grove, Ill.: IVP Academic, 1998), 314.

다.[375] 하지만 1장의 살구나무 가지와 끓는 가마가 환상이었듯이 24장의 무화과 광주리도 환상인 것처럼 보인다. 일반적으로 성전에는 좋은 무화과를 가져온다는 점을 고려하면, 성전 앞에 먹을 수 없는 나쁜 무화과가 놓인 모습은 이 장면이 환상일 가능성이 크다는 것을 암시한다.[376]

보통 무화과는 8월에 수확하지만 좋은 무화과는 처음 익은 무화과로서 초여름인 6월에 수확한다. 유대인들은 이 무화과를 하나님께 첫 소산물로 바쳤다(미 7:1).[377] 좋은 무화과라고 말할 때 "좋은"에 해당하는 히브리어는 "토브"다. 이 단어는 "복"을 의미하기도 하므로(21:10) 좋은 무화과는 미래에 하나님의 구원으로 복을 받을 남은 자를 가리킨다고 볼 수 있다. 하나님은 이런 용어의 사용을 통해 기원전 597년에 포로로 끌려간 자들을 훗날에 포로생활에서 돌아오게 하심으로써 복을 내리실 것이라고 약속하신다(24:4-5).

나쁜 무화과에서 "나쁜"에 해당하는 히브리어 단어는 "라"(רע)로서 재앙을 뜻하는 "라아"와 언어 유희를 이룬다(23:11-12). 나쁜 무화과에 대한 언급은 바빌로니아에 포로로 끌려가지 않고 예루살렘에 계속 남아 있는 시드기야와 예루살렘의 백성들이 재앙을 당할 것이라고 예고하는 역할을 한다(24:8).

24:6은 "세우고 헐고", "심고 뽑다"라는 말을 사용하여 하나님의 창조의 능력으로 복과 재앙이 내려질 것이라고 말씀하신다. 하나님의 창조 능력은 18장의 진흙과 토기장이의 비유에서 나타난 하나님의 주권적 계획

---

375 Allen, *Jeremiah*, 276.

376 Huey, *Jeremiah*, 221.

377 Huey, *Jeremiah*, 221.

과 긴밀하게 연관된다. 그리하여 포로로 끌려간 사람들을 돌아오게 하고 복을 내리는 것은 하나님의 능력으로 하나님의 계획을 성취하기 위함임을 깨닫게 해준다.

하나님은 포로에서 돌아온 자들에게 창조의 능력을 통해 야웨를 아는 마음을 주시고 그들을 새롭게 변형시키실 것이다(24:7; 참조. 3:17). 여기서 야웨를 아는 마음은 하나님의 성품인 인애와 공의와 의를 닮고 그것들을 실천하는 모습을 가리킨다(9:24; 22:15-16). 나중에 예레미야는 새 언약의 체결을 통해 이런 모습이 이루어질 것이라고 예언한다(29:13; 31:31-34).[378] 이런 점에서 후반부(25-52장)는 자연스럽게 독자의 시선이 새 언약에 집중되도록 유도한다.

---

[378] Holladay, *Jeremiah 1*, 660.

예
레
미
야
서
의

해
석
과

신
학

후반부
(25-52장)

후반부인 25-52장은 전반부인 1-24장과 마찬가지로 심판에 관한 내용을 주로 다룬다. 하지만 후반부인 25-52장은 전반부(1-24장)에 비해 유다에 대한 희망의 요소들을 내포한다는 특징이 있다. 유다뿐만 아니라 열국도 함께 멸망하게 될 것을 확연하게 언급함으로써(25:15-38; 46-51장) 열국 심판 이후에 유다에게 소망이 있음을 드러내고 있는 것이다. 또한 후반부의 중심에 위로의 책(the book of consolation)을 수록하여(30-33장) 새 언약을 통한 하나님의 회복의 청사진을 제시한다.

후반부(25-52장)의 또 다른 특징은 전반부에 비해 왕의 연대기를 빈번하게 사용함으로써 시간에 대한 언급(temporal reference)을 자주 한다는 것이다. 1-24장은 서론인 1장을 제외하고 단락의 서두에서 명시적으로 시간을 언급하지 않는다(2:1; 7:1; 11:1; 18:1).[1] 예를 들어 성전 설교를 공통적으로 다루는 7장과 26장을 비교하면, 7장은 당시 연대를 언급하지 않지만 26장은 여호야김 통치 초기(기원전 609년)를 명시하고 있다.[2] 물론 20-24장의 초두(20:1-2)는 시드기야 시대에 일어난 바빌로니아 침공(기원전 588년)을 시

---

1 Lawrence Boadt, "The Book of Jeremiah and the Power of Historical Recitation," in *Troubling Jeremiah*, ed. A. R. Pete Diamond, Kathleen M. O'Connor & Louis Stulman, JSOTSup 260 (Sheffield: Sheffield Academic Press, 1999), 346.

2 Boadt, "The Book of Jeremiah and the Power of Historical Recitation," 346.

사하는 말로 시작한다. 하지만 이 내용은 25-52장의 단락들에서 나타나는 시간적 언급에 비하면 매우 모호하다.

25-52장의 주요 단락 초두에서 시간을 언급하는 것은 매우 의도적이다(25:1; 26:1; 32:1; 36:1; 46:1-2). 그중에서도 특히 기원전 605년 여호야김 4년이 두드러지게 나타난다. 이 해는 바빌로니아 느부갓네살 왕의 원년으로 바빌로니아가 갈그미스에서 이집트를 물리치고 팔레스타인을 장악하기 시작한 해다(25:1; 36:1; 46:2). 25:1은 기원전 605년을 여호야김 4년이자 "바빌로니아의 왕 느부갓네살 원년"임을 밝힌다. 이를 통해 기원전 605년부터 사실상 바빌로니아가 유다를 지배하기 시작했음을 알리고 이를 통해 유다에 심판의 먹구름이 드리워지기 시작했다는 것을 암시한다.[3]

이 점을 뒷받침하는 증거로 36장을 언급할 필요가 있다. 36장은 기원전 605년에 바룩이 예레미야의 예언을 대필한 두루마리 책을 여호야김이 불태우는 내용이다(36:1). 하나님은 더 이상 백성들의 회개를 볼 수 없자 이들에게 심판을 선언하고, 후대에 포로로 잡혀간 사람들이 예언자의 글을 읽고 교훈을 받게 하기 위한 목적으로 예레미야에게 글을 쓰게 하셨다.[4] 따라서 기원전 605년을 기점으로 사실상 유다의 멸망이 선포되었다고 볼 수 있다. 이것이 25-52장이 기원전 605년을 단락의 시작점에서 자주 언급하는 이유다. 25-52장의 구조는 다음과 같다.

---

3   John Hill, "The Construction of Time in Jeremiah 25 (MT)," in *Troubling Jeremiah*, ed. A. R. Pete Diamond, Kathleen M. O'Connor & Louis Stulman, JSOTSup 260 (Sheffield: Sheffield Academic Press, 1999), 151.

4   Hill, "The Construction of Time in Jeremiah 25 (MT)," 150.

A. 유다를 향한 심판과 열국 심판(25장)

  B. 성전 파괴 예언을 통해 언약 파기 선언(26-29장)

    C. 미래의 새 언약(30-33장)

  B′. 시드기야의 언약 파기와 레갑 족속의 언약 준수(34-35장)

A′. 유다를 향한 심판과 성취(36-45장)

A″. 열국을 향한 심판 신탁(46-51장)

역사적 부록(52장)

위의 구조는 새 언약 체결(30-33장)이 후반부의 중심축(pivotal center)임을 보여주면서 독자로 하여금 새 언약의 관점에서 후반부를 읽도록 유도한다.[5] 또한 자연스럽게 46-51장에 나오는 열국 심판의 내용을 새 언약의 관점에서 해석하도록 이끌고 있다(50:5).

25-52장은 앞의 1-24장과 달리 하나님의 심판이 임박했음을 확연하게 드러낸다. 특별히 바빌로니아가 이집트를 패퇴시키고 팔레스타인을 통치하기 시작한 기원전 605년을 유다와 열국에 대한 심판의 개시점으로 알린다.[6] 이와 동시에 25-52장은 독자들에게 유다와 열국을 향한 심판 이후에 하나님의 회복과 소망의 메시지가 있음을 일깨워준다. 즉 하나님이 유다와 열국을 심판 하신 후 새 언약을 체결하시고 백성으로 하여금 인애와 공의와 의를 행하게 함으로써 복을 받게 하려는 계획을 성취하실 것을 선포하고 있다.

---

5   확실히 예레미야서에서 30-33장이 중심축이라고 말하지 않을 수 없다. Reid, "Heart of Jeremiah's Covenantal Message," 90.

6   Hill, "The Construction of Time in Jeremiah 25 (MT)," 155.

1.

유다의 심판과 열국의 심판(25장)

25장은 1장과 마찬가지로 야웨의 말씀이 예레미야에게 임했던 시기를 언급하면서 시작한다(1:3; 25:3). 확실히 25장은 문법과 주제 면에서 1장과 많은 유비점을 가진다.[7] 예를 들어 1장은 예레미야가 열국의 예언자로 부름을 받은 것을 묘사하면서 열국을 부각시키고, 25장도 이와 유사하게 야웨의 주권을 언급하면서 열국에 관한 예언을 본격적으로 쏟아낸다.

25장은 유다의 심판을 선포한 후(25:11), 바빌로니아도 심판을 받게될 것임을 분명히 함으로써 훗날 있을 유다의 회복을 전망한다(25:12). 어떤 학자는 25장이 심판 선언의 핵심을 제공함으로써 예레미야서 전체의 핵심 열쇠라고 주장하기도 한다.[8] 25장의 구조는 다음과 같다.

> 서론. 유다와 예루살렘이 하나님의 말씀을 듣지 않았음(25:1-7)
> A. 유다와 열국이 멸망할 것: 놀램과 비웃음거리가 됨(25:8-11)
> B. 70년 후에 바빌로니아가 멸망할 것임(25:12-14)
> A′. 유다와 열국이 멸망할 것: 칼로 멸망할 것임(25:15-29)
> B′. 세상의 모든 육체가 심판받을 것임(25:30-38)

---

[7] Kessler, "The Scaffolding of the Book of Jeremiah," 63.
[8] Kessler, "The Scaffolding of the Book of Jeremiah," 60.

(1) 유다와 바빌로니아의 멸망(25:1-14)

25:1-7에서 하나님은 많은 예언자들을 유다에 보냈음에도 불구하고 유다 백성과 예루살렘의 주민들이 그들의 말을 듣지 않았다고 책망한다(25:4). 예레미야가 요시야 왕(기원전 640-609년) 13년째부터 오늘까지 23년 동안 말씀을 전했다(25:3)는 구절은 25장의 배경이 기원전 605-604년경임을 추정케 하는 근거가 된다.[9] 이때는 바빌로니아의 느부갓네살 왕이 갈그미스에서 이집트를 패퇴시키고 유다까지 내려와 1차로 유다 포로들을 잡아간 직후로서(46:2) 유다에 멸망의 암운이 드리워지기 시작한 시기다.

하나님이 예언자들을 보낸 목적은 백성으로 하여금 악한 길을 버리고 돌아와 살게 하기 위함이었다(25:4-5). 여기서 예언자의 주요 표식에 대한 중요한 힌트를 얻을 수 있다. 예언자의 정체성은 예언의 정확성보다는 오히려 하나님의 뜻인 인애와 공의와 의를 행하고 백성도 그렇게 살도록 촉구하는 데 있다는 것이다. 그러므로 누가 참 예언자이고 누가 거짓 예언자인지는 그가 인애와 공의와 의를 행하느냐의 여부로 판가름이 나며 예언의 정확성은 부차적인 것이다.[10]

25:5은 돌아오면 살 것이라고 말하는데, 여기서 "돌아오다"에 해당하는 히브리어 동사는 "슈브"(שׁוב)이고 "살다"에 해당하는 히브리어 동사는 "야샤브"(ישׁב)로서 비슷한 음을 통해 문자적인 기교를 이루고 있다.[11] 이런 기교를 통해 회개하고 돌아오면 그 땅에 계속 거할 수 있다는 사실을 돋보

---

9 Allen, *Jeremiah,* 284.

10 J. Todd Hibbard, "True and False Prophecy: Jeremiah's Revision of Deuteronomy," *Journal for the Study of the Old Testament* 35.3 (2011): 339-358 참조.

11 Allen, *Jeremiah,* 286.

이게 한다.

하나님은 "내가 너희를 해하지 아니하리라"고 말씀하신다(25:6). 여기서 "해하다"에 해당하는 히브리어 동사 "라아"(רעע)는 25:5의 "악한 길"에서 "악한"에 해당하는 히브리어 "라"(רע)와 문자적 기교를 이루고 있다. 이런 빈번한 문자적 기교를 통해 하나님은 말씀에 순종하라고 백성을 설득하신다.

하지만 악한 길에서 벗어나지 않은 유다는 스스로 악이라는 재앙을 초래했다(25:7). 구체적으로 유다가 범한 악은 우상숭배로서(2:6), 이는 언약을 위반하는 대표적인 죄다(2:9-11). 이런 점에서 25:1-7은 드러내놓고 말하지 않지만 2장과 같이 유다가 언약을 위반했음을 질타한다.

언약을 위반한 결과로써 하나님이 보낸 느부갓네살 왕이 유다를 멸망시킬 것이다(25:8-11). 언약 위반으로 인해 언약이 파기되어 유다는 언약의 저주인 놀램(שמה/샴마)과 비웃음거리(שרקה/쉐레카)가 될 것이다(19:18; 24:9).[12] 25:8-11은 "놀램"으로 번역된 히브리어 단어 "샴마"가 앞뒤에 포진하여 이 부분을 감싸고 있다(25:8, 11).

하나님은 예언자를 보내도 유다가 듣지 않자, 바빌로니아 왕 느부갓네살에게 전령을 보내어 그를 오도록 하실 것이다(25:9).[13] 개역개정판 한글 성경에서 "느부갓네살을 불러"라고 번역한 표현은 사실 "사람을 보내어 느부갓네살을 취하다"라는 의미다. 또한 이 구절에서 느부갓네살에게 붙는 "내 종"이라는 칭호는 예언자들의 명칭인 "종"을 연상시킨다(25:4).[14]

---

12 Lundbom, *Jeremiah 21-36*, 248.

13 Craigie and others, *Jeremiah 1-25*, 366.

14 Allen, *Jeremiah*, 286.

이런 관찰을 통해 유다가 하나님께서 자기 종으로 보낸 예언자들의 말을 외면할 때, 멸망을 위한 또 다른 종(느부갓네살)을 유다에 보내실 것이라는 아이러니를 엿볼 수 있다.

느부갓네살은 유다를 진멸할 것이다. 여기서 "진멸하다"로 번역된 히브리어 동사 "하람"(חרם)은 여호수아가 이방 민족인 가나안족을 진멸할 때 사용된 단어다(참조. 수 6:17; 렘 50:21, 26). 이로써 멸망 직전의 유다가 이방인인 가나안 족속과 같이 변했음을 알려주고 있다.

느부갓네살이 유다와 그 주변 나라를 멸망시킬 때 그들은 "놀램"이 될 것이다(25:9b). 여기서 "놀램"에 해당하는 히브리어 "샴마"(שמה)는 25:4의 "순종하다"에 해당하는 히브리어 단어 "샤마"(שמע)와 음성적으로 유사하다. 하나님이 보낸 예언자의 말씀을 "샤마"(순종하다)하지 않을 때 불순종하는 유다를 "샴마"(놀램, 또는 황폐함)시킬 것이라는 언어 유희를 보여주고 있다. 연속적인 아이러니다.

하나님의 심판으로 인해 유다에 기쁨의 소리가 끊어질 것이다. 25:10에서 "맷돌 소리와 등불 빛"을 언급하는 것은 아침에 맷돌을 가는 소리가 사라질 것이고 어두워질 때 등불 빛을 비춰 기쁘게 손님을 맞이하는 소리가 없어질 것이라는 예고다. 즉 아침과 저녁에 더 이상 즐거운 소리가 들리지 않을 것이라는 뜻이다.[15]

25:11은 유다뿐만 아니라 열국도 바빌로니아를 섬기게 될 것이라는 놀라운 선언을 한다. 하지만 바빌로니아의 통치는 70년으로 제한될 것이고 그 후에는 유다가 회복될 것이라는 힌트를 준다(25:12). 여기서 70년이

---

15 Allen, *Jeremiah*, 286.

라는 숫자는 기원전 605년부터 시작하여 바빌로니아가 페르시아에게 멸망하는 기원전 539년까지의 기간을 대략적으로 표현한 것이다. 어떤 사람은 기원전 605년에서 시작하여 기원전 536년에 성전을 재건하기 시작한 때까지의 기간을 가리킨다고 주장하기도 한다.[16]

유다가 멸망한 후 70년이 지나면 바빌로니아도 하나님의 손에 멸망하게 될 것이다(25:12-14). 바빌로니아가 멸망하는 이유는 그들이 악한 행위를 저지르고 악한 길로 걸어갔기 때문이다(25:5, 14). 바빌로니아는 하나님을 대적하는 세상의 모든 죄와 악의 세력을 의미하기도 한다(25:30).

기원전 2-3세기에 이집트에서 살던 유대인들이 히브리어 구약성경을 그리스어로 번역한 70인역(LXX)은 열국 심판의 내용을 25:13 이후에 위치시킴으로써 열국 심판의 내용을 46-51장에 위치시킨 마소라 본문(한글 성경이 따르는 히브리어 본문)과 차이를 보인다. 70인역이 열국 심판을 25장에 배치한 이유는 바빌로니아가 열국의 대표임을 더욱 부각시켜 바빌로니아에 대한 심판이 열국 심판의 신호탄임을 보여주기 위함이라고 풀이된다. 반면 한글 성경이 따르는 마소라 본문이 열국 심판을 거의 맨 뒤에 위치시킨 것은 열국 심판 뒤에 이스라엘이 가질 희망을 돋보이게 하기 위함이라고 설명할 수 있다(50:4-5, 17-18, 33-34; 51:10).[17]

---

16 Huey *Jeremiah*, 226.
17 마소라 본문(MT)의 예레미야서는 70인역(LXX)의 예레미야서를 재배치한 것으로서, 열국 심판이 70인역에서처럼 25:13 이후에 등장하는 것이 원본이라는 주장이 있다(LXX 25:15-31:44). 그리고 마소라 본문이 열국에 대한 심판을 뒤로 배치한 것은 예레미야서를 긍정적인 내용(유다의 회복)으로 끝내기 위한 것이라고 주장한다. Moon Kwon Chae, "Redactional Intentions of MT Jeremiah concerning the Oracles against the Nations," *JBL* 134 (2015): 577-593 참조.

(2) 유다와 열국의 멸망(25:15-38)

25:15-29은 유다와 열국이 하나님의 분노의 술잔과 칼에 의해 멸망하는 과정을 생생한 이미지로 묘사한다. 여기서 바빌로니아는 멸망당하는 마지막 나라로 등장하여 독자의 시선을 사로잡는다. 바빌로니아의 멸망이 마지막에 등장하는 이유는 바빌로니아의 멸망으로 유다가 회복될 수 있다는 점을 암시해주기 위함이다. 열국의 멸망이 궁극적으로 유다를 회복시키기 위한 하나님의 전략임을 일깨워주는 셈이다. 열국 심판을 다루는 46-51장도 같은 맥락에서 바빌로니아의 멸망(50-51장)을 마지막에 위치시킨다. 이를 통해 바빌로니아의 멸망이 유다의 회복으로 이어진다는 점을 독자에게 각인시킨다.

20:15-29은 "칼"과 "잔"이라는 말이 초두와 말미에 각기 등장하여 단락의 앞뒤를 감싸고 있다(25:15-16, 27-28). 하나님의 분노의 잔과 칼의 이미지는 하나님이 보내신 칼로 인해 사람들이 술 취한 자처럼 미친 듯이 행동할 것이라는 은유다(25:16). 여기서 "칼을 보내다"라는 표현은 그들을 향한 심판이 하나님이 보낸 예언자들을 거부한 대가임을 드러내는 효과를 준다(25:4). 예언자를 보냈지만 유다가 응답하지 않았기에 하나님이 칼을 보내신다는 아이러니다.

하나님이 보낸 칼로 인해 유다가 술 취한 자가 되는 것은 그동안 유다가 선과 악을 분별하지 못하고 술 취한 자처럼 행동한 것에 대한 보응이기도 하다. 특별히 유다 백성들은 예레미야를 술 취한 자라고 조롱하였다(12:6). 그들은 그 대가로써 술 취한 자처럼 인사불성이 되어 서로 충돌하고 자멸할 것이다(12:6; 13:12-14).

칼과 잔이 유다와 예루살렘에게 임하면(25:18), 유다는 멸망하고 놀램과 비웃음거리가 되는 저주를 당할 것이다(참조. 25:9). 25:18은 기원전 605년에 예언된 유다의 멸망이 "오늘과 같으니라"고 말한다. 기원전 586년에 일어났던 바빌로니아에 의한 유다의 멸망이 실제로 기원전 605년에 이미 이루어졌다고 암시를 주고 있는 것이다.[18]

이어서 본문은 열국에 초점을 맞추고 하나님이 칼과 분노의 잔으로 멸망시킬 열국들을 순서적으로 기술한다(25:19-25).[19] 열국이 멸망하는 까닭은 유다에게 소망이 없자, 열국에도 더 이상 소망이 없기 때문이다. 열국을 향한 심판은 유다의 남쪽(이집트)에서 시작되어 남서쪽(블레셋), 동쪽(에돔, 모압, 암몬), 북서쪽(두로, 시돈)으로 진행된다. 그 후 남동쪽(드단, 데마, 부스, 아라비아)으로부터 시작하여 동쪽 끝(시므리, 엘람, 메디아, 바빌로니아)에서 종결된다.

25:26의 "세삭 왕"은 바빌로니아의 왕이다(51:41).[20] 이 구절은 유다로부터 촉발된 멸망이 바빌로니아의 멸망으로 귀결될 것을 예고한다. 바빌로니아의 멸망이 끝에 등장하는 이유는 바빌로니아의 멸망으로 인해 유다에게 희망이 있다는 것을 제시하기 위함이다. 바빌로니아의 멸망으로 인해 바빌로니아에 의해 멸망된 유다에게 회복이 있을 것이라는 암시다.

25:30-38은 하나님을 포효하는 사자로 비유하면서 사자가 평화로운 목자들을 황폐하게 하듯이 하나님도 모든 육체를 심판하시고 황폐하게 하실 것이라고 말한다. 이처럼 심판은 모든 육체로 확대될 것이다(25:31). 이 소단락은 사자의 이미지가 초두와 말미에 등장하여 내용을 감싸는 구조

---

18 Hill, "The Construction of Time in Jeremiah 25 (MT)," 154.

19 Allen, *Jeremiah*, 290.

20 Lundbom, *Jeremiah 21-36*, 266.

(inclusio)를 이룬다(25:30, 38).

하나님은 사자와 같이 나타나 자신의 초장인 유다를 향해 포효하시고 이어서 세상의 모든 육체를 심판하실 것이다(25:30-31). 원래 사자 이미지는 유다를 심판하는 북방의 적에게 적용되었는데(4:7; 5:6). 여기서는 그것을 하나님께 적용하여 유다를 멸망시키는 실질적인 주체가 하나님임을 보여주고 있다. 하나님이 유다를 향해 포효하는 사자로 묘사되는 또 다른 이유는 하나님의 양인 유다가 하나님을 향해 사자와 같이 대항했기 때문이기도 하다(12:8). 사자의 이미지는 포도를 밟는 자의 모습으로 발전되어 하나님이 세상의 모든 육체를 밟으실 것을 예고한다(25:31).

사자의 포효와 같은 하나님의 심판은 일차적으로 양 떼를 제대로 인도하지 못한 목자들(지도자)을 겨냥한다(25:34-35). 그들은 인애와 공의와 의로 백성을 양육하지 못하고 도리어 악을 행했다(23:1-2). 양을 돌볼 의무를 저버린 목자들은 양처럼 도살장에서 죽임을 당할 것이고 살아남은 자는 흩어지게 될 것이다(25:34). 이는 지도자들이 양을 제대로 돌보지 않으면 그들도 양처럼 도살장에 끌려가게 될 것이라는 아이러니다.[21]

결국 하나님은 유다뿐만 아니라 세상의 모든 육체를 심판하실 것이다. 이것은 유다의 멸망이 창조 질서의 전복으로 이어질 것이라는 2-6장의 진술과 맥을 같이한다(참조. 4:23-26). 그리하여 25장은 유다의 멸망으로 촉발된 열국 심판이 세상의 모든 질서의 전복으로 이어진다는 신학을 다시금 확인해준다.

---

21 Holladay, *Jeremiah 1*, 681.

2.
성전 파괴와 다윗 언약의 파기(26-29장)

26-29장은 7-10장과 짝을 이루고 있기 때문에 26장은 7장과 마찬가지로 성전 설교로 시작한다. 7-10장이 거짓이라는 주제를 중심으로 전개된 것처럼 26-29장도 거짓 예언자를 모티프로 삼아 거짓이란 주제를 부각시킨다.[22] 7-10장에 나타난 거짓이 성전 제사만을 믿고 공의와 의를 행하지 않는 일체의 행동이었다면, 26-29장에 나타난 거짓은 성전 제사만을 믿고 하나님이 자신들을 반드시 바빌로니아의 손에서 구원해 주실 것이라는 예언자들의 가짜 예언이 그 핵심을 이룬다(27:10, 15; 29:9, 31).

거짓 예언자들에게 공의와 의가 있을 리 만무했다. 하나님은 거짓을 예언하는 자들이 이웃의 아내와 간음하며 거짓을 증거했다고 책망하신다(29:23). 거짓은 궁극적으로 인애와 공의와 의를 행하지 않는 모습으로 귀결됨을 다시 확인해주는 장면이다. 한편 26-29장에는 "보내다"라는 동사가 핵심어로 빈번히 등장한다(26:5; 27:15; 28:15-16; 29:9, 31).

내용을 보면 26장은 성전 설교로서 성전(야웨의 집)이 무너질 것이라고 말함으로써 다윗 언약의 파기를 예언한다. 당시 사람들은 성전 제사가 자신들의 축복을 담보해주는 행위라고 여기고는 형식적으로라도 제사를 드리면 자신들이 안전할 것이라는 기계적 신앙에 빠져 있었다. 이런 상

---

22 Clements, *Jeremiah*, 153.

황에서 예레미야는 형식적 제사를 드리기보다 공의와 의를 행해야 한다고 촉구하고 마음의 중요성을 강조했다(29:13, "너희가 온 마음으로 나를 구하면 나를 찾을 것이요 나를 만나리라"). 27-29장은 성전 제사를 드린다면 결코 성전이 파괴되지 않을 것이라는 거짓 예언자들의 말을 다룬다. 구조를 보면 26-29장은 26장과 27-29장으로 나뉜다. 26-29장의 구조는 다음과 같다.

서론. 성전 설교를 통해 시온의 멸망을 예언(26장)
A. 왕, 백성, 제사장들을 향한 말씀: 거짓 예언을 믿지 말라(27장)
  B. 거짓 예언자 하나냐를 향한 심판(28장)
A'. 바빌로니아 포로 공동체를 향한 편지: 거짓 예언에 현혹되지 말라
  (29:1-20)
  B'. 거짓 예언자들과 거짓을 부추긴 스마야를 향한 심판(29:21-30)

(1) 성전 설교를 통한 시온의 멸망 예언(26장)

26장은 27-29장의 서론으로서 여호야김 왕 초기에 예루살렘 성전이 실로처럼 멸망할 것이라고 예언하는 내용이다. 그리하여 성전으로 대변되는 다윗 언약이 파기될 것을 선고한다(26:1, 6).[23] 요시야는 기원전 622년에 종교개혁을 단행하여(왕하 22:8) 우상을 철폐했다. 하지만 개혁은 실패로 돌

---

23 26장의 구조는 다음과 같다.
  A. 성전 앞에서 하나님의 말씀을 전함: 돌아오지 않으면 성전이 파괴될 것(26:1-6)
    B. 제사장과 예언자들이 고관들과 백성에게 예레미야를 죽이라고 외침(26:7-11)
  A'. 예레미야가 재판하는 고관들과 백성 앞에서 하나님의 말씀을 전함(26:12-15)
    B'. 고관들과 백성이 제사장과 예언자들에게 예레미야의 무죄 선언(26:16-19)
  부록. 예루살렘을 경고한 우리야와 달리 예레미야가 보호를 받음(26:20-24)

아갔고 그의 말년에는 우상숭배가 다시 성행했다. 기원전 609년에 요시야가 죽고 그의 아들 여호야김이 즉위하자 예레미야는 유다가 악한 길에서 돌아오지 않으면 성전이 파괴될 것이라고 예언한다. 여호야김 초기에 선포된 예레미야의 예언은 요시야 말년부터 유다가 심각하게 타락했다는 방증이다.

26:1-3은 예레미야가 성전 뜰에서 예배하는 모든 사람을 향해 하나님의 말씀을 전하는 내용이다. 예레미야는 백성이 악행에서 돌이키면 하나님이 재앙을 취소할 것이라고 말한다.[24] 여기서 "악행"으로 번역된 히브리어 단어는 "로아"(רעה)이고 "재앙"에 해당하는 단어는 "라아"(רעה)로서 이 둘은 문자적 기교를 이룬다. 하지만 유다 백성은 악행에서 돌아서지 않았다. 그들은 하나님이 꾸준히 보내신 예언자들의 말에 귀를 닫았고(26:4-5), 오히려 하나님이 보내시지 않은 거짓 예언자들을 신뢰하였다(28:15).

그 결과 26:6에서 예레미야는 하나님이 예루살렘 성전을 실로와 같이 만들어 언약을 파기할 것이라고 선언한다(7:3-7). 옛적에 실로에 세웠던 성막을 파괴했듯이 예루살렘의 성전을 파괴할 것이라는 말씀이다. 여기서 갑작스럽게 성전이 주제로 등장한 이유는 성전에서 기계적으로 제사를 드린다면 자신들이 안전할 것이라는 화석화된 신앙에 사로잡힌 백성을 책망하기 위해서다. 확실히 공의와 의가 배제된 제사는 껍데기 신앙에 불과하다. 유다가 이런 기계적 신앙에 사로잡힌 데는 성전이 결코 파괴되지 않을 것이라는 예언자들의 거짓 예언이 큰 영향을 미쳤다.

예레미야의 성전 파괴 설교를 들은 제사장과 예언자들은 분개하여 백

---

24 Lundbom, *Jeremiah 21-36*, 287.

성들을 선동하고 예레미야를 죽이려 했다(26:7-11). 이 장면에서 제사장들과 예언자들이 언급되는 것은 이들이 성전과 관련된 일을 관장하고 성전을 보호하며 예언하는 자들이었기 때문이다(참조. 20:6; 23:11).[25] 이들은 오히려 성전이 안전할 것이라고 말하면서 평화를 외쳤다.

성전 뜰이 소란해지자 유다의 고관들이 왕궁에서 나와 야웨의 성전 새 대문의 입구에 앉았다(26:10). 여기서 "고관"으로 번역된 히브리어 "사르"(שׂר)는 왕을 대신하는 재판 관리로 추정된다. 성전의 새 대문은 성전 남쪽에 위치한 문으로 성전 남쪽에 위치한 왕궁과 연결되는 통로다. 따라서 왕궁에서 나온 재판 관리들이 새 대문에 앉아 자연스럽게 재판 법정을 신설하고 재판 의식을 거행했음을 알 수 있다.[26] 제사장들과 예언자들은 이 재판 관리들 앞에서 자신들의 기득권을 위협하는 예레미야를 죽여달라고 외쳤다(26:11).

이때 예레미야는 재판 관리들 앞에서 자신을 변호한다(26:12-15). 이 내용은 앞의 26:3을 반복한 것으로서, 예레미야는 말씀에 순종하고 악에서 돌아선다면 재앙을 내리지 않겠다는 하나님의 뜻을 전달한다.[27] 예레미야는 자신이 하나님께서 보내신 예언자 중 한 사람이라고 말하며 무죄를 주장한다(26:5, 15).[28]

예레미야의 변론을 들은 고관들은 예레미야에게 무죄를 선고한다(26:16). 본문은 무죄 판결에 신빙성을 더하기 위해 지방 장로들 몇 사람이

---

25 Allen, *Jeremiah*, 299.
26 Lundbom, *Jeremiah 21-36*, 291.
27 Allen, *Jeremiah*, 300.
28 Huey, *Jeremiah*, 238.

회중에게 말하는 내용을 인용한다(26:17-19). 이들은 히스기야 시대에 예언자 미가가 예루살렘의 멸망을 예언했을 때 히스기야가 그를 죽이지 않았던 것을 상기시키면서(미 3:12) 성전 파괴를 예언하는 예언자를 죽일 수 없다는 논리를 편다. 장로들이 한 말은 히브리어 원문에서 바브 계속법의 바브(ו) 접속사로 시작되는 까닭에 이들의 말이 더 과거에 한 것일 수 있다는 힌트를 준다.[29] 이 해석이 맞다면 지방 장로들의 말은 고관들의 무죄 판결 이전에 예언자의 말을 옹호한 발언이라고 할 수 있다. 그리하여 고관들의 판결이 옳음을 더욱 지지해주는 증거로 삽입되었다고 볼 수 있다.

그렇다면 고관들은 무슨 근거로 예레미야가 무죄하다고 판결했는가? 사실 신명기 18장에 의하면 참 예언자는 예언의 정확성으로 판단해야 한다(신 18:21). 이 기준에 따르면 예레미야가 참 예언자로 드러나기 위해서는 성전이 파괴되는 기원전 586년까지 기다려야 했다. 하지만 고관들은 지방의 장로들이 예언자 미가를 예로 들어 한 말을 참고하여 예레미야의 무죄를 바로 선언했다.

역사적으로 예언자 미가는 산헤립의 침공으로 유다가 멸망할 것이라고 예언했지만(미 3:12), 그의 예언은 실제로는 이루어지지 않았고 훗날 유다가 바빌로니아에 의해 멸망할 것이라는 예언으로 수정되었다(미 4:10). 이런 점에서 본다면 미가는 신명기 18장의 기준에 의해 거짓 예언자로 평가될 수도 있다.[30]

결국 예레미야가 미가와 함께 참 예언자로서 무죄 판결을 받은 것은

---

29   Holladay, *Jeremiah 2*, 107.
30   Hibbard, "True and False Prophecy," 353.

그가 하나님의 뜻인 인애와 공의와 의의 삶을 살면서 사람들에게 하나님의 뜻대로 살 것을 촉구했기 때문이다.[31] "각각 그 악한 길에서 돌아오리라. 그리하면 내가 그들의 악행으로 말미암아 그들에게 재앙을 내리려 하던 뜻을 돌이키리라"(26:3). 예언자를 통해 주어진 하나님의 예언은 청자의 반응에 따라 달라질 수 있다(18:7-10). 그러므로 예언의 정확성은 참 예언자를 판별하는 절대적 기준이 아니라 기준의 한 단면에 불과한 것이다.[32]

마지막으로 예레미야처럼 예루살렘 성과 유다 땅의 심판을 예언한 우리야의 예를 소개한다(26:20-24). 여호야김은 이집트로 피신한 우리야를 연행하여 칼로 죽였지만, 예레미야는 사반의 아들 아히감의 도움으로 죽임을 면했다고 말한다. 아히감의 아버지 사반은 서기관으로서 요시야의 충신이었고(왕하 22:8), 그의 아들 아히감도 요시야의 개혁을 도운 자였다(왕하 22:12, 14). 또한 사반의 손자 그다랴(아히감의 아들)는 바빌로니아의 초대 유다 총독이 되었다(렘 40:5).[33] 예레미야가 성전 설교에도 불구하고 살 수 있었던 까닭은 이처럼 신실한 신앙인의 도움이 있었기 때문이다.[34]

26장의 배경은 기원전 609년으로(26:1) 이는 예레미야의 사역 초기에 해당한다.[35] 예레미야는 처음부터 성전 파괴와 같은 무거운 주제를 앞세워 하나님의 심판을 선포했기에 백성들의 많은 저항에 부딪혔다. 이때 예레미야와 같이 예루살렘의 멸망을 예언한 우리야의 이야기는 예레미야의 예언에 신빙성을 더해준다. 한편 죽임을 당한 우리야와 달리 예레미야가 보

---

31   Hibbard, "True and False Prophecy," 353.
32   Hibbard, "True and False Prophecy," 356.
33   Allen, *Jeremiah*, 302.
34   Clements, *Jeremiah*, 159.
35   Holladay, *Jeremiah 2*, 110.

호를 받은 것은 예레미야를 지키기 위해 하나님이 사반의 아들 아히감과 같은 신실한 종들을 사용하셨기 때문이다(1:18-19). 이 대목에서 사람을 붙여 자신의 사역자를 돌보시는 하나님의 신실한 모습을 엿볼 수 있다.

여호야김 시대에는 요시야의 종교개혁에 우호적인 관리들이 여전히 생존하였으므로 예레미야가 보호를 받을 수 있었다. 하지만 시드기야 시대에 오면서 상황이 바뀐다. 기원전 597년에 개혁에 우호적인 관리들이 바빌로니아에 포로로 끌려가면서 시드기야 주변에는 신앙을 저버리고 기득권을 추구하는 관리들만 남게 되었다(37:15; 38:1-6, 25). 이들은 바빌로니아에 의해 유다가 멸망할 것이라고 예언하는 예레미야를 고운 시선으로 보지 않았다. 그 예언은 자신들의 기득권이 상실됨을 의미하기 때문이었다.

결국 유다의 멸망은 유다가 하나님과 맺은 언약의 의무에서 떠난 탓도 있지만 왕 주위에 바른 신앙을 가진 관리들이 없었기 때문이기도 하다. 지도자들이 측근들을 잘 선별하는 것이 얼마나 중요한지를 깨닫게 하는 교훈이다.

(2) 거짓 예언자의 예언을 믿지 말라(27-28장)

26장이 기원전 609년을 배경으로 하고 있다면, 27-28장은 시드기야 즉위 초기를 배경으로 한다. 27:1에서 한글 성경이 "여호야김이 다스리기 시작할 때"로 번역한 구절은 히브리어 원문으로는 "시드기야가 다스리기 시작할 때"다(27:3).[36] 시드기야가 바빌로니아에 대항하기 위해 이웃 국가들과의 연합을 모색하자 에돔, 모압, 암몬, 두로, 시돈의 사신들이 그를 찾아왔다

---

36 Lundbom, *Jeremiah 21-36*, 308.

(27:3). 따라서 27-28장의 역사적 배경은 기원전 593년으로 추정된다(28:1, "시드기야가 다스리기 시작한 지 사년 다섯째 달").[37] 아마도 바빌로니아가 과도하게 조공을 요구한 까닭에 이들이 연합을 모의하게 된 것으로 보인다.[38]

나중에 시드기야는 바빌로니아로부터 모반을 의심 받게 되어, 그 해(593년) 유다의 사신을 바빌로니아에 보내 재차 충성을 맹세해야 했다(29:3: 51:59). 하지만 기원전 592년 이집트의 프삼메티쿠스 2세가 파라오가 되어 바빌로니아에 반기를 들자, 시드기야는 다시 마음을 바꿔 이집트를 의지하고 바빌로니아에 대한 적대 정책을 펼쳤다(참조. 겔 2:1).[39]

시드기야가 바빌로니아가 부과한 조공의 압박을 피하고자 이웃 국가의 사신들을 불러 모의할 때, 예레미야는 목에 멍에를 멘 채 유다와 주변 나라들이 멍에를 메고 바빌로니아를 섬겨야 한다고 경고했다(27:2). 하지만 거짓 예언자들은 거짓 예언을 내세워 이 경고를 반박했다(28장). 27-28장의 구조는 다음과 같다.

A. 멍에를 메는 행동을 통해 바빌로니아를 섬기게 될 것을 보여줌: 거짓 예언을 믿지 말라(27:1-15)

B. 성전 기구가 다시 돌아올 것이라는 거짓 예언을 믿지 말라(27:16-18)

C. 남아 있는 성전의 기구들이 모두 바빌로니아로 가게 될 것

---

37 Holladay, *Jeremiah 2*, 118.

38 Clements, *Jeremiah*, 161.

39 프삼메티쿠스 2세는 기원전 591년에 바빌로니아의 지배 아래에 있던 팔레스타인을 침공하기도 했다.

(27:19-22)

　　A´. 예언자 하나냐가 예레미야의 목에서 멍에를 꺾고 거짓 예언함
　　(28:1-11)

　　B´. 바빌로니아의 멍에가 꺾인다는 하나냐의 예언은 거짓으로 판명
　　됨(28:12-17)

① 거짓 예언을 믿지 말며 멍에를 메고 바빌로니아를 섬기라(27장)

27장의 내용은 전반부(27:1-15)와 후반부(27:16-22)로 나뉜다. 전반부에서 예레미야는 바빌로니아에 반기를 들라고 부추기는 거짓 예언을 믿지 말라고 말한다(27:10, 14). 후반부(27:16-22)에서는 제사장들과 백성을 향해 성전 기구가 돌아올 것이라는 거짓 예언자들의 말을 믿지 말라고 당부한다(27:16, 18, 21).

　　27:1-11에서 하나님은 예레미야에게 줄과 멍에를 여러 개 만들어서 직접 목에 걸고, 시드기야를 보기 위해 예루살렘으로 찾아온 사신들의 손에 그 멍에를 나눠주라고 명령하신다(27:2-3). 그 멍에를 메고 바빌로니아를 섬기라고 권고하기 위함이다. 그 이유는 하나님이 모든 열국으로 하여금 바빌로니아의 느부갓네살 왕을 섬기도록 하셨기 때문이다(27:5-7). 이는 하나님이 모든 만물을 창조하시고 역사 속에서 열국을 주관하시는 분이심을 보여주는 것이다.[40]

　　특별히 하나님은 짐승과 사람을 만들어 바빌로니아의 왕에게 주었다

---

40 Klaas A. D. Smelik, "An Approach to the Book of Jeremiah," in *Reading the Book of Jeremiah: A Search for Coherence*, ed. Martin Kessler (Winona Lake, Ind.: Eisenbrauns, 2004), 8.

2. 성전 파괴와 다윗 언약의 파기(26-29장) **291**

고 말씀하신다(27:5-7). 여기서 바빌로니아 왕이 하나님의 형상인 새로운 아담으로 묘사되고 있는 것은 흥미로운 점이다.[41] 이는 모세 언약을 통해 하나님의 형상으로 세워진 유다가 하나님이 보시기에 더 이상 그분의 형상이 아니라는 의미를 내포한다.

멍에를 메고 바빌로니아를 섬기게 된 것은 유다가 하나님이 주신 멍에(공의와 의의 의무)를 저버린 결과다(2:20; 5:5). 처음에는 하나님의 뜻을 준행하지 않는 것이 더 이득이 될 것 같지만 결과적으로는 부메랑이 되어 더 큰 손실로 이어진다. 한 마디로 소탐대실이다.

바빌로니아를 섬기지 않으면 열국은 "칼과 기근과 전염병"으로 멸망할 것이다(27:8). 열국은 멍에를 메고 바빌로니아를 섬겨야 하며 이를 방해하는 거짓 예언을 믿는 것은 멸망의 지름길이다(27:10-11). 반면 바빌로니아의 왕을 섬기면 땅에 머물러 밭을 갈 수 있다(27:11). 여기서 "섬기다"와 "밭을 갈다"에 해당하는 히브리어 동사는 모두 "아바드"(עָבַד)다. 이처럼 같은 동사를 사용하여 바빌로니아를 섬겨야 한다고 강조하고 있다.[42]

하나님은 시드기야에게 멍에를 메고 바빌로니아 왕 느부갓네살을 섬기라고 충고한다(27:12-15). 그렇지 않으면 "칼과 기근과 전염병"으로 인해 유다의 멸망을 피할 수 없을 것이다(27:13). 덧붙여 열국의 사신들에게 말한 것과 같이 하나님이 보내시지 않은 거짓 예언자들을 믿지 말라고 명령하신다(27:15). 당시 거짓 예언자들은 평화를 외치며 유다가 바빌로니아를

---

41 John Hill, "'Your Exile Will Be Long': The Book of Jeremiah and the Unended Exile," in *Reading the Book of Jeremiah: A Search for Coherence*, ed. Martin Kessler (Winona Lake, Ind.: Eisenbrauns, 2004), 154-155.

42 Keown and others, *Jeremiah 26-52*, 51-52.

섬기는 일은 없을 것이라고 단언했다(23:17; 28:9).

27:16-22은 기원전 597년에 느부갓네살 왕에 의해 바빌로니아로 옮겨진 성전 기구가 다시 돌아올 것이라는 거짓 예언을 다룬다. 예레미야는 제사장들과 백성들에게 성전 기구가 다시 돌아올 것이라는 거짓 예언을 믿지 말라고 경고한다(27:16). 유다가 성전 기구에 집착하는 이유는 성전에서 갖춰진 기구를 가지고 절차대로 예배를 드리면 자동적으로 하나님의 보호와 축복이 임할 것이라고 믿었기 때문이다. 이것은 확실히 거짓이다. 그러므로 예레미야는 오히려 현재 남아 있는 성전 기구가 바빌로니아로 가지 못하도록 기도하는 것이 더 낫다고 역설한다(27:18).

끝으로 바빌로니아로 옮겨 간 성전 기물들을 하나님이 "돌보신다"라고 말하면서 심판 이후에 유다의 회복이 있을 것을 내비친다(27:22).[43] 여기서 "돌보다"로 번역된 히브리어 단어는 "파카드"(פָּקַד)로서 25:12에서 바빌로니아를 "벌하다"라고 할 때 사용된 단어다. 하나님은 70년이 지난 후 바빌로니아를 멸망시키고 성전 기물들을 다시 돌아오게 하실 것이다. 그리고 29:10에서 동일한 단어를 사용하여 70년이 차면 포로로 끌려간 백성들을 "돌볼 것"이라고 말씀하신다. 바빌로니아를 멸망시켜(파카드) 백성을 돌볼 것(파카드)이라는 언어 유희를 통해 바빌로니아의 심판 이후 유다를 회복시키는 것이 하나님의 계획임을 보여주고 있다.[44]

---

43 랄레만, 『예레미야』, 336.
44 Ronald Clements, "Jeremiah's Message of Hope: Public Faith and Private Anguish," in *Reading the Book of Jeremiah: A Search for Coherence*, ed. Martin Kessler (Winona Lake, Ind.: Eisenbrauns, 2004), 146.

② 거짓 예언자와 예레미야의 대면(28장)

28장은 예레미야와 거짓 예언자 하나냐가 대면하는 이야기를 다룸으로써 거짓 예언자의 특징이 무엇인지를 명확히 드러낸다. 하나냐는 예레미야의 고향인 아나돗에서 그리 멀지 않은 곳에 있는 기브온 출신이었다(28:1). 가까운 곳에 살았던 두 사람은 성전과 관련해서는 완전히 대조되는 예언을 한다.[45]

예레미야는 제사장들과 백성에게 바빌로니아로 옮겨 간 성전 기구가 곧바로 돌아오지 않을 것이라고 예언했다(27:16-22). 반면 하나냐는 성전 기구가 2년 안에 다시 예루살렘 성전으로 돌아올 것이라고 예언했다(28:3). 더 나아가 하나냐는 하나님께서 바빌로니아 왕의 멍에를 꺾으실 것이기 때문에 유다가 바빌로니아 왕을 섬기는 일은 없을 것이라고 일축하면서 (28:4) 예레미야의 목에서 멍에를 꺾었다(28:10).

놀랍게도 예레미야는 하나냐의 잘못된 예언에 대해 반감을 드러내지 않고, 오히려 자신도 하나냐의 예언대로 성전 기구와 바빌로니아에 끌려간 포로들이 돌아오기를 원한다고 대답한다(28:6). 본문은 예레미야가 이렇게 대답하는 이유를 명확하게 설명하지 않는다. 필자는 하나님의 주권을 인정하는 예레미야가 하나님은 언제든지 자신의 뜻을 돌이킬 수 있는 분임을 인정하고서 그렇게 대답했다고 생각한다.

여기서 참 예언자의 특징이 드러난다. 참 예언자란 하나님이 자신의 주권에 따라 뜻과 계획을 얼마든지 바꿀 수 있다는 것을 인지하고 항상 하나님의 뜻을 묻는 자다(미 6:8). 반면 거짓 예언자는 하나님의 뜻을 자신의

---

[45] Clements, *Jeremiah*, 166.

생각에 맞춰 재단하고 하나님의 주권을 인정하지 않는다.

하나냐가 바빌로니아로 옮겨진 성전 기구와 포로들이 돌아올 것이라고 예언한 결정적인 이유는 과거 히스기야 때 하나님이 산헤립의 침공으로부터 예루살렘과 성전을 극적으로 보호해주신 사건 때문이었다. 하나냐는 성전에서 제사가 드려지면 하나님이 예루살렘을 보호하실 것이라는 과거의 전승에 집착하여 하나님의 자유로운 주권을 인정하지 않은 채 오히려 바빌로니아의 멍에가 꺾이고 포로들이 돌아올 것이라고 예언했다.[46] 이런 점에서 하나냐의 이야기는 하나님의 자유로운 주권을 인정하는지에 따라 거짓 예언자와 참 예언자가 구분된다는 교훈을 준다. 하나님의 주권적 뜻을 인정하지 않고 오히려 과거의 경험과 자신의 생각으로 하나님의 뜻을 재단했던 하나냐는 예루살렘 성전이 실로와 같이 파괴될 것이라는 예언을 믿을 수 없었다(26:6).

예레미야는 신명기 18:20-22을 인용하면서 예언이 성취되는 것을 보고 참 예언자를 구분해낼 수 있다는 사실을 상기시킨다(28:8-9). 하나냐가 참 예언자인지 아닌지는 그의 예언대로 2년 후에 성전 기구가 예루살렘에 돌아오는지를 보고 확인할 수 있다는 말이다. 하지만 실제로 하나냐는 그 말을 한 후 2개월 만에 죽었다(28:1, 17). 참 예언자의 기준은 미래에 대한 예언의 정확성에 있다기보다는 그가 하나님의 뜻에 입각한 삶을 사느냐에 있음을 깨닫게 하는 대목이다.

이런 맥락에서 28:16은 하나냐가 야웨를 향해 "패역"을 행했다고 말한다. 여기서 "패역"으로 번역된 히브리어 "사라"(סָרָה)는 반역을 뜻한다

---

46 Clements, *Jeremiah*, 169.

(29:32). 그가 하나님의 공의와 의에서 벗어난 행동을 했다는 의미다(참조. 23:27). 그러므로 하나냐가 거짓 예언자로 판명되어 죽은 이유는 그의 예언이 정확하지 않아서라기보다는 그의 삶이 공의와 의에서 멀어졌기 때문이다(참조. 23:14, 17). 더욱이 그의 말로 인해 백성들이 공의와 의를 실천하는 삶에서 멀어졌기 때문에 그는 죽을 수밖에 없었다.[47]

하나님은 하나냐가 예레미야의 목에서 나무 멍에를 꺾음으로써 오히려 쇠 멍에를 만들었다고 말씀하신다(28:13). 쇠 멍에는 바빌로니아를 섬기는 일이 더욱 고착되고 무거운 일이 될 것을 의미한다.[48] 곧 거짓 예언자들의 잘못된 행태로 인해 유다 백성에게 닥친 환난이 더욱 깊어질 것이라는 뜻이다.

원래 하나님은 이스라엘을 이집트에서 이끌어내시면서 이집트의 멍에를 끊고(레 26:13) 이스라엘과 언약을 맺은 후에 그들이 인애와 공의와 의라는 쉬운 멍에를 메고 언약의 의무를 충실히 이행하기를 원하셨다(2:20; 5:5). 하지만 유다가 하나님이 주신 멍에를 끊고 우상을 섬기자, 하나님은 그들이 나무 멍에를 메고 바빌로니아를 섬기게 될 것이라고 말씀하셨다(27:2). 그리고 유다가 바빌로니아를 섬기기를 거부하자 더 무거운 쇠 멍에가 유다에게 부과될 것이라고 말씀하신다. 하나님이 주신 멍에를 거부할수록 더 무겁고 힘겨운 멍에가 주어진다는 교훈이다.

후에 포로생활이라는 극심한 환난을 통과하며 남은 자들은 하나님이 주신 멍에를 메지 못한 것을 회개하게 될 것이다. "멍에에 익숙하지 못한

---

47 Hibbard, "True and False Prophecy," 356.
48 랄레만, 『예레미야』, 340.

송아지 같은 내가 징벌을 받았나이다"(31:18). 하지만 미래에 새 언약이 체결될 때 이 무거운 멍에가 비로소 꺾어질 것이다(30:8).

결론으로 예레미야는 하나냐가 거짓을 예언한 까닭에 죽을 것이라고 예언하고, 하나냐는 그 예언대로 두 달 만에 죽게 된다(28:1, 15-17). 하나냐의 죽음은 곧 그가 거짓 예언자라는 증거다.[49] 28:16에서 하나님이 "너를 지면에서 제하리니"라고 말씀하시는데 여기서 "제하다"에 해당하는 히브리어 "샬라흐"(שׁלח)는 28:15의 "너를 보내다"에서 "보내다"로 번역된 히브리어 동사와 동일하다. 하나냐가 하나님으로부터 보냄을 받지 않았음에도 불구하고 자신이 하나님으로부터 보냄을 받았다고 주장하자, 하나님이 직접 그에게 "땅에서부터 보낼 것이다"라고 말씀하시는 것이다.[50] 하나님으로부터 보냄을 받았다는 그의 주장에 따라 하나님에 의해 보내지긴 하지만, 그 결과가 죽음이라는 아이러니다. 하나님의 말씀을 잘못 대언하는 것이 얼마나 무서운 일인지를 잘 보여주는 말씀이다.

(3) 바빌로니아 공동체를 향한 말씀: 거짓 예언을 믿지 말라(29장)

29장은 예레미야가 기원전 597년에 바빌로니아에 포로로 잡혀간 유다의 포로 공동체에게 거짓 예언을 믿지 말라고 권고하는 내용이다.[51] 29장의

---

49 Clements, *Jeremiah*, 168.

50 Keown and others, *Jeremiah 26-52*, 58.

51 29장의 구조는 다음과 같다.
  A. 편지를 통해 바빌로니아 포로 공동체에게 거기서 평안을 빌며 살 것을 주문함(29:1-7)
    B. 바빌로니아에서 거짓 예언자들의 예언을 믿지 말라(29:8-9)
      C. 하나님의 계획은 재앙이 아니라 평안: 70년 후 돌아오게 할 것임(29:10-14)
      C′. 유다에 남은 자들은 재앙을 당할 것임(29:15-19)
    B′. 바빌로니아에서 거짓 예언한 아합과 시드기야가 죽임을 당할 것임(29:20-23)

역사적 배경은 27-28장과 같은 기원전 593년으로 추정된다. 기원전 593년에 유다 왕 시드기야가 바빌로니아에 대항하기 위해 주변 국가들과 모의한 것이 의심을 받게 되자, 시드기야는 바빌로니아에 대한 충성을 표하기 위해 사신을 보내야만 했다(29:3; 참조. 51:59).[52] 이런 배경에서 예레미야는 바빌로니아를 방문하는 사신을 통해 그곳의 포로 공동체에 편지를 보내, 70년이 차기까지는 돌아올 수 없으므로 그들이 사는 바빌로니아 성읍에서 평안을 빌라고 주문했다(29:7).

기원전 593년경 시드기야는 사반의 아들 엘라사와 힐기야의 아들 그마랴를 바빌로니아에 사신으로 보냈다. 이때 예레미야는 사신으로 가는 신하들의 손을 빌려 기원전 597년에 끌려간 포로 공동체에 편지를 보냈다(29:3). 사반의 아들 엘라사는 예레미야를 사역 초기부터 도와주었던 사반의 아들 아히감의 형제로 추측된다(26:24).[53] 당시 바빌로니아의 유다 포로들은 어느 정도 자치 행정을 수행하는 공동체를 이루고 본국과 긴밀하게 연락할 수 있는 자유를 가지고 있었다.[54] 에스겔서에서 알 수 있듯이 이들은 정결 의식을 위해 강가에서 집단생활을 한 덕분에 어느 정도 신앙의 순수성을 지킬 수 있었다(겔 1:1, "그발강").[55]

예레미야가 보낸 편지에는 바빌로니아에서 집을 짓고 밭을 만들고 결혼하여 자녀를 낳고 번성하면서 그 성읍의 평안을 빌라는 당부가 담겨 있

A′. 편지를 통해 예레미야를 책망한 바빌로니아의 스마야를 향한 심판(29:24-28)

52 Holladay, *Jeremiah 2*, 140.

53 Allen, *Jeremiah*, 323.

54 Clements, *Jeremiah*, 171.

55 Daniel L. Smith-Christopher, *A Biblical Theology of Exile* (Minneapolis: Fortress, 2002), 65-68 참조.

었다(29:4-7). 이는 하나님이 가나안 땅에서 백성들에게 명령하셨던 것과 유사하다(신 20:5-7; 28:30-32; 사 65:21-23).[56] 예레미야는 그들이 포로로 끌려간 바빌로니아 땅이 임시적으로나마 하나님의 약속의 땅임을 암시하면서, 오히려 그들에게 희망이 있고 유다에 남아 바빌로니아에게 저항하는 자들에게는 재앙이 있다고 알려준다.

예레미야는 바빌로니아에 거하는 거짓 예언자들의 말을 믿지 말라고 권고한다(29:8-9). 에스겔서를 보면 바빌로니아에는 여전히 거짓 예언자들이 있었으며 그들은 자신들의 이익을 위해 거짓 예언을 했다(겔 13:2, 9, 19). 거짓 예언자들의 예는 나중에 아합, 시드기야, 스마야라는 인물들을 통해 구체적으로 드러난다(29:21-32). 이들은 멍에를 메고 바빌로니아를 섬기라는 예레미야의 예언을 부정하고, 하나냐가 말했던 것처럼 포로로 잡혀간 자들이 속히 돌아오게 될 것이라고 예언했다.

이런 거짓 예언에 대해 하나님은 포로로 잡혀간 자들은 속히 돌아오는 대신 70년이 지나야 돌아올 것이라고 선을 긋는다(29:10-14). 70년이 지나야 돌아와서 평안을 누릴 수 있다는 말씀이다. 70년은 한 사람의 인생을 의미하기 때문에, 70년 만에 돌아온다는 말은 한 세대가 온전히 지나간 후에야 회복이 있을 것이라는 뜻이다(시 90:10).[57]

하나님은 "나의 생각을 내가 아나니 평안이요 재앙이 아니니라. 너희에게 미래와 희망을 주는 것이다"라고 말씀하신다(29:11). 이 구절에서 "생각"으로 번역된 히브리어 "마하샤바"는 계획이라는 뜻이다. 그리하여 하

---

56 Keown and others, *Jeremiah 26-52*, 72.

57 Clements, *Jeremiah*, 172.

나님은 포로생활이라는 고난을 통과하면서 하나님의 계획을 추구하는 백성에게 그분의 계획에 따라 평안과 미래와 희망을 주시겠다고 약속하고 있다.

하나님의 계획은 언약의 축복인 평안을 줄 뿐만 아니라 미래에 대한 희망을 끊임없이 품도록 하는 데 있다. 29:11에서 희망으로 번역된 히브리어는 "티크바"(תקוה)다. 이 단어는 어떤 것을 소원하고 그것이 성취될 때 오는 기쁨으로 욕구를 채운다는 의미다(잠 10:28). 이런 점을 고려하면 하나님의 계획이 희망을 주는 데 있다는 말은 기쁨을 얻고자 하는 인간의 소원이 계속 성취됨으로써 기쁨이 끊어지지 않는다는 뜻이다. 의인의 희망이 끊어지지 않는다는 잠언의 말은 바로 이런 이유에서 나온 것이다(잠 23:18; 24:14). 더욱이 잠언 24:14은 인간의 욕구를 궁극적으로 채워 주는 기쁨은 지혜를 통해 오는 하나님과의 교제에서 비롯되는 기쁨이라고 역설한다. 그러므로 인간의 소망은 궁극적으로 계속해서 하나님과의 교제의 기쁨을 누리는 데 있음을 알 수 있다.

70년의 포로 기간은 하나님의 계획을 추구하면서 그 계획에 따라 복을 받기 위해 단련되는 고난의 기간이라는 게 예레미야의 설명이었다. 그렇다면 고난의 기간을 통과하면서 하나님의 계획을 추구하는 자로 변하기 위해 성도에게 요구되는 것은 무엇인가? 이에 대해 하나님은 마음의 변화를 강조하신다(29:13, "너희가 온 마음으로 나를 구하면"). 마음의 변화는 진정으로 하나님을 사랑하고(인애) 공의와 의를 행할 수 있도록 하는 토양을 제공한다. 하나님은 이런 토양이 마련되었을 때 자신의 계획에 따라 회복과 축복을 주실 것이라고 말씀하신다.

29:15-19은 거짓 예언을 신뢰하고 유다에 남아 바빌로니아를 섬기기

를 거부하는 자들은 "몹쓸 무화과"(터져버린 무화과)처럼 칼과 기근과 전염병의 재앙을 당하게 될 것이라고 반복해서 말한다(29:17; 24:8). 포로들이 바빌로니아를 섬기기를 거부하는 이유는 바빌로니아의 거짓 예언자들이 유다 포로 공동체에게 유다로 곧 돌아가게 될 것이라는 장밋빛 환상을 계속해서 심어주었기 때문이다.

이어서 바빌로니아의 거짓 예언자들인 아합과 시드기야의 실명을 본격적으로 거론하면서 그들이 거짓된 예언으로 죽게 될 것이라고 예언한다(29:20-23). 바빌로니아 포로 공동체는 이 거짓 예언자들의 죽음을 저주하기 위해 "바빌로니아 왕이 불살라 죽인 시드기야와 아합 같게 하시기를 원하노라"고 말하게 될 것이다(29:22). 이 구절에서 "저주"에 해당하는 히브리어 단어는 "켈랄라"(קְלָלָה)이고 "불사르다"에 해당하는 히브리어 동사는 "칼라"(קָלָה)다. 청각적 언어 유희를 통해 그들이 불살라 죽임을 당하는 것이 사실상 저주임을 극대화하는 표현이다.[58] 여기서 "불사르다"에 해당하는 일반적인 히브리어 "사라프"(שָׂרַף)[59]를 사용하지 않고 "저주"를 의미하는 "켈랄라"와 비슷한 음의 동사 "칼라"(원래 굽다라는 뜻)를 사용한 것을 보면 이것이 의도적인 언어 유희라는 것을 알 수 있다.

바빌로니아에 사는 스마야는 예레미야의 편지를 읽고 예루살렘에 있는 제사장 스바냐에게 편지를 보내 예레미야를 책망하라고 촉구한다(29:24-32). 그러자 하나님은 자신이 스마야를 보내지 않았다고 밝히면서 그가 거짓 예언을 했다고 말씀하신다(29:31). 스마야가 거짓 예언자라는 증

---

58 Keown and others, *Jeremiah 26-52*, 77.
59 Lundbom, *Jeremiah 21-36*, 358.

거는 그가 야웨를 향해 패역(סָרָה/사라, "반역")한 말을 했다는 것에서 잘 드러난다(28:16; 29:32). 그의 예언이 거짓이라는 것은 그의 예언이 부정확하기 때문이라기보다 백성으로 하여금 하나님의 뜻에서 벗어나도록 만들었기 때문이라는 교훈을 주고 있다.

그 결과 스마야의 자손은 하나도 남지 않을 것이며 그는 하나님이 행하시려는 복을 보지 못할 것이다(29:32b). 이 구절에서 "복"으로 번역된 히브리어 단어는 "토브"로서 29:10의 "나의 선한 말"에서 "선"에 해당하는 히브리어 단어 "토브"와 동일하다. 그리하여 스마야는 70년 후 예루살렘으로 돌아오지 못하고 평안을 주시는 하나님의 선을 보지 못할 것을 예고한다.[60]

---

60   Allen, *Jeremiah*, 329.

3.

새 언약 체결(30-33장)

30-33장은 소위 "위로의 책"(the book of consolation)으로 불리며 예레미야서의 중심축을 이룬다.[61] 이 단락은 초두와 말미에 "포로 된 자를 돌이킨다"라는 말이 공통적으로 나옴으로써 독자들이 이 부분을 하나의 묶음으로 읽도록 유도한다.[62] 30-33장의 구조는 다음과 같다.

A. 30:1-17: 야웨가 죄로 인한 상처를 치료하실 것(30:14, 17)

B. 30:18-31:14: 이스라엘 자손의 번성(30:19, רָבָה/라바)과 다윗 왕과
　　　　　　제사장의 회복(30:21; 31:14)

C. 31:15-26: 야웨의 새 일을 통해 이스라엘이 땅에 돌아오게
　　　　　　될 것

D. 31:27-40: 새 언약 체결

C′. 32:1-35: 야웨의 창조적 능력으로 이스라엘이 땅에서 살게
　　　　　　될 것

D′. 32:36-44: 새 언약 체결

A′. 33:1-13: 예루살렘 성을 치료하고 백성의 죄를 용서함(33:6, 8)

---

61 Reid, "Heart of Jeremiah's Covenantal Message," 90.
62 30-33장의 결속 구조에 관해서는 다음의 글을 참조하라. 장성길, "예레미야 30-33장에 나타난 결속 구조 분석", 「구약논단」 26 (2007): 92-110.

B´. 33:14-26: 이스라엘 자손의 번성(33:22, רָבָה/라바[63]), 다윗 언약과
레위 제사장 직의 영원성(33:17-22)

위의 구조는 30-33장의 핵심이 새 언약의 체결을 다루는 단락 D/D´에 있음을 보여줌으로써 새 언약을 통해 백성이 새롭게 변형된다는 것을 중점적으로 알리고 있다. 30-33장은 다시 전반부(30-31장)와 후반부(32-33장)로 나뉘며, 후반부인 32-33장은 전반부인 30-31장의 희망어린 메시지들을 더욱 발전시키고 있다.[64]

1) 새 언약을 통한 회복 I(30-31장)

30-31장의 핵심 메시지는 미래에는 죄 용서를 통해 백성이 회복되고 번성한다는 것이다. 이런 희망어린 미래상은 새 언약이 체결되면서 이루어질 것이다. 새 언약을 통해 죄의 문제가 해결되고 백성의 마음에 율법이 새겨져서 인애와 공의와 의를 행하는 삶, 즉 하나님을 아는 삶을 살게 될 것이다(31:31-34). 전에 유다는 인애와 공의와 의의 실천이라는 언약의 의무를 수행하지 못해 포로로 잡혀가는 신세가 되었다. 하지만 새 언약의 체결은 백성이 더 이상 죄를 짓지 않고 인애와 공의와 의를 확실하게 행하도록 보

---

63 이 히브리 동사는 30-33장의 문맥에서 오직 30:19과 33:22에서만 나타난다.

64 Douglas Rawlinson은 렘 30-31장이 렘 32-33장을 위한 발판을 마련하는 기능을 한다고 주장한다. Douglas Rawlinson Jones, *Jeremiah*, New Century Bible Commentary (Grand Rapids, Mich.: Eerdmans, 1992), 405 참조.

장해주는 하나님의 은혜이기 때문에 새 언약의 백성이 포로로 잡혀가는 일은 다시는 없을 것이다(31:34). 이것은 새 언약이 기존 언약들과 차별되는 이유와 새 언약의 은혜가 얼마나 큰 것인지를 잘 보여주는 대목이다.

흥미롭게도 31장에서는 미래의 소망이 2-4장이 말하는 심판의 요소들을 역전하는 형식으로 제시되고 있다. 따라서 31장의 내용은 2-4장의 어휘를 많이 공유한다. 31장이 2-4장과 공유하는 요소들을 도표로 그리면 다음과 같다.[65]

예레미야 31:2-26	예레미야 2-4장
1. 광야에서 이스라엘을 향한 야웨의 사랑 (31:2)	1. 광야에서 야웨를 향한 이스라엘의 사랑 (2:2)
2. כְּרָמִים תִּטְּעִי ["너는 포도원을 심게 될 것이다"](31:5)	2. שֹׂרֵק נְטַעְתִּיךְ ["나는 좋은 포도나무로 너를 심었다"](2:21)
3. 시온에 올라가라는 נֹצְרִים[파수꾼]의 외침 (31:6)	w3. 적들의 침입에 대한 נֹצְרִים[파수꾼]의 외침(4:16)
4. 야웨의 구원에 관해서 אִיִּים[섬들]을 향한 선포(31:10)	4. 이스라엘의 죄에 대해서 אִיִּים[섬들]에게 문의(2:10)
5. קוֹל בְּרָמָה נִשְׁמָע נְהִי בְּכִי ["한 소리가 라마(높은 곳)에서 들리니 슬퍼하고 우는 소리이다"](렘 31:15)	5. קוֹל עַל־שְׁפָיִים נִשְׁמָע בְּכִי ["한 소리가 황량한 고지에서 들리니 우는 소리라"](3:21)
6. 에브라임을 향한 야웨의 יִסֹּר[훈계함] (31:18)	6. 야웨의 מוּסָר[훈계]에 대한 유다의 무시 (2:30)
7. 이스라엘이 지식을 얻음[הִוָּדְעִי](31:19)	7. 이스라엘이 알지 못함[לֹא יָדְעוּ](4:22)
8. 이스라엘의 수치[כָּלַם](31:19)	8. 이스라엘의 수치[כָּלַם](3:3)

65 김창대, "예레미야 30-31장 문맥에서 '새 일'의 의미에 관한 고찰", 「神學思想」140 (2008): 126-127.

9. בֹּשֶׁת[치욕]와 נְעוּרִים[어렸을 때](31:19)	9. בֹּשֶׁת[부끄러운 것]와 נְעוּרִים[청년의 때] (3:24-25)
10. 야웨의 מֵעֶה[창자]와 הָמָה[들끓음](31:20)	10. 예레미야의 מֵעֶה[마음]와 הָמָה[답답함] (4:19)
11. 방황하는[הַשּׁוֹבֵבָה] 딸(31:22)	11. 성실치 못한 자녀들과 아들[שׁוֹבֵבִים/שׁוֹבָב] (3:14, 22)
12. 땅에서 야웨의 새 일을 창조함(31:22)	12. 땅에서 옛 창조를 전복시킴(4:23-26)

(1) 야웨의 치료와 백성의 번성(30:1-31:14)

이 단락은 하나님이 백성의 죄를 용서하고 백성을 포로생활에서 돌아오게 하여 구원과 회복을 주실 것이라는 내용이다.[66] 먼저 하나님은 포로로 끌려간 백성의 죄를 치료하시고 그들을 구원하실 것이다(30:1-17). 포로생활에서 돌아온 백성은 번성하며 기쁨을 누릴 것이다(30:18-31:14). 이 단락의 구조는 다음과 같다.

A. 포로에서 이스라엘 땅으로 돌아옴(30:1-3)

　B. 백성이 해산하는 여자처럼 고통을 당할 것임(30:4-7)

　　C. 다시는 이방인을 섬기지 않을 것임(30:8-11)

　　　D. 야웨가 백성의 상처를 치료하실 것임(30:12-17)

A´. 백성이 땅에 돌아옴: 다윗 계열의 통치자 출현(30:18-31:1)

　B´. 해산하는 여인과 백성들이 즐거워하게 될 것임(31:2-9)

66　30-31장의 예언의 시기에 대해서는 학자마다 의견이 다르다. Lundbom은 기원전 586-582년 사이로 추정한다. Lundbom, *Jeremiah 21-36*, 378.

C´. 다시는 시온에 근심이 없음: 제사장의 출현(31:10-14)

① 하나님이 죄를 치료하심으로써 포로에서 돌아오게 될 것(30:1-17)

먼저 서론은 북이스라엘과 유다의 포로들이 포로생활을 끝내고 이스라엘 땅으로 돌아오게 될 것이라는 선언으로 시작한다(30:1-3). 북이스라엘은 기원전 722년에 아시리아에 의해 포로로 끌려갔는데, 예레미야는 요시야 시대(기원전 640-609년)부터 북이스라엘이 포로생활에서 돌아오게 될 것이라고 예언했다(31:2). 북이스라엘이 포로생활에서 돌아올 것이라는 예언은 유다도 포로생활에서 돌아올 것이라는 예언이었다(31:3). 그래서 31:3은 명시적으로 북이스라엘과 함께 유다도 포로생활에서 돌아올 것이라고 천명한다.

참고로 30-33장에 서술된 포로 귀환 예언은 예레미야 사역 초기의 북이스라엘(에브라임 족속) 포로 귀환 이야기가 나중에 유다 포로 귀환 이야기와 함께 섞인 결과로 보인다. 이런 점에서 북이스라엘의 포로 귀환은 유다의 포로 귀환 모델로 기능하고 있다.

포로생활에서 귀환하기 전 유다는 바빌로니아에 두려운 마음으로 끌려가게 될 것이다(30:4-7). 평안 대신에 두려움이 임할 것이라는 진술은 이전에 평화를 외친 예언자들이 거짓이었음을 입증해준다(30:5).[67] 평안은 원래 하나님과 맺은 언약의 대표적인 축복이기 때문에(16:5) 평안 대신에 두려움이 온다는 것은 언약의 파기를 뜻한다. 마음에 평안과 신뢰를 품고 하나님의 뜻을 추구하는 대신에 현실에 대한 두려움에 눌려 하나님의 뜻에

---

67 Allen, *Jeremiah*, 336.

서 이탈하면 결국 두려움이라는 자업자득의 심판이 임한다는 것을 일깨워주고 있다.

유다가 두려움을 가지고 포로로 끌려갈 때 "해산하는 여자"처럼 고통을 당하게 될 것이다(30:6). 이 표현은 북방의 적인 바빌로니아가 주는 고통을 "해산하는 여인"의 고통으로 비유한 6:24의 장면을 연상시킨다(4:31; 13:21). 포로로 끌려가는 고난을 "해산하는 여자"의 고통에 비유한 이유는 원래 유다가 하나님의 신부로서 열국을 하나님의 자녀로 만드는 사명, 즉 하나님의 자녀를 낳는 해산하는 여인과 같은 사명이 있었기 때문이다. 그리하여 그 사명을 감당하지 못했으므로 직접 해산하는 여인의 고통을 당하게 될 것을 교훈하고 있는 것이다.

하지만 미래에 백성의 운명이 역전되어 그들의 목에 있었던 "멍에"와 "포박"이 끊어질 것이다(30:8). 여기에 언급된 "멍에"와 "포박"은 바빌로니아를 섬길 것을 상징하는 줄과 멍에를 떠올리게 한다(27:2, 8, 11-12; 28:14). 그래서 더 이상 바빌로니아를 섬기지 않고 하나님과 다윗을 섬기게 될 것임을 보여준다(27:9; 30:9).[68]

그 결과 "두려움"이 사라지고 "태평과 안락"을 누리게 될 것이다(30:10). 거짓 예언자들은 평안을 선포하면서 백성을 호도했다(8:11; 23:17; 28:9). 하지만 예레미야는 바빌로니아에서의 포로생활이라는 고난을 통과하면서 회개하는 자에게 진정한 평안이 임하게 될 것이라고 교훈한다.

30:11에서 하나님은 "모든 이방을 내가 멸망시키리라. 그럴지라도 너만은 멸망시키지 아니하리라"고 말씀하신다(참조. 46:28). 앞서 이 표현은

---

68 랄레만, 『예레미야』, 353.

유다의 멸망으로 창조 질서가 전복되는 상황에서 하나님이 훗날 백성을 새롭게 변형시킬 것이라고 말씀하시는 문맥에서 등장했다(참조. 4:27; 5:10, 18).[69] 그러므로 새 언약의 문맥에서 다시금 사용된 이 말은 종말론적 시각에서 열국의 심판을 예고하면서[70] 열국 심판 이후 새로운 창조 질서가 출현할 때 새로운 언약 백성이 나타날 것을 암시해준다(참조. 암 9:8). 열국의 심판을 다루는 46-51장은 열국에서도 하나님께로 돌아오는 남은 자가 있을 것이라고 언급한다(46:26; 48:47; 49:6, 39). 그러므로 열국에서도 새로운 창조 질서를 누리는 언약 백성이 나올 것이다.[71]

30:12-17은 "상처"를 의미하는 "쉐베르"와 "마카"가 각기 앞뒤에 포진하여 하나의 단락을 이룬다(30:12, 17). 이 소단락은 죄로 인해 상처투성이가 된 유다의 상황을 묘사한다.[72] 30:16에서 개역개정판 한글 성경이 "그러므로"라고 번역한 히브리어 "라켄"(לָכֵן)은 "그렇지만"으로 번역하는 것이 옳다.[73] 이런 접속사를 통해 30:16-17은 하나님의 은혜로 상처투성이인 유다의 상황이 역전될 것을 알린다.

하나님은 죄로 인한 시온의 상처를 치료하시고 시온을 회복하시는 은혜를 베푸실 것이다(30:17). 여기서 시온은 단순히 지역명이 아니라 백성과 동일한 개념으로 제시됨으로써 미래에 체결될 새 언약으로 인해 백성이 하나님의 임재의 장소로서 변형될 것이라는 암시를 준다. 지역명이 아닌

---

69 Keown and others, *Jeremiah 26-52*, 94.

70 Clements, *Jeremiah*, 183.

71 Lundbom, *Jeremiah 21-36*, 392.

72 Bob Becking, "Divine Reliability and the Conceptual Coherence of the Book of Consolation (Jeremiah 30-31)," in *Reading the Book of Jeremiah*, ed. Martin Kessler (Winona Lake, Ind.: Eisenbrauns, 2004), 169.

73 Becking, "Divine Reliability and the Conceptual Coherence of the Book of Consolation," 170.

백성으로서의 시온의 이미지는 33:6에서 다시 등장한다.

백성이 당한 고난의 상처는 죄로 인한 것이다(30:14).[74] 그러므로 하나님은 상처를 치료하실 때 단순히 겉으로 드러난 상처를 싸매주는 것이 아니라 상처의 원인인 죄를 제거하실 것이다. 하나님의 치료는 상처의 원인인 죄를 제거하고 백성을 더 이상 죄를 짓지 않는 자로 만드는 것을 목표로 하기 때문이다(33:8, 10-11).

하나님은 공의와 의에서 이탈한 죄를 물어 유다를 치셨고 그 결과 그들은 상처를 입었다(5:3: 6:7, 14). 하지만 하나님은 그들의 죄를 영원히 용서하시고 다시는 죄를 기억하지 않으실 것이다(31:34). 하나님의 죄 용서는 백성이 포로생활에서 돌아오게 된 결정적인 근거가 된다. 이 죄 용서는 새 언약의 체결을 통해 영원히 지속될 것이다(31:34). 이 말은 하나님이 새 언약의 수혜자인 백성들을 인애와 공의와 의를 행하는 자로 만드시겠다는 의미이기도 하다(롬 4:25, "예수는 우리가 범죄한 것 때문에 내줌이 되고 또한 우리를 의롭다 하시기 위하여 살아나셨느니라").

② 포로에서 돌아온 백성의 번성(30:18-31:14)

이 단락은 하나님의 창조의 능력으로 백성이 포로생활에서 귀환하여 번성하게 될 모습을 묘사한다. 하나님의 창조의 능력을 강조하기 위해 "건축하다"라는 동사와 "심다"라는 동사를 사용하여 파괴하고 뽑으시는 하나님이 미래에 백성을 새롭게 세우실 것이라고 약속한다(30:18; 31:4). 그 결과 백성이 땅에 돌아와 번성하고 다윗 계열의 통치자가 출현할 것이다(30:18-31:1).

---

74 Clements, *Jeremiah*, 182.

이어서 하나님의 은혜로 해산하는 여인과 다리를 저는 자와 같은 겸손한 자들이 돌아올 것이며(31:2-9), 종말에 회복된 시온에 더 이상 근심이 없을 것이라고 선언한다(31:10-14).

먼저 하나님의 치료의 결과로써 백성이 돌아와 번성하게 될 것이다 (30:18-31:1). 땅에 돌아온 백성은 하나님의 보호와 축복에 대해 감사와 즐거운 소리를 외칠 것이며(30:19-20), 다윗 계열에서 나온 통치자가 등장하여 그들을 다스릴 것이다(30:21). 예레미야서에서 왕의 출현은 백성의 번영에 있어 매우 중요한 요소다(23:1-8). 여기서 왕의 출현은 일차적으로 메시아를 가리키지만, 궁극적으로는 새 언약의 백성들도 왕 같은 존재로 변형되어 공의와 의를 행하게 된다는 것을 상징적으로 가리키는 말이기도 하다(33:14-26). 새로운 백성의 번성과 통치자의 출현은 새 언약 체결의 토양 위에서 이루어질 것이다(30:22). 30:22은 "너희는 내 백성이 되겠고 나는 너희들의 하나님이 되리라"는 언약 공식을 사용하여 새 언약의 체결이 분기점이 됨을 분명히 한다.[75]

새 언약의 체결로 악인들은 심판을 받게 될 것이다(30:34-31:1). 여기서 유다와 열국의 이분법적 구도 대신에 의인과 악인의 구도가 제시된다는 사실이 매우 흥미롭다. 누가 새 언약의 수혜자가 되는지의 문제는 단순히 민족주의적 특성으로 결정되는 것이 아니라, 하나님 앞에서 의인인지 아닌지의 여부로 판가름 날 것이다. 새 언약의 체결로 새로운 언약 백성이 등장할 때 야웨가 회오리바람처럼 악인들의 머리를 쳐서 진노를 쏟을 것이다. 이로써 악인들은 새 언약 안에 들어올 수 없다고 선을 긋는다(30:23-24).

---

[75] Lundbom, *Jeremiah 21-36*, 409.

30:23의 "회오리바람처럼 악인의 머리를 친다"라는 표현은 거짓 예언자들을 향한 심판을 선고할 때 사용되었다(23:19-20).[76] 거짓 예언자들은 자신의 이기적 욕구를 위해 공의와 의에서 이탈하고 자신들의 욕심을 채우려 했다. 따라서 미래에 거짓 예언자들과 비슷한 심판을 받을 악인은 이기적인 욕구로 인해 공의와 의에서 멀어져 새 언약 안에 들어오지 못한 자들이라는 힌트를 주고 있다. 결국 새 언약의 수혜자가 되기 위해서는 유다 백성이라는 특권을 가졌느냐가 아니라 의인의 모습을 견지하느냐가 중요한 요소임을 깨닫게 해준다. 그렇지 않다면 새 언약의 은혜에서 떨어져 나가게 될 것이다.[77]

31:2-9은 제2의 출애굽 모티프를 통해 포로지에서 백성들을 돌아오게 하신다는 하나님의 약속에 초점을 맞춘다. 본문은 먼저 과거 이집트에서 이스라엘 백성을 출애굽시킨 하나님의 기적의 능력을 상기시킨다(31:2-3). 흥미롭게도 과거 이집트에서 이스라엘이 "칼에서 벗어났다"라고 표현한다(31:2). 하지만 실제로는 이스라엘이 출애굽을 할 때 이집트로부터 칼의 위협을 받은 것은 아니다. 칼은 다분히 유다가 바빌로니아에서 받는 위협이기에(21:9), 이 표현은 바빌로니아에 있는 유다 포로들의 상황을 염두에 두고 유다가 제2의 출애굽을 통해 바빌로니아에서 벗어날 것을 암시하는 대목이라고 풀이할 수 있다.[78]

포로로 잡혀간 유다는 제2의 출애굽의 은혜를 통해 고국으로 돌아오

---

76 Holladay, *Jeremiah 2*, 180.
77 Clements, *Jeremiah*, 182 참조.
78 Kerry H. Wynn, "Between Text and Sermon: Jeremiah 31:1-6," *Interpretation: A Journal of Bible and Theology* 68 (2014): 185.

고 하나님의 창조 능력으로 새롭게 세워질 것이다(31:4). 그래서 모든 사람이 "소고를 들고 즐거워하는 자들과 함께 춤추며 나오리라"고 말한다. 이는 홍해 바다를 건넌 후에 모세의 누이 미리암이 소고를 치며 즐거워했던 장면을 연상시킨다(참조. 출 15:20).[79] 이로써 유다의 포로 귀환이 제2의 출애굽 사건에 버금가는 사건이 될 것임을 더욱 확실히 보여주고 있다.

31:4-6은 유다가 바빌로니아에서 귀환하는 사건을 북이스라엘(에브라임)의 포로 귀환의 관점에서 설명한다. 초기(기원전 622년)부터 북이스라엘의 귀환에 대해 말했던 예레미야의 예언이 유다의 포로 귀환에 대한 예언과 합쳐진 것이다.[80] 미래에는 북이스라엘과 남유다가 포로지에서 돌아와 다 같이 시온에서 야웨 하나님을 섬기게 될 것이다(31:6).

31:8-9은 다시 출애굽 모티프를 사용하여 포로에서 돌아오는 장면을 그린다. 포로에 돌아오는 사람들 중에는 "해산하는 여인"이 있을 것이다(31:8). 이는 바빌로니아로 끌려갈 때 "해산하는 여인"의 고통이 임할 것이라는 말을 연상시킨다(30:6). 그러므로 해산하는 여인의 고통을 당하면서 바빌로니아로 끌려갔던 사람들이 다시 돌아올 때 기쁨이 그들의 고통을 대신할 것임을 내비친다. 그들이 슬픔을 지나 기쁨으로 다시 돌아올 수 있는 것은 하나님의 언약적 은혜 덕분이다.

31:9에서 "나는 이스라엘의 아버지요, 에브라임은 나의 장자니라"는 표현은 모세 언약을 체결하기 전 이집트에서 파라오에게 하나님이 이스라엘은 자신의 장자라고 말씀한 것과 매우 유사하다(출 4:22; 호 11:1).[81] 그러

---

79 Wynn, "Between Text and Sermon," 184.

80 Lundbom, *Jeremiah 21-36*, 419.

81 Holladay, *Jeremiah 2*, 185 참조.

므로 여기서 "나의 장자"라는 말은 하나님이 제2의 출애굽을 통해 다시 언약을 세우시겠다는 의지의 표현이다. 이로써 포로생활에서 백성이 귀환하는 목적은 새 언약의 체결을 통해 다시금 언약 백성이 되기 위함임을 다시금 일깨워주고 있다.

포로지에서 돌아온 백성은 회복된 시온에서 더 이상 근심하지 않을 것이다(31:10-14). 새 언약의 수혜자가 되어 하나님의 지속적인 복을 누릴 것이기 때문이다. 확실히 미래에 제2의 출애굽의 은혜를 받아 포로생활에서 돌아온 백성은 새 언약의 백성이 되어 근심 없이 평화를 누리게 될 것이다. 평화는 언약관계의 중요한 축복이라는 점에서 하나님의 평화를 누린다는 것은 언약관계의 회복을 의미한다.

31:12은 땅이 새롭게 변하여 "여호와의 복 곧 곡식과 새 포도주와 기름과 어린 양의 떼와 소의 떼를 얻는다"라고 진술한다. 이는 8:13에서 "포도나무에 포도가 없을 것이다"라고 묘사된 하나님의 심판을 역전시키는 것이다. 8:13의 진술은 유다의 죄로 인해 창조 질서가 무너지게 될 것을 예고한 것이므로, 31:12의 진술은 새로운 창조 질서의 출현을 내다보는 신학적 의미를 가진다. 이런 점에서 31장에 나타난 새 언약의 체결은 새로운 창조 질서를 통해 자연이 회복될 것임을 시사한다.[82]

새 언약의 축복으로 언급되는 "곡식과 새 포도주와 기름"은 새 언약을 말하는 호세아서에서도 등장한다(호 2:22). 또한 동일한 표현이 요엘서에서 종말에 성령이 부어질 것이라는 말과 함께 나타난다는 것도 흥미롭다(욜 2:19, 29). 요엘서는 "곡식과 새 포도주와 기름"의 축복을 성령의 축

---

[82] Deroche, "Contra Creation, Covenant and Conquest," 280-290.

복과 연결시킨다. 이는 종말에 성령이 임하여 만물이 소생하고 의의 열매가 맺어지게 될 것을 예언하는 이사야서의 진술과도 그 맥을 같이한다(사 32:15-16). 이상의 관찰을 종합해보면 예레미야서에서 새 언약의 축복으로 "곡식과 새 포도주와 기름"을 언급하는 것은 성령이 각 사람에게 임할 것이라는 새 언약의 축복을 내포한다고 할 수 있다.[83]

새 언약 안에 들어온 백성은 "그 심령은 물 댄 동산 같겠고 다시는 근심이 없으리로다"라고 말한다(31:12b). 여기서 "심령"으로 번역된 히브리어는 "욕구"를 뜻하는 "네페쉬"(שֶׁפֶנ)다. "물 댄 동산"이라는 표현은 이사야서에서 하나님의 치료 행위를 통해 공의와 의를 행하는 사람의 내면적 모습을 형상화한 이미지다(사 58:8-11). 이 구절을 예레미야 31:12에 대입시켜 읽으면 포로지에서 돌아온 자들이 하나님의 뜻인 공의와 의를 행하여 하나님과의 교제의 기쁨으로 자신들의 욕구를 채우게 될 것을 알 수 있다.

백성들은 귀환 후 땅에서 넘쳐나는 소출과 기쁨으로 하나님께 기쁨의 예물을 드릴 것이고 제사장들은 그들을 향해 하나님의 축복을 선포하며 그들을 만족시킬 것이다(31:14; 민 6:22-17). 31:14에서 언급된 "기름"은 히브리어로 "데쉔"(ןֶׁשֶד)으로서 올리브 기름을 가리킨다.[84] 또한 이 구절도 욕구를 뜻하는 "네페쉬"를 사용하여 제사장의 욕구(선한 욕구)가 진정으로 충족되며 백성의 욕구도 만족을 얻을 것임을 시사해준다.

---

83 새 언약을 언급하는 이사야서나 에스겔서에서는 성령이라는 표현이 등장한다(사 59:21; 겔 37장). 하지만 예레미야서는 명시적으로 새 언약이라는 표현을 사용하면서도 성령에 대해서는 침묵한다. 하지만 본문 상호 간 읽기(intertextuality)를 통해 예레미야서에서도 새 언약이 성령을 동반한다는 점을 알 수 있다.

84 William L. Holladay, *A Concise Hebrew and Aramaic Lexicon of the Old Testament* (Grand Rapids, Mich.: Eerdmans, 1988), 75.

인간의 욕구를 진정으로 만족시키는 것은 하나님과의 교제에서 오는 기쁨이다. 이런 점에서 31:14이 말하는 욕구의 만족은 새 언약의 백성이 더 이상 이기적인 욕구를 추구하지 않고, 하나님과의 교제의 기쁨으로 자신의 욕구를 채우게 될 것을 뜻한다. 한편 33:14-27의 내용으로 미뤄볼 때 이 구절에서 제사장이 언급되는 것은 제사장들이 결코 끊어지지 않을 것이라는 의미임을 알 수 있다. 즉 회복된 유다가 영원하리라는 힌트를 주는 것이다.

(2) 야웨의 새 일(31:15-26)

이 단락은 새 언약이 체결된 것의 의미를 본격적으로 말하기에 앞서 새 언약이 하나님의 "새 일"로 이루어질 것을 제시한다.[85] "새 일"에 대한 언급은 미래에 새 언약의 체결로 가능케 되는 구원과 소망이 하나님의 창조적 사역으로 이루어질 것이라는 예고다.[86] 하나님이 창조적 능력으로 새 일을 행하신다는 말은 새 언약의 체결이 포로로 끌려간 사람들의 업적이나 공로 때문이 아니라 전적으로 하나님의 사랑과 은혜에 기인하고 있다는 뜻이다. 그래서 이 단락은 자식을 잃고 슬퍼하는 라헬과 같은 어머니로서의 하나님의 사랑과 애정을 강조한다(참조. 9:10).[87] 31:15-26의 구조는 다음과 같다.

---

85 렘 31:15-26에서 언급된 "새 일"에 대한 주석적 논의는 필자의 논문을 많이 반영했다. 김창대, "예레미야 30-31장 문맥에서 렘 31:22의 '새 일'의 의미에 관한 고찰", 117-143.

86 Stulman, *Order amid Chaos*, 81.

87 Keown and others, *Jeremiah 25-52*, 124.

A. 이스라엘 땅에 자식이 없어 슬퍼하는 라헬(31:15-17)

  B. 포로로 잡혀간 에브라임의 탄식(31:18-19)

    C. 탄식하는 에브라임을 향한 하나님의 긍휼(31:20)

  B′. 포로로 잡혀간 자들을 향한 하나님의 새 일(31:21-22)

A′. 이스라엘 땅에서 사람들이 복을 누리게 될 것(31:23-26)

먼저 31:15-17은 라마에서 자식이 없어 슬퍼하는 라헬의 모습을 어머니로서의 하나님의 모습에 대입시킴으로써 하나님이 포로로 끌려간 이스라엘 백성을 보고 얼마나 슬퍼하시는지를 보여준다. 라헬은 야곱의 아내로서 베냐민을 낳다가 해산의 고통 중에 죽는, 자식을 잊지 못하는 어머니의 전형으로 제시된다(창 35:16-19).[88] 따라서 라헬을 언급하는 것은 낳은 자식을 보지 못하는 어머니처럼 유다를 포로로 떠나보내는 어머니로서의 하나님의 슬픔을 극적으로 묘사하기 위한 수사적 장치다(9:10; 사 49:15).

흥미롭게도 신약은 예레미야 31:15을 인용하여 예수 그리스도의 탄생과 관련해서 헤롯이 2세 이하의 유아들을 살해한 사건을 설명한다(마 2:16-18). 결국 예레미야 31:15은 유다가 포로로 잡혀가고 새 언약이 제정되게 되는 배경을 설명해주고 있는데, 이런 맥락에서 신약도 영아 살해 사건으로 인해 예수 그리스도가 죽음을 통한 새 언약의 중보자가 될 것임을 암시하고 있다.[89]

---

88 Keown and others, *Jeremiah 25-52*, 119.

89 J. W. Mazurel, "Citations from the Book of Jeremiah in the New Testament," in *Reading the Book of Jeremiah: A Search for Coherence*, ed. Martin Kessler (Winona Lake, Ind.: Eisenbrauns, 2004), 182-183.

31:18-20은 포로로 끌려간 에브라임이 후회어린 탄식을 하는 모습을 본 하나님의 애틋한 마음을 묘사한다. 18, 19, 20절은 공통적으로 "왜냐하면"이라는 뜻의 접속사 "키"(כִּי) 다음에 원인절이 나오고 그 원인절 안에 어순이 도치되는 형태를 취한다. 이런 어순의 도치는 31:18-20이 31:15-26의 클라이맥스라는 신호다.[90]

에브라임이 통회하고 탄식하는 모습을 본 후 하나님은 그들을 깊이 생각하시고 불쌍히 여기신다(31:20). 이 구절에서 "깊이 생각하다"에 해당하는 히브리어 "자카르"(זָכַר)는 창세기 8:1처럼 어떤 미래의 돌보심이 있을 것을 예견해주는 낱말이다.[91] 31:20에 등장하는 두 개의 동사 "자카르"와 "나함"(נָחַם, "긍휼히 여기다"라는 뜻)은 모두 부정사 절대형을 앞에 대동한다.[92] 부정사 절대형을 사용하여 하나님이 정말로 그들을 기억하고 긍휼히 여기시고 있음을 강조하고 있다.

31:20은 야웨께서 탄식하는 백성들을 긍휼히 여기시고 미래에 그들을 새롭게 돌보실 것이라고 말한다. 하나님은 백성의 탄식으로 인해 창자(배)가 들끓는다고 말씀하신다(31:20b). 창자로 번역된 히브리어 "메에"(מֵעֶה)는 "뱃속"을 뜻하는 단어로 욕구가 자리 잡고 있는 장소와 관련이 있다(겔 7:19).

하나님은 백성과 교제하고 거기서 나오는 기쁨을 누리기를 원하신다.

---

90 구조상 31:15-26에서 31:18-20은 중심부에 놓여 있다. 이로써 31:18-20이 클라이맥스를 이룬다는 것은 더욱 설득력이 있다. Wenland, *The Discourse Analysis of Hebrew Prophetic Literature*, 68.

91 Lundbom, *Jeremiah 21-36*, 446.

92 여기서 사용된 부정사 절대형은 지속적인 상태보다는 강조를 나타내기 위함이라고 할 수 있다. Cf. Bruce K. Waltke and M. O'Connor, *An Introduction to Biblical Hebrew Syntax* (Winona Lake, Ind.: Eisenbrauns, 1990), 489-490.

하지만 에브라임이 죄를 짓고 포로로 끌려가서 하나님이 에브라임과의 교제의 기쁨을 누리지 못하자, 하나님의 뱃속이 들끓고 있다고 말씀하시는 것이다. 이 대목에서 백성을 향한 하나님의 절절한 사랑을 읽을 수 있다. 나중에 하나님이 자신의 백성과 온전한 교제의 기쁨을 누리기 위해 새 언약을 체결한다고 말씀하시는 것은 이런 하나님의 속성 때문이다.

미래에 하나님은 자신의 백성을 돌보실 것이다. 이 돌보심의 확실성을 보여주기 위해 하나님은 새 일을 창조하실 것이다(31:21-22). "새 일"(חֲדָשָׁה/하다샤)을 "창조하다"(בָּרָא/바라)라는 표현에서(32:22) "창조하다"에 해당하는 히브리어 동사는 완료형으로서 미래에 있을 야웨의 독단적인 행동을 나타낸다.[93] 하나님의 독단적 행동에 기초하여 31:22의 후반부는 "여자가 남자를 둘러싸다"라고 말한다. 따라서 "새 일을 창조한다"라는 말을 이해하기 위해서는 그 결과인 여자가 남자를 둘러싸다라는 말의 의미를 먼저 추적해야 한다. 하지만 "여자가 남자를 둘러싸다"는 말의 의미는 학자들 사이에서 뜨거운 논쟁거리다.[94]

이 말의 해석에 대해 크게 세 가지 입장이 있다.[95] 첫 번째 입장은 메시아적 해석이다. 예를 들어 히에로니무스(Jerome)는 이 말에서 여자는 마리아이고, 남자는 마리아의 태 속에 있는 예수 그리스도를 가리킨다고 이해했다. 그래서 여자인 마리아가 남자인 예수 그리스도를 잉태할 것이라는 의미로 본다.

---

93 보통 이런 용법을 "예언자적 완료형"(prophetic perfect)이라고 부른다.

94 Bernhard W. Anderson, "The Lord Has Created Something New: A Stylistic Study of Jeremiah 31: 15-22," in *From Creation to New Creation: Old Testament Perspective* (Minneapolis: Fortress, 1994), 181.

95 Anderson, "The Lord Has Created Something New," 181-185.

둘째는 이 말을 회복된 땅의 평화와 안전을 나타내는 이미지로 해석하는 것이다. 이 해석은 70인역(LXX)의 번역을 통해 어느 정도 지지를 받는다. 70인역은 다음과 같이 번역했다.

주께서 새로운 거처를 위해서 안전(구원)을 창조하셨나니 남자들이 안전(구원) 속에서 거닐게 될 것이다.

세 번째 해석은 여자와 남자의 정체성과 관련하여 미래에 성 역할이 변화될 것으로 이해하는 입장이다. 그 이유는 일반적으로 남자가 여자를 둘러싸기 때문이다. 성 역할의 변화를 지지하는 대표적 학자는 할러데이(Holladay)다. 그는 이 말이 예레미야 30:6에서 해산하는 여인으로 비유된 남성 전사들 대신에 여성이 주도권을 갖고 성 역할의 전도를 통해 궁극적으로 승리하게 될 것을 암시하는 것이라고 주장한다.[96] 비슷하게 런드봄(Lundbom)은 "22b절에 있는 행은 구조적으로 30:6과 연결되어 비슷한 사상과 반복되는 아이러니의 연결고리를 창출한다"라고 설명했다.[97] 더 나아가 "여자가 남자를 둘러싸다"는 표현은 30:6에서 언급된 전사들이 여성들을 보호해야 했지만 실패했다는 아이러니에 그 초점이 있다고 보았다.

앤더슨(Anderson)은 기본적으로 세 번째 입장을 취하면서 다음과 같이 제안한다. 여기서 여성은 이스라엘의 어머니인 라헬이며 남성은 그녀의

---

96 Holladay, *Jeremiah 2*, 195. 그에 따르면 이 절의 첫 번째 의미가 "여자가 성적 관계에서 주도권을 잡게 된다"라는 뜻이라고 주장한다. 반면 Clements는 이런 주장은 문맥에 맞지 않는다고 말한다. Clements, *Jeremiah*, 187.

97 Lundbom, *Jeremiah 21-36*, 451.

아들들을 의미한다는 것이다.[98] 또 다른 해석으로 여기 언급된 여성은 모성애를 가진 어머니인 야웨이고 남성은 그 야웨의 자녀를 가리킨다는 입장이 있다.[99]

필자의 의견으로는 31:22b의 여성과 남성은 각각 처녀 이스라엘과 야웨를 가리킨다고 보는 것이 최선인 듯 하다(3:1-2, 20).[100] 이 구절에서 우리의 시선을 끄는 것은 언어 유희다. 31:22a에서 개역개정판 한글 성경이 "반역한"으로 번역한 히브리어는 "하쇼베바"(הַשּׁוֹבֵבָה)로서 "이리저리 방황하다"라는 뜻이다. 한편 31:22b에서 "둘러싸다"로 번역된 히브리어 단어는 "테소베브"(תְּסוֹבֵב)다. 이 두 단어는 청각적으로 매우 유사한 소리를 낸다.

케온(Keown)은 이와 같은 문자적인 기교는 "여성은 처녀 딸인 이스라엘을 가리킴으로써, 이스라엘의 방황하는 상황이 구원으로 역전될 것을 암시한다"라고 주장한다.[101] 이 주장이 맞는다면 미래에 일어날 새로운 일은 반역하는 처녀 이스라엘이 변화될 것이라는 예고임을 알 수 있다. 결국 미래에 있을 야웨의 새 일이란 안전을 찾지 못하고 이리저리 방황하는 처녀 이스라엘이 변하여 더 이상 방황하지 않고 남자를 둘러싸듯이 정착하여 온전히 하나님을 섬기게 될 것이라는 뜻으로 이해할 수 있다.[102]

한편 31:22에 언급된 "세상"에 해당하는 히브리어 단어는 "에레츠"(אֶרֶץ)로서, 이는 가나안 땅(land)만을 지칭할 수도 있고 온 세상(earth)을

---

98 Anderson, "The Lord Has Created Something New," 192-194.

99 Bernard P. Robinson, "Jeremiah's New Covenant: Jer 31, 31-34," *SJOT* 15 (2001): 190.

100 Keown and others, *Jeremiah 26-52*, 121.

101 Keown and others, *Jeremiah 26-52*, 123.

102 참고. 박동현, 『성서주석: 예레미야 II』(서울: 대한기독교서회, 2006), 170-171. 여기서 그는 여성은 처녀 이스라엘이며 "이스라엘이 이제는 온전히 여호와를 중심으로 살아가게 되리라는 뜻"이라고 주석했다.

가리킬 수도 있다. 만약 후자라면 야웨의 새 일은 우주적인 차원을 갖는다. 야웨가 땅에서 "새 일을 창조한다"는 31:22의 말이 의도적으로 모호하게 표현되어 있기 때문에 이 말은 우주적 차원을 내포한다고 보는 게 더 설득력이 있다. 이를 뒷받침하는 증거들은 다음과 같다. 첫째, 30:3에서 "에레츠"는 뒤에서 관계사 절의 수식을 받지만 31:22에는 그런 수식절이 없다. 둘째, "여자가 남자를 둘러싼다"라고 말할 때 "여자"에 해당되는 히브리 단어는 "네케바"(נְקֵבָה)다. 바우어(Bauer)는 "여성에 대한 총칭으로서의 이 단어는 창세기 1:27에서 하나님의 형상으로 여성을 창조할 때 사용되는 단어"라고 지적한다.[103] 즉 여기서 일반적으로 여성을 지칭하는 말로 잘 사용되지 않는 "네케바"를 의도적으로 사용한 것은 창세기의 천지 창조를 겨냥했기 때문이라고 풀이할 수 있다.

또한 31:31-34은 "나의 법을 그들의 속에 두며 그 마음에 기록한다"라고 말하는데(31:33), 이 진술은 새로운 인간 속성(human nature)의 창조를 의미한다.[104] 또한 31:27의 "사람의 씨와 짐승의 씨를 뿌린다"라는 말도 확실히 창조 언어다.[105] 더 나아가 31:35-37은 새 언약을 새로운 창조 질서와 관련지어 설명한다(참조. 사 66:22).

이런 주위 문맥의 창조 모티프들을 고려하면 31:22의 "새 일"은 새로운 창조 사역이 이스라엘 땅뿐만 아니라 온 세상에 적용되는 것이라고 말

---

103 Angela Bauer, "Death, Grief, Agony and a New Creation: Re-reading Gender in Jeremiah after September 11," *Word and World* 22 (2002): 385.

104 Werner E. Lemke는 새 언약의 요소는 인간 본성이 온전히 다시 새롭게 되는 데 있다고 보았다. Werner E. Lemke, "Jeremiah 31:31-34," *Interpretation* 37 (1983): 183-187.

105 이 구절은 호 2:18-23과 매우 유사하다. 호세아서 구절들은 예레미야의 새 언약의 원형이라고 말할 수 있다. 이 호세아서의 문맥을 보면, 호세아가 제시하는 새 언약도 의도적으로 새로운 창조를 암시하고 있다(참조. 호 2:18; 4:3).

할 수 있다.[106] 이런 맥락에서 어떤 학자는 31:21-22에 나타난 야웨의 창조 활동은 "새로운 질서이며 거의 새로운 세상이다"라고 주장한다.[107] 결국 31:22에서 언급된 "새 일"은 백성이 더 이상 방황하지 않고 하나님과의 영원한 언약관계 속에 들어올 것임을 보여주는 사건인 동시에 새로운 창조 질서를 출현시키는 우주적 사건이라는 뜻이다.

새로운 창조를 통해 변형된 백성이 땅에서 살게 될 때 유다의 예루살렘은 "의로운 처소", "거룩한 산"으로 불리게 될 것이다(31:23). 땅이 다시 회복되고 땅에서 변형된 백성들은 양 떼로 상징되는 하나님의 축복을 누리게 될 것이다(31:24). 일반적으로 "의롭다"라는 형용사는 사람에게 적용되는 용어로서, 장소를 "의롭다"라고 말하는 것은 오직 이 구절뿐이다.[108] 아마도 이 표현은 예루살렘과 백성을 동일시하고 백성이 예루살렘과 같이 하나님의 임재의 장소로서 하나님의 축복을 누리게 될 것이라는 힌트로 볼 수 있다.

31:25은 욕구(네페쉬)라는 단어를 사용하여 백성이 풍성한 음식으로 만족을 얻게 될 것이라고 말한다. 인간의 욕구를 궁극적으로 만족시키는 것은 오직 하나님이 주시는 교제의 기쁨이다. 따라서 백성의 욕구가 충족된다는 말은 그들이 하나님과의 풍성한 교제로 기쁨을 누린다는 의미다 (31:12). 덧붙여 이는 이전의 언약관계에서 걸림돌이었던 인간의 이기적인

---

106 Bauer, "Death, Grief, Agony and a New Creation," 385.

107 Susan E. Brown-Gutoff, "The Voice of Rachel in Jeremiah 31: A Calling to 'Something New,'" *Union Seminary Quarterly Review* 45 (1991): 186. 또한 여기서 그녀는 렘 31:21에서 제시된 새 질서는 인간의 새로운 사랑, 동정, 그리고 신실함이라고 말한다. Holladay도 렘 31:22과 관련해서 "여호와가 다시 모든 것을 바로잡기 위해 창세기 1장으로 돌아가야 했다"라고 주장한다. Holladay, *Jeremiah 2*, 195.

108 Holladay, *Jeremiah 2*, 196.

욕구가 제거된다는 뜻이기도 하다.

(3) 새 언약 체결(31:27-40)

31:27-40은 서두와 말미에서 "세우다"와 "파괴하다"라는 동사가 반복됨으로써 이 단락을 감싸는 구조를 이룬다. 이 단락은 새 언약의 의미를 본격적으로 다룬다. 새 언약의 주제는 다른 예언서에서도 발견되지만(사 54:10; 59:21; 겔 36:26; 37:26; 호 2:16-20), "새 언약"이라는 표현을 직접 사용한 것은 예레미야서밖에 없다(31:31). 이 단락은 새 언약의 체결이 이스라엘뿐만 아니라 창조 질서를 새롭게 한다는 의미를 가지고 있음을 더욱 선명히 제시한다.[109]

① 새로운 시작(31:27-30)

하나님은 "새 일"을 통해 사람과 짐승의 씨를 새롭게 뿌릴 것이다(31:27). 이 구절에서 "사람의 씨와 짐승의 씨를 뿌릴 것"이라는 표현은 호세아 2:18-23을 연상시킨다. 실제로 예레미야 31:27-34은 호세아 2:16-23과 유사한 주제(theme)와 낱말들을 공통적으로 사용함으로써 매우 긴밀히 연결되어 있다.[110] 호세아 2장에서 제시된 미래의 언약은 예레미야의 새 언약의 전조(forerunner)로서 새 언약이 가지는 특성을 미리 보여준다.[111]

호세아 2:20은 미래에 야웨와 언약을 맺게 될 동물들의 목록을 제시

---

109 Perdue, *The Collapse of History*, 143.

110 Jeremiah Unterman, *From Repentance to Redemption: Jeremiah's Thought in Transition*, JSOTSup 54 (Sheffield: Sheffield Academic Press, 1987), 166.

111 Robinson은 예레미야의 새 언약은 호세아의 새 언약을 모델로 하고 있다고 주장한다. Robinson, "Jeremiah's New Covenant," 182-184.

하는데, 그곳에 언급된 동물들은 호세아 4:1-3에서 언급된 동물들과 함께 창세기 1장에 나오는 전체 동물을 대표한다.[112] 이처럼 호세아서는 하나님의 새로운 창조 사역으로 인한 동물들의 출현을 예고하는데, 예레미야서의 새 언약도 "짐승의 씨"를 언급하며 동물의 출현을 예언한다. 또한 호세아서는 새 언약을 통해 백성이 야웨를 알게 됨으로써 인애와 공의와 의를 행할 것이라고 내다보았다(호 2:19-20). 그런데 새 언약을 통해 야웨를 안다는 주제는 예레미야서에서도 나타난다(9:24; 31:34). 이를 보면 예레미야에게 가장 큰 영향을 준 예언자는 호세아라고 말할 수 있다.

31:28은 하나님의 창조 사역에 의해 사람의 씨와 짐승의 씨가 뿌려지게 될 것임을 분명히 한다. 이 구절에서 "그들을 뿌리 뽑으며 무너뜨리며 전복하며 멸망시키며 괴롭게 하던 것과 같이 내가 깨어서 그들을 세우며 심으리라"는 말씀은 1:10을 연상시킨다.[113] 앞서 이 표현이 하나님의 심판을 강조하기 위해 사용되었다면, 31:28에서는 백성에게 희망을 주기 위한 하나님의 창조 사역을 강조하기 위해 사용되고 있다. 미래에는 하나님의 창조 사역을 통해 사람과 짐승이 새롭게 출현하는 새로운 창조 질서가 잉태될 것이다.

하나님은 아버지가 신 포도를 먹었기에 아들들의 이가 시다는 속담을 인용하여 미래에 만물이 새롭게 시작될 때는 이런 속담이 통용되지 않을 것이라고 말씀하신다(31:29-30). 예레미야 당시 바빌로니아의 유다 포로 공동체는 자신들이 포로로 끌려온 것이 조상들의 죄 때문이라고 생각했다

---

112 Jeffrey H. Hoffmeyer, "Covenant and Creation: Hosea 4:1-3," *RevExp* 102 (2005): 144.
113 Clements, *Jeremiah*, 188.

(시 79:8; 겔 18:1-2).[114] 하지만 미래에 새로운 창조 사역을 통해 모든 사람이 하나님을 알게 되어 각자의 죄에 대해 책임을 지게 될 것이다.

과거 이스라엘 공동체는 타인의 죄로 인해 종종 고난을 겪었다. 대표적인 예가 아간이 범죄를 저지른 결과로 이스라엘이 아이성 전투에서 패한 사건이다(수 7:15, 20). 하지만 이것은 조상의 죄로 인해 자녀가 형벌을 받는 것이 아니라 신앙의 집단주의적 성격으로 인해 공동체가 함께 고난을 받는 경우였다. 신앙의 집단주의적 영향 아래에서는 문제의 원인을 제거하면 공동체가 다시 회복되는 특성을 보인다. 야웨 신앙에서 나타나는 집단주의적 성격은 조상의 죄로 인해 자녀가 벌을 받는 연좌제와는 다르다(참조. 신 7:10; 24:16).

물론 예레미야서도 므낫세의 죄로 인해 유다가 멸망할 것이라고 예고한다(15:4). 하지만 이것은 므낫세의 죄로 인해 유다가 멸망한다는 인과관계를 보여주는 말이 아니다. 이는 므낫세 이후에도 유다가 자녀를 불사르고 하늘의 일월성신을 섬기는 므낫세의 죄에서 떠나지 않았기 때문에 멸망할 것이라는 뜻이다(참조. 왕하 22:4-6; 렘 7:30-8:3). 즉 자녀들이 조상의 죄에서 떠나지 않았기 때문에 벌을 받는다는 것을 보여주는 것이다.[115]

② 새 언약(31:31-34)

31:31-34은 새 언약을 명시적으로 언급하면서 새 언약의 체결을 통해 미래에 새로운 창조 사역이 이루어질 것이라고 선언한다. 새 언약이 체결될

---

114 Clements, *Jeremiah*, 189.
115 Lundbom, *Jeremiah 21-36*, 462.

때 백성의 마음에 하나님의 율법이 새겨질 것이다. 하나님의 창조 사역으로 새로운 마음을 가진 백성이 출현할 것을 일깨워주는 말씀이다.[116]

새 언약에서 백성의 마음이 강조되는 현상은 예레미야서의 문맥에서 볼 때 전혀 이상하지 않다. 예레미야는 백성의 죄가 결국 마음의 문제로 귀결된다는 것을 분명히 했다(9:9, 24; 13:23; 17:1). 미래에 새롭게 탄생할 백성은 마음이 변하여 그 마음에 하나님의 율법을 새기고 인애와 공의와 의를 행하게 될 것이다. 그들이 인애와 공의와 의를 행할 것이라는 보장은 31:34의 진술처럼 모든 사람이 "하나님을 안다"는 데 그 근거가 있다. 예레미야서에서 "하나님을 안다"는 것은 하나님의 성품인 인애와 공의와 의를 알고 실천한다는 의미다(22:15-16). 그러므로 새 언약은 백성의 마음에 율법이 새겨짐으로써 인애와 공의와 의를 행하는 자로 변형된다는 "급진적 변형"을 예고한다.[117]

마음에 새겨지는 하나님의 율법이 어떤 것인지는 명확하지 않다.[118] 분명한 것은 이 율법이 모세의 율법을 단순히 반복하는 것은 아니라는 사실이다.[119] 새 언약의 율법에서는 민족적인 색채가 뚜렷한 할례와 같은 규례들이 모든 민족에게 적용되는 규정으로 대체될 것이 분명하다(9:26, "마음의 할례"). 그러므로 새 언약의 율법은 하나님이 말씀하시는 교훈을 포괄

---

116 이에 반해 Becking은 31:31-34의 진술은 인간을 새로운 창조 모티프로 제시하지 않는다고 본다. 하지만 그의 주장은 인간 품성의 변형과 관련해서 "새 일"을 언급한 31:22의 의미를 간과한 것이다. Becking, "Divine Reliability and the Conceptual Coherence of the Book of Consolation," 174.

117 Stulman, *Order amid Chaos,* 83.

118 Clements, *Jeremiah*, 191.

119 Femi Adeyemi, "What is the New Covenant 'Law' in Jeremiah 31:33?" *Bibliotheca Sacra* 163 (2006): 318-321.

적으로 가리키면서 궁극적으로는 하나님의 뜻인 공의와 의의 모습을 가르쳐 주는 말씀이라고 정의할 수 있다(31:34).

사실 율법이 마음에 새겨지는 것은 모세 언약이 추구하는 율법의 목적이었다(신 6:6).[120] 여기서 새 언약과 모세 언약 사이의 연속성과 불연속성을 발견할 수 있다. 율법의 목적을 성취한다는 의미에서 새 언약은 모세 언약과 연속성을 가진다. 반면 새 언약은 모세 언약이 하지 못한 일, 즉 율법이 마음에 새겨지는 일을 실현하기 때문에 모세 언약과 차별화되는 불연속성을 가진다.

덧붙여 새 언약의 새로운 점은 모세 언약과 달리 죄의 문제가 더 이상 수면 위로 올라오지 않는다는 것이다. 하나님께서 죄를 사하고 더 이상 기억하지 않으실 것이기 때문이다. "내가 그들의 악행을 사하고 다시는 그 죄를 기억하지 아니하리라. 여호와의 말씀이니라"(31:34b). 예레미야서 안에서 죄를 기억한다는 것은 심판의 문맥에서 언급된다(14:10; 참조. 호 8:13). 그러므로 죄를 기억하지 않는다는 말은 일차적으로 더 이상 심판하지 않겠다는 의미다.[121]

하지만 궁극적으로 새 언약은 죄를 단번에 사하여 죄 문제를 해결한다는 점에서 기존의 언약들과 차이가 있다. 히브리서는 새 언약이 약속하는 죄 용서가 예수 그리스도를 통해 성취되었다고 진술한다. "그가 거룩하게 된 자들을 한 번의 제사로 영원히 온전하게 하였느니라"(히 10:14). 히브리서는 구약의 제사로는 죄를 없애지 못했지만, 예수 그리스도의 영원한

---

120 Clements, *Jeremiah*, 191.

121 Timothy M. Willis, "'I Will Remember Their Sins No More' Jeremiah 31, The New Covenant, and The Forgiveness of Sins," *Restoration Quarterly* 53.1 (2011): 12.

제사를 통해 한 번에 죄가 사하여졌다고 선언한다(히 10:1-4, 11-12). 그렇다면 어떻게 이것이 가능한가? 보통 조직신학자들은 구약의 제사에서 동물의 희생은 죄를 용서하는 효과가 없으며 궁극적으로 예수 그리스도의 희생으로 죄 문제가 해결된다는 교리를 이끌어낸다.[122]

필자가 보기에 구약의 제사에서 동물의 희생이 죄 용서의 효과를 갖는 이유는 하나님의 입장에서 그것을 그리스도의 희생으로 간주하고 죄를 용서해주셨기 때문이다. 이런 점에서 죄 사함은 구약에서나 신약에서나 예수 그리스도를 통해 이루어지는 것이다. 하지만 인간의 관점에서 볼 때 구약의 제사는 실질적으로 백성의 죄를 해결하지 못했다. 제사가 백성으로 하여금 죄의 심각성을 깨닫게 하고 죄에서 돌아오도록 하는 데 실패했기 때문이다. 이런 상황에서 새 언약의 죄 용서함은 새 언약의 중보자이신 예수 그리스도가 모든 죄의 형벌을 대신 지는 방식으로 성취되고, 이에 따라 백성으로 하여금 죄에서 떠나도록 하는 실질적 능력을 제공한다. 이런 점에서 새 언약의 죄 용서는 이전의 죄 용서보다 더 큰 효력이 있다. 이것이 바로 새 언약이 복음이라고 불리는 이유다.

새 언약에서 죄를 용서하고 기억하지 않는다는 것은 새 언약의 백성이 하나님의 사랑을 깨닫고 자신도 하나님을 향한 사랑을 가지고 공의와 의를 지속적으로 행하는 것을 뜻한다.[123] 새 언약은 그 수혜자인 백성에게 죄를 물리치고 공의와 의를 행할 수 있는 내적 힘을 부여한다.[124] 이사야서와 에스겔서는 이것이 성령을 통해 가능케 된다고 진술한다(사 59:21; 겔

---

122 Willis, "I Will Remember Their Sins No More," 7-8.

123 Keown and others, *Jeremiah 25-52*, 135.

124 Clements, *Jeremiah*, 190.

36:25-26). 그러므로 새 언약 아래에 놓인 백성은 하나님의 죄 용서를 체험하며 적극적으로 하나님의 뜻인 율법을 마음에 새기고 섬기게 될 것이다(렘 31:22).[125]

오늘날 우리는 예수 그리스도를 통해 이런 새 언약의 은혜를 누린다. 비록 우리는 여전히 죄인이지만, 그리스도의 대속의 사역을 통해 더 이상 죄를 짓지 않는 자로 인정받는다. 하나님은 대속의 은혜로써 우리의 죄를 계속 용서하신다. 더욱이 예수 그리스도가 우리의 죄를 대속하셨음을 받아들일 때 성령이 우리 속에 들어와 하나님의 사랑을 깨닫게 하기 때문에 우리도 하나님을 자발적으로 사랑하고(인애) 공의와 의를 열매 맺는 삶을 살게 된다(롬 5:4). 그러므로 새 언약의 성도인 우리는 옛 언약의 백성과는 달리 죄 문제를 해결 받고 자발적으로 하나님의 뜻을 추구하는 자로 창조된 자임을 알고 감사해야 할 것이다.

그렇다면 새 언약의 수혜자인 성도는 죄 문제를 해결 받고 구원을 확실히 보장받은 자인가? 혹여라도 죄 문제가 다시 발목을 잡아 구원에서 이탈할 가능성은 없는가? 결론적으로 새 언약의 진정한 수혜자라면 죄 문제가 결코 구원의 방해 거리가 되지 않는다. 여기서 관건은 우리가 새 언약의 진정한 수혜자인지 여부다.

예레미야는 새 언약의 수혜자란 고난을 통과하면서 자신이 아무것도 아닌 존재임을 자각한 사람이라는 힌트를 준다(31:8-9, "맹인과 다리 저는 자"). 따라서 자신이 아무것도 아닌 존재임을 깨닫고 오직 하나님만을 의지하겠다고 결단하는 자만이 새 언약의 수혜자가 될 수 있다. 이런 겸손의

---

125 Allen, *Jeremiah*, 356.

자각이 없다면 새 언약의 실질적 수혜자가 아니므로 결국 구원에서 떨어져 나가게 될 것이다.

또한 죄 문제가 단번에 해결되었으니 이제 아무렇게 살아도 된다고 생각하는 사람은 결코 새 언약의 수혜자가 아니다. 진정한 새 언약의 수혜자는 자신이 아무것도 아닌 죄인임에도 불구하고 하나님이 자신을 사랑해 주셨다는 사실에 감격하고 겸손한 마음을 갖는다. 이런 사람은 죄 문제가 해결되었다고 안도하며 이제 아무렇게 살아도 된다는 발상 자체를 하지 않는다. 만약 그런 행동을 한다면 다시 이기적 욕구를 가진 죄의 모습으로 돌아가는 것이다. 이런 맥락에서 에스겔서는 진정한 새 언약의 수혜자는 죄를 짓는 자신을 보면 오히려 부끄러워하고 혐오할 것이라고 가르친다 (겔 16:63; 20:43; 36:31).[126]

③ 새로운 창조 질서의 출현(31:35-37)

31:35-37은 새 언약의 체결로써 새로운 창조 질서가 출현할 것이라고 본다.[127] 이사야서와 같이 새 언약이 새 하늘과 새 땅을 동반하게 될 것이라는 신학을 제공하는 것이다(사 65:17-19).[128]

---

126 Michael A. Lyons, "Transformation of Law: Ezekiel's Use of the Holiness Code (Leviticus 17-26)," in *Transforming Visions: Transformations of Text, Tradition, and Theology in Ezekiel*, ed. William A. Tooman and Michael A. Lyons (Eugene, Oregon: Pickwick, 2010), 7.

127 이처럼 예레미야서에서 창조 신학은 북방의 적에 관한 진술과 새 언약에 관한 진술에서 두드러지게 등장한다. Leo G. Perdue, "The Book of Jeremiah in Old Testament Theology," in *Troubling Jeremiah*, ed. A. R. Pete Diamond, kathleen M. O'Connor & Louis Stulman, JSOTSup 260 (Sheffield: Sheffield Academic Press, 1999), 325.

128 한편 31:35-37의 창조 모티프가 새 창조를 이야기하지 않는다고 보는 학자도 있다. Becking, "Divine Reliability and the Conceptual Coherence of the Book of Consolation," 174.

31:35은 야웨를 소개하면서 "바다를 뒤흔들어 그 파도로 소리치게 하나니 그의 이름은 만군의 여호와니라"고 말한다. 동일한 표현이 미래에 있을 야웨의 구원을 이야기하고 야웨가 누구인지를 소개하는 이사야 51:15에서도 등장한다. 이어 나오는 이사야 51:16을 히브리어 원문에 충실히 번역하면 다음과 같다. "나는 나의 말을 너의 입에 둘 것이고 나의 손의 그늘 안에서 너를 감쌀 것이다. 그 목적은 하늘을 펴고 땅의 기초를 세우며, 시온을 향해 '너는 나의 백성'이라고 말하기 위함이다."[129] 이 말씀은 야웨의 새로운 구원이 미래에 새 하늘과 새 땅을 만드는 데 있음을 분명히 한다(사 65:17; 66:22, "새 하늘과 새 땅").[130] 그래서 앞의 이사야 51:15에 등장한 "바다를 휘저어 그 물결을 뒤흔들리게 한다"라는 표현이 하늘과 새 땅을 창조하시는 하나님의 능력을 드러내는 말임을 알 수 있다.

이런 이사야 51:15-16을 예레미야 31:35과 연결해서 읽으면, 예레미야 31:35에서 언급된 "바다를 뒤흔들어 그 파도를 소리치게 한다"라는 말은 새 언약이 체결될 때 야웨가 새로운 창조를 하실 것이라는 암시다. 또한 예레미야 31:35-37은 이사야 54:10과 연결되어 새 언약이 기존의 창조 질서를 뛰어 넘는 새로운 창조 질서를 동반할 것임을 보여준다.[131] 새로운 창조 질서의 동반은 미래의 구원이 전적으로 하나님의 창조 사역을 통해

---

129 김창대, "사 51:1-16에 나타난 창조 모티프와 시온", 「구약논집」 4 (2008): 61-89에서 79.

130 사 51:16에 대해 John N. Oswalt는 "나는 너의 입에 나의 말을 두었다. 그리고 나의 손의 그늘에서 너를 가렸다. 이는 하늘을 심고 땅의 기초를 세우며 시온에게 '너는 나의 백성'이라고 말하기 위함이다"라고 번역했다. John N. Oswalt, *The Book of Isaiah Chapters 40-66*, NICOT (Grand Rapids, Mich.: Eerdmans, 1998), 344. 그에 의하면 사 51:16에 나오는 바브 계속법에 연결된 미완료와 그리고 완료형은 절대 미래를 나타는 히브리 동사의 완료형 용법이다(참조. 욜 2:18).

131 Unterman, *From Repentance to Redemption*, 103.

성취될 것임을 의미한다.

31:36은 만약 창조 질서가 무너진다면 새 언약으로 인해 출현한 언약 백성도 마찬가지로 폐하여질 것이라고 말한다. 이는 거꾸로 새로운 창조 질서가 무너질 수 없는 것처럼 새 언약에 의해 탄생될 새로운 공동체도 결코 없어지지 않을 것임을 보여준다(사 66:22).[132]

예레미야의 전반부에서는 유다가 노아 언약으로 대변되는 창조 질서의 중심(소우주)이며, 모세 언약의 파기로 인해 유다가 멸망하면서 창조 질서도 무너져가고 있음을 제시했다(4:23-26). 그리하여 노아 언약으로 유지된 창조 질서가 무너질 수 있음을 증거했다. 이런 상황에서 31:36이 무너지지 않는 창조 질서를 말한다는 것은 이 창조 질서가 기존의 창조 질서가 아니라 새로운 창조 질서임을 입증한다. 31장에서 예레미야는 새 창조를 웅변적으로 말하고 있지 않지만, 어느 정도는 그것을 독자들에게 내비치고 있다.[133]

31:37은 의미상으로 야웨의 오묘한 창조 질서를 이야기함으로써 새 언약이 영원히 지속될 것이라고 천명한다. 여기서 주목할 점은 이에 해당하는 70인역(LXX)의 번역이다.

심지어 하늘이 높은 곳으로 올라갈지라도, 그리고 땅의 바닥이 낮은 곳으로 내려갈지라도 나는 이스라엘 백성을 거부하지 않을 것이다. 여호와의 말씀이다.

---

132 김창대, "창조 모티프의 틀에서 본 예레미야의 새 언약", 「성경과 신학」 41권 (2007): 57.
133 Lundbom, *Jeremiah 1-20*, 363.

이 번역은 설령 창조 질서가 무너질지라도 이스라엘의 새 공동체는 폐하여지지 않을 것임을 강조한다. 이것은 역설적으로 새 언약에서 나오는 새 공동체가 기존의 창조 질서를 뛰어넘는 새로운 질서 위에 서 있다는 암시다. 70인역(LXX)의 번역은 이사야 54:9-10을 연상시킨다. 이사야 본문에서 "화평케 하는 언약"은 새 언약으로서, 기존의 창조 질서를 굳건히 했던 노아 언약과 비교되는 창조 언약으로 묘사된다. 그러면서 이 새 언약은 기존의 창조 질서가 무너질지라도 영속되는 언약이라고 말함으로써 새 언약으로 새로운 창조 질서가 탄생하게 될 것임을 보여준다.

④ 새 예루살렘(31:38-40)

31:38-40은 새로운 창조 질서를 동반하는 새 언약의 체결로 예루살렘이 지형적으로 새롭게 확장될 것이라고 말한다. 이 구절은 예루살렘의 경계를 묘사하면서 북쪽인 하나넬 망대로부터 시작하여 동쪽으로 가렙 언덕, 남서쪽의 힌놈의 아들 골짜기, 남동쪽의 기드론 시내, 동쪽의 마문을 언급하며 예루살렘의 주위도 거룩한 곳이 될 것이라고 진술한다.[134] 이런 진술은 확실히 새 언약이 기존의 질서와 다른 새로운 창조 질서를 가져다준다는 주장에 무게를 실어준다.

하지만 새 예루살렘을 기술하는 부분에서 성전에 대한 묘사는 생략되어 있다. 아마도 이 점은 새 언약에서의 성전은 더 이상 건물로서의 성전이 아님을 의도적으로 보여주기 위한 것이라고 볼 수 있다.[135] 이런 맥락에

---

134 Allen, *Jeremiah*, 359.
135 Stulman, *Order amid Chaos*, 81.

서 신약은 바로 성도가 성전이라고 말한다(엡 2:20-22). 새 언약을 언급하는 예언자 에스겔도 미래의 성전은 모든 성도들이 접근할 수 있는 곳이라고 말하면서 미래에 있을 성전의 변형을 알리고 있다(겔 37:26-28).[136]

결론적으로 31:27-40은 새 언약이 모세 언약의 이상(율법이 마음에 새겨지는 것)을 실현하고 노아 언약과 같이 새로운 창조 질서를 동반하고 있음을 보여준다. 새 언약은 결코 무너질 수 없는 창조 질서를 가능케 한다는 점에서 이전의 노아 언약을 성취하고 완성시키는 언약이다. 이처럼 새 언약은 새로운 창조 질서를 동반하기 때문에 신약은 새 언약의 수혜자인 성도들이 새로운 창조 질서에 속하는 새로운 피조물이라고 선언한다(고후 3:6; 5:17).

한편 신약은 예수님이 재림할 때 새 하늘과 새 땅이 완성될 것이라고 말한다. 새 언약은 예수님의 초림 시에 체결되었고 새로운 창조 질서도 그 때 시작되었다. 하지만 새로운 창조 질서는 예수님의 재림 때 완성될 것이다. 새 언약 안에 들어온 성도는 새로운 창조 질서의 은혜를 벌써 누림으로써 새 예루살렘에 거하고 그 축복을 선취하며 살아가는 자다(히 12:22). 따라서 참된 성도라면 자신이 기존의 창조 질서와 엮여 있는 부귀, 돈, 명예, 시기심 등에 지배받는 자가 아님을 자각해야 할 것이다.

⑤ 새 언약의 신학적 의미에 관한 소고

새 언약에 대한 학자들의 견해는 크게 다음 세 가지로 나뉜다. 곧 새 언약

---

136 Elizabeth R. Hayes, "The Influence of Ezekiel 37 on 2 Corinthians 6:14-7:1," in *The Book of Ezekiel and Its Influence*, ed. Hen Jan de Jonge and Johannes Tromp (Burlington, VT: Ashgate, 2007), 134.

과 이전의 언약들 간의 연속성을 강조하는 입장, 새 언약은 이전 언약들을 대체한다고 주장함으로써 새 언약과 이전 언약들 간의 불연속성을 부각시키는 입장, 마지막으로 새 언약과 이전 언약들 간의 연속성과 불연속성을 함께 인식하는 중도적 입장이다.

첫 번째 입장을 대변하는 대표적인 학자는 헤르만(Herrmann)과 니콜슨(Nicholson)이다. 이들은 예레미야의 새 언약이 신명기 30:6을 단순히 재진술한 것(repetition)이라고 주장한다.[137] 비슷하게 스웨트남(Swetnam)은 새 언약에서의 새로움(newness)은 단순히 모세 언약이 전달되는 방식의 변화일 뿐 실제적으로는 모세 언약을 반복한 것이라고 주장한다. 그는 새 언약의 새로움을 다음과 같이 정의한다. "그것은 훗날 이스라엘인들이 어디에 있든지 상관없이 모세의 율법을 기록한 복사본들을 쉽게 접할 수 있게 될 것이라는 뜻이다."[138] 비슷하게 라이머(Rhymer)는 새 언약은 "하나님의 임재로 인해 말씀의 공유가 가능해짐에 따라 생성되는 평등 사회를 지향한다"라고 주장했다.[139] 전통적 유대교도 이 입장에 속한다. 그래서 그들은 새 언약을 "메시아 시대에 토라 연구가 완벽해지는 것"으로 이해한다.[140]

---

137 새 언약의 진정성(authenticity)에 대한 학자들의 자세한 논의를 위해서는 다음의 글을 참조하라. H. D. Potter, "The New Covenant in Jeremiah XXXI 31-34," *Vetus Testamentum* 33 (1983): 348-350.

138 James Swetnam, "Why Was Jeremiah's New Covenant New?" in *Studies on Prophecy: A Collection of Twelve Papers*, ed. Daniel Lys (Leiden: E J. Brill, 1974), 111-115.

139 David Rhymer, "Jeremiah 31:31-34," *Interpretation* 59 (2005): 295.

140 Quoted from Dwight D. Swanson, "'A Covenant Just like Jacob's': The Covenant of 11QT 29 and Jeremiah's New Covenant," in *New Qumran Texts and Studies: Proceedings of the First Meeting of the International Organization for Qumran Studies, Paris 1992*, ed. George J. Brooke and Florentino Garca Martnez (Leiden: Brill, 1994), 281; cf. R. S. Sarason, "The Interpretation of Jeremiah 31:31-34 in Judaism," in *When Jews and Christian Meet*, ed. J. J. Petuchowski (New York: State University of New York, 1988), 99-123.

이에 반해 새 언약이 이전 언약과 연속성이 없는 전혀 새로운 언약이라고 보는 입장이 있다. 한 예로 스툴만(Stulman)은 새 언약에서 제시되는 이미지는 "하나님이 자신의 목적을 성공적으로 성취할 수 있도록 하는 새로운 행동 양식(mode of action)이자 새로운 운영 계획으로서 전혀 다른 구조 또는 다른 세대(dispensation)에 속한다"라고 말했다.[141] 물론 새 언약 안에는 과거의 신앙에서 나오는 이미지들이 존재하지만, 그럼에도 새 언약은 "옛 체계와 이데올로기적으로 깊고 심오한 간격을 가지고 있다"는 게 그의 주장이다.[142] 이와 비슷하게 새 언약에 대한 신약의 이해는 새 언약이 "조상들과의 언약을 갱신한 것(renewal)이 아니라 새로운 시작(a new beginning)"임을 증거한다는 학자도 있다.[143]

위의 양극단을 피하는 세 번째 입장은 새 언약과 이전 언약들 간의 연속성과 불연속성을 동시에 고려하는 중도적 입장이다. 이 입장은 커다란 범주로서 이 안에도 다시 두 가지 견해가 있다. 첫 번째 견해는 새 언약을 새로운 요소들이 첨가되어 갱신된 언약으로 보는 것이다. 두 번째 견해는 새 언약이 이전 언약과 어느 정도 유비점을 가지고는 있지만 그럼에도 진정으로 새로운 언약이라고 보는 것이다. 후자의 견해는 전자에 비해 새 언약의 새로움을 더욱 부각시키는 특징이 있다.

전자의 견해를 대변하는 브라이트(John Bright)는 새 언약을 일종의 "갱신된 언약"(a renewed covenant)으로 본다. 그러면서 동시에 새 언약의 결과는

---

141 Stulman, *Order Amid Chaos*, 83.
142 Stulman, *Order Amid Chaos*, 83.
143 Swanson, "A Covenant Just Like Jacob's: The Covenant of 11QT 29 and Jeremiah's New Covenant," 285.

"야웨의 율법에 순종함으로써 그분의 백성으로 살고자 하는 의지와 능력"을 갖춘 "새로운 백성"을 창조하는 데 있다고 주장했다.[144] 카이저(Walter C. Kaiser)도 같은 맥락에서 새 언약을 "갱신된 언약"으로 보고 새 언약의 의미는 아브라함 언약과 다윗 언약의 약속을 갱신하는 것이라고 이해했다.[145]

카이저의 해석에서 불연속성의 요소는 모세 언약의 외적 율법들이 폐지되는 모습으로 수렴된다. 그에게 새 언약과 기존 언약 간의 연속성은 아브라함 언약과 다윗 언약의 약속이 계속 유효하다는 것을 의미하고, 불연속성은 새 언약이 모세 언약과 어느 정도 단절됨을 뜻한다. 새 언약에서 갱신된 연속적인 요소들은 아브라함 언약과 다윗 언약의 약속과 관련된 것이지 모세 언약과는 관계가 없다는 논리다.

새 언약과 이전 언약 간의 연속성과 불연속성을 주장하는 두 번째 견해는 새 언약이 모세 언약을 포함한 기존의 언약들과 연속성을 보이면서도 동시에 새 언약이 모든 언약들과 불연속성의 요소를 지니고 있다는 시각이다. 이 견해를 지지하는 런드봄(Lundbom)은 "비록 이 새 언약이 모세 언약과 연속성을 보인다고 할지라도 그것은 진정으로 새로운 언약이 될 것이다. 확실히 새 언약은 하나님과 인간의 관계에서 획기적인 새로운 시작을 알리는 언약이라고 할 수 있다"라고 주장했다.[146] 이와 비슷하게 렘케(Werner E. Lemke)는 "약속된 새 언약과 이전 언약들 사이에는 연속성뿐만

---

144 John Bright, "An Exercise in Hermeneutics: Jeremiah 31:31-34," *Interpretation* 20 (1966): 197.

145 Walter C. Kaiser, Jr., "The Old Promise and the New Covenant: Jeremiah 31:31-34," *Journal of the Evangelical Theological Society* 15 (1972): 17.

146 Jack R. Lundbom, *Jeremiah 21-36*, Anchor Bible 21B (New York: Doubleday, 2004), 466.

아니라 불연속성의 요소들이 공존하는 것처럼 보인다"라고 말했다.[147] 그는 새 언약에서의 새로운 요소는 인간성의 완전한 갱신이라고 보았다.[148]

리드(Garnett Reid)는 "새 언약이 아브라함 언약, 모세 언약, 다윗 언약의 핵심을 계승하고 보충하고 있지만, 그럼에도 거기에는 세 가지 새로운 특징이 발견된다"라고 말했다. 그 특징은 "인간의 내적 변형", "하나님의 모든 백성들이 하나님을 개인적·직접적으로 알 수 있게 됨", 마지막으로 죄 용서를 통한 "죄의 청산"으로 압축된다.[149]

한스 발터 볼프(Hans Walter Wolff)도 위의 세 가지 특징을 새 언약의 새로운 요소로 열거했다. 그러면서 연속성의 요소란 야웨께서 주도적으로 언약을 맺으셨고, 동일한 율법을 가지고 있으며, 언약을 통해 하나님과의 교제에 참여하게 되는 것이라고 이해했다.[150] 비슷하게 새 언약의 연속성과 불연속성의 두 가지 측면을 지지하는 월키(Waltke)는 다음과 같은 결론을 내린다. "새 언약은 옛 모세 언약과 같은 조약의 형태를 띤다. 하지만 그 형식은 아브라함과 다윗에게 야웨가 희사하는 형식과 같다."[151] 새 언약

---

147 Lemke, "Jeremiah 31:31-34," 184.
148 Lemke, "Jeremiah 31:31-34," 183-187. 여기서 Lemke는 새 언약과 이전 언약들과의 관계를 다음과 같이 지적했다. (1) 하나님의 율법을 유지하고 지키는 데 있어서 상당한 정도의 내면화가 이루어지게 될 것이고, 반면에 인간적이거나 외형적인 요소들에 대한 강조는 상대적으로 감소할 것이다. (2) 하나님에 대한 지식이 더욱 광범위하게 퍼져서 소수의 특정 자격을 가진 사람의 전유물이 아니라 작은 자나 큰 자, 젊은 자나 노인에게 이르기까지 모든 사람들이 소유할 수 있는 것이 될 것이다. (3) 이제 예상되는 하나님의 구원은 정치적 억압의 굴레에서의 구원보다는 인간 죄의 속박으로부터의 구원의 모습을 갖게 될 것이다.
149 Reid, "Heart of Jeremiah's Covenantal Message," 93-96.
150 Hans Walter Wolff, "What Is New in the New Covenant?: A Contribution to the Jewish-Christian Dialogue According to Jer. 31:31-34," in *Confrontations with Prophets* (Philadelphia: Fortress, 1983), 54-61.
151 Bruce K. Waltke, "The Phenomenon of Conditionality within Unconditional Covenants," in *Israel's Apostasy and Restoration: Essays in Honor of Roland K. Harrison*, ed. Avraham Gileadi

의 의미와 관련해서 케네스 물자크(Kenneth Mulzac)는 새 언약에서의 새로움은 이전과 달리 "미래에 새로운 공동체를 탄생시키는" 새로운 영적 실재를 창출하는 데 있다고 보았다.[152]

새 언약이 이전 언약과의 연속성과 불연속성을 가짐을 인정하면서도 불연속성을 더욱 극대화하여, 새 언약은 이전의 창조 질서와 다른 새로운 창조 질서를 동반하는 언약임을 강조하는 견해도 있다. 대표적인 학자가 퍼듀(Perdue)다. 그는 예레미야 30-33장의 창조 모티프는 새 언약을 통해 이스라엘뿐만 아니라 창조세계가 다시 재창조되고 새롭게 갱신되는 것을 보여주는 기능을 한다고 주장한다.[153] 하지만 아쉽게도 퍼듀는 새 언약이 새로운 창조 질서를 동반한다고 주장할 뿐 주석적인 분석을 통해 그것을 논증하지 않는다.[154]

확실히 새 언약과 이전 언약 간의 관계를 논함에 있어서 모세 언약을 어떻게 이해하는지가 중요한 시금석이 된다. 모세 언약과 새 언약 간의 관계를 어떻게 보느냐에 따라 세 가지 입장으로 나뉜다. 첫째로 유대교(Judaism)에 따르면 새 언약은 모세 언약을 단순히 반복한 것이다.

두 번째로 세대주의(progressive dispensationalism)의 견해에 따르면 새 언

(Grand Rapids, Mich.: Baker, 1988), 137.

152 Kenneth Mulzac, "The Remnant and the New Covenant in the Book of Jeremiah," *AUSS* 34 (1996): 248.

153 Perdue, *The Collapse of History*, 143.

154 필자는 박사학위 논문에서 텍스트 언어학이라는 주석 방법론을 사용하여 이 문제를 다루면서, 새 언약이 연속성을 가지면서도 새로운 창조 질서를 함의하고 있기 때문에 이전 언약들과 불연속성을 동시에 가지고 있다는 것을 일관되게 주장했다. Changdae Kim, "Jeremiah's New Covenant within the Framework of the Covenant Motif" (Ph.D. diss.; Trinity International University, 2006), 160-216.

약은 모세 언약과 단절되어 있다.[155] 즉 아브라함 언약은 계속 유효하여 새 언약과 연결되어 있지만 모세 언약은 이스라엘의 실패로 인해 기본적으로 파기되었다는 주장이다. 이에 대해 세대주의자인 라타(Rata)는 모세 언약은 아브라함 언약을 단순히 이스라엘에 적용한 것이고 또한 이스라엘에 국한된 언약이기 때문에, 이스라엘의 실패로 모세 언약이 파기되었어도 아브라함 언약은 계속 유효한 까닭에 이를 근거로 새 언약이 맺어졌다는 논리를 편다.[156]

세 번째로 개혁주의(Reformed theology)의 입장이다. 이 입장은 새 언약과 모세 언약 간의 유기적 통일성을 강조하면서 새 언약의 새로운 측면을 놓치지 않는다. 모세 언약과 새 언약에서 모두 하나님의 구원 방식은 동일하지만, 새 언약은 모세 언약에서 작동하는 구원 방식을 더욱 확실하게 이룬다는 점을 부각시킨다.

그렇다면 모세 언약과 대조되는 새 언약의 새로움은 무엇인가? 이에 대해 개혁주의 입장은 다시 여러 견해로 세분된다. 결론적으로 모세 언약과 차별화되는 새 언약의 새로움을 이해하기 위해서는 모세 언약이 추구하는 목적이 무엇인지를 정확하게 알 필요가 있다.

신명기 10:12-13에 의하면 모세 언약의 율법은 인애와 공의와 의를

---

155 오늘날 진보적 세대주의(progressive dispensationalism)는 전통적 세대주의(traditional dispensationalism)와 달리 구약과 신약 사이의 불연속성을 강조하는 동시에 어느 정도의 연속성을 인정한다. 진보적 세대주의의 특징에 대해서는 다음의 글을 참조하라. John S. Feinberg, "Systems of Discontinuity," in *Continuity and Discontinuity: Perspectives on the Relationship between the Old and New Testaments*, ed. John S. Feinberg (Westchester, Ill.: Crossway Books, 1988), 63-88.

156 Tiberius Rata, "The Covenant Motif in Jeremiah's Book of Comfort: Textual and Intertextual Studies of Jeremiah 30-33" (Ph.D. diss.; Trinity International University, 2003).

추구했다. 그래서 카이저는 구약의 율법은 믿음을 통한 의를 지향했다고 주장한다.[157] 무엇보다 모세 언약에서 율법은 기본적으로 하나님의 사랑을 체험케 하는 통로다. 그 사랑을 기반으로 백성들이 하나님의 뜻인 공의와 의를 행하도록 유도했다. 모세 언약의 율법도 믿음의 의를 지향하도록 했던 것이다. 하지만 바울의 말대로 모세 언약에 있는 이스라엘은 율법의 행위를 통해 하나님을 사랑하는 믿음의 의로 나아가는 대신, 율법의 행위를 의지하고 그것들을 자신들의 공로로 돌리려는 우를 범했다(롬 9:31-32).

이런 상황에서 종말에 출현하는 새 언약은 율법의 매개 없이도 백성들에게 성령을 부어 하나님의 사랑을 확실히 깨닫게 함으로써 공의와 의를 확실하게 행하는 삶을 추구하게 한다(렘 31:34; 요 1:16-17; 롬 5:4). 이런 변형은 예수 그리스도의 대속을 통해 이뤄진다. 이런 점에서 새 언약은 모세 언약과 연속성이 있으면서도 모세 언약을 뛰어넘는, 진정으로 새로운 언약이다. 그리고 이것이 바로 모세 언약과 달리 새 언약이 복음이라고 불리는 이유다.

2) 새 언약을 통한 회복 II(32-33장)

32-33장은 30-31장이 제시한 새 언약의 메시지를 더욱 발전시켜서 새 언약에 준거한 땅과 예루살렘의 회복과 백성의 새로운 변형을 확연하게 보

---

157 Walter C. Kaiser, Jr., "The Law as God's Gracious Guidance for the Promotion of Holiness," in *Five Views on Law and Gospel*, ed. Stanley N. Gundry (Grand Rapids, Mich.: Zondervan, 1996), 186-188.

여준다.[158] 32-33장은 내용 면에서 30-31장이 다룬 주제를 많이 공유한다.[159] 32-33장은 32장과 33장으로 나뉘고, 각 장은 공통적으로 예레미야가 시위대 뜰에서 하나님으로부터 말씀을 받았다는 말로 시작한다(32:1-2; 33:1). 33:1은 시위대 뜰에서 예레미야에게 하나님의 말씀이 "두 번째"로 임했다고 말함으로써 독자가 32장과 33장을 연결하여 읽도록 유도한다.[160]

(1) 하나님의 창조 활동을 통한 새 언약 체결(32장)

32장은 예레미야가 하나멜의 밭을 사는 이야기로 시작한다. 밭을 사는 것은 예루살렘이 멸망한 후에 이스라엘의 땅과 예루살렘이 하나님의 창조 능력으로 회복될 것을 의미한다(32:27, 41). 32장의 핵심어는 땅과 성읍이다(32:41).[161] 32장의 내용은 예루살렘이 멸망하기 전 시위대 뜰에 갇힌 예레미야가 숙부 하나멜의 밭을 사는 장면(32:1-15), 예레미야의 기도(32:16-25), 예레미야의 기도에 대한 하나님의 응답(32:26-44)으로 구성된다.[162]

---

158 Jones, *Jeremiah*, 405.

159 Keown and others, *Jeremiah 26-52*, 168.

160 Keown and others, *Jeremiah 26-52*, 167.

161 32장의 구조는 다음과 같다.
    A. 하나님의 심판으로 예루살렘 성이 바빌로니아 왕에 의해 파괴될 것(32:1-5)
      B. 예레미야가 하나멜의 밭을 구입(32:6-15)
        C. 예레미야의 탄식: 유다의 죄로 인해 땅이 재앙을 당할 것(32:16-25)
    A′. 유다의 불순종과 우상숭배로 인해 성이 불 심판을 받을 것(32:26-35)
      B′. 새 언약을 통해 땅이 회복되고 사람이 밭을 사게 됨(32:36-44)

162 Terence E. Fretheim, "Is Anything too Hard for God?(Jeremiah 32:27)," *The Catholic Biblical Quarterly* 66 (2004): 232.

① 예레미야가 밭을 사다(32:1-15)

느부갓네살의 통치 열여덟째 해(기원전 587년)에 예레미야가 시위대 뜰에 갇혀 있을 때 하나님의 말씀이 임했다(32:1-2). 예레미야가 시위대 뜰에 갇히게 된 배경은 37-38장에 자세히 기술된다. 기원전 588년에 바빌로니아의 느부갓네살 왕은 본격적으로 예루살렘을 공격하기 시작했지만 이집트 파라오의 군대가 왔다는 소식을 듣고 기원전 587년에 잠시 예루살렘에서 군대를 철수시켰으며 예루살렘은 이때 잠시 숨통을 틀 수 있었다(37:5, 11). 이 틈을 타 숙부 하나멜이 시위대 뜰에 갇힌 예레미야를 찾아와서 아나돗에 있는 자신의 밭을 대신 사달라고(물러 달라고) 부탁한다(32:6-15).

레위기는 어느 친족의 땅이 타인에게 팔리게 되면 친족 중 가까운 사람이 그 팔린 땅을 매입하여 다시 찾아주는 고엘 제도를 언급한다(레 25:25-31).[163] 하나멜은 이 고엘 제도에 따라 예레미야에게 타인에게 팔린 자신의 밭을 사달라고 요구했다. 예레미야는 이 요구에 기꺼이 응해 은 십칠 세겔을 주고 밭을 샀다.

밭을 사는 행위는 멸망한 유다와 예루살렘이 미래에 하나님의 은혜로 회복될 것이라는 상징적 의미를 가진다.[164] 이것은 미래에 땅이 회복되어 백성이 돌아올 것이라는 예언이다(32:15). 하나님은 매매 증서를 토기에 보관하라고 말씀하셨는데(32:14), 이는 예루살렘 성읍이 오랜 공격을 통해 불타게 될지도 모르는 상황에서 매매 증서를 보호하기 위한 조치였다. 이로써 하나님의 약속이 반드시 성취될 것이라는 암시를 준다.[165] 결국, 예레미

---

163 Clements, *Jeremiah*, 194.
164 Clements, *Jeremiah*, 195.
165 Allen, *Jeremiah*, 367.

야가 땅을 산 이야기는 예레미야서가 제시하는 미래의 구원과 회복이 확실하게 이루어질 것을 보여주는 기능을 한다.[166]

② 예레미야의 기도(32:16-25)

예루살렘이 멸망한 후 미래에 땅이 회복될 것이라는 말씀을 들은 예레미야는 탄식한다. 천지를 지으신 하나님은 능치 못한 일이 없으시고 은혜가 많으신 분이기에 얼마든지 유다를 파괴시키지 않고 구원해주실 수 있었지만, 그렇지 않은 현실을 보고 한탄하고 있는 것이다(32:16-18). 그는 유다가 이집트에 있었던 날부터 지금까지 하나님께 많은 은혜를 받았음에도 불구하고 율법을 준행하지 아니하였기에 재앙이 왔다고 토로한다(32:19-25). "주의 목소리를 순종하지 아니하며 주의 율법에서 행하지 아니하며 무릇 주께서 행하라 명령하신 일을 행하지 아니하였으므로 주께서 이 모든 재앙을 그들에게 내리셨나이다"(32:23).

　　궁극적으로 예레미야가 탄식하며 기도한 이유는 설령 땅이 회복되어 돌아온다고 할지라도 백성이 다시 죄를 짓는다면 미래의 회복이 무용지물이 될 것이라는 두려움 때문이었다. 또한 땅이 회복되기까지 백성이 포로로 살아야 하는 기간이 너무 길면 포로 공동체가 하나님을 저버릴지 모른다는 염려도 있었다. 그래서 "슬프도소이다! 주 여호와여, 주께서 큰 능력과 펴신 팔로 천지를 지으셨사오니 주에게는 할 수 없는 일이 없으시이다"(32:17)라는 그의 기도에는 하나님의 창조의 능력으로 빨리 회복시켜

---

166 Ronald Clements, "Jeremiah's Message of Hope: Public Faith and Private Anguish," in *Reading the Book of Jeremiah: A Search for Coherence*, ed. Martin Kessler (Winona Lake, Ind.: Eisenbrauns, 2004), 144.

달라는 간구와 동시에 포로지에서 돌아올 백성들이 다시 죄를 짓지 않도록 해달라는 간청이 담겨 있었다. 다음 본문은 이런 예레미야의 기도에 대한 하나님의 응답을 들려주고 있다.

③ 예레미야 기도에 대한 하나님의 응답: 영원한 새 언약(32:26-44)

하나님은 예레미야의 탄식에 응답하시면서 자신에게 능치 못한 일이 없음을 상기시킨다(32:27, "내게 할 수 없는 일이 있겠느냐?"). 예레미야가 하나님의 창조 능력을 언급하며 탄식하자(32:17), 하나님은 자신의 능력을 언급하며 대답하고 있는 것이다. 하나님은 자신의 창조 능력으로 반드시 포로 공동체를 회복시키시고 그들과 함께 영원한 언약을 맺을 것이라고 말씀하신다(32:39-40). 하나님의 창조 능력으로 고난을 단축시키고 백성을 영원한 언약 백성으로 만드실 것이라는 약속이다.[167] 이제 하나님의 응답을 구체적으로 살펴보자.

먼저 하나님은 예루살렘이 불심판을 받게 되는 이유를 설명하신다(32:26-35). 예루살렘이 불타는 이유는 한 마디로 하나님이 능력이 없어서가 아니라 유다가 하나님의 교훈을 듣지 않았기 때문이다(32:33). 그들은 예루살렘에서 바알에게 불로 분향하고 다른 신들에게 전제를 드렸다(32:29). 게다가 힌놈의 아들의 골짜기에 바알의 산당을 만들고 그곳에서 자녀들을 불에 태워 몰렉 신에게 바쳤다(32:35; 7:30-8:3). 이처럼 자녀들을 불로 태우고 집 지붕에서 바알과 일월성신에게 불로 분향한 대가로, 하나

---

167 한편 Fretheim은 32:16-44에 등장하는 예레미야의 기도와 하나님의 응답을 다른 시각에서 바라본다. 그에 의하면 예레미야의 기도는 오히려 심판이 단축될 것을 염려하여 드리는 간구다. Fretheim, "Is Anything too Hard for God?(Jeremiah 32:27)," 231-236 참조.

님은 예루살렘 성을 불로 전소시키는 심판을 내리겠다고 선언하신다. 유다가 불을 가지고 우상숭배를 하였으니 하나님도 예루살렘 성을 불로 파괴할 것이라는 아이러니다.[168]

하지만 하나님의 최종 목적은 심판이 아니라 구원에 있다. 따라서 미래에 하나님은 자신의 백성을 구원하시고 새 언약을 체결하여 하나님 나라를 세워 가실 것이다(32:36-44). 먼저 32:36-41은 새 언약의 약속으로서 복이라는 단어를 핵심어로 제시한다. 새 언약이 궁극적으로 백성에게 큰 복이 될 것이라는 설명이다(32:40, 41). 새 언약을 통해 하나님은 백성과 다시 언약관계를 맺으실 것이고, 백성은 "한 마음과 한 길"로 하나님을 항상 경외하게 될 것이다(32:38-39). 새 언약의 수혜자인 백성이 온 마음을 다하여 하나님을 알고 섬기게 될 것이라는 뜻이다. 이렇게 되면 새 언약 안에 들어온 백성은 더 이상 재앙을 당하지 않고 멸망하지 않게 될 것이다. 이런 점에서 새 언약은 백성에게 주어지는 참으로 큰 축복이 아닐 수 없다.

32:40은 그들의 마음속에 하나님을 경외하는 마음을 둘 것이라고 말한다. 하나님을 경외하는 것은 기본적으로 하나님을 사랑하는 마음을 가리킨다(2:19). 이런 맥락에서 시편은 하나님께 대한 경외를 하나님에 대한 사랑과 밀접하게 연결시킨다(시 5:7, "나는 주의 풍성한 사랑을 힘입어 주의 집에 들어가 주를 경외함으로"). 경외심을 가진 자는 하나님을 사랑하고 하나님의 뜻인 공의와 의를 행할 것이다. 하나님을 향한 사랑은 그분의 뜻을 행하는 공의와 의의 모습과 불가분의 관계에 있기 때문이다.

새 언약은 "영원한 언약"이기에(32:40), 새 언약의 백성은 영원히 인애

---

168 Keown and others, *Jeremiah 26-52*, 157.

와 공의와 의를 행하게 될 것이다. 그러므로 인애와 공의와 의가 실종되고 새 언약이 파기되어 다시 포로로 잡혀가는 일은 없을 것이라는 뜻이다. 새 언약의 백성이 언약의 의무인 인애와 공의와 의를 영원히 행할 수 있는 것은 "그들을 이 땅에 심는" 하나님의 은혜가 있어야 가능하다(31:41). 그러므로 백성이 인애와 공의와 의를 행하는 것은 그들의 공로가 아닌 하나님의 은혜에 기초한 것이다.

새 언약의 증표로서 유다 땅에 포로들이 돌아와 은으로 모든 지역의 밭을 사는 일이 일어날 것이다(32:42-44). 32:42에서 "복"으로 번역된 히브리어는 "토바"(טוֹבָה)이고 "재앙"으로 번역된 히브리어는 "라아"(רָעָה)로서, 두 단어는 서로 대조를 이룬다.[169] 하나님은 백성에게 복을 내리고 더 이상 재앙을 허락하지 않을 것이다. 이로써 하나님은 예레미야의 탄식(32:16-25)에 대한 응답으로 반드시 땅을 회복시키실 것을 약속하고 있다.[170]

(2) 백성을 치료하여 죄를 사하시는 여호와(33:1-13)

새 언약을 통해 이스라엘 땅과 예루살렘이 회복되고 백성이 한마음을 가지고 하나님을 경외할 것이라는 예언에 이어(32:39), 33:1-13은 하나님께서 예루살렘 성을 치료하시겠다고 약속하시는 내용이다(33:6-8). 이 부분은 예루살렘과 백성을 동일 개념으로 제시하고(30:17), 하나님의 치료와 죄 용서로 인해 백성이 예루살렘처럼 하나님의 임재의 처소로 변형될 것을 내비친다(33:8).[171] 33:1-13의 구조는 다음과 같다.

---

169 Allen, *Jeremiah*, 370.
170 Lundbom, *Jeremiah 21-36*, 524.
171 장성길, 『이스라엘의 구원과 회복의 드라마』, 277.

A. 하나님께 부르짖으면 하나님이 은밀한 일을 보이실 것임(33:1-3)

 B. 유다의 악행(라아)으로 예루살렘 성이 시체로 채워짐(33:4-5)

  C. 백성이 돌아오도록 예루살렘이 치료와 죄 사함을 받을 것임

  (33:6-8)

 B′. 예루살렘이 복(토바)과 평안을 누릴 것임(33:9)

A′. 유다 땅에 감사 소리와 양 떼의 소리가 들릴 것임(33:10-13)

위의 구조를 보면 33:1-13은 가운데 위치한 단락 C(33:6-8)가 핵심으로서 미래에 새 언약의 축복으로 백성이 치료되어 죄 사함을 받게 될 것을 강조하고 있음을 알 수 있다.

먼저 하나님은 백성이 기도할 때 하나님께서 응답하실 것이라고 말씀하신다(33:1-3). 앞서 예레미야는 언약 파기의 결과로 하나님이 백성의 부르짖음과 중보 기도를 듣지 않으실 것이라고 말했다(7:16; 11:14; 15:1). 하지만 미래에는 상황이 역전되어 새 언약이 체결될 때 하나님이 백성의 기도를 듣고 그에 대한 응답으로 크고 은밀한 일을 보여주실 것이다. 아직 새 언약이 체결되지 않았지만, 이 약속은 새 언약을 간절히 바라는 자들에게도 적용된다. 이런 점에서 이 약속은 미래의 축복을 미리 선취케 하는 축복의 말씀이다.

하나님께 기도해야 할 이유는 일을 행하시고 성취하시는 분이 하나님이시기 때문이다(33:2). 여기서 "일"로 번역된 히브리어는 여성 대명사로서 문맥상 "계획"을 뜻한다. 히브리어에서 계획은 "에차"로서 여성 명사이다. 또한 33:2의 "성취하시는"에 해당하는 히브리어는 "요체르"(יוצר)로서 앞서 18장에서 백성을 자신의 계획대로 만들어가는 하나님의 모습을 토기장이

로 묘사할 때 사용한 히브리어와 동일하다(18:2). 이런 관찰을 통해 새 언약의 축복으로 언급되는 기도 응답은 궁극적으로 하나님의 계획을 이루기 위한 방편임을 알 수 있다.

성도가 새 언약의 축복을 바라며 기도할 때 하나님은 "은밀한 일"을 보여주실 것이다(33:3). 여기서 본문은 "은밀한 일"이 무엇인지 명확하게 말하지 않지만, 문맥상 새 언약을 통해 하나님이 행하시고자 하는 일들임을 추측할 수 있다(31:31-34; 32:37-41).[172] 33:3에서 "은밀한 일"로 번역된 히브리어 "바추르"(בָצֻרוֹת)는 인간의 상상을 초월하는 놀라운 일들을 뜻한다. 결국 이 말씀은 하나님이 계획하시는 일들은 우리가 상상할 수 없는 일들이라는 것을 보여준다. 하나님의 일은 일차적으로 포로로 잡혀간 백성을 다시 돌아오게 하여 그들이 다시는 죄를 짓지 않도록 창조하시는 것이며, 궁극적으로 새 언약의 백성들이 평안과 소망(기쁨)을 갖도록 하는 일이다 (29:11).

유다의 악행을 보신 하나님은 바빌로니아를 도구로 사용하여 예루살렘 성을 유다 백성의 시체로 채우셨다(33:4-5). 33:4의 "갈대아인의 참호"에서 "참호"에 해당하는 히브리어는 바빌로니아가 예루살렘을 공격하기 위해 쌓은 산을 가리킨다.[173] 바빌로니아의 공격을 받은 예루살렘 주민들은 성안에서 매장되지 못한 시체가 되었다(33:5).[174] 이는 힌놈의 아들의 골짜기에서 몰렉에게 자녀를 불태워 바친 결과로 이들이 매장되지 못하고 분토와 같이 될 것이라는 예언이 성취된 것이다(7:31-8:3).

---

172 Lundbom, *Jeremiah 21-36*, 529.
173 Keown and others, *Jeremiah 26-52*, 170.
174 Clements, *Jeremiah*, 198.

하지만 하나님은 새로운 일을 통해 시체의 매장지였던 예루살렘을 치료하고 죄를 사하실 것이다(33:6-8). 이처럼 구약에서 치료와 죄 사함은 종종 병치되어 나타난다(시 103:3; 대하 7:14). 한편 예루살렘은 백성과 동일시되기 때문에, 예루살렘의 치료는 단순히 건물의 치료가 아니라 백성이 치료되어 죄 사함을 받는다는 것을 의미한다.[175] 구체적으로 하나님은 백성이 공의와 의를 행하지 않아 받은 상처를 치료하고 그들의 죄악을 사하실 것이다(8:22; 30:17). 더 나아가 죄를 기억하지 않으실 것이다(31:34).

그 결과 백성으로 의인화된 예루살렘은 하나님의 기쁜 이름이 되고 백성은 복과 평안을 누리게 될 것이다(33:9). 예루살렘과 백성이 하나가 되어 새롭게 변형될 것이라는 뜻이다. 이런 변형을 보고 세계 열국은 두려워할 것이다(33:9b). 그래서 이전에 유다가 하나님의 심판 앞에서 두려움을 느끼고 평안을 잃었던 상황이 역전될 것이다(30:5).

33:10-13은 이런 반전을 통해 사람도 없고 짐승도 없는 곳에 사람과 짐승의 씨가 뿌려질 것이라고 말씀한다(참조. 31:28). 하나님의 창조적 능력으로 이런 반전이 성취될 것이라는 전망이다. 하나님의 창조적 능력으로 예루살렘뿐만 아니라 유다 성읍들이 회복되고 기쁨의 소리와 감사의 소리가 영원히 넘쳐날 것이다. 그리고 사람들은 하나님을 향해 "그 인자하심이 영원하다"라고 찬양할 것이다(33:10-11).

요컨대 33:1-13은 과거에 하나님의 심판으로 인해 전쟁의 신음, 무서운 침묵, 그리고 적막만이 가득했던 예루살렘과 유다 성읍에 신랑과 신부의 소리와 감사의 소리가 나오는 반전이 있을 것이라고 예고함으로써 현

---

175 Holladay, *Jeremiah 2*, 226.

재 포로기에 있는 백성들에게 그런 새 언약의 축복을 사모하며 기도하라고 촉구하고 있다.[176] 그리고 이런 반전은 미래에 백성을 치료하고 죄를 사하시는 하나님의 은혜만으로 가능하다는 점을 각인시킨다(33:6, 8).

(3) 백성의 번성: 다윗 자손과 레위 자손의 부상(33:14-26)

33:14-26은 3개의 소단락(14-18절, 19-22절, 23-26절)으로 나뉜다. 각 소단락은 공통적으로 야웨의 말씀이 예레미야에게 임한다는 사자 공식(messenger formula)으로 시작된다.[177] 33:14-26의 내용은 한글 성경이 따르는 히브리어 마소라 본문에는 있지만 그리스어 번역본인 70인역(LXX)에는 나오지 않는다.[178] 어떤 학자들은 이것을 근거로 이 부분이 예레미야의 저작이 아닌 후대의 첨가라고 주장한다.

하지만 30-33장은 수사적으로 절묘한 동심원 구조를 이루고 있기 때문에 이 단락을 후대의 추가로 볼 필요는 없다. 또한 이 부분을 수록한 마소라 본문은 예레미야의 전승을 간직한 그의 제자들(특별히 바룩)에 의해 70인역과 달리 편집된 본문이다.[179] 따라서 70인역과 차이가 있다는 이유만으로 마소라 본문의 진정성(authenticity)을 의심할 필요는 없다.

---

176 Lundbom, *Jeremiah 2*, 537.

177 H. van Dyke Parunak, "Some Discourse Functions of Prophetic Quotation Formulas in Jeremiah," in *Biblical Hebrew and Discourse Linguistics*, ed. Robert D. Bergen (Winona Lake, Ind.: Eisenbrauns, 1994), 503-504.

178 여기서 33:14-26의 분석은 필자의 다음 글을 상당 부분 차용했음을 밝힌다. 김창대, "새 언약 안에서 백성의 변형-예레미야 33:14-26의 분석," 「성경원문연구」 37 (2015): 107-131.

179 Jeremiah Untermann은 렘 33:14-26이 2차 자료라는 주장에 반박하여 다음과 같이 질문한다. "이미 포로기 기간에 예레미야의 여러 계열의 본문들이 회자되었으며 LXX의 대본은 그 본문들 중 하나에 불과하다는 것을 누가 감히 부정할 수 있는가?" Untermann, *From Repentance to Redemption*, 142.

33:1-13은 포로 귀환 약속을 다루고, 33:14-26은 포로에서 돌아온 공동체가 새 언약의 수혜자가 되어 변형될 모습에 초점을 맞춘다. 33:1-13에서 언급된 미래의 치료와 희망적 메시지가 새 언약의 체결을 통해 성취될 것을 제시하는 것이다. 33:14-26은 특이하게도 다윗에 대한 언급이 집중적으로 나타난다. 곧 다윗에 대한 언급으로 시작해서 다윗에 대한 언급으로 끝난다(33:15, 26). 이 단락의 구조는 다음과 같다.

A. 야웨의 말씀이 예레미야에게 임함(33:14)

  B. 다윗의 왕위가 영원히 끊어지지 않을 것(33:15-16)

    C. 다윗의 통치와 제사장직이 영원할 것(33:17-18)

A'. 야웨의 말씀이 예레미야에게 임함(33:19)

  B'. 천지 질서가 무너지면 다윗 언약과 레위 언약도 파기될 것
  (33:20-21)

    C'. 하지만 다윗의 통치와 제사장직이 영원할 것(33:22)

A''. 야웨의 말씀이 예레미야에게 임함(33:23)

  B''. 두 지파의 멸망을 비꼬는 사람들에 대한 책망(33:24)

    C''. 천지의 규례와 같이 야곱과 다윗 자손이 번성할 것(33:25-26a)

부록: 멸망하여 포로로 끌려간 유다가 반드시 돌아올 것(33:26b)

위의 구조를 보면 33:14-26는 패널 구조임을 알 수 있다. 패널 구조는 평행을 이루는 문구들이 뒤로 갈수록 주제를 더욱 발전시키기 때문에, 이 구

조의 핵심은 마지막 평행 부분에 있다.[180] 따라서 이 단락의 핵심은 단락 C″(33:25-26b)로, 새 언약이 체결되어 야곱과 다윗 자손이 번성하게 된다는 것이 중심 메시지를 이룬다.

각 소단락의 끝에 수사적 평행법이 집중적으로 나타난다는 것은 예레미야 30-33장(위로의 책)에서 33:14-26이 클라이맥스를 이룬다는 증거다.[181] 각 소단락의 끝에서 평행법을 이루는 구절들(33:17-18, 22, 25-26)은 반복적으로 다윗과 레위 제사장을 언급한다는 특징이 있다. 이런 반복을 통해 33:14-26의 핵심 주제가 다윗과 레위 제사장의 회복에 있음을 내비치고 있다. 그리고 새 언약의 궁극적인 목적이 백성을 다윗과 레위 제사장처럼 왕 같은 제사장으로 변형시킨다는 데 있음을 일깨워준다.[182]

① 다윗의 통치와 제사장직이 영원할 것(33:14-18)

이 소단락은 다윗의 자손이 출현하고 그가 공의와 의로 통치하여 유다와 예루살렘이 회복될 것을 알린다.[183] 33:14에서 언급된 "선한 말을 성취하다"라는 말에서 "성취하다"에 해당하는 히브리어 동사는 "쿰"(קוּם)의 사역형(히필형)이다. 이 단어는 주로 언약을 체결할 때 사용되기 때문에, 이 구절에서 새 언약의 체결이 암시되고 있다.[184] 33:14의 "선한"이라는 말도 언약 용어다(12:6; 33:9).[185] 즉 미래의 회복이 새 언약의 체결을 통해 이루어질

---

180 Waltke, *An Old Testament Theology*, 119.

181 Wendland, *The Discourse Analysis of Hebrew Prophetic Literature*, 68.

182 김창대, "새 언약 안에서 백성의 변형", 115.

183 Lundbom은 이 단락에서 예루살렘은 유다보다 더 많은 주목을 받고 있다고 지적한다. Lundbom, *Jeremiah 21-36*, 540.

184 Elmer A. Martens, "קוּם," in *NIDOTTE* 3: 903.

185 Michael Fox, "TÔB as Covenant Terminology," *BASOR* 209 (1973): 41-42.

것을 시사하고 있는 것이다. 33:19-22에서 "언약"이 직접적으로 언급됨에 따라 새 언약에 대한 암시가 더욱 분명해진다.

일반적으로 33:15-16은 23:5-6과 내용상 비슷하다.[186] 하지만 자세히 들여다보면 33:15-16은 23:5-6보다 두 가지 면에서 주제적 발전(thematic development)을 보인다. 첫째, 33장은 "왕"이라는 단어를 생략하고 있다. 둘째, 23:6은 "야웨는 우리의 의"라는 표현을 왕에게 적용하지만, 33:16은 그것을 회복될 예루살렘에 적용한다.[187] 다윗 왕이 미래에 맡을 역할보다 예루살렘의 회복을 통한 하나님의 구원에 더 초점을 맞추고 있는 것이다.

클레멘츠(Clements)는 33장에서 왕이라는 말이 생략된 것은 다윗 계열의 회복이 왕의 모습으로 이루어지지 않을 것을 암시한다고 주장한다. 같은 맥락에서 새 언약을 다루는 30:21도 왕이라는 말 대신에 "아디르"(אַדִּיר, "통치자")라는 말을 사용한다.[188] 이런 해석을 참고하면 미래에 새 언약이 체결될 때 등장할 왕은 기존의 다윗 왕과 같지 않을 것이라고 짐작할 수 있다.

앞서 예레미야는 미래의 예루살렘을 백성과 동일 개념으로 제시했다 (30:17; 33:6). 그러므로 33:16에서 "야웨는 우리의 의"라는 말이 왕이 아닌 예루살렘에 적용되는 것은 한 개인에게서 공동체(백성)로 왕의 역할이 확대된다는 의미로 이해할 수 있다.

33:18은 다윗 자손뿐만 아니라 레위 제사장들이 결코 끊어지지 않을

---

186 Holladay, *Jeremiah 2*, 228.

187 Keown and others, *Jeremiah 26-52*, 173. 여기서 Keown은 렘 33:15-16은 "23:5-6에서 발견되는 초기 약속을 반복하는 것이다"라고 주장했다.

188 Ronald E. Clements, "Jeremiah, Prophet of Hope," *Review and Expositor* 78 (1981): 361-362.

것이라고 예언한다.[189] 예레미야서의 초반부에서 예레미야가 제사 제도를 비판했던 것을 생각하면 이 예언은 언뜻 생뚱맞은 느낌을 준다(7:22). 이런 불일치를 근거로 바인펠트(Weinfeld)는 33:18은 예레미야의 말이 아니라고 주장한다.[190] 하지만 초반에 예레미야가 제사를 비판한 것은 제사 제도를 부정하려는 것이 아니라 공의와 의를 행하지 않은 채 기계적으로 제사를 드리는 백성을 책망하기 위함이었다. 따라서 33:18에서 미래의 제사를 언급한 내용을 후대에 삽입된 것으로 볼 필요는 없다.[191] 런드봄(Lundbom)은 예루살렘 성이 파괴된 후 예레미야가 미래의 청사진을 제시할 때 유다의 제사 제도를 다시 긍정적으로 말할 수 있는 가능성을 인정한다.[192]

그럼에도 불구하고 미래에 새 언약이 도래하면 더 이상 중보자(중재자)가 없을 것이라고 말한 31:31-34의 말씀을 고려하면, 제사장들이 끊어지지 않을 것이라는 말은 분명히 우리를 당혹스럽게 한다. 예레미야는 새 언약을 통해 예언자, 제사장, 왕, 궁정 대신들과 같은 엘리트 계급이 더 이상 존재하지 않을 것이라고 내다보고 있기 때문이다.[193]

제사장들은 율법을 가르치는 일을 담당하는데(18:18), 새 언약에서는 작은 자부터 큰 자까지 모든 사람들이 율법을 다 안다고 말한다(31:34). 이처럼 새 언약은 그 안에 들어오는 모든 사람들을 지도자들로 만든다. 따라

---

189 Carroll은 33:18에서 언급된 "레위 사람 제사장"은 전형적인 신명기 사가적인 표현이라고 주장한다. Robert P. Carroll, *Jeremiah 26-52*, OTL (London: SCM Press, 1986), 637.

190 Moshe Weinfeld, "Jeremiah and the Spiritual Metamorphosis of Israel," *ZAW* 88 (1976): 54-55.

191 Jacob Milgrom, *Studies in Levitical Terminology 1: The Encroacher and the Levite The Term 'Aboda* (Berkeley: University of California, 1970), 70; Levenson, *Sinai and Zion*, 168.

192 Lundbom, *Jeremiah 21-36*, 538.

193 Potter, "The New Covenant in Jeremiah XXXI 31-34," 353.

서 새 언약의 도래로 다시 제사장들이 활동할 것이라는 33:18의 진술은 확실히 어색해 보인다.[194]

이와 관련해 주목할 점은 예레미야 30-33장이 전통적인 제사장 역할의 변화를 시사하고 있다는 것이다. 예를 들어 31:38-40은 이미 새 언약으로 회복될 예루살렘이 단순히 이전의 예루살렘으로 돌아가지 않고 지형적으로 더욱 확대될 것이라고 예언했다. 더 나아가 31:34에서 약속된 야웨의 죄 용서는 미래에 제사장들이 드리는 제사가 속죄의 성격을 벗어난 다른 차원의 의미를 지니게 될 것임을 일깨워준다.[195]

이런 맥락에서 런드봄은 33:18을 이사야 61:6과 연관시켜서, 예레미야 33:18의 끊어지지 않는 제사장은 미래에 모든 백성이 야웨의 제사장으로 불리는 이상이 실현된다는 의미로 이해한다.[196] 신약은 제사장으로서 성도의 역할은 자신의 몸을 산 제사로 드리는 방식으로 수행될 것이라고 말한다(롬 12:1-2; 갈 6:24; 벧전 2:5). 이런 신약의 진술을 고려하면, 새 언약이 제시하는 제사장으로서 성도의 역할은 전통적인 제사장의 역할과는 확실히 다르다는 것을 알 수 있다.

② 다윗 언약과 레위 언약이 영원할 것(33:19-22)

이 소단락은 사무엘하 7:12-16과 민수기 25:12-13에서 언급된, 다윗 언약과 레위 언약이 영원할 것이라는 사실에 초점을 맞춘다. 먼저 다윗 언약

---

194 Wolff, "What Is New in the New Covenant?," 57.

195 렘 33:18의 제사에 대한 자세한 논의를 위해서는 다음의 글을 참조하라. Norman Snaith, "Jeremiah XXXIII 18," *VT* 21 (1971), 620-622. 또한 מנחה מקטיר라는 표현을 위해서는 다음의 글을 보라. Keown and others, *Jeremiah 26-52*, 174.

196 Lundbom, *Jeremiah 21-36*, 541.

과 레위 언약의 영원성에 대한 야웨의 약속이 확고함을 예시하기 위해 창조 질서와 관련된 언약을 끌어온다(33:20-21). 많은 학자들은 33:20-21에 언급된 창조 질서는 창세기에서 맺어진 노아 언약으로 유지되는 창조 질서를 가리킨다고 주장한다(창 8:22; 9:8-17).[197] 그렇지만 예레미야는 유다의 멸망으로 인해 노아 언약으로 유지된 기존의 창조 질서가 무너질 것을 생생한 언어로 증언했다(4:23-26).[198] 그러므로 33:20-21에 제시된 창조 질서는 새 언약의 체결로써 출현하는 새로운 창조 질서를 가리킨다고 보는 것이 옳다.

노아 언약에 의해 유지되는 창조 질서는 물로는 전복될 수 없지만 불로는 얼마든지 무너질 수 있는 불완전한 질서였다. 반면 33:20-21에 언급된 창조 질서는 결코 무너질 수 없는 질서로 제시된다. 실제로 신약의 사도 베드로는 노아 언약의 창조 질서가 불로 멸할 것이라고 말한 후에 새로운 창조 질서인 "새 하늘과 새 땅"이 출현할 것이라고 말한다(벧후 3:13-15).

구약의 예언서들은 유다와 이스라엘의 죄악으로 모세 언약과 다윗 언약이 취소되고 노아 언약의 창조 질서가 무너지는 장면을 기술한다(참조. 호 4:1-3; 습 1:2-3). 창세기 8:22은 창조 질서를 유지하는 노아 언약에도 조건이 있다고 말한다. 즉 "땅이 있을 동안에"라는 것이다. 이것은 노아 언약도 파기될 수 있음을 보여주는 증거다.[199] 노아 언약으로 유지된 질서가 불로 없어진다면, 물로써 창조 질서를 멸하지 않겠다는 노아 언약은 사실상

197 Holladay, *Jeremiah 2*, 230.

198 Brueggemann, "Jeremiah: Creatio in Extremis," 156.

199 노아 언약의 파기 가능성에 대해서 John Day는 사 24장이 창세기 9장의 무조건적 약속을 조건적 약속으로 만들고 있다고 지적한다. John Day, *God's Conflict with the Dragon and the Sea* (Cambridge, UK: Cambridge University, 1985), 146.

무용지물이 된다. 그래서 월키(Waltke)는 구약에 나타나는 언약 중 무조건적인 언약은 없으며 모두 무조건성과 조건성을 함께 가지고 있다고 주장한다.[200]

이런 사실들을 종합해보면 33:20에서 언급된 창조 질서 및 이들과 맺은 "낮에 대한 언약과 밤에 대한 언약"은 새 언약을 통해 나타나는 창조 질서를 가리키는 표현임을 알 수 있다. 새 언약은 새 하늘과 새 땅이라는 새로운 창조 질서를 동반하는 언약이라는 점에서 하나님 나라의 영역을 다시 창조하는 언약이다. 그리하여 새 언약을 근거로 세워진 창조 질서가 결코 무너질 수 없는 것처럼 새 언약으로 성취된 다윗 언약과 레위 언약도 결코 파기되지 않을 것이라고 말하고 있다.

실제로 본문은 "하늘의 만상은 셀 수 없으며 바다의 모래는 측량할 수 없나니 내가 그와 같이 내 종 다윗의 자손(씨)과…레위인을 번성하게 하리라"라고 말함으로써(33:22) 새 하늘과 새 땅으로 대변되는 하나님 나라의 영역에서 다윗 계열과 레위 제사장 계열이 영원히 번성할 것임을 보여준다.

33:22의 다윗의 씨(זֶרַע/제라)라는 표현은 31:36-37의 이스라엘의 씨를 연상시킨다. 이로써 다윗 왕조에 관한 약속이 백성에게 민주적으로 적용되고 있음을 발견할 수 있다.[201] 새 언약의 도래로 인해 다윗에 대한 약속이 일반 백성에게도 적용되어 백성이 왕적 지위를 가진다는 사상을 담고

---

200 Bruce K. Waltke, "The Phenomenon of Conditionality within Unconditional Covenants," in *Israel's Apostasy and Restoration: Essays in Honor of Roland K. Harrison*, ed. Avraham Gileadi (Grand Rapdis, Mich.: Baker, 1988), 121-139 참조.

201 Johan Lust, "The Diverse Text Forms of Jeremiah and History Writing with Jer 33 as a Test Case," *Journal of Northwest Semitic Language* 20 (1994): 43.

있는 것이다. 이런 사상이 이사야서에서도 발견된다는 것은 매우 흥미로운 점이다(사 55:3).[202]

③ 새 언약의 백성이 왕 같은 제사장이 될 것(33:23-26)

33:23에서 백성은 야웨가 두 지파(משפחה/미쉬파하)를 버리셨다고 말한다. 여기에 언급된 백성은 누구인가? 이스라엘인가? 아니면 이방 민족인가? 전자라면 자신의 두 지파를 버리신 야웨의 행위에 대해 이스라엘이 불평하는 셈이 된다. 하지만 후자라면 이방 민족이 야웨께서 이스라엘을 버리신 것을 조롱하는 이야기가 된다. 이에 대한 학자들의 견해는 분분하다. 하지만 필자는 후자의 견해가 더 신빙성이 있다고 생각한다. 33:23에서 말하는 사람들이 이방 민족이라고 보는 이유는 이 구절의 뒤를 잇는 33:24에서 이방 민족들이 하나님의 백성을 멸시한다는 말이 나오기 때문이다.

그렇다면 33:23에 언급된 두 지파는 누구를 가리키는가? 얼핏 보면 이 두 지파는 앞의 33:17-22의 진술처럼 다윗 가문과 레위 제사장 가문을 가리키는 것처럼 보인다.[203] 하지만 이 두 지파는 33:24의 "나의 백성"이라는 말과 평행을 이룬다. 이것은 두 지파가 다윗 가문과 레위 제사장 가문을 넘어 전체 이스라엘을 가리킨다는 해석적 힌트다.[204] 이런 해석은 33:26

---

202 H. G. M. Williamson, *Variations on a Theme: King, Messiah and Servant in the Book of Isaiah* (Carlisle, UK.: Paternoster, 1998), 166. 특별히 Williamson은 이 책에서 이사야의 새 언약은 종말에 백성들을 왕적 존재로 만드는 것을 내포한다는 주장을 설득력 있게 논증한다.

203 Lundbom, *Jeremiah 21-36*, 545. 여기서 그는 "두 지파에 대한 언급은 17-22절과 연결되어 왕족과 제사장 지파를 가리킨다고 말할 수 있다"라고 주장한다. 반면 Robert H. O'Connell 은 משפחה라는 낱말은 어떤 경우에는 나라를 뜻하는 גוי와 עם과 동격으로 사용된다고 지적한다. Robert H. O'Connell, "משפחה," *NIDOTTE* 2:1141.

204 Lust, "Diverse Text Forms," 43.

에서 더욱 지지를 받는다. 33:26은 다윗의 씨와 아브라함과 이삭과 야곱의 씨를 언급하지만 레위의 씨는 언급하지 않는다. 구조상 레위 대신 아브라함과 이삭과 야곱이 언급된다는 사실은 레위의 씨를 이스라엘 전체로 확장하려는 본문의 의도로 풀이된다(참조. 출 19:6).[205]

두 지파가 하나님의 백성인 이스라엘 전체를 가리킨다는 주장은 33:25-26의 구문론 구조를 통해 더욱 뚜렷하게 입증된다. 33:25-26은 33:20-21과 문장 구조와 내용 면에서 평행을 이룬다. 33:26a에 나타난 조건문의 주절을 보면 두 개의 목적어들이 모두 도치되어 있다.

조건절: 만약 + 두 개의 목적어(나의 주야의 약정과 천지의 규례) + 동사(내가 세우지 않는다면)

주 절: 두 개의 목적어(야곱과 다윗의 씨) + 동사(내가 버릴 것이다)

33:26a에서 목적어가 도치되어 동사 앞으로 나오게 된 것은 독자들이 단락의 경계를 넘어 이 부분을 30:20-21에 연결해서 읽기를 원한 저자의 의도 때문이다.[206] 따라서 33:26a에서 도치된 목적어인 "야곱과 다윗의 씨"는 33:21에서 언급된 레위 제사장 및 다윗과 연결해서 이해해야 한다. 이렇게 되면 레위 제사장직은 야곱이라는 이스라엘 전체로 확대되고 있음을 알

---

205 이 점을 뒷받침하기 위해 Keown은 다음과 같이 주석했다. "26절에서 다윗의 자손과 아브라함과 이삭과 야곱의 자손이라는 두 표현의 병치는 이 자손들이 24절의 두 지파를 가리키고 있다는 뜻이다." Keown and others, *Jeremiah 26-52*, 175.
206 Bandstra, "Word Order and Emphasis," 117. 히브리어 문장에서 어떤 어구가 종종 도치되는 이유는 그 어구의 내용이 앞의 단락에서 이미 나온 것임을 일깨워 줌으로써 독자가 앞의 내용과 서로 연결하여 읽을 것을 유도하려는 목적 때문이다.

수 있다.

앞서 33:15은 다윗을 언급할 때 왕이라는 말을 의도적으로 피함으로써 미래의 메시아의 이미지가 기존 다윗 왕의 이미지와 차별화됨을 보여주었다. 더 나아가 "야웨는 우리의 의"라는 말이 개인이 아닌 공동체에 적용됨으로써 미래의 왕적 기능이 전통적인 다윗 가문에 한정되지 않고 전체 이스라엘로 확대되어 왕적 민주화가 일어나게 될 것을 암시했다. 이런 맥락에서 33:25-26은 레위의 제사장직도 민주화가 이루어져 제사장직이 전체 이스라엘로 확장될 것을 알려주고 있다(참조. 사 61:6).

끝으로 아브라함의 자손이 영원할 것이라고 말하면서 새 언약이 다윗 언약뿐만 아니라 아브라함 언약을 성취하고 완성하는 언약임을 일깨워준다(33:26).[207] 아브라함 언약은 열국에게 소망을 주는 언약이다. 33:14-26은 열국이 어떻게 하나님의 백성으로 돌아올 것인지에 대해 구체적으로 말하지 않지만, 3:17은 새 언약이 도래하면 열국도 소망을 갖고 야웨의 보좌로 모여들 것이라고 내다보았다. 이런 맥락에서 33:26은 아브라함의 씨를 언급하여 새 언약이 체결될 때 새 언약의 수혜자가 이스라엘의 국경을 넘어 열국 백성으로 확대될 것을 시사한다. 이런 점에서 새 언약은 보편주의(universalism)의 성격을 가지고 있다.[208] 따라서 신약이 새 언약의 수혜자로서 이스라엘 대신에 교회를 내세운 것은 예레미야가 선포한 새 언약의 의미를 정확히 꿰뚫은 것이다.

정리하면 33:14-26은 새 언약이 체결되면 백성이 왕 같은 제사장으

---

207 Keown and others, *Jeremiah 26-52*, 175; Lundbom, *Jeremiah 21-36*, 545.

208 William J. Dumbrell, *The End of the Beginning: Revelation 21-22 and the Old Testament* (Grand Rapids, Mich.: Baker, 1985), 78-118.

로 변형되며 모세 언약의 이상처럼 백성이 인애와 공의와 의를 행하는 자가 될 것이라는 청사진을 제시한다. 또한 이스라엘뿐만 아니라 열국의 남은 자들도 이렇게 변형될 것임을 깨닫게 해준다.

4.
언약 파기(34-35장)

34-35장은 언약을 위반한 백성들의 민낯을 드러내는 두 가지 실례를 보여줌으로써 언약 파기의 당위성을 제시한다. 34장에서 시드기야는 기원전 588년에 바빌로니아 느부갓네살의 공격을 받자 하나님의 도움을 얻기 위해 모세 언약에 따라 6년 동안 일한 노비(종)를 해방시켰다(신 15:12-13). 하지만 느부갓네살이 잠시 물러나자(기원전 587년) 언약을 파기하고 해방된 노비를 다시 노비로 삼았다(34:11). 따라서 34장의 시간적 배경은 기원전 588-587년이라고 말할 수 있다.[209] 예레미야는 풀어준 노비를 다시 노비로 삼은 사건을 언약 파기로 규정하고(34:18-20), 모세 언약을 파기한 시드기야와 유다 백성들에게 심판의 정당성을 선포한다(34:21-22).

35장은 시간을 거꾸로 돌려 기원전 599년경 여호야김 재위 시절에 있었던 레갑 족속에 관한 일화를 소개한다. 이 이야기는 여호야김이 반란을 일으키자 바빌로니아 느부갓네살이 군대를 보내어 예루살렘을 압박하던 초기의 일이었다.[210] 이때 레갑 족속은 바빌로니아 군대를 피해 예루살렘 성에 머물렀다. 이들은 선조인 요나답의 명령에 순종하여 가나안의 농경 문화를 배격하고 철저하게 장막을 치며 유목 생활을 해왔던 자들이었

---

[209] Clements, *Jeremiah*, 205.
[210] Holladay, *Jeremiah 2*, 246.

다(35:10).

하나님은 예레미야에게 예루살렘으로 피신해 온 레갑 족속에게 포도주를 마시도록 권하라고 명령하셨다(35:5). 하지만 레갑 족속은 선조인 요나답이 포도주를 마시지 말고 집을 짓지 말며 농사나 포도원 재배를 하지 말라고 한 명령에 순종하겠다는 맹세(언약)를 지키기 위해 자신들은 포도주를 마실 수 없다고 거절했다(35:6-9).

35장에서 레갑 족속의 일화를 소개하는 이유는 선조의 명령을 따름으로써 언약을 저버리지 않은 레갑 족속과 하나님의 명령인 언약을 지키지 않은 유다를 대조하기 위함이었다. 즉 유다가 하나님 앞에서 언약을 지키지 않아 언약 파기로 인해 멸망할 수밖에 없었음을 교훈하기 위한 것이다.

1) 시드기야의 언약 파기(34장)

34장에서는 언약이라는 말을 핵심어로 삼아(34:8, 10, 13, 15, 18x2) 언약 위반으로 인한 언약 파기를 공표한다. 34장에서 시드기야는 기원전 588년에 바빌로니아의 공격을 받자 백성과 언약을 맺고 노비에게 자유를 선포한다(34:8). 이 언약은 모세 언약의 연장선상에서 맺어지는 언약이므로 모세 언약과 동일시된다. 나중에 시드기야가 언약을 파기하고 노비를 삼은 행위는 모세 언약을 파기한 것과 진배없는 행위였기에, 이를 보신 하나님은 유다와의 언약 파기를 선언하신다.[211]

---

211 Holladay, *Jeremiah 2*, 238.

34:1은 바빌로니아의 느부갓네살 왕이 예루살렘을 치러 왔다는 말로 시작한다. 느부갓네살은 하맛 땅 리블라에 본부를 두고(참조. 렘 39:5; 겔 6:14; 왕하 25:20; 23:33),[212] 예루살렘을 2년(기원전 588-586년)에 걸쳐 공격했다(참조. 겔 24:1; 33:21).[213] 유다의 성읍 중 예루살렘을 제외하고 라기스와 아세가만 함락되지 되지 않았다는 34:7의 언급을 참고하면, 34장의 역사적 배경은 아마도 기원전 587년의 이른 시기로 추정된다.[214]

예레미야는 예루살렘이 바빌로니아에 의해 멸망할 것이며 시드기야가 "평안히 죽게 될 것"이라고 말하고 백성들이 나중에 그의 죽음을 애통해할 것이라고 예언한다(34:4-5). 하지만 역사적으로 시드기야는 느부갓네살이 있는 하맛 땅의 리블라에 포로로 잡혀가 눈이 뽑히는 치욕을 겪고 바빌로니아로 끌려가는 비참한 최후를 맞이한다(39:7). 이런 불일치를 이해하기 위해서는 시드기야가 항복하면 살 수 있고(37:17-20) 그렇지 않으면 칼에 의해 죽게 될 것이라는 예레미야의 예언을 고려해야 한다(21:7).[215] 이렇게 되면 시드기야가 "편안히 죽게 될 것"이라는 예언은 그의 항복이 전제된 예언임을 알 수 있다.

시드기야가 평안히 임종을 맞이할 것이라는 말은 아마도 기원전 588년 바빌로니아의 공격 초기에는 시드기야가 변화될 조짐이 있었기에 주어

---

212 개역개정판 한글성경은 "리블라"를 "립나"로 잘못 번역하였다. 한편 겔 6:14은 "리블라"를 "디블라"로 기록하고 있는데, 이는 히브리어 본문(마소라 본문)의 필사자가 비슷한 모양의 알파벳 문자인 "레쉬"(ר, 영어의 r 발음)와 "달레드"(ד, 영어의 d 발음)를 혼동하여 "달레드"로 읽은 결과다. Daniel I. Block, *The Book of Ezekiel: Chapters 1-24*, NICOT (Grand Rapdis, Mich.: Eerdmans, 1997), 237의 각주 참조.
213 Lundbom, *Jeremiah 21-36*, 554.
214 장성길, 『이스라엘의 구원과 회복의 드라마』, 284.
215 Huey, *Jeremiah*, 307.

진 예언으로 보인다. 하지만 시드기야는 예레미야의 말대로 행하지 않았기에, 그가 평안히 죽을 것이라는 예언도 취소되었다. 그리하여 평안한 죽음에 대한 예언은 풍자적 예언으로 뒤바뀌게 된다.

어떤 의미에서 시드기야는 바빌로니아에 끌려가서 노후를 맞이했기 때문에 평안히 죽었다고 볼 수도 있다. 예루살렘이 멸망했을 때 백성들은 어느 정도는 시드기야에 대해 애통한 마음을 가졌다. 이런 점에서 시드기야가 평안히 죽고 백성의 애도를 받게 될 것이라는 예언이 문자적으로 틀린 것은 아니다. 하지만 실제로 시드기야는 비참한 최후를 맞았기 때문에 이 예언은 그의 최후를 조롱하는 풍자적 예언으로 바뀌게 되었다.[216]

바빌로니아의 침략이라는 일촉즉발의 상황에서 시드기야는 모세 언약의 규정에 따라(출 21:1-11; 신 15:12-18) 백성과 언약을 맺고 노비에게 자유를 선포하여 모세 언약을 준수하려는 의지를 보인다(34:8-10). 하지만 이는 하나님의 도움을 구하기 위한 수단적인 행동에 불과했다. 그는 처음부터 하나님을 사랑하는 마음으로 언약을 지키려 했던 것이 아니었다. 상황이 바뀌면 얼마든지 언약을 준수하기 위한 행위를 취소할 가능성이 농후했다.

이후 이집트의 구원병이 온다는 소식을 들은 바빌로니아가 예루살렘에 대한 공격을 잠시 접고 물러서자(기원전 587년), 시드기야는 언약을 깨고 해방된 노비들을 다시 노비로 삼았다(34:11). 당시 시드기야는 이집트를 의지하였고 이집트의 파라오는 그에 부응하여 시드기야를 위해 구원병을 보냈다(37:5, 11). 이집트의 군대가 도착하자 시드기야는 백성과 맺었던 언약

---

216 Lundbom, *Jeremiah 21-36*, 554.

을 헌신짝같이 버렸다.

34:12-16에서 하나님은 이스라엘을 이집트의 노예 상태에서 벗어나게 하시고 그들과 모세 언약을 맺었던 사실을 주지시키고, 모세 언약의 정신이 백성들로 하여금 다시는 종으로 살지 않도록 하는 데 있었음을 강조하신다(출 20:1; 신 15:12-15). 그리하여 시드기야와 유다 백성들이 자유롭게 된 사람들을 다시 노비로 삼은 것은 모세 언약의 정신을 위반하는 행위라고 책망하신다.

하나님은 시드기야가 언약을 위반하여 하나님의 이름을 더럽혔다고 선언하신다(34:16). 이는 하나님의 형상으로서 하나님의 이름으로 불리는 유다가 그 이름에 걸맞게 하나님의 속성을 드러내지 못했다는 진술이다 (신 28:10, "땅의 모든 백성이 여호와의 이름이 너를 위하여 불리는 것을 보고 너를 두려워하리라").²¹⁷

언약을 위반한 유다는 언약의 저주인 하나님의 심판을 피할 수 없게 되었다. 하나님은 유다가 노비에게 자유를 선포한 것(דרור קרא/케로 데로르)을 실행하지 않은 것에 대해 "칼과 전염병과 기근에게 자유를 주리라"는 아이러니의 심판을 내리신다(34:17). 여기서 "자유를 주다"로 번역된 히브리어 표현은 "케로 데로르"이다. 노비에게 자유를 선포하지 않았으므로 오히려 하나님이 칼과 전염병과 기근에게 자유를 선포하여 재앙을 내리시겠다는 섬뜩한 얘기다.

노비의 해방을 위해 "노비를 놓는다"라고 표현할 때(34:9-10) "놓는

---

217 이런 언약 파기 배후에는 자신만의 이익을 추구하는 이기적 욕구가 자리 잡고 있었다. 인간의 이기적 욕구로 발생한 죄가 언약관계를 방해한다는 진리를 다시 보여주는 대목이다 (2:24; 3:5; 5:28; 8:10; 11:20).

다"에 해당하는 히브리어는 "샬라흐"(שׁלח)로서 "보내다"라는 뜻이다. 하나님은 시드기야가 언약을 파기하여 노비를 놓아 보내지 않았기 때문에 그들에게 칼과 전염병과 기근을 보내실 것이라고 말씀하신다(참조. 24:9-10).[218] 이 대목에서 유다를 향한 심판이 그들의 불의한 행동대로 이루어지는 아이러니한 심판임을 깨달을 수 있다.

하나님은 송아지를 둘로 쪼개어 유다와 모세 언약을 맺었던 사실을 상기시키신다(34:18-19). 이는 창세기 15:7-21과 창세기 17장을 연상시킨다.[219] 송아지를 둘로 쪼개어 언약을 체결한다는 것은 계약의 당사자가 언약을 지키지 않으면 둘로 쪼개진 송아지처럼 멸절될 것이라는 조항에 동의한다는 의미다. 그리하여 시드기야와 유다 지도자들과 백성들이 언약을 지키지 않았으므로 그들이 송아지가 둘로 쪼개지듯이 멸절될 것이라고 선포하신다.

구체적으로 하나님은 잠시 주춤했던 바빌로니아의 군대가 다시 돌아오게 함으로써 예루살렘을 멸망시킬 것이라고 말씀하신다(34:22). 이 구절에서 바빌로니아 군대를 "다시 오게 하다"라고 말할 때, "다시 오게 하다"로 번역된 히브리어 동사는 "슈브"(שׁוב)의 사역형(히필형)이다. 이 동사는 34:11에서 유다 백성들이 노비들에게 자유를 준 후에 노비를 "끌어다가" 다시 노비를 삼는다는 말에서 "끌어다가"로 번역된 동사와 같다(34:16).

이를 통해 바빌로니아 군대를 다시 돌아오게 함으로써 유다를 심판하시는 것은 그들이 노비를 다시 종으로 돌아오게 한 행동에 대한 결과임을

218 Allen, *Jeremiah*, 387.
219 장성길, 『이스라엘의 구원과 회복의 드라마』, 288.

보여준다.[220] 하나님의 심판은 소돔과 고모라처럼 불 심판의 방식으로 이루어질 것이다(34:22). 이로써 신명기가 말하는 언약의 저주로서 불 심판이 성취될 것을 알린다(신 29:23).

2) 레갑 족속의 언약 준수(35장)

35장은 하나님이 예레미야더러 레갑 족속에게 포도주를 마시라고 권하라는 명령으로 시작한다(35:1-2). 레갑 족속은 원래 유다 남쪽 사막 지역에서 살던 겐 족속이다(대상 2:55; 창 15:19; 민 24:21-22).[221] 레갑 족속은 자신들의 선조인 요나답의 명령에 따라 광야의 유목 생활을 고수하고 있었다. 이들은 가나안의 농경 문화와 깊이 연관된 바알 숭배를 배격하고자 과거 모세 시대처럼 유목 생활을 하면서 하나님의 말씀대로 사는 생활 방식을 철저히 지키던 사람들이었다. 레갑의 아들 여호나답이 예후와 손잡고 농경 문화 속에서 꽃핀 바알 숭배자를 사마리아에서 제거했다는 열왕기하 10:15의 기록은 이런 배경에서 나왔다.

레갑 족속은 잠시 예루살렘으로 입성하여 "하나님의 사람 하난의 아들들의 방"에 머물게 되었다(35:4). 바빌로니아는 본격적으로 예루살렘을 공격(기원전 598-597년)하기에 앞서 기원전 599년에 갈대아 부대, 아람 부대, 암몬과 모압 부대를 먼저 보내어 유다를 공격하도록 했다(왕하 24:2).[222]

---

220 Lundbom, *Jeremiah 21-36*, 567.
221 Clements, *Jeremiah*, 209.
222 Holladay, *Jeremiah 2*, 246.

레갑 족속은 이때 이들 부대를 피해서 예루살렘에 들어왔던 것이다. 예레미야는 하나님의 명령에 따라 성전 안에 있는 하나님의 사람 하난의 아들들의 방으로 레갑 족속을 데리고 갔다. 하나님의 사람이라는 표현이 주로 예언자들에게 사용되었다는 점을 고려하면,[223] 아마도 하난의 아들들의 방은 예언자들이 성전 안에서 거하던 방으로 추측된다.

레갑 족속은 포도주를 마시라는 예레미야의 권유를 거절한다(35:6-10). 자신들은 선조인 요나답의 명령에 순종하여 장막을 치고 유목생활을 하기로 맹세했기 때문에 땅에 정착하여 집을 짓거나 포도 재배를 통해 주조된 포도주를 마시는 일을 하지 않는다고 말한다. 선조의 명령을 철저하게 지켜 언약을 준수하려는 레갑 족속의 결연한 태도는 하나님으로부터 많은 은혜를 받고도 불순종하는 시드기야나 유다 지도자들의 모습과 크게 대조된다. 여기서 시드기야와 유다 백성이 재앙으로 멸망할 수밖에 없는 이유가 선명히 드러난다(35:12-17).

하나님은 유다 백성에게 악한 길에서 돌이켜 그들의 행위를 고친다면 땅에서 계속 살 수 있다고 약속하셨지만 그들은 순종하지 않았다(35:15). 여기서 "돌이키다"에 해당하는 히브리어는 "슈브"(שוב)이고 "살다"로 번역된 히브리어는 "야샤브"(ישׁב)이다. 이처럼 본문은 비슷한 음의 언어 유희를 통해 회개하면 땅에 거하며 살 수 있다고 강조한다.

회개하면 살게 될 것이라는 말은 하나님이 예언자를 보내 지속적으로 말씀하셨던 약속이었다(25:4-5). 그러나 레갑 족속은 선조의 명령에 순종했지만, 유다 백성은 예언자를 통해 주어진 하나님의 말씀에 순종하지

---

[223] Huey, *Jeremiah*, 314.

않았다. 그래서 하나님은 유다에게 재앙을 내릴 수밖에 없었다(35:17). 여기서 "재앙"으로 번역된 히브리어 단어는 "라아"로서 "악한 길"에서 "악하다"로 번역된 히브리어 단어 "라"와 같은 어근을 이룬다. 그래서 유다는 악을 행한 결과로 악과 비슷한 재앙을 맞게된 것이라는 힌트를 준다(참조. 18:8). 더욱이 하나님과의 언약에서 이탈했던 이들은 하나님이 불러도 대답하지 않았다(35:17). 이들의 멸망은 자업자득인 셈이다.

끝으로 레갑 족속은 바빌로니아의 침략 앞에서도 계속 그 생명이 연장될 것이라는 약속을 받는다(35:18-19). 하나님은 어려운 환경 속에서도 명령을 지키는 레갑 족속을 귀하게 여기시고 축복하셨다. 요컨대 35장은 하나님의 명령인 언약의 말씀을 신실하게 지킬 때 보상이 있음을 강조하고 그렇지 못한 유다는 신실치 못함으로 인해 언약 파기의 저주를 받게 될 것을 교훈하고 있다.[224]

---

224 Keown and others, *Jeremiah 26-52*, 197.

5.
유다를 향한 심판(36-45장)

이 단락은 예레미야의 제자 바룩과 관련된 여호야김 재위 시절의 사건을 앞뒤에 포진시킴으로써 독자들이 이 부분을 하나의 단락으로 읽도록 유도한다(36, 45장).[225] 학자들은 이 단락을 소위 "바룩 두루마리"(Baruch Scroll)라고 한다.[226] 이 단락은 여호야김 4년(기원전 605년)에 예레미야가 예루살렘의 멸망을 예언한 내용으로 시작해서 기원전 586년에 바빌로니아에 의해 예루살렘이 멸망하게 된 사건을 증언한다(39:1-2). 예루살렘 멸망 이후 바빌로니아는 그다랴를 유다의 총독으로 세웠다. 하지만 나중에 그다랴가 살해되자(41:2), 바빌로니아의 보복을 두려워한 유다의 남은 자들은 예레미야를 데리고 이집트로 내려갔다(43:1-7). 이 과정에서 예레미야는 이집트로 내려가는 것이 하나님의 뜻이 아니라고 예언한다(43:8-44:30).

마지막 45장은 시간을 앞으로 돌려 예레미야의 제자인 바룩이 생명을 얻을 것이라는 약속을 다룬다. 그리하여 환난 가운데서도 하나님의 명령을 지키는 자들은 에벳멜렉(39:16)과 바룩처럼 희망이 있음을 제시한다. 하나님 편에 있는 자도 얼마든지 고난을 당할 수 있지만 그들이 당하는 고

---

225 Gary E. Yates, "Narrative Parallelism and the ʾJehoiakim Frameʾ: A Reading Strategy for Jeremiah 26-45," *Journal of the Evangelical Theological Society* 48 (2005): 266.
226 Stulman, *Order amid Chaos*, 84.

난은 결코 수치가 아님을 일깨워주는 것이다.[227] 36-45장의 구조는 다음과 같다.

> A. 예레미야가 바룩에게 심판의 두루마리에 기록하게 함(36장)
> > B. 기원전 587년, 예레미야가 시위대 뜰에 붙잡히게 됨(37-38장)
> > > C. 예루살렘의 함락, 예레미야가 시위대 뜰에서 나와 백성 중에 거함(39:1-14)
> > > > D. 예레미야를 살려 준 에벳멜렉이 생명을 얻을 것을 하나님이 약속함(39:15-18)
> > > C′. 예레미야가 미스바에 거함, 미스바가 새 수도가 됨(40장)
> > B′. 그다랴가 죽자 요하난이 예레미야를 붙잡아 이집트로 데려감 (41:1-43:7)
> A′. 예레미야가 이집트로 내려 간 자들에 대해 심판을 예언함(43:8-44:30)
> 부록. 바룩이 생명을 얻을 것을 하나님이 약속함(45장)

1) 두루마리를 불태우는 여호야김(36장)

36장은 바빌로니아가 유다에 침입해서 처음 포로를 잡아갔던 기원전 605

---

227 Stulman, *Order amid Chaos*, 89.

년을 배경으로 한다.[228] 이처럼 바빌로니아의 침공으로 유다에 멸망의 암울한 그림자가 드리워지기 시작한 상황에서 하나님은 예레미야에게 두루마리에 말씀을 기록하라고 하셨다.[229] 그것은 바로 하나님의 말씀에서 떠난 유다가 하나님으로부터 재난을 당할 것이라는 내용이었다(36:3). 재앙에 관한 예언을 두루마리에 기록하는 것은 재난이 기정사실화되었음을 알리는 효과가 있다. 또한 미래에 유다가 바빌로니아의 포로지에서 예레미야의 글을 보고 신앙생활을 유지할 수 있도록 돕는 목적도 있다. 결국 36장의 요점은 하나님의 말씀을 거부한 유다로 인한 심판의 불가피성을 강조하는 데 있다(36:29).[230]

먼저 하나님은 미래에 임할 재난을 두루마리에 기록하게 하신 후 유다가 그것을 듣고 악한 길에서 돌이킨다면 죄를 용서하실 것이라고 말씀하신다(36:1-3). 하지만 여호야김과 유다의 지도자들이 기록된 말씀을 듣고 회개할 가능성은 사실상 없었다.[231] 36:3에서는 "재난"(라아)이 무엇인지 구체적으로 언급하지 않지만, 36:29에서는 이것이 바빌로니아에 의한 멸

---

228 36장의 내용을 구조로 보면 다음과 같다.
　　서론. 두루마리에 재난을 기록하라: 악한 길에서 돌아오면 용서(36:1-3)
　　A. 바룩이 두루마리를 취하여 재난을 기록하고 야웨의 집에서 낭독(36:4-10)
　　　B. 왕궁의 고관들이 여후디를 보내 바룩으로 하여금 다시 낭독케 함(36:11-19)
　　　　C. 여호야김이 두루마리를 가져와 다시 낭독케 하고 불사름(36:20-26)
　　　　　D. 다른 두루마리에 재난을 다시 기록하라(36:27-28)
　　　　C´. 두루마리를 불태운 여호야김의 시체는 버림을 받을 것(36:29-30)
　　　B´. 왕의 자손과 신하들도 듣지 않아 재앙을 당할 것임(36:31)
　　A´. 바룩이 다른 두루마리를 취하여 기록함(36:32).
229 Clements, *Jeremiah*, 212. Clements는 같은 시기(기원전 605-604년)에 예언자 하박국도 바빌로니아가 고대 근동의 맹주로 진화되는 시점에 사역하면서 유다의 멸망을 예고했다고 말한다.
230 Dearman, *Jeremiah*, 325.
231 Clements, *Jeremiah*, 211.

망이라고 말한다.[232]

하나님의 명령대로 예레미야는 바룩에게 두루마리를 대필하도록 시키고 금식일에 야웨의 집에서 그것을 낭독하도록 했다(36:4-10). 예레미야가 직접 낭독할 수 없는 이유는 그가 붙잡혀서 야웨의 집으로 갈 수 없었기 때문이었다(36:5). 36:5에서 개역개정판 한글 성경이 "나는 붙잡혔다"라고 번역한 부분에서 "붙잡히다"에 해당하는 히브리어는 "아차르"(עָצַר)로서 이 단어는 "감옥에 갇히다"라는 의미 외에도 "자유가 제한되어 있다"라는 뜻이 있다. 당시 예레미야는 감옥에 있지 않았고 자유롭게 움직일 수 있었다(36:19, 26). 이런 점에서 이 표현은 예레미야가 물리적으로 붙잡혀 있다는 뜻이 아니라 스스로 숨어 있다는 말로 이해할 수 있다.[233] 기원전 609년에 예레미야가 성전이 실로와 같이 파괴될 것이라고 예언한 후(26:6) 사람들의 감시를 받아 숨어지내는 신세가 되었다고 볼 수 있기 때문에 이런 이해는 충분히 신빙성이 있다.

바룩은 예레미야의 명령대로 두루마리에 재난을 기록하고 기원전 604년(여호야김 제5년 9월) 야웨의 집 새문 어귀에 있는 사반의 아들 서기관 그마랴의 방에서 낭독하였다(36:9-10). 이날 유다는 금식을 선포했는데, 왜 금식을 선포했는지는 알 수 없다. 아마도 같은 시기에 바빌로니아 군대가 블레셋의 아스글론을 약탈하는 모습을 보고 위협을 느낀 유다가 금식을 선포한 것으로 추론된다.[234]

바룩은 사반의 아들 서기관 그마랴의 방에서 두루마리를 낭독했는데,

---

232 Allen, *Jeremiah*, 397.
233 Huey, *Jeremiah*, 320.
234 Holladay, *Jeremiah 2*, 256.

이것도 시사하는 바가 크다. 서기관 그마랴는 요시야의 개혁에 동참했던 사반의 아들이다(왕하 22:3).[235] 아마도 그마랴는 요시야 밑에서 자신의 아버지와 함께 개혁을 주도한 예레미야의 신앙을 잘 알고 있었으므로 예레미야에 대해 우호적이었고, 그것을 안 바룩이 그를 찾아가 두루마리를 읽은 것으로 보인다. 나중에 사반의 아들 그마랴는 여호야김이 두루마리를 불태우려고 할 때 그것을 말리기까지 했다(36:25).

여호야김 시대에 이처럼 야웨에 대한 신앙을 사수하고자 애쓴 고관들이 있었기 때문에 예레미야는 사역을 감당하는 데 힘을 얻을 수 있었다. 하지만 기원전 597년에 바빌로니아가 신앙을 지키는 많은 관리들을 2차 포로로 데리고 가면서, 자연스럽게 시드기야 시대에는 예레미야에 대해 부정적인 고관들이 자리를 잡게 되었다(38:15). 하나님을 경외하는 관리들이 2차 포로로 끌려가면서 왕궁은 점점 신앙과 거리가 먼 자들로 채워졌고, 이러한 상황은 예루살렘이 멸망하는 데 한몫을 했다. 시드기야 시대에 고관이 된 자들이 바빌로니아에 의해 예루살렘이 멸망할 것이라고 외치는 예레미야에게 고운 시선을 보낼 리가 만무했다.

서기관 그마랴의 방에 있던 그마랴의 아들 미가야는 바룩의 낭독을 듣고 왕궁 서기관의 방에 있는 자신의 아버지 그마랴와 다른 고관들에게 그 사실을 알린다(38:11-19). 여기서 미가야는 성전과 왕궁 사이의 교신을 돕는 연락책 역할을 하는 자임을 알 수 있다.[236] 미가야의 얘기를 들은 고관들은 여후디를 불러 바룩에게 두루마리를 낭독하도록 하고 그 내용을

---

235 랄레만, 『예레미야, 예레미야애가』, 396.
236 Allen, *Jeremiah*, 398.

들은 후 놀라워한다(36:16). 낭독을 들은 고관들은 바룩에게 예레미야와 함께 숨으라고 말한다. 이 사실을 왕이 알게 되면 이들을 죽일 것을 안 고관들은 예레미야를 도와주려고 했던 것이다.

나중에 여호야김은 고관들이 바룩의 두루마리에 대해 말하는 것을 듣고 여후디를 불러 서기관 엘리사마의 방에 있던 두루마리를 가져와 낭독하게 했다(36:20-26). 당시 겨울 궁전에 있었던 여호야김은 두루마리 가운데 낭독된 부분을 작은 칼로 베어 불에 던졌다(36:23). 이때 사용된 작은 칼은 하나님의 말씀을 기록하는 도구였다. 여호야김은 하나님의 말씀을 기록하는 도구로 하나님의 말씀을 훼손하는 아이러니한 행동을 보여준 것이다.[237]

36:30에서 하나님은 여호야김의 시체가 "버림을 당할 것이다"라고 말하는데, 여기서 "버림을 당하다"에 해당하는 히브리어 동사는 "샬라크"(שׁלך)의 사역수동형(호팔)의 분사형이다. 이 단어는 기본적으로 "던지다"라는 의미를 갖는다. 여호야김이 야웨의 말씀을 기록한 두루마리를 불에 던졌기 때문에(샬라크) 그 대가로 그의 시체가 거리에 던져질 것이라는 아이러니를 읽을 수 있는 대목이다.[238]

여호야김과 그의 신하들은 서기관의 방에 있는 고관들과 달리(36:16), 놀람과 두려움으로 자신들의 옷을 찢지 않았다(36:24). 두루마리의 내용에 대한 합당한 반응은 옷을 찢고 회개하는 것이다(참조. 41:5). 그런데 왕과 신하들은 옷을 찢는 대신 두루마리를 찢었다.[239] 이처럼 여호야김과 그의 신하들이 말씀을 듣고도 옷을 찢지 않은 모습은 말씀을 듣고 옷을 찢은 요시

---

237 Huey, *Jeremiah*, 324.
238 Lundbom, *Jeremiah 21-36*, 611.
239 Dearman, *Jeremiah*, 328.

야와 크게 대조를 이룬다(왕하 22:11).[240]

하나님은 예레미야에게 바룩으로 하여금 다시 두루마리를 취하고 처음과 같이 재난을 기록하라고 말씀하신다(36:27-32). 하나님은 여호야김의 말을 인용하여 바빌로니아 왕에 의해 유다가 멸망하게 될 것이라고 분명히 밝힌다(36:29). 여호야김이 바빌로니아에 의해 멸망하지 않을 것이라고 자신한 이유는 든든한 후원자인 이집트가 있었기 때문이다(왕하 24:7). 36:3에서 언급한 "악한 길"은 하나님보다 다른 것을 의지하는 모습을 가리킨다. 결국 여호야김은 인간적 계획을 의지하고 하나님의 계획을 저버렸다. 따라서 하나님이 내리는 재난이 임할 것이고 그 첫 증표는 그의 비참한 최후다.

구체적으로 두루마리를 불태워 던져버린 여호야김이 온전히 매장되지 않고 그 시체가 거리에 버려질 것이라는 무서운 심판이 선포된다(36:30). 불을 잘못 사용한 대가로 그의 시체가 거리에 버려져 추위를 당할 것이라는 말이다. 에스겔서는 시드기야가 바빌로니아와의 언약을 파기하는 배은망덕한 행동을 한 까닭에 유다가 멸망했다는 뉘앙스를 주지만(겔 17:15-16), 예레미야서는 여호야김의 잘못된 판단으로 인해 유다가 멸망하게 되었다고 강조한다.[241]

역사적으로 기원전 601년에 바빌로니아의 느부갓네살은 이집트의 국경 지대에서 파라오 느고와 일전을 벌였지만 승리하지 못했다. 그럼에도 불구하고 바빌로니아는 약화되지 않았다. 그런데 이런 국제 정세를 오

---

240 Huey, *Jeremiah*, 325.
241 Clements, *Jermiah*, 215.

판한 여호야김은 기원전 601년에 본격적으로 이집트를 의지하면서 바빌로니아에 반기를 드는 치명적 실수를 범했다(왕하 24:7).[242] 그 결과 기원전 599년에 바빌로니아의 침략이 시작되었고, 기원전 597년에는 바빌로니아에 의해 예루살렘이 함락되었다. 이때 예루살렘이 함락되기 3개월 전에 여호야김은 갑작스럽게 죽는다(22:19). 열왕기서는 여호야김이 "그의 조상들과 함께 갔다"라고 기록하면서(왕하 24:6), 예레미야의 예언과 달리 그가 평안한 죽음을 맞이한 것처럼 평가한다. 하지만 그의 죽음이 갑작스러웠다는 것은 평범한 죽음이 아니었다는 암시로 볼 수 있다(참조. 왕하 24:8).

2) 멸망 직전 예레미야가 시위대 뜰에 붙잡히게 됨(37-38장)

이 단락은 예루살렘이 바빌로니아에 의해 멸망당하기 직전 대략 2년간(기원전 588-586년) 시위대 뜰에 붙잡혀 있던 예레미야가 시드기야에게 하나님의 말씀을 듣고 항복할 것을 조언하는 내용이다(38:17-18).[243] 기원전 588년에 침입해 온 바빌로니아는 시드기야를 도우러 온 파라오의 군대로 인해 잠시 예루살렘에서 군대를 철수했고, 덕분에 예루살렘은 어느 정도 숨을 돌릴 수 있었다(37:5, 11). 이 틈을 타서 예루살렘을 떠나려는 예레미야는 예루살렘 북쪽 성문인 베냐민 문에서 문지기 우두머리에 의해 바빌로니아에 투항하는 자로 오인되어 붙잡히고 말았다(37:13). 이후 여러 우여곡절을 거

---

242 Clements, *Jeremiah*, 214.
243 Clements, *Jeremiah*, 216.

친 예레미야는 기원전 586년에 예루살렘이 함락될 때까지 시위대 뜰에 머물게 되었다(38:28). 시위대 뜰에서 일어난 사건은 32장에도 기록되어 있다.

(1) 시위대 뜰에 갇히게 된 예레미야(37장)

37장은 예레미야가 어떻게 시위대 뜰에 갇히게 되었는지를 설명한다.[244] 예루살렘을 공격하던 바빌로니아가 잠시 물러난 사이(기원전 588년), 베냐민 땅에서 분깃을 받으려고 예루살렘 성을 나가다 붙잡힌 예레미야는 고관들의 미움을 사서 서기관 요나단의 집에 있는 뚜껑 씌운 웅덩이 옥에 갇힌다(37:15-16). 죽음의 위기 상황에서 예레미야는 시드기야의 도움으로 웅덩이 옥에서 시위대 뜰 감옥으로 이감된다. 시위대 뜰은 개방된 감옥으로서 어느 정도 자유로운 활동이 가능한 곳이었다.

이런 내용은 시드기야 시대의 고관들이 얼마나 하나님의 말씀에서 빗나갔는지를 보여주는 것이기도 하다. 시드기야 시대의 고관들은 여호야김 시대의 고관들과 달리 하나님의 말씀보다 자신들의 기득권에 집착함으로써 바빌로니아에 항복하기를 거부했다. 결국 37장은 우유부단한 시드기야와 자신들의 욕심을 추구한 신하들의 민낯을 보여줌으로써 멸망의 필연성을 부각시켜주고 있다.[245]

---

244 37장의 구조는 다음과 같다.
    A. 시드기야가 예레미야에게 기도를 요청(37:1-5)
      B. 바빌로니아가 예루살렘을 불태울 것이라는 예레미야의 예언(37:6-10)
        C. 예레미야가 고관들에 의해 웅덩이에 갇힘(37:11-15)
    A′. 시드기야가 예레미야에게 다시 하나님의 말씀을 물음(37:16-17a)
      B′. 시드기야가 바빌로니아 왕의 손에 붙여지게 될 것이라는 예레미야의 예언(37:17b)
        C′. 예레미야가 시위대 뜰에 머묾(37:18-21)
245 Clements, *Jeremiah*, 217.

37:1-5은 기원전 588년에 예루살렘을 공격한 바빌로니아 군대가 이집트 군대가 온다는 소문을 듣고 잠시 물러난 틈을 타서 시드기야가 예레미야를 불러 기도를 요청한 사건을 다룬다. 37:5은 바빌로니아가 예루살렘에서 떠난 사건을 기록하고 37:3에서는 시드기야가 예레미야를 찾아가 기도를 부탁한 사건을 기록하여, 바빌로니아가 예루살렘을 떠나기 전에 시드기야가 예레미야를 불렀다는 인상을 준다. 하지만 37:5의 내용은 바브 계속법의 접속사로 시작하여 37:3의 이전 상황을 묘사해주는 말이다.[246] 그러므로 바빌로니아 군대가 잠시 물러나서 겨우 숨을 돌릴 수 있었던 때에 시드기야가 예레미야를 불러 기도 부탁을 한 것으로 이해하는 것이 옳다. 여기에 언급된 파라오의 군대는 호브라(기원전 589-570년)가 유다의 요청을 받고 기원전 588년에 보낸 이집트의 군대를 가리킨다 (44:30).[247]

시드기야가 예레미야에게 기도를 부탁하는 모습은 기원전 701년에 일어났던 산헤립의 침공 당시 히스기야가 예언자 이사야에게 기도를 부탁했던 사건과 중첩된다(사 37:4). 그때 남유다는 극적인 구원을 받았지만 곧바로 구원의 은혜를 망각했다. 그 결과 이사야는 훗날 유다가 바빌로니아에 의해 멸망하게 될 것이라고 경고했는데(사 39:6-7; 미 4:10), 이 경고에 귀를 기울이지 않은 유다는 아시리아보다 더 큰 산인 바빌로니아를 맞이하게 된 것이다. 하나님의 말씀을 청종치 않음으로써 멸망이 기정사실이 된 상황에서 예레미야에게 기도를 부탁하는 시드기야의 모습은 애처롭다고

246 Waltke and O'Connor, *Biblical Hebrew Syntax*, 552-553.
247 장성길, 『이스라엘의 구원과 회복의 드라마』, 301.

말할 수 있다.

　기도를 부탁하는 시드기야는 매우 초조했다. 이집트를 의지했던 그는 예루살렘을 침공한 바빌로니아의 군대가 매우 강력한 것을 보고 놀라지 않을 수 없었다. 아마도 그는 이집트 군대를 끌어들이면 처음부터 바빌로니아가 예루살렘을 침공하지 않을 것이라고 여겼던 듯하다. 하지만 바빌로니아가 예루살렘을 멸망시키러 직접 오지 않을 것이라는 생각은 오판이었다. 유다의 지도자들이 바빌로니아가 오지 않을 것이라고 예상했다는 것은 감옥에 갇힌 예레미야가 "바빌로니아의 왕이 와서 왕과 이 땅을 치지 아니하리라고 예언한 왕의 예언자들이 이제 어디 있나이까"라고 반문한 것에서 확인할 수 있다(37:19).

　37:6-10은 시드기야의 기도 부탁을 받은 예레미야가 하나님의 말씀을 받아 전하는 내용이다. 요약하면 이집트의 군대는 다시 집으로 돌아갈 것이고 바빌로니아는 예루살렘으로 다시 돌아올 것이라는 말씀이었다.[248] 비록 유다가 바빌로니아를 공격하여 치명상을 입힌다 할지라도 남아 있는 바빌로니아 군대가 예루살렘 성을 불사를 것이다. 도벳에서 자녀를 불태우며 우상숭배를 한 유다의 방식과 똑같이 유다를 불로 멸망시키겠다는 것이 하나님의 뜻이라는 설명이다(32:29).[249]

　이후 예레미야는 베냐민 땅에 가서 자신의 분깃을 받기 위해 예루살렘 북쪽 성문인 베냐민 문에 도착하지만, 문지기가 그를 바빌로니아에 투항하려는 자로 낙인찍어 고관들에게 넘긴다. 예레미야는 기원전 605년부

---

248 Lundbom, *Jeremiah 37-52*, 61.
249 Keown and others, *Jeremiah 26-52*, 217.

터 본격적으로 유다가 바빌로니아에 의해 멸망당할 것이라고 예언했기 때문에(25:1, 9), 문지기는 바빌로니아의 위협 앞에서 예루살렘을 빠져나가려는 예레미야를 곱게 볼 수 없었다.

분노한 고관들은 예레미야를 서기관 요나단의 집에 있는 뚜껑 씌운 웅덩이에 가뒀다(37:11-15). 이 사건은 32장에서 예레미야가 시위대 뜰에서 숙부 하나멜을 만나기 전에 일어난 일이다.[250] 예레미야에게 우호적이었던 고관들 상당수가 기원전 597년에 바빌로니아로 끌려갔거나 변절함으로써 더 이상 그를 지지해 줄 고관들이 없었기 때문에 예레미야는 이처럼 웅덩이에 빠지는 곤경에 처하게 되었다.[251]

하지만 예레미야는 시드기야의 도움으로 웅덩이 옥에서 나와 시위대 뜰에 머물게 되었다(37:16-21). 시드기야의 부름을 받고 왕 앞에 선 예레미야는 바빌로니아 군대가 결코 예루살렘에 오지 않을 것이라고 말한 왕의 거짓 예언자들이 어디에 있는지 반문하며 자신이 참 예언자라고 강조한다(37:19). 이어 예레미야는 웅덩이에 갇힌 것에 대한 억울함을 토로하고 자신을 요나단의 집에 있는 웅덩이로 보내지 말라고 간구한다(37:20).

(2) 시드기야와 예레미야의 진지한 대화(38장)

38장은 결론적으로 예레미야가 우여곡절 끝에 다시 시위대 뜰에 머물게 된다는 점에서 37장과 비슷하다.[252] 그러면서 예레미야가 겪는 수모의 강

---

250 Clements, *Jeremiah*, 219.
251 Allen, *Jeremiah*, 407.
252 한편 어떤 학자들은 38장은 37장의 내용을 다시 반복한 것이라고 주장한다. Clements, *Jeremiah*, 220.

도가 더욱 고조되고 그 대가로 유다가 멸망할 수밖에 없음을 독자들에게 각인시킨다.[253] 38장에서 예레미야는 다시 고관들의 고소로 인해 왕의 아들인 말기야의 구덩이에 던져진다(38:6). 안에 물이 없는 진창에 갇힌 예레미야는 죽음의 위기에 놓인다.

이 사건을 배경으로 두 가지 예언이 주어진다. 첫째는 시드기야에 관한 것으로, 그가 바빌로니아에 항복하지 않으면(38:2, 21) 예레미야가 말기야의 집 웅덩이 진흙에 빠진 것처럼 시드기야도 진흙에 빠진 자가 되어 사람들의 조롱을 받을 것이라는 예언이다(38:6, 22). 둘째는 예레미야를 말기야의 웅덩이 진흙에서 건져 준 에벳멜렉에 관한 예언이다(38:7-13; 39:15-18). 에벳멜렉은 예레미야의 편에 섰기 때문에 그에게 구원이 임할 것이라는 약속이 주어진다.[254] 이는 참 예언자인 예레미야의 말에 어떻게 반응하는가에 따라 보응을 받는다는 교훈을 준는 예언들이다. 흥미롭게도 38장은 37:11-21과 매우 흡사하다.[255]

---

253 38장의 구조는 다음과 같다.
　A. 시드기야의 허락으로 고관들이 예레미야를 말기야의 구덩이에 넣음(38:1-6)
　　B. 왕궁 내시 에벳멜렉의 도움으로 예레미야가 시위대 뜰에 머묾(38:7-13)
　　　C. 시드기야와 예레미야 간의 대화: 항복하면 생명을 얻음(38:14-23)
　A′. 시드기야가 자신과의 대화를 고관들에게 알리지 말라고 지시함(38:24-27)
　　B′. 예레미야가 예루살렘 함락 때까지 시위대 뜰에 머묾(38:28)

254 Dearman, *Jeremiah*, 343.

255 Else K. Holt, "The Potent Word of God: Remarks on the Composition of Jeremiah 37-44," in *Troubling Jeremiah*, ed. A. R. Pete Diamond, Kathleen M. O'Connor & Louis Stulman, JSOTSup 260 (Sheffield: Sheffield Academic Press, 1999), 168. 여기서는 Holt의 구조를 약간 변형시켰다.

37:11–21	38:1–28
1. 예레미야의 상황: 고소와 감금(11–15절)	1. 예레미야의 상황: 고소와 감금(1–13절)
2. 왕이 예레미야에게 문의하기 위해 사람을 보내고 들음(16–17절)	2. 왕이 예레미야에게 문의하기 위해 사람을 보내고 들음(14–23절)
3. 예레미야가 왕에게 간청함(18–20절)	3. 왕이 예레미야에게 간청함(24–26절)
4. 왕이 예레미야의 간청을 들어줌, 예레미야가 시위대 뜰에 앉음(21절)	4. 예레미야가 왕의 간청을 들어줌, 예레미야가 시위대 뜰에 앉음(27–28절)

먼저 맛단의 아들 스바댜, 바스훌의 아들 그다랴, 셀레먀의 아들 유갈, 말기야의 아들 바스훌(38:1)과 같은 고관들이 나와서 예레미야가 평안 대신에 재난을 구하면서 군사의 사기를 떨어뜨린다고 왕께 고한 후, 예레미야를 왕의 아들 말기야의 집 웅덩이 감옥이 가둔다(38:1-6). 이 부분에서 예레미야에게 기도를 요청했던 시드기야의 진심이 무엇인지를 엿볼 수 있다(37:3). 그는 겉으로는 하나님의 목소리를 구하지만 속으로는 여전히 하나님의 말씀보다는 관리들과 백성의 목소리를 두려워하고 있었던 것이다. 따라서 역대하 36:12은 시드기야를 다음과 같이 평가한다. "그의 하나님 여호와 보시기에 악을 행하고 선지자 예레미야가 여호와의 말씀으로 일러도 그 앞에서 겸손하지 아니하였으며." 이런 모습은 사울이 하나님의 목소리보다 인간의 목소리를 더욱 청종하고 사람들의 인기에 집착했던 것과 같다(삼상 15:22-24).

말기야의 집에 있는 웅덩이 진흙 속에 감금당한 예레미야는 굶어 죽을 위기에 처했으나 왕궁 내시 에벳멜렉의 도움으로 다시 시위대 뜰로 나오게 된다(38:7-13). 에벳멜렉은 구스인으로서 이방인 출신이다(38:7). 구스인이 내시가 된 것은 아마도 유다의 2차 포로가 바빌로니아로 잡혀갈 때

다수의 내시들이 끌려갔기 때문이라고 추정할 수 있다(29:2). 어쨌든 예레미야에 대해 매우 적대적인 고관들의 행태는 예레미야를 도와주려는 에벳멜렉의 행동과 크게 대조된다.[256] 이런 대조를 통해 당시 유다 고관들의 영적 수준이 이방인 내시보다도 더 낮았음을 알 수 있다. 나중에 바빌로니아의 관리들과 내시들은 유다의 고관들과 달리 예레미야를 환대하고 존중했다(39:3, 13). 이런 대조는 이방인들이 오히려 하나님의 편에 서 있었다는 아이러니다.

마지막으로 예레미야와 시드기야가 나눈 대화를 다룬다(38:14-28). 38:14-23은 38장의 핵심으로서 에벳멜렉의 도움을 받아 시위대 뜰로 다시 돌아온 예레미야를 시드기야가 불러 진지한 대화를 나누는 장면이다. 여기서 시드기야와 예레미야는 세 번의 대화를 주고받는다(14-15절, 16-18절, 19-23절). 이어 38:24-28에서 시드기야는 예레미야에게 자신과의 대화 내용을 고관들에게는 비밀로 해달라고 부탁하며 예레미야는 그 부탁대로 행한다.

첫 번째 대화(38:14-15)를 보면 시드기야는 성전의 셋째 문에서 예레미야를 맞이한다(38:14). 성전의 셋째 문이 어디인지는 알 수 없다. 아마도 왕이 성전에 사적으로 들어가는 입구로 추정된다(왕하 16:18).[257] 미래의 일을 묻는 시드기야에게 예레미야는 자신이 하나님의 말씀을 말할지라도 왕이 듣지 않고 오히려 자신을 죽일지도 모른다는 염려를 피력한다(38:15). 전에 예레미야는 요나단의 집에 있는 웅덩이로 자신을 다시 보낸다면 죽

---

256 랄레만, 『예레미야, 예레미야애가』, 404.

257 Huey, *Jeremiah*, 337.

을까 두렵다고 토로했었다(37:20). 이렇듯 염려와 두려움을 보이는 예레미야의 모습은 그의 삶을 지켜주실 것이라는 하나님의 약속에도 불구하고 (1:17-19), 인간적으로 연약한 그의 단면을 드러내준다.

두 번째 대화(38:16-18)에서 예레미야는 자신을 죽이지 않겠다는 시드기야의 약속을 받고(38:16) 하나님의 말씀을 전한다. 예레미야는 야웨의 목소리를 청종하고 바빌로니아에 항복하면 살겠지만 그렇지 않으면 바빌로니아의 손에 의해 예루살렘 성이 불타게 될 것이라고 말한다(38:17-18). 사람의 눈으로 보면 바빌로니아에 항복하는 것은 야웨의 뜻으로 보이지 않는다. 하지만 하나님의 뜻은 인간의 잣대로 재단할 수 없다. 성도는 하나님의 말씀과 뜻에 전적으로 순종하는 자세를 가져야 한다는 진리를 여기서 깨달을 수 있다.

세 번째 대화(38:19-23)에서 시드기야는 자신이 항복하면 이미 바빌로니아에 항복한 자들이 자신을 조롱할까봐 두렵다고 속마음을 털어놓는다 (38:19). 이에 예레미야는 오히려 항복하지 않는다면 왕궁의 여자들이 바빌로니아로 끌려가면서 고관들의 꼬임으로 시드기야의 발이 진흙에 빠졌다고 조롱할 것이라고 대답한다(38:22). 기원전 597년에 포로로 끌려가지 않은 왕의 후궁들이 바빌로니아에 끌려가면서 잘못된 판단을 내린 시드기야를 조롱할 것이라는 예언이다.[258] 시드기야가 진흙에 빠진다는 말은 무고한 예레미야를 말기야 집의 구덩이 진흙에 빠뜨린 대가로 시드기야가 받을 심판을 묘사하는 아이러니다(38:6).[259] 여기서 심는 대로 갚으시는 하나

---

258 Lundbom, *Jeremiah 27-52*, 76.
259 Holladay, *Jeremiah 2*, 290.

님의 모습을 발견할 수 있다(갈 6:8).

끝으로 시드기야는 예레미야에게 자신과 나눈 대화를 고관들에게는 비밀로 해달라고 요구한다(38:24-28). 시드기야가 하나님의 말씀보다 국가 이상주의를 통해 기득권을 추구하는 고관들과 백성들을 두려워했음을 잘 보여주는 대목이다.[260] 어려움 속에서도 성도의 소망은 하나님의 말씀을 두려워하고 실행하는 데 있다. 이런 점에서 시드기야가 하나님의 말씀보다 사람을 두려워한 것은 확실히 옳지 않다. 사람들의 목소리를 두려워했던 그는 예레미야를 불러 하나님이 베푸실 기적의 가능성에 대해서만 알고 싶어 했을 뿐 정작 하나님의 목소리는 존중하지 않았다.

하나님의 말씀을 제쳐두고 자신의 눈에 보이는 대로 행동한 결과로 인해 예루살렘이 함락될 때, 시드기야는 눈이 뽑히는 수모를 겪어야 했다 (39:6). 하나님의 말씀이 보여주는 대로 행동하지 않고 자신이 보는 대로 행동한 대가라고 말할 수 있다. 반면 목숨을 걸고 하나님의 말씀을 전한 예레미야는 비록 시위대 뜰에 갇힌 신세였지만 예루살렘이 함락될 때 시드기야와 달리 자유를 얻었다(39:11-14).[261] 이로써 두 사람의 운명이 극명하게 대조된다.

---

260 Keown and others, *Jeremiah 26-52*, 226.
261 Allen, *Jeremiah*, 416.

3) 예루살렘 함락 후 미스바가 새 중심지가 됨(39-40장)

39-40장은 예루살렘이 함락된 후 시위대 뜰에서 풀려난 예레미야가 바빌로니아의 총독으로 세워진 사반의 손자 아히감의 아들 그다랴가 있는 미스바에 머물게 되는 내용을 다룬다. 예레미야 외에도 들에서 민병대로 활동했던 군인들과 주위 국가(암몬과 모압과 에돔)로 도망갔던 유다인들이 새로운 행정 중심지로 떠오른 미스바에 모이기 시작했다(40:7-12).

이 과정에서 가레아의 아들 요하난은 암몬에서 이스마엘이 그다랴를 죽일 계획을 가지고 있음을 알고 그다랴에게 이스마엘을 살해할 수 있도록 해달라고 요청한다. 하지만 그다랴는 요하난의 청을 거절했다. 이것은 그만큼 예루살렘 함락 이후 미스바에 모인 유다의 남은 자들의 상태가 매우 불안했다는 반증이기도 하다. 39-40장의 구조는 다음과 같다.

  A. 예루살렘이 멸망한 후 빈민들이 유다 땅에 남음(39:1-10)
   B. 예레미야가 시위대 뜰에서 나와 백성 중에 거함(39:11-14)
    C. 에벳벨렉에 대한 구원의 약속(39:15-18)
   B´. 예레미야가 시위대 뜰에서 나와 미스바에 거함(40:1-6)
  A´. 예루살렘이 멸망한 후 유다의 남은 자들이 미스바로 귀환(40:7-16)

위의 구조로 볼 때 39-40장은 가운데 위치한 단락 C(39:15-18)를 핵심으로 제시하고, 예루살렘이 멸망한 후 유다가 불안한 상황에서 에벳멜렉처럼 야웨 하나님을 전적으로 믿는 자에게만 소망이 있다는 메시지를 전하고 있다(39:18).

(1) 예루살렘의 멸망과 예레미야의 석방(39장)

39:1-10은 기원전 586년에 바빌로니아에 의해 예루살렘이 불탄 사건을 기록한다. 예레미야는 유다가 하늘의 만상에 분향하고(7:17-20; 19:13) 도벳에서 자녀들을 불살랐기 때문에 예루살렘이 불탈 것이라고 예언한 바 있다(32:29, 35). 그러므로 그의 예언이 실제로 성취된 것이다. 예루살렘이 함락된 후 후속 조치를 취하기 위해 느부갓네살 왕의 모든 고관이 예루살렘의 중문에 앉았다(39:2-3). 여기서 중문은 예루살렘 북쪽 성벽 중간에 위치한 성문을 가리킨다.[262]

예루살렘이 함락되기 직전에 여리고 평원으로 도망간 시드기야는 바빌로니아 군대에게 잡혀 군사령부가 있는 하맛 땅 리블라로 끌려가 느부갓네살에 의해 눈이 뽑히게 된다(39:4-7). 39:5에서 개역개정판 한글 성경은 하맛 땅의 명칭을 "립나"로 번역했는데, 이것은 "리블라"로 번역하는 것이 옳다(겔 6:14; 왕하 23:33; 25:20).[263]

에스겔서에 따르면 느부갓네살 왕은 예루살렘 원정 중 임시 사령부를 하맛 땅 리블라에 세웠다. 그곳의 갈림길에서 오른쪽인 예루살렘으로 갈지, 왼쪽인 암몬으로 갈지 점을 치기 위해 희생제물의 간을 살폈고, 점괘에 따라 예루살렘으로 군대를 보냈다(겔 21:21). 이렇게 점괘에 의해 예루살렘 공격이 정해진 것도 모르고 이집트를 의지하면서 느부갓네살이 침공하지 않을 것이라고 낙관하며 희희낙락했던 유다의 모습은 정말 아이러니했다.

39:6-7은 시드기야가 눈이 뽑힌 채 치욕스러운 모습으로 바빌로니아

---

262 Holladay, *Jeremiah 2*, 291.
263 Block, *Ezekiel 1-24*, 236-237.

에 끌려가는 장면을 묘사한다. 시드기야의 비참한 모습은 시드기야가 평안히 죽을 것이라는 예레미야의 예언과 대조를 이룬다(34:4-5).[264] 이런 차이는 시드기야가 해방된 노예를 다시 돌아오게 한 죄를 지음으로써 그에 대한 예언이 바뀐 것이라고 풀이할 수 있다. 이런 점에서 하나님의 예언은 운명론이 아님을 알 수 있다.

바빌로니아는 예루살렘을 함락시킨 데 이어 왕궁과 백성의 집을 불살랐고 예루살렘 성벽을 무너뜨렸다(39:8-10). 다만 성전을 불살랐다는 말은 언급되지 않는다. 아마도 이는 39장의 진술이 다윗 왕권의 붕괴에 초점을 두고 있기 때문이라고 설명할 수 있다(참조. 52:13).[265] 사령관 느부사라단은 예루살렘 성의 남은 자들을 포로로 잡아간 대신 아무런 소유가 없는 빈민들은 유다 땅에 남겼다(39:10). 바빌로니아 군대 사령관이 빈민을 향해 자비로운 행동을 한 것은 빈민을 상대로 한 재판을 공정하게 하지 않고 그들을 억압한 유다 지도자들의 악행과 크게 대조된다(5:28). 이런 점에서 바빌로니아의 지도부가 오히려 유다의 지도부보다 더 공평하고 합리적이었음을 알 수 있다.[266] 성도가 타락하면 오히려 믿지 않는 사람보다 더 공의에서 이탈한다는 사실을 일깨워주는 대목이다.

바빌로니아의 고관과 장관들은 사람을 보내어 시위대 뜰에 갇힌 예레미야를 석방했다(39:11-14). 반면 40:1은 예레미야가 사슬에 결박되어 포로로 잡혀가던 중에 라마(예루살렘 북쪽 8킬로미터에 위치)에서 사령관 느부사라단에 의해 석방되었다고 기록한다. 이런 불일치에 대해서는 일차적

---

264 Clements, *Jeremiah*, 225.
265 Stulman, *Jeremiah*, 317.
266 Clements, *Jeremiah*, 204.

으로 느부사라단에 의해 시위대 뜰에 갇힌 예레미야가 석방되어 미스바(예루살렘 북쪽 12킬로미터에 위치)로 가게 되었고, 도중에 예레미야가 붙잡히게 되자 느부사라단이 직접 다시 방문하여 그를 석방한 것이라고 설명할 수 있다.[267]

39:15-18은 시간을 거슬러 올라가 예레미야가 예루살렘이 멸망하기 직전 시위대 뜰에 갇혔을 때를 배경으로 한다. 예레미야는 자신을 웅덩이 진흙에서 구해준 에벳멜렉에게 예루살렘 함락 이후에 그의 생명이 구원을 얻을 것이라는 하나님의 말씀을 전한다. 에벳멜렉이 구원을 얻는 이유는 그가 하나님을 믿었기 때문인데(39:18), 여기서 "믿었다"로 번역된 히브리어 단어는 "바타흐"(בָּטַח)로서 "의지하다"라는 뜻이다. 예레미야서에 나타나는 믿음의 대상은 매우 다양하다. 이집트와 아시리아 같은 강대국(2:37), 견고한 성들(5:17), 이웃과 형제들(9:4)이 믿음의 대상으로 등장한다. 심지어 외형적인 성전(7:4)도 여기에 포함된다.[268] 그러나 예레미야서는 이런 것들이 모두 거짓이며 진정한 신뢰의 대상은 오직 하나님뿐이기에 하나님을 의지할 때만이 소망이 있다고 교훈한다.

예루살렘의 멸망을 기술하는 문맥에서 에벳멜렉의 이야기가 갑자기 등장하는 이유는 예루살렘 멸망의 원인이 하나님을 의지하지 않았기 때문임을 각인시키기 위함이다. 또한 언약의 의무인 인애와 공의와 의는 하나님을 사랑하고 의지하는 데서 출발한다는 사실을 교훈하려는 목적이 있다. 더 나아가 하나님은 집단뿐만 아니라 신실한 개인들에게도 관심을 가

---

267 Huey, *Jeremiah*, 349.

268 Lundbom, *Jeremiah 37-52*, 99.

지시는 분임을 일깨워주려는 의미도 있다.[269]

(2) 예루살렘 멸망 후 미스바가 새로운 중심지가 됨(40장)

예레미야는 라마에서 석방된 후 바빌로니아 왕이 유다의 총독으로 세운 그다랴(사반의 손자이자 아히감의 아들)가 있는 미스바로 몸을 향했다(40:1-6). 라마는 예루살렘에서 북쪽으로 대략 8킬로미터 떨어진 곳이고, 미스바는 라마에서 약 4킬로미터 더 북쪽에 위치한 곳이다. 따라서 라마에서 예레미야가 잠시 억류된 것은 예루살렘의 시위대 뜰에서 석방되어 미스바로 올라가던 길에 그가 바빌로니아 군대의 오인으로 라마에서 사로잡혔기 때문이라고 풀이할 수 있다.

아히감은 요시야가 추진했던 개혁을 옆에서 보좌한 사반의 아들이다 (왕상 22:8-10). 그는 예루살렘 성전 파괴를 예언한 예레미야를 여호야김 왕으로부터 보호해주었던 인물이기도 하다(26:24). 이런 점에서 아히감의 아들인 그다랴가 총독이 된 것은 예레미야에게 유리한 상황이라고 할 수 있다.[270] 40:6에서 미스바가 처음 언급되는데, 미스바가 부상하는 이유는 더 이상 도시로서 기능하지 못하는 예루살렘을 대신해 미스바가 유다의 새로운 행정 중심지가 되었기 때문이다.

미스바에서 총독으로 임명된 그다랴의 주변으로 유다 지역과 주위 국가로 뿔뿔히 흩어졌던 유력 인사들이 모여들기 시작했다(40:7-16). 그다랴는 이들에게 유다의 성읍에서 갈대아인을 섬기면 살 수 있을 것이라고 말

---

269 Clements, *Jeremiah*, 227.
270 Allen, *Jeremiah*, 431.

한다(40:9-10). 바빌로니아의 침공을 피해 흩어졌던 유다 사람들에게 사실상 바빌로니아 왕의 사면을 전해주는 셈이었다.[271]

그다랴를 찾아온 유력 인사들은 모압과 암몬과 에돔 같은 이웃 국가로 피신했던 유다인들로, 암몬에서 돌아온 느다냐의 아들 이스마엘도 이들 중에 포함되어 있었다(40:8, 11-12). 이외에도 가레아의 아들 요하난과 들에 있던 모든 군 지휘관들이 언급된다(40:13). 여기에 언급된 군 지휘관들은 유다의 정식 군인들이라기보다는 평민들로 구성된 민병대의 성격에 가깝다.[272]

40:13-16은 암몬 자손의 왕 바알리스가 보낸 느다냐의 아들 이스마엘이 그다랴를 살해하려는 것을 간파한 가레아의 아들 요하난이 그다랴에게 그를 제거할 것을 허락해달라고 요구하지만 그다랴가 이를 거절하는 내용이다. 느다냐의 아들 이스마엘이 왜 그다랴를 죽이려고 했는지는 알려지지 않지만, 아마도 왕족 출신이었던 그가(41:1) 평민 출신인 그다랴가 총독 자리에 오른 것에 불만을 품었기 때문이라고 설명할 수 있다.[273] 이와 함께 암몬 자손의 왕 바알리스가 그다랴를 죽이려는 계획에 동조한 이유는 유다의 불안정을 틈타 자신의 영토를 확장시키려는 야망을 가졌기 때문으로 보인다.[274]

이처럼 미스바에서 유다의 총독으로 세워진 그다랴의 초기 통치 상황은 매우 불안정했다.[275] 유다의 남은 자들 사이에서는 여전히 알력이 있었

---

271 Huey, *Jeremiah*, 350.
272 Allen, *Jeremiah*, 433 참조.
273 Huey, *Jeremiah*, 352.
274 Huey, *Jeremiah*, 352.
275 Dearman, *Jeremiah*, 354.

고, 그중에는 바빌로니아의 통치를 두려워하는 자들도 있었다. 하지만 예레미야를 통해 말씀하신 하나님의 뜻은 하나님을 전적으로 의지하고 바빌로니아를 섬기라는 것이었다. 나중에 드러나지만 결과적으로 유다의 남은 자들은 이 말씀대로 살지 못했다.

4) 그다랴의 피살과 이집트로 내려간 백성들을 향한 예언(41-44장)

이 단락은 그다랴가 이스마엘에 의해 살해되고, 남아 있는 유다인들이 요하난을 필두로 해서 예레미야를 데리고 이집트로 피신하는 장면이다. 그리고 이런 상황을 배경 삼아 이집트로 피신한 자들을 향한 하나님의 예언을 다룬다. 41-44장은 세 개의 단락으로 나뉜다. 즉 그다랴를 살해한 뒤 미스바의 남은 자를 데리고 암몬 자손에게로 도망가는 이스마엘을 요하난과 그의 무리들이 추적하는 장면(41장), 요하난의 무리가 예레미야의 말을 듣지 않고 이집트로 내려가는 사건(42-43장), 이집트에 거하는 모든 유다인들을 향한 하나님의 말씀(44장)으로 나뉜다.

① 이스마엘이 그다랴를 살해하고 도망감(41장)

41장은 느다냐의 아들 이스마엘이 그다랴를 살해한 후에 미스바의 남은 자들을 데리고 암몬으로 도망가는 내용(41:1-10)과, 요하난과 군지휘관이 이스마엘을 추적하여 남은 자들을 도로 찾는 장면(41:11-18)으로 나뉜다.

본문은 "일곱째 달"에 느다냐의 아들 이스마엘이 미스바의 그다랴를 찾아와 그를 살해했다고 말한다(41:1-3). 여기서 "일곱째 달"이 어느 해의 일곱째 달인지는 알 수 없다. 유다 월력으로 예루살렘은 4월에 멸망했고 (39:2), 이후 6월(오늘날 8-9월)에 사람들이 여름 실과를 가지고 미스바에 있는 그다랴를 찾아왔다(40:12). 그러므로 예루살렘이 멸망한 해의 7월(오늘날 9-10월) 초막절 절기에 맞춰 이스마엘이 그다랴를 죽였다고 추론할 수 있다.

하지만 이보다는 그다랴가 4-5년 정도 통치를 한 후에 살해되었다고 보는 것이 더 신빙성이 있다.[276] 바빌로니아는 기원전 581년에 다시 유다를 침공하여 사람들을 포로로 잡아갔는데(52:30), 그다랴의 살해로 인해 이 침공이 발생한 것으로 추정할 수 있기 때문이다. 이스마엘은 그다랴를 살해하는 과정에서 미스바에 있는 모든 유다 사람과 갈대아 군사를 죽였다 (41:3). 여기서 이스마엘이 죽인 유다인들은 그다랴의 행정 업무를 돕는 자들이었을 것이다.[277]

그다랴를 죽인 이스마엘은 7월 초막절 절기를 지키기 위해 북쪽의 세겜, 실로, 사마리아에서 예루살렘으로 가려는 순례자들을 미스바로 유인한 다음 죽였다(41:4-8). 과거 북이스라엘의 땅이었던 사마리아 지역 사람들이 남유다의 예루살렘으로 순례를 올 수 있었던 이유는 요시야(기원전 640-609년) 왕이 북이스라엘의 사마리아 땅을 남유다에 병합시킨 이후로 그 지역이 쭉 유다의 관할 아래에 있었기 때문이다(왕하 23:15-20).[278]

이 순례객들이 예루살렘의 성전에 나가 제사를 드리려고 했다는 진술은 언뜻 역사적 상황에 맞지 않는다. 당시 예루살렘 성전은 파괴되어 폐허

---

276 Lundbom, *Jeremiah 37-52*, 115.

277 Dearman, *Jeremiah*, 354.

278 Allen, *Jeremiah*, 434.

가 되었기 때문이다. 아마도 예루살렘 성전이 파괴될 때 제단의 일부가 보전되었고 그곳에서 제한적인 형식으로나마 제사가 드려진 것으로 추론할 수 있다.[279]

이스마엘은 그다랴에게 속한 사람들을 죽이고 그 시체를 유다 왕 아사가 북이스라엘 왕인 바아사를 무서워하여 팠던 구덩이에 던졌다. 그리고 미스바에 남아 있는 백성을 사로잡아 암몬으로 도망갔다(41:9-10). 원래 아사 왕이 팠던 구덩이는 유다인의 생명을 살리기 위한 것이었는데(왕상 15:16-22), 이스마엘은 그곳을 죽음의 장소로 만들어버리는 아이러니를 보여준다.[280]

41:11-18은 요하난과 그의 무리들이 백성을 데리고 암몬으로 도망가는 이스마엘을 추적하여 그에게 사로잡힌 백성을 도로 찾은 후에, 바빌로니아를 두려워하여 이집트로 가려는 장면을 다룬다. 가레아의 아들 요하난과 그와 함께한 군 지휘관들은 기브온 큰 물가에서 암몬으로 도망가는 이스마엘의 무리를 만났다(41:12). 이스마엘은 자신을 추적하는 무리를 따돌리기 위해 일부러 북쪽으로 가는 우회로인 기브온을 택했던 것이다.[281]

요하난과 그의 무리들은 이스마엘에게 붙잡힌 백성을 도로 찾은 뒤 바빌로니아의 보복을 피해 이집트로 떠나려고 했다(41:16-18). 하지만 바빌로니아의 보복에 대한 두려움은 사실상 근거가 없는 것이었다. 예루살렘의 멸망 이후에 바빌로니아가 보여준 처사는 매우 공평하고 합리적이었기

---

279 Clements, *Jeremiah*, 233.
280 Allen, *Jeremiah*, 434.
281 Holladay, *Jeremiah 2*, 294-295.

때문이다.[282] 이때 이스마엘에게서 도로 찾은 백성 중에는 내시도 있었다 (41:16). "내시"에 대한 갑작스러운 언급은 독자들을 당황하게 하지만, "왕의 딸들"을 섬기던 사람들이 백성과 함께 포로로 잡혀갔던 것을 알면 이들의 존재와 등장 이유를 이해할 수 있다.[283]

요하난과 그의 무리들은 유다의 남은 백성들을 데리고 이집트로 향하던 도중 베들레헴 근처에 있는 "게룻김함"이라는 곳에 머물렀다(41:17). 이 지명은 아마도 압살롬을 피해 도망다니던 다윗을 호위했던 바르실래의 아들 김함과 연관된 지역인 것으로 보인다(삼하 19:37-38, 40).[284]

② 유다의 남은 자들이 이집트로 도망감(42-43장)

42-43장은 하나님의 말씀을 듣지 않은 요하난과 그의 무리들이 예레미야를 끌고서 이집트의 다바네스로 내려가는 장면을 다룬다. 이집트에서 가나안 땅으로 온 유다가 멸망당한 후 자발적으로 다시 이집트로 내려가는 모습은 이집트의 틀을 벗어나지 못하는 유다 역사의 암울한 모습을 보여준다.[285] 후일 예레미야는 과거에 하나님이 이집트로 내려간 이스라엘을 불러 모세 언약을 맺은 것처럼 하나님이 바빌로니아로 끌려간 백성을 다시 불러 새 언약을 맺을 것이라는 희망의 메시지를 전한다(참조. 51:6). 하지만 이집트로 내려간 사람들은 그들의 불순종으로 인해 이런 희망을 가질 수 없다고 선언한다(44:26). 42-43장의 구조는 다음과 같다.

---

282 Clements, *Jeremiah*, 233.
283 Lundbom, *Jeremiah 37-52*, 122.
284 Lundbom, *Jeremiah 37-52*, 122.
285 Stulman, *Jeremiah*, 343.

A. 요하난의 무리가 하나님의 말씀을 듣기 위해 기도를 부탁함(42:1-6)

  B. 예레미야의 예언: 이집트로 내려가면 재앙을 당할 것임(42:7-22)

A´. 요하난의 무리가 하나님의 말씀을 듣지 않고 다바네스로 내려감

  (43:1-7)

  B´. 이집트의 다바네스에서 예레미야가 재앙을 예언함(43:8-13)

유다의 남은 백성을 데리고 이집트로 가려는 요하난과 그의 무리들은 먼저 하나님의 말씀을 묻기 위해 예레미야에게 기도를 부탁했다(42:1-6). 이들은 예레미야를 통해 주어진 하나님의 말씀이 듣기 좋든지 나쁘든지 상관없이 무조건 순종하겠다고 약속한다(42:6). 하지만 이들이 유다의 남쪽 국경 근처의 게룻김함에 머물면서 이집트로 떠나려고 한 것을 보면, 애초부터 이들의 약속에는 진실성이 없었음을 알 수 있다.

  42:7-22은 예레미야가 이집트로 도망가려는 무리들을 향해 하나님의 말씀을 전하는 내용이다.[286] 예레미야는 10일 후에 하나님의 말씀을 가지고 그들을 찾아왔다(42:7). 10일 후에 하나님의 말씀을 전했다는 진술은 거짓 예언자 하나냐의 이야기와 비교했을 때 매우 불길한 징조다(28:5, 12).[287] 이들은 이집트로 가기로 이미 결정한 상황에서 자신들의 결정에 부합한

---

[286] 42:7-22의 구조는 다음과 같다.

  A. 하나님께로 보내진 예레미야가 말씀을 가지고 돌아옴(42:7-9)

    B. 땅에 눌러 앉으면 땅에서 뽑히지 않고 살게 될 것(42:10-12)

      C. 칼과 전쟁을 피하여 이집트로 간다면 잘못될 것(42:13-14)

      C´. 이집트에서 칼과 기근과 전염병으로 죽게 될 것(42:15-17)

    B´. 이집트로 간 자들은 저주로 인해 이 땅을 다시 보지 못할 것(42:18)

  A´. 하나님이 보낸 예레미야의 말을 무리들이 듣지 않음(42:19-22)

[287] Allen, *Jeremiah*, 436.

말을 듣고자 했다(42:20). 그러자 이를 모를 리가 없는 하나님께서 답변을 바로 주시지 않으셨던 것이다.

하나님의 답변은 유다의 남은 백성들이 유다 땅을 떠나지 않고 계속 거주하면 그들을 세우고 헐지 않으며 심고 뽑지 않을 것이라는 약속이었다(42:10-12). 예레미야를 처음 부를 때 약속하신 말씀을 가지고 그들에게 구원의 확신을 주셨던 것이다(1:10).[288] 흥미롭게도 이 답변은 바빌로니아에 포로로 끌려간 자들에게도 동일하게 주어진 약속으로서 장차 새 언약을 통해 성취될 말씀이었다(24:6; 31:28). 그러므로 이집트로 가려는 자들을 향한 하나님의 답변은 그들이 계속 유다에 남는다면 그들이 새 언약의 축복의 수혜자가 될 것이라는 뜻이었다.

하나님은 유다 땅에 거주하면 살지만 전쟁을 피해 이집트로 가면 잘못될 것이라고 말씀하신다(42:13-14). 하지만 요하난과 그의 무리들은 "우리는 전쟁도 보이지 아니하며 나팔 소리도 들리지 아니하며 양식의 궁핍도 당하지 아니하는 이집트 땅으로 들어가 살리라"는 생각을 갖고 있었다(42:14). 이에 하나님은 그들이 두려워하는 칼과 기근과 전염병이 이집트까지 따라가서 그들을 멸할 것이라고 말씀하신다(42:17). 칼과 기근과 전염병은 바빌로니아 군대에 대항했던 시드기야와 유다를 향해 선포했던 저주였다(38:2). 즉 그들이 이집트로 내려간다면 시드기야와 유다 지도자들에게 임한 저주가 똑같이 임할 것이라는 말씀이다.

하지만 요하난과 그의 무리들은 예레미야를 통해 주어진 하나님의 말씀에 순종하지 않고 결국 가나안 땅을 떠나 이집트 남쪽에 위치한 바드로

---

288 Dearman, *Jeremiah*, 359.

스 지방까지 내려갔다(44:1). 하나님의 뜻과 상관없이 바빌로니아의 괴롭
힘에서 벗어나겠다는 인간적 속셈이었다. 그 결과 하나님은 그들에게 재
앙을 내리실 것이라고 선언하신다.

43:1-7은 요하난의 무리가 하나님의 말씀을 무시하고 그들의 계획대
로 이집트의 다바네스로 내려간 사실을 구체적으로 다룬다(43:7, "그들이 여
호와의 목소리를 순종하지 아니함이러라"). 요하난을 필두로 한 지도자들은 아
이러니하게도 예레미야가 전한 하나님의 말씀이 거짓이라고 비난한다
(43:2). 예레미야는 예루살렘이 멸망하지 않을 것이라고 말한 거짓 예언자
들과는 달리 참 예언자였다.[289] 이런 점에서 예레미야에게 거짓이라는 프
레임을 씌워 비난하는 것은 그들이 처음부터 예레미야가 전하는 하나님의
말씀을 들을 생각이 없었음을 보여준다.

이들은 바룩이 예레미야를 부추겨 거짓 예언을 하게 만들고는 자신들
을 바빌로니아에 포로로 넘기려 한다고 비난했다(43:3). 여기서 갑자기 바
룩을 언급하는 것은 생뚱맞은 느낌을 준다. 아마도 바빌로니아가 다시 와
서 유다의 유력한 자들인 요하난과 군 지휘관들을 포로로 끌고 가면, 가나
안 땅은 무주공산이 되어 바룩과 같은 자들이 통치하게 될 것이라고 계산
했던 것 같다. 결국 이들은 바룩과 예레미야를 데리고 유다의 남은 자들과
함께 이집트의 다바네스로 내려갔다(43:4-7).

그들은 바빌로니아로부터 멀리 떨어진 풍요한 이집트로만 가면 거기
서는 칼과 기근을 면할 수 있을 것이라고 생각했다. 하지만 하나님의 계획
보다 인간의 계획을 따라 행동한 그들 중 어떤 사람도 다시는 고향으로 돌

---

[289] 랄레만, 『예레미야, 예레미야애가』, 423.

아올 수 없을 것이다. 그들은 예언을 따라 모두 칼과 기근에 의해 멸망하게 될 것이다(44:14, 27).

　유다 땅을 떠나 이집트로 가려는 요하난과 유다 백성들의 이야기는 오늘날의 성도에게도 시사하는 바가 크다. 이 이야기는 고난 중에 있는 성도가 하나님의 뜻에 반해 인간적 방법으로 문제를 해결하고자 고난의 자리를 피하는 것은 잘못이라는 교훈을 준다. 성도는 자신의 느낌과 상황에 상관없이 하나님이 머물라는 곳에서 순종해야 하며, 그런 순종이 나중에 축복으로 이어진다는 말씀이다. 요하난과 그의 무리들이 이집트로 간 것은 하나님의 말씀보다 자신들의 생각을 선악의 기준으로 삼았기 때문이다. 그리고 그 배후에는 인간적 두려움이 자리 잡고 있었다(42:11). 그들은 두려움으로 인해 선악의 기준을 자신에게 둔 결과로써 더 깊은 우상숭배의 수렁으로 빠지는 악순환을 만든 것이다(44:17).

　43:8-13은 이집트의 다바네스에서 예레미야가 재앙을 선포하는 내용이다(2:16). 이집트의 다바네스는 당시 이집트 북쪽 나일강 델타 지역의 동쪽에 위치한 요새화된 도시로서 파라오의 궁이 있던 곳이다.[290] 여기서 하나님은 예레미야에게 여러 개의 큰 돌을 취하여 그것들을 파라오의 궁전 축대에 놓고 진흙으로 가리도록 했다(43:8-9). 그리고 바빌로니아의 느부갓네살 왕이 다바네스에 와서 그 돌들 위에 왕좌를 세우고 이집트 땅을 치며 신들의 신당을 불태울 것이라는 예언을 주신다(43:10-13). 유다의 남은 자들이 바빌로니아의 칼을 피해 이집트로 도망갔지만 느부갓네살이 이집트를 칼로 치고 사람들을 포로로 잡아갈 것이기 때문에, 결국 이들이 이집

---

290 장성길, 『이스라엘의 구원과 회복의 드라마』, 320.

트로 도망친 것은 무의미하다는 교훈이다(43:11).[291]

이집트에 온 느부갓네살은 이집트의 신당을 불사르고 신상들을 바빌로니아로 가져갈 것이다(43:12). 특별히 43:13은 이집트 땅 벧세메스의 석상들을 깨뜨릴 것이라고 말한다. 벧세메스는 히브리어로 "태양신의 집"이라는 뜻으로 태양신의 신전이 있는 "온"이라는 이집트 지역을 가리킨다. 그래서 이곳의 석상은 태양신 "레"(또는 "라")를 상징하는 건축물 오벨리스크를 뜻한다.[292] 벧세메스가 다바네스에서 남쪽으로 약 160킬로미터 떨어진 곳이라는 점을 생각해보면 이것은 느부갓네살이 이집트의 남쪽까지 정복하게 될 것을 보여주는 예언임을 알 수 있다.

역사적으로 느부갓네살은 기원전 567년에 이집트를 침공하였다.[293] 당시 이집트는 호브라를 무찌르고 파라오의 자리에 등극한 아마시스가 다스리고 있었다. 아마시스는 바빌로니아의 침공 이후에도 계속 왕위를 지켰고,[294] 나중에는 바빌로니아와 우호 관계를 맺고 화친 정책을 펼쳤다. 이집트는 느부갓네살에 의해 정복당한 것은 아니었지만, 결과적으로 바빌로니아의 침공으로 인해 더 이상 팔레스타인에 내정 간섭을 못하게 되었다(겔 29:19).

③ 이집트로 도망간 모든 유다인들을 향한 하나님의 말씀(44장)

44장은 예루살렘이 멸망한 이유가 우상을 숭배하고 하나님의 율법에서 떠

---

291 Huey, *Jeremiah*, 364.
292 Holladay, *Jeremiah 2*, 302.
293 Clements, *Jeremiah*, 238.
294 Huey, *Jeremiah*, 364.

났기 때문임을 상기시키면서 시작한다.[295] 이집트로 도망친 자들은 옛날 방식으로 돌아가 우상을 숭배함으로써 안전과 행복을 보장받고자 했다. 이를 본 하나님은 우상을 숭배하기로 맹세한 이집트의 유다인들을 향해 하나님도 그들을 멸망시켜 더 이상 하나님을 부르지 못하게 하실 것이라고 맹세하신다(44:25-26).

44:1에서 예레미야는 이집트의 여러 곳에 흩어져 있는 유다인을 향해 하나님의 말씀을 전한다. 여기서 언급된 이집트의 지명은 믹돌, 다바네스, 놉, 바드로스다. 믹돌은 다바네스의 북동쪽에 있는 국경 지대의 성읍으로서 팔레스타인에서 이집트로 들어오는 국경검문소가 도시화된 곳으로 추정된다(참조. 출 14:2).[296] 놉은 멤피스 성읍을 가리키고 바드로스는 이집트 남쪽에 있는 성읍을 지칭한다.[297] 이집트로 피신한 유다 백성이 바빌로니아의 위협을 피하기 위해 이집트 남쪽까지 내려갔음을 알 수 있는 대목이다.

예레미야는 이집트로 도망간 유다인들을 향해 예루살렘이 멸망하게 된 원인을 반면교사로 삼아 하나님의 법을 준수하고 우상을 버리라고 말한다(44:2-10). 먼저 예레미야는 과거에 예루살렘이 어떻게 멸망하게 되었

---

295 44장의 구조는 다음과 같다.
    A. 예루살렘이 우상을 숭배하고 율법을 지키지 않았기 때문에 멸망했음(44:1-10)
      B. 이집트의 유다인들이 칼과 기근에 망하게 될 것: 돌아오지 못함(44:11-14)
        C. 이집트의 바드로스에 거한 유다가 하늘 여왕 숭배를 서원함(44:15-19)
    A´. 예루살렘이 우상을 숭배하고 율법을 지키지 않았기 때문에 멸망했음(44:20-23)
        C´. 하늘 여왕을 섬기겠다는 유다의 서원을 이행하라고 말씀하심(44:24-25)
      B´. 하나님도 맹세하여 유다인들을 칼과 기근에 망하게 할 것임(44:26-30)
296 Lundom, *Jeremiah 37-52*, 157.
297 Huey, *Jeremiah*, 366.

는지를 상기시킨다(44:2-6). 그는 예루살렘이 악(라아)을 행하다가 재난(라아)을 당한 것을 말하면서 예루살렘의 멸망은 자업자득이라고 밝힌다(44: 2, 5). 구체적으로 그들이 우상에게 불로 분향을 드리는 악을 행했기에 하나님이 그들을 불살랐다고 말한다(44:3, 5-6).[298] 불로 우상을 섬기자 불로 멸망시키셨다는 말이다.

예레미야는 이집트로 도망간 유다 백성에게 과거의 사실을 교훈 삼아 우상을 섬기는 일에서 돌아오라고 촉구한다(44:7-8). 예레미야는 왜 유다인들이 다른 신들에게 분향함으로써 세계 여러 나라 가운데서 저주와 수치거리가 되고자 하는지 반문한다(44:8). 이 구절에서 "수치거리"로 번역된 히브리어는 "헤르파"(חֶרְפָּה)로서 44:6의 "폐허"에 해당하는 히브리어 단어 "호르바"(חָרְבָּה)와 청각적으로 유사하다. 이를 통해 하나님의 법에서 벗어나 우상을 섬기면 옛적에 예루살렘이 폐허(호르바)가 된 것처럼 비슷한 재난과 수치(헤르파)를 당하게 될 것이라고 경고하고 있다.

44:9-10에서 예레미야는 이집트로 피신한 유다 백성들을 향해 유다가 멸망한 이유는 그들의 악행 때문이라고 다시 강조한다. 그러면서 여전히 교만하여 하나님을 경외하지 않고 율법을 지키지 않는 그들을 책망하고 있다. 예레미야는 이집트의 유다인들이 이런 책망을 듣고 깨달아서 겸손한 마음으로 하나님을 경외하고 율법을 지키기를 기대했다. 44:10의 "두려워하다"라는 말은 하나님을 경외하는 모습으로서 이는 하나님을 사랑하는 것을 전제하는 두려움을 말한다(2:19; 32:39). 따라서 하나님을 경외하며 율법을 지키기 위해서는 자신이 아무것도 아님을 인식하고 하나님의 사랑

---

298 Allen, *Jeremiah*, 446.

을 진정으로 체험한 후에 자신도 진실한 사랑을 해야 한다는 것을 가르쳐 주고 있다.

44:11-14은 이집트에 머물기로 고집한 유다의 남은 자들이 예루살렘과 유다처럼 칼과 기근과 전염병으로 망하게 될 것이라는 예언이다(44:14). 예레미야는 그들 중에 아무도 살아서 유다 땅에 돌아오는 자가 없을 것이라는 충격적인 예언을 전한다(44:14). 이집트로 피신한 유다 백성은 바빌로니아에서 멀리 떨어진 풍요로운 이집트에서 바빌로니아의 칼과 기근을 피할 수 있다고 자신했다. 하지만 예레미야는 그들이 선악의 기준을 하나님께 두지 않고 오히려 자신들 보기에 좋은 대로 행했으므로 이들에게 재난이 임하게 될 것이라고 선언한다.

칼과 기근과 전염병의 재앙을 당하게 될 것이라는 예언은 29:18-19과 비슷하다. 하지만 후자는 여전히 희망의 여지를 남겨둔 채로 재난을 당한 자들이 돌아올 것이라고 본다.[299] 하지만 이집트로 내려간 자들에게는 희망의 문이 닫혀 있다.

예레미야의 경고에도 불구하고 이집트 땅 바드로스에 거하는 유다의 남은 자들은 하늘의 여왕에게 분향하고 전제를 드리겠다고 맹세한다(44:15-19).[300] 이는 과거 예루살렘에서 하늘의 여왕에게 분향하고 전제를 드릴 때는 적어도 먹을 것이 풍부하고 재난을 당하지 않았는데, 분향을 금하고 나서부터 칼과 기근이 엄습했다는 논리에서 나온 행동이다. 여기서 하늘의 여왕에게 드리는 분향을 폐했다는 말은 요시야의 개혁으로 우상을

---

299 Keown and others, *Jeremiah 26-52*, 265.
300 Huey, *Jeremiah*, 367.

제거한 사건을 가리키는 것으로 보인다(왕하 23:4, 20).[301]

예레미야는 하늘 여왕에게 분향하겠다고 서원하는 유다의 남은 자들을 향해 하나님의 심판을 선언한다(44:20-30).[302] 먼저 예레미야는 예루살렘의 유다 백성들이 하늘의 만상에 분향하고 우상에게 전제를 드림으로써 (19:13) 하나님의 말씀에 청종하지 않았기 때문에 재난이 오늘날과 같이 임했다고 말한다(44:20-23). 하나님은 하늘 여왕에게 분향하고 전제를 드리겠다고 서원한 이집트의 유다 백성들에게 그들의 서원을 이행하라고 말씀하신다(44:24-25). 하나님도 그들처럼 그들의 파멸을 맹세하고 서원하실 것이라는 뜻이다. 하나님이 서원하시는 대로 이집트 땅에 거주하는 유다의 남은 자들은 칼과 기근으로 망하게 될 것이다(44:26-28). 잘못된 맹세의 대가가 얼마나 가혹한지를 깨닫게 해주는 대목이다.

끝으로 이집트 땅에 거하는 유다 백성이 칼과 기근으로 망하게 될 것임을 확증하는 표징이 주어진다(44:29-30). 그 표징은 이집트의 파라오인 호브라의 죽음이다. 호브라(기원전 589-570년)는 기원전 588-586년에 느부갓네살이 예루살렘을 공격할 때 시드기야를 돕기 위해 원군을 보냈다 (37:5).[303] 이후 호브라는 기원전 570년에 그의 장군 아마시스(Amasis)의 쿠데타로 왕위를 잃고 처형당했다(참조. 46:17).[304]

---

301 Huey, *Jeremiah*, 367.

302 Louis Stulman, *Jeremiah*, 341.

303 헤로도토스는 호브라를 "아프리스"로 불렀다.

304 Holladay, *Jeremiah 2*, 304-305.

5) 바룩에 대한 예언(45장)

45장은 기원전 605년에 바룩이 예레미야의 예언을 두루마리에 대필한 사건을 배경으로 바룩에게 주어진 구원의 약속을 다룬다(참조. 36장). 예레미야가 말기야의 구덩이 진흙에 갇혀 있을 때 그를 구출했던 에벳멜렉에게 하나님의 구원의 약속이 주어졌듯이(38:6-10; 39:15-18), 바룩에게도 동일한 구원의 약속이 주어지고 있다(45:5).

37-40장은 기원전 605년에 갈그미스 전투에서 이집트의 파라오를 물리친 느부갓네살이 유다 땅을 멸할 것이라는 예언의 말씀대로(36:29) 예루살렘이 함락되었음을 기술한다. 그 후 유다의 남은 자들이 이집트로 도망칠 때 바룩과 예레미야도 이집트로 내려가게 되었다(43:6-7). 45장은 이런 상황을 기술하던 중 시간을 거슬러 하나님이 기원전 605년에 이미 이집트에서 바룩을 구원하시기로 약속하신 내용을 다룬다.

바룩은 두루마리에 기록된 유다에 대한 심판의 말씀을 듣고 슬퍼했다(45:3). 이런 바룩의 반응을 보고 하나님은 자신이 세운 것을 헐기도 하고, 심은 것을 뽑기도 하는 주권적인 분임을 드러내신다(45:4). 헐고 뽑는다는 말씀은 기원전 605년에 바빌로니아의 느부갓네살 왕이 등장하면서 유다뿐만 아니라 열국이 심판을 받을 것이라는 뜻이다.[305] 유다와 열국을 향한 심판이 정해진 상황에서 하나님은 바룩에게 "큰일"을 구하지 말라고 훈계하신다(45:5a). 이는 하나님께 유다를 바빌로니아의 수중에서 기적적으로

---

305 Seitz, "Prophet Moses and the Canonical Shape of Jeremiah," 18-24.

구원해달라는 요구를 하지 말라는 뜻이다(21:2).[306]

끝으로 하나님은 바룩의 생명을 노략물을 주듯이 주실 것이라고 말씀하신다(45:5). 이는 이집트의 파라오의 생명(네페쉬)을 원수들의 손에 넘겨준다는 말과 대조를 이룸으로써, 하나님이 바룩의 생명(네페쉬)을 노략물을 얻는 것처럼 돌려주실 것을 의미한다. 이집트로 피신한 유다의 남은 자들은 호브라처럼 원수들의 손에 넘겨질 것이지만, 바룩은 그들과 달리 구원을 얻어 생명을 유지할 것이라는 예언의 말씀이다. 그의 생명을 노략물 주듯 한다는 것은 하나님이 바룩을 위해 가는 곳마다 싸우시면서 그의 생명을 보호하신다는 의미다.

앞서 44장에서 하나님은 이집트 땅으로 내려간 자들은 다시 유다 땅으로 돌아오지 못할 것이라고 말씀하시고(44:14), 칼과 기근으로 이집트의 유다 백성을 멸하리라는 하나님의 맹세가 성취되었음을 증거하기 위해 소수의 사람들만이 유다 땅으로 다시 돌아올 것이라고 예언하셨다(44:28). 이런 점에서 바룩에 대한 구원의 성취는 그가 이집트에서 유다 땅으로 돌아오는 소수 중 한 사람이 될 것을 뜻한다.[307]

결국 바룩에 대한 희망과 구원의 말씀은 유다의 남은 자가 이집트로 내려가 전멸될 상황에서도 바룩과 같이 하나님의 말씀을 의지하는 자들이 중심이 되어 하나님의 구원 계획이 이루어질 것이라는 신학적 메시지를 전한다. 상처와 고난 속에서도 신실하게 하나님의 말씀을 신뢰하고 따르는 자를 통해 구원의 역사가 일어날 것이라는 말씀이다.

---

306 Allen, *Jeremiah*, 453.
307 Allen, *Jeremiah*, 453.

6.
열국을 향한 심판(46-51장)

46-51장은 유다의 심판에 이어 열국을 향한 심판 신탁(Oracles against the Nations)을 다룬다.[308] 이 단락은 우리말 성경이 따르는 마소라 본문(MT, 46-51장)과 70인역(LXX, 25:15-31:)에서 서로 다른 위치에 있다는 이유로 인해 나중에 추가된 내용이라는 의심을 받아왔다.[309] 하지만 오늘날 예레미야 연구에서 이 두 본문의 차이는 예레미야서를 당시 상황에 맞게 두 번 (double literary edition) 쓴 결과로서 각각 나름대로 진정성을 가진 본문들이라는 주장이 지지를 얻는 추세다.[310] 그리고 무엇보다 오늘날에는 열국 심판 내용이 전체 예레미야서를 이해하는 데 중요한 열쇠로 받아들여지고 있기 때문에 역사적 재구성보다 그 내용 자체에 점점 많은 관심이 모아지

---

308 예레미야서의 열국 심판은 설교자가 설교하기에 매우 까다롭다. 일반적으로 예언서 설교에 대한 입문서로 다음의 글을 참조하라. 차준희, "선지서 어떻게 설교할 것인가?: 역사와 양식에 기초하라!"「성경과 신학」 60 (2011): 1-29.

309 열국 심판에 대한 주해는 필자의 다음 글을 대부분 인용하였다. 김창대, "예레미야서의 열국 심판(46-51장)을 어떻게 설교할 것인가: 바빌로니아 심판을 중심으로",「신학과 실천」 66 (2019): 99-128.

310 Eugene Ulrich, *The Dead Sea Scrolls and the Origins of the Bible* (Grand Rapids, Mich.: Eerdmans, 1994), 41. 한편 Waltke는 분량이 적은 LXX 예레미야서가 초기본일 확률이 높지만 LXX와 MT의 차이는 무시해도 좋다고 주장한다. Bruce K. Waltke, "Textual Criticism of the Old Testament and Its Relation to Exegesis and Theology," in *A Guide to Old Testament Theology and Exegesis*, ed. William A. VanGemeren (Grand Rapids, Mich.: Zondervan, 1999), 59.

고 있다.[311]

46-51장에 수록된 열국에 대한 심판은 1장에서 열국을 위한 예언자로 부름을 받은 예레미야의 소명 이야기와 균형을 이루면서 그 소명 이야기를 성취하는 효과를 준다.[312] 또한 여기서 열국 심판은 25:15-38에서 언급된 열국 심판을 구체적으로 보여준다. 열국 심판은 바빌로니아의 멸망(50-51장)에서 정점을 이루고 있고, 바빌로니아의 멸망에 관한 예언에서는 바빌로니아가 불 심판을 당하고 열국의 수고가 헛되게 될 것이라는 메시지가 중심을 이룬다(51:50-58).[313]

열국이 심판받는 형태는 유다의 심판과 매우 흡사하다. 열국도 유다처럼 바빌로니아의 손에 포로로 잡혀가는 수모를 겪게 될 것이다(46:2, 19, 26; 48:9; 49:3, 19-21, 28, 36). 또한 유다가 심판을 받아 산고를 당하는 여인으로 전락했듯이(4:31; 13:21-22; 30:6), 산고를 당하는 여인의 고통이 심판받는 열국에도 임할 것이다(48:40-41; 49:22, 24; 50:43).

열국 심판에서 주목을 끄는 대목은 예루살렘이 불로 멸망하는 것처럼(39:8) 열국 역시 소돔과 고모라처럼 불로 멸망한다는 것이다(45:48; 49:18; 51:58). 이는 유다가 받은 심판으로 인해 인류가 다시 바벨탑 사건으로 돌아가서 그때 유보된 불 심판을 유다와 열국이 받게 될 것이라는 창세기의 신학을 반영한 것이다. 그래서 예레미야서는 유다가 심판을 받아 바빌로

311 James W. Watts, "Text and Redaction in Jeremiah's Oracles against the Nations," *Catholic Biblical Quarterly* 54/3 (1992): 447.

312 Louis Stulman, "Jeremiah the Prophet: Astride Two Worlds," in *Reading the Book of Jeremiah: A Search for Coherence*, ed. Martin Kessler (Winona Lake, Ind.: Eisenbrauns, 2004), 56.

313 Lawrence Boadt, "The Book of Jeremiah and the Power of Historical Recitation," in *Troubling Jeremiah*, ed. A. R. Pete Diamond, Kathleen M. O'Connor & Louis Stulman, JSOTSup 260 (Sheffield: Sheffield Academic Press, 1999), 345.

니아로 끌려가는 사건을 시날 땅의 바벨탑 사건으로 돌아가는 모티프로 제시한다(50-51장). 이 점은 다니엘서에서 더욱 잘 드러난다(단 1:2; 창 11:2).

신학적 측면에서 46-51장은 왕이신 하나님의 통치가 앞뒤로 포진되어 열국 심판이 왕이신 하나님의 통치를 시행하는 행위임을 일깨워준다(46:18; 48:15; 51:57).[314] 또한 하나님의 계획이 주요 길목에서 나타나 하나님의 통치의 목적이 하나님의 계획을 이루는 것임을 강하게 부각시키고 있다(49:20; 50:45; 51:12, 29). 궁극적으로 열국이 심판을 당하는 이유는 우상숭배(48:13; 50:2, 38; 51:17, 47, 52)와 교만으로 집약된다(48:26, 29; 49:16; 50:29, 31, 32).[315] 즉 열국은 하나님의 주권적 통치와 그분의 계획에 맞서 교만하여 우상을 숭배했기 때문에 심판을 받는다는 사실을 각인시켜주고 있는 것이다.

46-51장의 또 다른 신학적 주제는 열국 심판이 종국에 유다의 회복으로 이어진다는 사상이다(46:27-28; 50:4-5, 17-20, 33-34).[316] 열국 심판 이후에 유다는 다시 회복될 것인데, 이 과정에서 하나님은 유다에게 공의(미쉬파트)를 실행하심으로써 그들이 공의를 체화하도록 훈련시키실 것이다(46:28). 백성이 공의를 행하는 것이 얼마나 중요한지를 다시금 일깨워주는 부분이다. 유다의 회복의 중심에는 새 언약의 체결이 있다. 이런 맥락에서 하나님은 바빌로니아의 유다인 포로 공동체에게 바빌로니아를 향한 심판이 시행될 때 새 언약의 수혜자가 되기 위해 바빌로니아를 떠나라고 촉구

---

314 Stulman, *Order amid Chaos*, 94.

315 장성길, 『이스라엘의 구원과 회복의 드라마』, 331.

316 잭 R. 런드봄, 『예레미야서 더 가까이 보기』, 구애경/박지혜 옮김(서울: 대한기독교서회, 2016), 187.

하신다(50:5-8; 51:6, 45).

그렇다고 해서 열국에게 아무런 소망이 없는 것은 아니다. 열국 심판 이후에 하나님은 그들도 회복시킬 것이라는 희망의 메시지를 주신다(46:26; 48:27; 49:6, 39). 구체적으로 열국에서 남은 자가 나와 새 언약의 수혜자가 될 것이라는 선포다. 이런 점에서 새 언약은 이스라엘에게만 국한된 것이 아니라 모든 인류를 향한 보편적인 하나님의 축복의 약속임을 알 수 있다.[317]

구조적인 측면에서 보면 46장의 이집트에 대한 묘사는 50-51장의 바빌로니아에 대한 묘사와 넓은 의미에서 수미상관 구조를 이룬다.[318] 예를 들면 이집트에 대해 "뱀의 소리"를 언급하는데(46:27) 이는 바빌로니아를 "큰 뱀"으로 묘사한 것과 호응한다(51:34). 또한 "황충"과 "메뚜기"라는 표현이 이집트와 바빌로니아에 대한 심판의 문맥에서 동시에 등장하는 것도 눈에 띈다(46:23; 51:14, 27). 또한 이집트와 바빌로니아는 둘 다 세상의 나라들을 멸망시키고 교만했다는 공통점을 보인다(46:8; 50:23; 51:7). 더욱이 이집트의 심판과 바빌로니아의 심판 문맥에서 미래에 유다가 회복될 것이라는 신학적 메시지가 공통적으로 나타난다(46:27-28; 50:19).

46-51장의 열국 심판에서 언급되는 나라의 순서는 다음과 같다. 이집트(46장), 블레셋(47장), 모압(48장), 암몬(49:1-6), 에돔(49:7-22), 다메섹(49:23-27), 게달과 하솔(49:28-33), 엘람(49:34-39), 바빌로니아(50-51장). 한글 성경이 따르는 마소라 본문(MT)의 예레미야서는 이러한 순서로 열국

---

317 새 언약의 보편주의적 성격에 대해서는 다음의 글을 참조하라. 김창대, "New Covenant and Creation,"「신학지평」30집 (2017): 109-137.

318 Chae, "Redactional Intentions of MT Jeremiah," 589.

심판을 말하고 있지만, 70인역(LXX)의 예레미야서에 나타난 열국 심판 순서는 다음과 같다.[319]

LXX 예레미야서 (25:15–31:44)	MT 예레미야서 (46–51장)
엘람	이집트
이집트	블레셋
바빌로니아	모압
블레셋	암몬
에돔	에돔
암몬	다메섹
게달	게달
다메섹	엘람
모압	바빌로니아

MT 예레미야서의 열국 심판의 순서가 연대기 순으로 배열되었다는 주장과 지역적인 순서로 배열되었다는 두 개의 주장이 있다. 46–51장에서 여호야김 4년(46:1), 시드기야 초기(49:34), 시드기야 4년(51:59)에 대한 순차적 언급은 열국 심판 순서가 연대기 순서로 기술되었다는 인상을 준다. 하지만 내용 면에서 시간적 순서가 도치된 본문들이 발견되기 때문에 전적으로 이 주장을 받아들일 수는 없다.[320]

지역적 순서를 주장하는 입장은 열국 심판 순서가 남쪽에서 북쪽, 서쪽에서 동쪽 순으로 언급된다는 것이다. 그래서 할러데이(Holladay)는 열국 심판 순서를 해석할 때 어느 정도 연대기적 순서와 함께 지역적 순서를 고

---

319 Chae, "Redactional Intentions of MT Jeremiah," 586.
320 Chae, "Redactional Intentions of MT Jeremiah," 586.

려해야 한다는 입장을 견지한다.[321] 하지만 지역적 순서가 정확하게 맞는 것도 아니다. 에돔은 모압이나 암몬보다 더 남쪽에 자리하고 있음에도 불구하고 모압과 암몬 다음에 등장한다. 그리고 바빌로니아는 엘람에 비해 더 서쪽에 위치한 나라지만 맨 나중에 언급된다. 필자가 보기에 이런 순서는 마소라 본문의 예레미야서가 의도적으로 에돔과 바빌로니아를 부각시키기 위해 수사적 전략을 사용한 것이다. 이는 46-51장의 수사적 구조에 잘 반영되어 있다. 46-51장의 구조는 다음과 같다.

A. 이집트: 세상 나라를 멸하며 세상의 주권을 주장함(46장)

  B. 블레셋: 심판 원인이 제시되지 않음(47장)

    C. 모압/암몬: 업적과 보물, 포도주, 재물을 의지함(48:1-49:6)

      D 에돔: 교만한 에돔의 멸망은 야웨의 계획임(49:7-22)

A′. 다메섹: 세상에 명성을 떨침(49:23-27)

  B′. 게달과 하솔: 심판의 원인이 제시되지 않음(49:28-33)

    C′. 엘람: 자신의 힘(활)을 의지함(49:34-39)

      D′. 바빌로니아: 세계의 망치인 바빌로니아의 멸망은 야웨의 계획임(50-51장)

위의 구조를 보면 46-51장의 핵심은 단락 D/D′에 언급된 에돔과 바빌로니아에 대한 심판에 있음을 알 수 있다. 특별히 에돔과 바빌로니아에 대한 심판 본문에는 그분의 계획이 핵심어로 등장함으로써 결국 심판은 하나님

---

[321] Hollady. *Jeremiah 2*, 313.

나라를 이루려는 하나님의 계획을 성취하기 위한 과정임을 깨닫게 해준다.

또한 에돔과 바빌로니아는 모두 성전이 있는 예루살렘을 약탈하거나 파괴했다는 특징이 있다(참조. 오바댜서). 그리하여 바빌로니아 심판(50-51장)은 파괴된 야웨의 성전에 대한 보복의 관점에서 제시되고 있다(50:28; 51:11, 51). 따라서 에돔과 바빌로니아를 심판함으로써 이루시고자 하는 하나님의 계획은 궁극적으로 야웨의 성전이 상징하는 하나님의 임재와 거룩을 회복하고 그 하나님의 임재와 거룩에 새 언약의 백성들이 동참하게 하는 데 있음을 알 수 있다.

열국 심판에 관한 신탁의 내용을 간략하게 설명하면 다음과 같다. 단락 A의 이집트에 대한 심판은 온 세상을 향한 자신의 교만을 드러내려고 했다는 점에서 다메섹에 대한 심판(단락 A′)과 짝을 이룬다. 블레셋(단락 B)은 특별한 심판 원인이 제시되지 않는다는 점에서 게달과 하솔에 대한 심판(단락 B′)과 병행을 이룬다. 모압과 암몬에 대한 심판(단락 C)은 인간적 수단(재물·힘·보물 등)을 의지한다는 점에서 엘람 심판(단락 C′)과 공명한다. 특별히 이 단락 C와 C′에는 각각의 나라들이 회복될 것이라는 희망의 메시지가 공통적으로 등장한다는 특징이 있다.

앞서 말한 대로 에돔에 대한 심판(단락 D)은 바빌로니아의 심판(단락 D′)에 대한 묘사와 매우 유사하다. 예를 들어 "계획"이라는 말이 에돔과 바빌로니아에 대한 심판 문맥에서 공통적으로 등장한다(49:20; 50:45; 51:12, 15) 그 외에도 "땅이 진동하다"(49:21; 50:46; 51:29), 요단강의 깊은 숲에서 나타나는 사자의 이미지(49:19; 50:44), "놀라며 비웃다"(49:17; 50:13; 51:37), "교만"(49:16; 50:29, 31, 32), 산꼭대기와 같은 높은 곳에 거한다는 이미지(49:16; 51:53) 등이 공통적으로 나타난다.

예레미야서가 에돔과 바빌로니아를 서로 병치시켜 이 둘을 열국의 대표로 묘사하는 것은 시사하는 바가 크다. 이는 이사야서에서 에돔과 바빌로니아가 열국의 대표로 등장하는 것과 같은 이치다(사 13-14, 34장, 63:1-6). 에돔과 바빌로니아에 대한 심판의 신탁 안에는 이 나라들을 향한 희망의 메시지가 나오지 않아 다른 열국들과 차이를 보인다. 예레미야서는 이 차이에 대해 드러내놓고 말하지는 않지만, 이 두 나라가 하나님의 질서를 대적하는 죄와 악의 세력을 상징한다는 힌트를 준다(51:34, "큰 뱀 같이 나를 삼키며"). 결국 예레미야서는 에돔과 바빌로니아에 대한 심판이 악과 죄의 세력에 대한 심판임을 암시함으로써 이들을 향한 심판 후 맺어지는 새 언약의 백성은 더 이상 죄의 세력의 속박을 받지 않을 것이라는 신학을 제공한다.[322]

1) 남쪽에 위치한 열국 심판: 이집트에서 에돔까지(46:1-49:22)

이 단락은 유다의 남쪽 지역에 있는 열국들에 대한 심판을 다룬다. 구체적으로 최남단에 있는 이집트에서부터 유다 남서쪽의 블레셋, 유다 남동쪽의 모압과 암몬, 유다 남쪽의 에돔에 대한 하나님의 심판의 말씀을 전한다.

---

322 참고로 예레미야서의 설교를 다루는 논문에서 열국 심판 신탁은 잘 다루어지지 않는다는 것을 발견할 수 있다. William Powell Tuck, "Preaching from Jeremiah," *Review & Expositor* 78/3 (1981): 381-395; Daniel J. Simundson, "Preaching from Jeremiah: Challenges and Opportunities," *Word & World* 22/4 (2002): 423-432.

① 이집트(46장)

이집트에 선고된 심판의 원인은 세상의 주권을 주장하며 세상을 멸하려는 파라오의 교만과 이집트 신들에 대한 우상숭배 때문이다(46:25).[323] 더욱이 여기서 이집트는 "뱀"으로 비유되어 바빌로니아의 심판처럼 이집트의 심판이 죄와 악의 세력에 대한 징벌이라는 힌트를 준다(46:23; 51:14, 27).[324] 이로써 열국에 대한 심판은 궁극적으로 죄에 대한 심판임을 보여준다.

46:1-2은 이집트에 관한 심판의 말씀이 기원전 605년에 유브라데강 북쪽에서 벌어진 갈그미스 전투에서 이집트의 파라오 느고의 군대가 바빌로니아의 느부갓네살에 의해 패퇴한 이후에 주어졌다고 기록한다.[325] 갈그미스 전투에서 패한 이집트는 팔레스타인을 더 이상 넘보지 못하게 되었다. 따라서 이 사건을 계기로 자연스럽게 이집트에 관한 심판의 메시지가 주어진다.

25-52장의 두드러진 특징은 느부갓네살 왕의 원년인 기원전 605년이 유다를 향한 심판의 시작점으로 강조된다는 것이다(참조. 25:1; 36:1). 이런 특징에 따라 기원전 605년에 이집트가 바빌로니아에게 패퇴한 시점이 이집트에 대한 심판의 시작점으로 제시되고 있다.[326]

---

323 Clements, *Jeremiah*, 249.

324 46장의 구조는 다음과 같다.
  A. 갈그미스 전투의 패배는 이집트 멸망의 신호탄: 사방에 두려움(46:1-6)
   B. 이집트의 심판 원인: 교만하여 세상의 주권 주장(46:7-12)
  A′. 갈그미스 전투 이후 바빌로니아가 이집트를 침공할 것: 사방에 두려움(46:13-18)
   B′. 이집트의 심판 원인: 이집트의 신들을 의지함(46:19-24)
  부록. 이집트와 이스라엘에 대한 회복의 메시지(49:25-28)

325 Clements, *Jeremiah*, 248.

326 John Hill, "The Construction of Time in Jeremiah 25 (MT)," in *Troubling Jeremiah*, ed. A. R. Pete Diamond, Kathleen M. O'Connor & Louis Stulman, JSOTSup 260 (Sheffield: Sheffield

갈그미스 전투에서 이집트 군대는 전열을 정비하고 바빌로니아와 계속 싸우려 했지만 결국 도망갈 수밖에 없었다(46:3-4).[327] 이집트는 사방으로부터 오는 두려움을 느끼며 넘어지고 엎드러졌다(46:5-6). 사방으로부터 오는 두려움이라는 말은 예레미야가 하나님의 말씀에 순종하지 않는 유다에게 심판을 전할 때 사용한 표현이다(참조. 6:25; 20:3; 49:29). 이 대목에서 이집트도 유다와 같이 하나님의 말씀에 순종하지 않았기 때문에 심판을 받았음을 깨달을 수 있다.

그렇다면 이집트가 하나님의 말씀을 거역함으로써 지은 죄는 무엇인가? 그것은 교만이다. 46:7-8은 이집트가 어떻게 하나님 앞에서 교만했는지를 구체적으로 설명한다. 나일강이 범람하여 주위 땅을 덮듯이, 이집트는 세계 여러 나라의 성읍과 주민을 멸하려고 했다.[328] 예레미야는 이집트가 갈그미스 전투에서 용병들을 동원하여 싸웠음에도 불구하고 교만으로 인해 패배할 수밖에 없었다고 지적한다.[329] 46:9에 언급된 구스, 붓, 루딤 사람은 이집트의 용병들을 가리킨다.

46:13-18은 바빌로니아가 이집트를 직접 침공함으로써 이집트가 화를 당하게 될 것이라고 예언한다. 갈그미스 전투를 기점으로 이집트가 멸망의 나락으로 떨어지게 될 것이라는 설명이다. 구체적으로 언제 바빌로니아가 이집트를 침입할 것인지를 말하지는 않는다. 하지만 기원전 605년에 벌어진 갈그미스 전투 이후 바빌로니아가 이집트의 본토를 직접 침략

Academic Press, 1999), 151.
327 Allen, *Jeremiah*, 463.
328 Lundbom, *Jeremiah 37-52*, 197-198.
329 Huey, *Jeremiah*, 378-379.

할 것은 분명하다. 역사적으로 보면 기원전 601년에 이집트의 국경에서 바빌로니아의 느부갓네살이 파라오 느고와 싸웠고, 기원전 581년에 모압 및 암몬과 전쟁을 벌인 느부갓네살이 이집트를 침략하여 이집트인들을 포로로 잡아갔다는 기록이 있다.[330] 이후 느부갓네살은 기원전 567년에 이집트 본토를 본격적으로 침공하였다.

이어 하나님은 믹돌과 놉(멤피스)과 다바네스를 향해 심판을 선고하신다(46:14). 이 지역은 유다의 남은 자가 바빌로니아의 칼을 피하여 내려간 곳이다(44:1). 따라서 이 지역을 언급한 것은 바빌로니아의 침략을 통해 이집트인들 뿐만 아니라 이집트로 피신한 유다인들도 화를 당할 것이라는 경고의 의미를 갖는다. 바빌로니아가 이집트를 침략할 때 이집트는 사방에서 칼로 인한 두려움을 당하게 될 것이다(46:14b). "사방에서"라는 표현은 갈그미스 전투에서 이집트가 패배한 것을 묘사할 때 사용된 문구다(46:5).[331] 이처럼 사방에서 오는 바빌로니아의 침공을 받은 이집트의 용병들은 "우리의 고향으로 돌아가자"라고 외치게 될 것이다(46:16).[332]

바빌로니아의 침공으로 이집트가 고난을 당하는 것은 이집트를 심판하려는 하나님의 뜻에서 나온 것이다(46:17-18). 특별히 46:18에서 하나님은 이집트를 멸하기 위해 "산들 중의 다볼 같이, 해변의 갈멜 같이 오리라"고 말씀하신다. 다볼산과 갈멜산은 이스라엘에서 큰 산은 아니었지만 주위의 평야와 대조되어 높게 솟은 봉우리의 위용을 갖추고 있다. 따라서 이 표현은 마치 나일강이 불어나서 높은 파도를 이뤄 주위 지역을 삼킨 것처

---

330 Lundbom, *Jeremiah 37-52*, 208.
331 이런 점에서 확실히 46:13-18은 46:1-6과 짝을 이루고 있음을 알 수 있다.
332 Huey, *Jeremiah*, 381.

럼, 하나님도 높은 산 봉우리의 모습으로 오셔서 이집트의 산들과 해변을 위협하며 삼킬 것이라는 의미를 전달한다. 여기서 "산들"과 "해변"은 이집트의 왕을 가리키는 은유다.[333]

이집트인들은 바빌로니아의 손에 포로로 잡혀가고 땅은 불에 탈 것이다(46:19-24). 이 같은 이집트의 징벌은 그들의 신들에 대한 심판이기도 하다. 46:19은 "놉이 황무하다"라고 말하는데, 여기서 "놉"은 멤피스로서 황소 신 "아피스"를 모신 신전이 있는 곳이다. 그래서 놉의 황무함은 황소 신에 대한 하나님의 징벌을 뜻한다. 흥미롭게도 여기서 이집트의 고용꾼들을 도망가는 수송아지에 비유하는데, 이는 이집트의 황소 신인 "아피스"의 패배를 암시하는 수사적 은유다.[334]

46:22은 "이집트의 소리가 뱀의 소리 같으리니"라고 말한다. 이는 창조 시에 무질서의 세력으로서 뱀의 모습을 한 리워야단을 강하게 연상시킨다(사 27:1). 이로써 이집트의 배후에는 하나님을 대항하는 영적 세력이 있음을 암시한다. 이집트는 우상숭배 때문에 "북쪽 백성의 손"에 의해 멸망할 것이다(46:24). 북방의 적인 바빌로니아에 의해 유다가 멸망하는 것처럼 이집트도 바빌로니아에 의해 멸망하게 될 것이라는 의미다(46:25). 결국 하나님은 노의 아몬과 이집트의 신들과 왕들을 직접 벌하실 것이다(46:25). 여기서 노는 이집트의 남쪽에 위치한 더베로서, 이집트의 국가 신인 아몬의 카르나크 신전이 있던 곳이다. 이처럼 하나님은 놉의 아피스 신을 벌하듯이 노의 아몬 신을 벌하실 것이다.[335]

---

333 Allen, *Jeremiah*, 466.
334 Holladay, *Jeremiah 2*, 331.
335 Huey, *Jeremiah*, 383. Huey는 카르나크 신전에 있는 아몬 신은 나중에 태양 신인 "레"와 합쳐

하지만 실제 역사를 보면 이집트는 바빌로니아에 의해 멸망하지 않았다. 기원전 567년에 바빌로니아가 이집트를 본격적으로 침공했지만 이집트는 여전히 살아남았고, 실제로는 기원전 525년에 페르시아에 의해 멸망했다. 그러므로 이집트에 대한 심판 예언은 엄밀한 의미에서 문자적으로 성취되지 않았다. 그렇다면 예레미야의 예언이 잘못되었으므로 그는 거짓 예언자인가? 여기서 예언의 성격을 올바로 이해해야 할 필요가 있다. 하나님의 예언은 운명론이 아니라 당사자의 회개를 통해 얼마든지 취소되거나 유보될 수 있는 것이다. 이를 잘 보여주는 예가 아시리아에 의해 시온이 밭처럼 될 것이라고 했던 미가의 예언이다. 잘 알다시피 이 예언은 히스기야의 회개로 유보되었고 훗날 바빌로니아의 침공을 통해 비로소 성취되었다(렘 26:17-19; 미 4:10).[336]

한편 이집트를 향한 하나님의 심판은 심판으로 끝나지 않고 심판 이후의 회복으로 종결될 것이다(46:25-26). 이때 이집트 땅에 사람이 살게 될 것이다(46:26). 이는 새 언약의 혜택이 단순히 유다에 국한되지 않고 열국에도 적용된다는 강력한 증거다. 앞서 이집트에 대한 심판은 열국 중 하나인 이집트를 심판하는 것이 아니라 이집트 배후의 영적 세력에 대한 심판이라는 힌트를 주었다. 따라서 열국에 대한 심판은 열국을 제거한다는 의미가 아니라 열국의 배후에 있는 악의 세력을 무찌른다는 영적 의미를 가진다. 이를 고려하면 이집트에 대한 심판 이후 이집트 사람들도 소망을 갖고 하나님의 백성이 된다는 것은 전혀 이상한 일이 아니다(참조. 3:17).

지게 되었다고 주장한다.

[336] 김창대, 『주님과 같은 분이 누가 있으리요?』, 78.

이집트에 대한 심판 이후 하나님은 유다를 다시 회복시키실 것이다 (46:27-28). 이 과정에서 하나님은 유다가 새 언약의 수혜자가 되도록 그들을 단련하실 것이다. 새 언약의 목적은 백성을 하나님이 원하는 인애와 공의와 의를 행하는 자로 만드는 데 있기 때문에, 하나님은 새 언약을 체결하시기 전에 백성으로 하여금 고난을 통과하게 하시고 공의로 훈련시켜 하나님의 공의를 깨닫고 진정으로 공의를 행하려는 열망을 갖게 하실 것이다.

② 블레셋(47장)

블레셋에 대한 심판 예언은 이집트에 대한 심판 내용과 달리 구체적인 심판 이유를 제시하지 않는다.[337] 먼저 47:1은 파라오가 블레셋의 가사를 치기 전의 상황을 언급한다. 여기서 이집트가 가사를 치는 사건에 대해 어떤 이는 아마도 기원전 609년에 남쪽의 파라오 느고가 팔레스타인을 장악하는 과정에서 가사를 침입한 사건을 가리키는 것이라고 주장한다(왕하 23:29).[338]

하지만 본문은 블레셋이 이집트의 침략을 받은 후 북쪽에서 일어난 물에 휩쓸려가게 될 것이라고 말한다(47:2). 여기서 물 이미지는 물로 땅을 삼키는 이집트의 이미지와 강하게 연결되어 있다(46:7). 그리고 "북쪽"에 대한 언급은 바빌로니아가 블레셋을 침입하는 모습이다. 이런 관찰을 종합하면 47:2은 블레셋을 향한 이집트의 침략 이후에 바빌로니아의 침공이

---

337 Keown and others, *Jeremiah 26-52*, 302.
338 Clements, *Jeremiah*, 250-251. 여기서 Clements는 이집트가 블레셋을 공격한 사건은 기원전 609년, 605년, 또는 601년에 적용될 수 있다고 주장한다.

이어질 것이라는 예고가 된다. 또한 47장에서 블레셋의 가사가 침공당하는 사건은 기원전 605년에 갈그미스 전투를 위해 이집트가 출정하는 과정에서 일차적으로 이집트가 가사를 침략하고, 그 후에 갈그미스 전투에서 이집트를 패퇴시킨 바빌로니아가 팔레스타인 남쪽으로 내려와서 블레셋을 공격한 사건으로 볼 수도 있다.[339]

블레셋이 공격을 당해도 페니키아의 두로와 시돈이 도와주지 못할 것이다(47:4a). 이는 블레셋의 가사가 두로와 시돈과 연합 세력을 구축했다는 힌트다(참조. 27:3). 한편 역사적으로 바빌로니아는 기원전 586-573년에 걸쳐 두로를 공격했지만(겔 28:1-23) 두로를 함락시키지는 못했다.[340] 그 후 두로는 알렉산드로스 대왕에 의해 기원전 332년에 멸망했다.[341] 47:4b은 블레셋인들이 갑돌섬에서 나왔다는 암시를 주고(신 2:23; 암 9:7), 블레셋이 멸망할 때 갑돌섬에 거주하는 블레셋인까지 제거되어 블레셋이 도움을 전혀 받지 못할 것이라고 말한다.

블레셋의 아스글론도 공격을 받아 멸망할 것이다(47:5). 이는 기원전 604년에 바빌로니아의 느부갓네살이 아스글론을 공격한 사건에 대한 예언으로 볼 수 있다.[342] 바빌로니아의 공격 앞에서 가사는 대머리가 되고, 아스글론은 잠잠할 것이며, 사람들은 몸을 벨 것이다. 머리를 깎아 대머리가 되고 침묵하면서 몸을 베는 것은 블레셋인들이 애곡할 때 행하는 의식이

---

339 Terence E. Fretheim, *Jeremiah* (Macon, Georgia: Smyth & Helwys, 2002), 509.

340 Lundbom, *Jeremiah 37-52*, 209.

341 Kris J. Udd, "Prediction and Foreknowledge in Ezekiel's Prophecy against Tyre," *Tyndale Bulletin* 56.1 (2005): 26.

342 Huey, *Jeremiah*, 386.

다.[343] 그리하여 블레셋의 멸망으로 인해 그들이 슬퍼할 것임을 강하게 드러내고 있다.

③ 모압과 암몬(48:1-49:6)

이 단락은 모압에 대한 심판(48장)과 암몬에 대한 심판(49:1-6)으로 나뉜다. 모압과 암몬이 심판을 받는 공통적 원인은 자신들의 소유를 의지하며 교만하게 행했기 때문이다(48:7, 26, 29, 32; 49:4). 모압과 암몬에 대한 심판의 내용은 심판 이후 모압과 암몬을 떠난 자들이 다시 돌아올 것이라는 희망적 메시지로 끝난다는 공통점이 있다(48:47; 49:6).

요세푸스에 의하면 모압과 암몬은 기원전 581년에 느부갓네살에 의해 멸망했다고 전해진다. 모압과 암몬이 기원전 581년에 멸망한 것은 아마도 암몬의 후원을 받은 이스마엘이 바빌로니아가 총독으로 세운 그다랴를 살해한 것이 계기가 되어 바빌로니아가 다시 팔레스타인을 침공한 결과라고 추측된다(40:13-41:18).[344]

모압(48장)

모압에 대한 심판의 내용은 바빌로니아에 대한 심판 내용 다음으로 길다.[345] 모압이 심판을 받은 원인은 하나님보다 자신들의 재물과 풍부함을

---

343 Keown and others, *Jeremiah 26-52*, 301.
344 Lundbom, *Jeremiah 37-52*, 324.
345 Huey, *Jeremiah*, 387-395. 여기서 Huey는 48장의 구조를 다음과 같이 제시했다.
    A. 모압의 파멸: 업적과 보물을 의뢰하여 포로로 잡혀감(48:1-10)
      B. 모압의 역전된 운명: 강한 막대기가 약해져서 부러짐(48:11-17)
        C. 모압의 자랑인 성읍들에 대한 심판(48:18-25)
        C′. 모압의 자랑과 교만에 대한 심판: 술 취하여 수치를 당할 것임(48:26-30)

의지하여 교만했기 때문이다. 역사적으로 모압은 기원전 6세기 이후에 아라비아 부족들로부터 끊임없는 침략을 받아 결국 나라가 완전히 사라지는 운명을 맞는다.[346]

먼저 48:1-2은 아르논강 북쪽에 위치한 모압의 성읍들(느보, 기랴다임, 미스갑, 헤스본, 맛멘)을 언급하고 이들이 군사적 침략으로 파괴되었다고 알린다. 이어 아르논강 남쪽에 위치한 성읍인 호로나임이 북쪽에서 군사적으로 파괴되었다는 소식을 듣는 장면을 다룬다(48:3-5).[347]

특별히 48:2은 헤스본에서 무리가 악을 도모한다고 말한다. 여기서 헤스본은 "꾸미다"를 의미하는 히브리어 동사 "하샤브"(חשׁב)와 같은 어근에서 나온 지명이고, "도모하다"로 번역된 히브리어 동사도 "하샤브"이다. 이런 문자적 기교를 사용하여 헤스본의 멸망은 인간적 계획을 꾸미는 헤스본 주민들로 인해 하나님이 재앙을 계획하신 결과라는 것을 독자들에게 각인시킨다.

48:2의 후반절은 맛멘이라는 성읍에 대해 "맛멘이여, 너도 조용하게 되리니"라고 말하는데, 여기서 "맛멘"은 "조용하다"를 뜻하는 "다맘"(דמם)이라는 동사와 언어 유희를 이룬다.[348] 즉 맛멘의 멸망은 그들의 이름대로 될 것이라는 아이러니다. 모압이 멸망당하는 이유는 그들이 자신들의 업적과 보물을 의지하고, 설상가상으로 우상인 그모스를 섬겼기 때문이다 (48:7). 그렇게 행한 결과로써 그들은 포로로 잡혀가게 될 것이다.

B′. 모압의 역전된 운명: 기쁨이 애곡으로 변함(48:31-39)
A′. 모압의 파멸: 포로로 잡혀감(48:40-47)

346 Clements, *Jeremiah*, 253.
347 Allen, *Jeremiah*, 479.
348 Lundbom, *Jeremiah 37-52*, 248-249.

심판을 받은 모압은 힘이 약해져 부러지는 막대기가 될 것이다(48:11-17). 모압은 심판을 받기 전에는 마치 술그릇에 담긴 술이 그 찌끼 위에 오랫동안 있는 것처럼 긴 세월 동안 안전을 누렸지만, 이제 심판으로 그릇이 기울어져 비워지며 그 병들이 부서지고 파멸에 이를 것이다(48:11-12). 모압은 그모스라는 우상을 숭배하고 장정들의 힘을 의지하면서 자신들의 안전을 과신했다. 하지만 강한 막대기와 아름다운 지팡이가 부러지듯이 그들의 힘도 꺾어지는 반전을 경험하게 될 것이다(48:17).

48:18-25은 모압의 영광스런 성읍들을 나열하고 그것이 멸망당하는 모습을 구체적으로 서술한다. 여기서 모압의 많은 성읍이 나열되는 이유는 심판의 범위가 모압 전체로 확대될 것을 암시한다.[349] 뿔과 팔로 상징되는 모압은 심판을 받아 부러질 것이다.[350]

모압이 멸망당하는 궁극적인 원인은 자신의 힘을 의지하며 교만했기 때문이다(48:26-30). 이런 교만함으로 인해 하나님은 모압이 술에 취하게끔 하실 것이다(48:26). 이는 바빌로니아라는 진노의 잔을 보내 열국이 취하여 비틀거리게 할 것이라는 예언을 연상시킨다(25:15-17).[351] 더 나아가 모압에 대한 심판의 문맥에서 포도주를 언급하는 이유는 그들이 포도주 산업에서 나오는 풍부함을 신뢰하고 교만했기 때문이다. 그리하여 모압의 포도주 산업을 염두에 두고 포도주로 자만한 모압이 결국 술에 취하여 멸망할 것이라는 아이러니를 보여주고 있다.[352]

---

349 Huey, *Jeremiah*, 392.
350 Allen, *Jeremiah,* 482.
351 장성길, 『이스라엘의 구원과 회복의 드라마』, 340.
352 Allen, *Jeremiah*, 482,

모압은 술에 취하여 토하고 그 토한 것에 뒹굴면서 사람들의 조롱거리가 될 것이다(48:27). 모압을 교만하게 만들었던 포도주 산업이 오히려 그들이 조롱을 당하게 하는 도구가 될 것이라는 진술이다. 그들에게 자긍심을 주었던 포도주로 인해 그들이 토하며 뒹구는 것은 여간 수치스런 모습이 아닐 수 없다.

48:31-39은 하나님의 심판으로 인해 모압의 운명이 반전되어 이전의 기쁨이 애곡으로 변할 것이라고 선언한다. 포도주 산업으로 유명한 모압은 자신의 여름 과일과 포도 수확을 자랑하고 포도주를 통한 기쁨을 구가했다(48:32). 하지만 하나님의 심판으로 인해 그들은 더 이상 기쁨을 누리지 못하고 애곡하게 될 것이다(48:34).

여기서 놀라운 점은 모압의 멸망에 대해 예레미야(또는 하나님)가 애곡하고 있다는 것이다(48: 32, 36).[353] 예레미야의 애곡은 모압의 멸망을 안타까워하는 하나님의 심정을 드러내는 기능을 함으로써 모압의 멸망은 심판으로 끝나지 않고 나중에 회복이 있을 것이라는 암시를 준다. 실제로 심판 이후에 모압인들이 포로지에서 돌아올 것이라는 예언이 주어진다(48:47). 이 예언은 문자 그대로 모압이 다시 세워진다는 의미라기보다는 심판의 고난을 통과하면서 모압인들도 하나님의 새 언약의 수혜자가 될 것이라는 뜻이다.

결론으로 48:40-47은 모압이 불 심판을 당하고 포로로 잡혀가게 될 것을 재차 확인해준다(48:46). 특별히 48:44은 모압이 심판을 당하는 과정에서 겪을 두려움, 함정, 올무를 언급한다. 이 단어들은 각각 히브리어로

---

353 Huey, Jeremiah, 395.

"파하드"(פַּחַד), "파하트"(פַּחַת), 그리고 "파흐"(פַּח)다.[354] 이처럼 청각적으로 유사한 단어들을 연속적으로 사용하여 심판의 강도를 전달하고 있다.

암몬(49:1-6)

모압의 북쪽에 위치한 암몬은 남쪽으로 모압과 접경을 이루고 북쪽으로는 얍복강을 지나 길르앗을 경계로 하는 지역으로서 랍바(오늘날의 암만)가 수도이다. 기원전 598-597년에 유다의 여호야김이 바빌로니아에 반기를 들자 느부갓네살이 유다를 공격할 때, 암몬은 바빌로니아를 도와 남쪽 요단 골짜기의 일부를 차지하였다.[355] 이후 기원전 593년에 시드기야가 주도하는 반 바빌로니아에 연합 세력에 에돔, 모압, 두로, 시돈과 함께 합류했지만(27:3), 기원전 586년에 예루살렘이 멸망하기 직전 돌변하여 바빌로니아에 충성을 맹세했다. 그 후 기원전 6세기 중반에 아랍 부족의 침입으로 나라의 정체성을 완전히 상실하게 되었다.[356]

암몬은 기원전 722년에 북이스라엘이 멸망한 이후 갓 지파의 땅을 자신의 땅으로 병합했다(49:1). 49:1은 "말감"을 언급하는데, 이 단어는 "밀감"으로 표기하는 것이 옳다. 이는 암몬이 섬기는 몰렉신을 가리키는 말이다. 본문은 이런 단어를 사용함으로써 암몬이 불법적으로 이스라엘 땅을 점유하고 우상을 섬기는 모습을 질타하고 있다(49:1).

암몬은 자신의 "흐르는 골짜기"를 자랑하고 재물을 의지하였다(49:4). "흐르는 골짜기"는 얍복강 상류 쪽에 있는 골짜기로 된 평지로서 이곳에

---

354 Holladay, *Jeremiah 2*, 364.
355 Clements, *Jeremiah*, 256.
356 Clements, *Jeremiah*, 256.

서는 풍요로운 농산물이 생산되었다. 이처럼 암몬은 비옥한 농지에서 나오는 농산물과 그로 인해 쌓여진 재물을 의지하고 자랑했다.[357] 그러므로 암몬의 심판 원인은 모압(48:11)과 에돔(49:16)처럼 하나님을 의지하지 않고 자신의 힘을 의지하는 교만이라고 할 수 있다.[358] 그 결과 암몬은 사방에서 오는 두려움으로 인해 도망치게 될 것이다(49:5). 하지만 하나님은 암몬을 돌아보시고 돌아오게 하실 것이다(49:6). 이는 암몬의 남은 자도 새 언약의 수혜자가 될 것이라는 메시지다.

④ 에돔(49:7-22)

49:7-22은 에돔의 심판을 다룬다. 에돔은 소돔과 고모라처럼 불 심판으로 멸망하게 될 것이다(49:18). 유다가 불로 심판을 받는 상황에서 에돔도 소돔과 고모라처럼 불로 멸망당할 것을 보여 주는 셈이다. 에돔에 관한 심판 내용은 50-51장의 바빌로니아에 대한 심판 내용과 상당히 중첩된다. 에돔 심판이 바빌로니아에 대한 심판과 비슷한 것은 에돔이 바빌로니아와 함께 열국을 대표하는 나라로 제시되기 때문이다.

또한 에돔에 대한 심판이 바빌로니아에 대한 심판과 비슷한 이유는 바빌로니아가 예루살렘을 침략했던 것과 같이 에돔도 기원전 586년에 바빌로니아를 도와 예루살렘을 약탈했기 때문이다. 역사적으로 에돔은 기원전 593년에 시드기야의 반 바빌로니아 정책을 지지했지만, 기원전 588년에는 느부갓네살이 예루살렘을 침략하기 직전 변심하여 바빌로니아 편에

---

[357] Huey, *Jeremiah*, 399.
[358] Keown and others, *Jeremiah 26-52*, 325.

붙었다(시 137:7; 겔 25:12-14).[359] 에돔에 대한 심판 본문과 바빌로니아에 대한 심판 본문의 유사점은 다음 도표와 같다.

에돔(49:7-22)	바빌로니아(50-51장)
1. 에돔의 지혜(49:7)	1. 바빌로니아의 지혜(50:35; 51:57)
2. 산꼭대기에 거함(49:16)	2. 하늘까지 솟아오름(51:53)
3. 교만(49:16)	3. 교만(50:29, 32)
4. 놀라며 탄식(49:17)	4. 놀라며 탄식(50:13; 51:37)
5. 소돔과 고모라(49:18)	5. 소돔과 고모라(50:40)
6. 요단강의 깊은 숲(49:19)	6. 요단의 깊은 숲(50:44)
7. 야웨의 의도[마하샤바](49:20)	7. 야웨의 생각[마하샤바](50:45; 51:12, 29)
8. 야웨의 계획[에차](49:20)	8. 야웨의 계획[에차](50:45)
9. 땅이 진동함(49:21)	9. 땅이 진동함(50:46; 51:29)

에돔이 열국의 대표라는 사실은 이사야서에서도 잘 드러난다(사 21:11-12; 34:5-15; 63:1-6). 에돔은 모압 및 암몬과 함께 유다와 친족 관계에 있는 나라이지만, 모압과 암몬에게는 회복의 메시지가 있는 반면, 에돔에 대해서는 회복의 말씀이 없다는 것은 흥미로운 대목이다.[360] 이처럼 에돔에 대한 심판 이야기는 다른 열국에 비해 매우 어둡다. 이는 에돔에 대한 심판이 궁극적으로는 죄악의 세력에 대한 심판이기 때문이다.

에돔의 수도는 보스라(49:13, 22)다. 후에 에돔은 나바테아 아랍 부족에게서 침략을 받아 삶의 터전을 뺏기고 헤브론 북쪽의 남유다 지역으로 이주한 후 이두매라 불리는 지역에 정착한다.[361] 이두매는 에돔의 그리스식

---

359 Huey, *Jeremiah*, 401.
360 Dearman, *Jeremiah*, 392.
361 Huey, *Jeremiah*, 401.

지명이다(참조. 막 3:8). 에돔의 심판 이야기는 "계획"을 뜻하는 "에차"가 앞 뒤에 각기 포진함으로써 전체를 감싸는 구조를 이룬다(49:7, 20).[362] 이런 구조를 통해 에돔을 향한 심판이 인간적인 계획을 심판하고 하나님의 계획을 이루기 위한 것임을 강조한다.

먼저 49:7-8은 지혜와 책략으로 명성을 떨치는 에돔이 하나님의 심판으로 그 명성을 잃게 될 것이라고 말한다. 49:7에 언급된 "데만"은 수도인 보스라가 위치한 에돔 북동쪽의 대표적인 지역이다.[363] 하나님의 심판으로 인해 데만에서 지혜가 없어지고 책략이 끊어질 것이다. 여기서 "책략"으로 번역된 히브리어는 "에차"로서 계획을 의미한다. 즉 에돔이 군사와 경제 면에서 안정을 누리기 위해 추구한 인간적 계획과 지혜가 하나님의 심판으로 인해 사라지게 될 것을 알리는 표현이다.

49:8은 드단 주민들을 향해 에돔이 하나님의 심판을 받아 지혜와 계획을 잃고 멸망하게 될 때 도망치라고 명령한다. 드단은 에돔 지역이 아닌 아라비아 북서쪽 사막에 위치한 성읍으로서 에돔과 무역을 하며 긴밀한 관계를 맺었던 곳이다.[364] 여기서 드단 주민들에게 주어진 도망치라는 명령은 바빌로니아에서 유다 포로 공동체에게 주어졌던 도망치라는 명령과

---

362 에돔 심판(49:7-22)의 구조는 다음과 같다.
  A. 에돔의 지혜와 계획이 끊어짐(49:7-8)
    B. 에돔이 숨지 못하고 멸망함(49:9-11)
      C. 에돔이 심판의 잔을 마심: 놀램이 될 것(49:12-13)
    B´. 에돔이 높은 곳에 있을지라도 피하지 못함(49:14-16)
      C´. 에돔이 소돔과 고모라처럼 멸망함: 놀램이 될 것(49:17-18)
  A´. 에돔의 멸망은 야웨의 계획임(49:19-22)
363 Holladay, *Jeremiah 2*, 374.
364 Dearman, *Jeremiah*, 392.

유사하다(50:8; 51:6). 이런 점에서 볼 때 에돔에 대한 심판은 확실히 바빌로니아 심판과 강력한 유비점을 갖고 있다.

하나님의 심판 앞에서 에돔은 숨지 못하고 모두 멸망하게 될 것이다(49:9-11). 에돔은 적의 침공을 쉽게 몸을 숨길 수 있는 유리한 산악 지대를 가졌다. 하지만 그런 유리함에도 불구하고 하나님의 심판으로 인해 그들의 숨은 곳이 드러날 것이다(49:10). 여기서 숨는다는 이미지는 비밀리에 인간의 계획을 짜내 자신만의 복을 얻으려는 에돔의 모습을 비유하는 은유로서 비밀리에 세운 인간의 계획이 하나님 앞에서 모조리 드러나서 성취되지 못할 것이라는 의미를 갖는다(사 29:15).

에돔에 대한 심판은 포도를 거두는 자가 열매를 남김없이 거두는 이미지로 묘사된다(49:9). 하나님의 율법에는 포도 수확기에 고아나 과부와 같은 가난한 자를 위해 포도 열매를 모두 거두지 말라는 규정이 있다(레 19:10; 신 24:21).[365] 그러므로 에돔에 대한 심판이 열매를 남김없이 거두는 방식으로 이루어질 것이라는 진술은 거꾸로 에돔의 부자들이 가난한 자들을 배려하지 않고 자신들의 욕심을 추구했다는 의미를 내포한다. 따라서 에돔이 심판을 받는 이유는 넓은 의미에서 하나님의 말씀에 불순종했기 때문이라는 교훈을 준다. 에돔을 향한 심판이 실행될 때 하나님은 에돔의 부자들과 달리 고아와 과부들을 살려주시며 은혜를 베푸실 것이다(49:11).

하나님의 계획을 제쳐두고 인간적 지혜를 동원하여 자신의 계획을 세우며 이기적인 욕구를 채우려 했던 에돔은 하나님의 진노의 술잔을 마시게 될 것이다(49:12-13). 인간적인 계획을 세워 자신만을 위한 기쁨과 만족

---

365 Huey, *Jeremiah*, 401.

으로 욕구를 채우려고 한 대가로, 인간적 기쁨을 상징하는 술로써 취하게 하여 파멸의 길로 가게 하실 것이라는 뜻이다.

그 결과 그들은 놀램과 치욕거리와 황폐함과 저줏거리가 될 것이다(49:13). 이 구절에서 "놀램"으로 번역된 히브리어는 "샴마"로서 49:17에 다시 등장하는 표현이다. 자신들의 지혜로 확보한 군사적·상업적 안전을 자랑했던 에돔이 하루아침에 무너지는 것을 보고 사람들은 놀라게 될 것이다. 인간의 계획이 아무리 성공한 것처럼 보일지라도 결국 하나님의 계획만이 온전히 서게 된다는 진리를 확인해주는 대목이다(잠 19:21).

높은 산악 지역에 자리한 요새에 거하며 군사적인 안전을 자신하고 교만했던 에돔은 하나님의 심판을 받아 멸망할 것이다(49:14-16).[366] 이는 에돔이 하나님의 심판 앞에서 결코 숨을 수 없다는 앞의 진술을 반복하는 것이다.

그 결과 에돔은 소돔과 고모라처럼 불 심판으로 멸망하여 사람이 살지 못하는 곳이 될 것이다(49:17-18). 확실히 이 예언은 심판을 받은 후 그 땅에 사람이 다시 살게 될 것이라는 이집트의 회복과는 대조를 이룬다(46:26). 무서운 심판을 받을 에돔은 공포의 대상이 될 것이다(49:17). 여기서 "공포의 대상"으로 번역된 히브리어는 "샴마"로서 사람들을 향한 "놀램"이 될 것이라는 뜻이다. 난공불락의 요새로 여겨지던 에돔이 평지의 성읍인 소돔과 고모라처럼 멸망당하는 것을 본 사람들이 놀라 입을 닫지 못할 것이라는 뜻이다. 이 대목에서 인간의 계획으로 안전을 추구하는 것이 얼마나 쓸데없는 것인지를 깨달을 수 있다.

---

366 Dearman, *Jeremiah*, 393.

끝으로 에돔의 멸망이 하나님의 계획의 일환임을 밝히면서 결국 이 세상은 하나님의 계획을 성취하는 방향으로 움직인다는 사실을 일깨워준다(49:12-22). 하나님은 자신의 계획을 성취하는 차원에서 사자가 요단강의 깊은 숲에서 갑자기 나타나듯이 에돔을 공격하실 것이다(49:19). 에돔인들은 요단강의 깊은 숲에서 사자가 갑자기 나타나 사람들을 공격했던 것처럼 천혜의 요새인 산악지대에 몸을 숨겼다가 갑자기 대적들을 공격함으로써 곤경에 빠뜨리곤 했다. 그런데 이제 하나님은 그들이 했던 방식대로 예상하지 못한 시기에 에돔의 견고한 진들을 치실 것이라고 말씀하신다.

49:20은 "야웨의 의도"와 "야웨의 계획"을 언급하는데, 이 표현을 히브리어로 읽으면 각각 "야웨의 계획"(에차)과 "야웨의 생각"(마하샤바)이다. 토기장이가 자신의 계획과 생각대로 진흙을 빚어 토기를 만드는 것처럼, 세상을 자신의 계획과 생각대로 만들기 위해 하나님이 에돔의 계획을 끊으신다는 것이다(18:1-12). 이로써 에돔에 대한 심판은 야웨의 계획을 이루기 위한 목적임을 천명하고 있다. 야웨의 계획대로 심판을 받은 에돔이 넘어지는 소리에 땅이 진동하고 해산하는 여인의 고통이 에돔에 임할 것이다. 땅이 진동한다는 말은 에돔으로 대표되는 열국 심판 이후에 창조 질서도 전복될 것이라는 뜻이다(49:21).

2) 북쪽에 위치한 열국 심판: 다메섹에서 엘람까지(49:23-39)

열국에 대한 심판은 왕이신 하나님이 자신의 계획을 성취하기 위해 주권을 드러내시는 행위다. 동시에 열국에 대한 심판은 열국을 심판하는 데 그 목적이 있는 것이 아니라, 열국 백성을 하나님의 자녀가 되게 하는 데 목적이 있다. 이 단락은 유다 북쪽의 다메섹, 게달과 하솔, 엘람에 대한 심판을 예언하는데, 여기서 바빌로니아가 하나님의 계획을 이루는 심판의 도구로 제시되고 있다(49:30, "하솔 주민아, 도망하라. 멀리 가서 깊은 곳에 살라. 이는 바빌로니아의 느부갓네살 왕이 너를 칠 모략과 너를 칠 계획을 세웠음이라").

① 다메섹(49:23-27)

다메섹은 아람의 수도다. 아람은 수도인 다메섹과 하맛과 아르밧이라는 세 도시를 축으로 하여 이루어진 나라다(49:23). 다메섹은 기원전 605년에 아시리아에서 해방되어 바빌로니아의 속국이 되었고, 기원전 598년에 바빌로니아가 여호야김을 공격할 때 바빌로니아와 합세하여 예루살렘을 공격하기도 했다.[367] 이집트의 왕명이 파라오인 것처럼, 아람은 벤하닷이라는 왕명을 가지고 있다(49:27).[368]

　다메섹에서 멀리 떨어진 북쪽에 있는 하맛과 아르밧은 다메섹이 군사적 위협을 받는다는 소식을 듣고 슬퍼하게 될 것이다(49:23). 개역개정판 한글 성경이 49:23에서 "바닷가에서 비틀거린다"라고 번역한 히브리어 표현을 직역하면 "근심의 바다에서 그들의 마음이 녹아내렸다"라는 말이 된다. 이 표현은 출애굽기 15:15에서 가나안 주민을 묘사할 때 쓰였으며, 여기서는 다메섹이 위협을 받는다는 소식을 듣고 아람의 주변 도시들이 근심하며 낙담할 것을 말하기 위해 사용되었다.[369]

---

367 Huey, *Jeremiah*, 404.
368 Allen, *Jeremiah*, 499.
369 Huey, *Jeremiah*, 404.

다메섹에 대한 심판은 한때 명성과 즐거움의 성읍이었던 곳이 해산하는 여인처럼 고통과 슬픔을 당할 것이라는 예언을 핵심 내용으로 다룬다 (49:24-25). 49:25에 언급된 "찬송의 성읍"은 다메섹을 가리키는 말로 영광스런 성읍이라는 뜻이다. 그리하여 세상의 영광을 뽐내고 자랑했던 다메섹이 하나님의 심판으로 인해 고통과 슬픔을 당하게 될 것이라고 예고하고 있다.

② 게달과 하솔(49:28-33)

이 단락은 게달(49:28-29)과 하솔(49:30-33)을 향한 심판으로 나뉜다. 게달은 유다 동쪽에 위치한 아라비아 사막에 거주한 베두인을 가리킨다(25:23-24; 사 21:16-17).[370] 또한 하솔은 팔레스타인 북쪽에 위치한 성읍이 아니라(수 11:1-13), 유다 동쪽에 위치한 오아시스 도시로 추정된다.[371] 게달과 하솔이 심판을 받는 이유는 특별히 나타나지 않는다. 역사적으로 게달과 하솔은 주위의 정착민들을 공격하고 약탈했으며, 이를 눈엣가시와 같이 여긴 바빌로니아와 기원전 599-598년에 전쟁을 치른다.[372] 게달과 하솔에 대한 심판 예언은 이 시기 직전에 주어진 것으로 추측된다.

사막지역에서 평온히 유목생활을 하는 게달과 하솔에게 외부의 침입자가 와서 그들의 약대를 빼앗고 평안을 깰 것이다. 특별히 이곳은 사막지역이었기 때문에 성벽이나 담이 없어도 안전했다. 하지만 게달이 사방에서 두려움을 당하듯이(49:29), 하솔도 양 측면(עֵבֶר/에베르)에서 재앙을 당

---

370 장성길, 『이스라엘의 구원과 회복의 드라마』, 345.
371 Clements, *Jeremiah*, 258.
372 Clements, *Jeremiah*, 258.

하게 될 것이다(49:32). 사방이 트여 있는 사막의 특성을 이용하여 사방에서 적이 공격할 것이라는 의미다.

49:32은 아라비아 사막에 거하는 하솔 거민을 "그 살쩍을 깎는 자들"이라고 명명한다(9:26; 25:23). 여기서 "살쩍"에 해당하는 히브리어 단어는 "페아"(פֵאָה)로서 "측면" 또는 "가장자리"를 의미한다. 따라서 이 말은 "얼굴 옆을 깎는 자"라고 이해할 수 있다. 즉 얼굴의 측면에 신경을 쓰는 자들이 하나님의 심판으로 인해 양 측면에서 재앙을 당하게 된다는 아이러니를 보여주고 있다.[373]

③ 엘람(49:34-39)

수사를 수도로 하는 엘람은 바빌로니아 동쪽에 위치하고 있으며, 남쪽으로는 페르시아만을 끼고 있다.[374] 49:34이 "유다 왕 시드기야가 즉위한 지 오래지 아니하여"라고 말하고 있는 것을 고려하면, 엘람에 대한 심판 예언은 기원전 596-595년에 이 지역을 침공한 바빌로니아의 공격을 배경으로 한다고 추정할 수 있다.[375]

엘람은 산악 지역인데다 활을 잘 쏘는 자들이 많은 것으로 유명했다(사 22:6).[376] 엘람이 자신의 힘인 활을 자랑하자, 하나님은 그 힘의 으뜸인 활을 꺾으실 것이라고 말씀하신다(49:35). 따라서 엘람이 심판을 받는 이유는 자신의 힘을 믿고 교만하게 행동했기 때문임을 알 수 있다. 엘람이 심

---

373 Holladay, *Jeremiah 2*, 386 참조.
374 Allen, *Jeremiah*, 501.
375 Holladay, *Jeremiah 2*, 388.
376 Lundbom, *Jeremiah 37-52*, 362.

판을 받는 또 다른 이유는 하나님의 도구인 바빌로니아를 원수로 여기고 대적했기 때문이다(49:30, 37).[377] 어쨌든 하나님은 엘람을 심판하심으로써 자신의 주권을 드러내실 것이다(49:38). 하지만 심판 이후 엘람의 포로들이 돌아오게 될 것이다(49:39).

3) 바빌로니아에 대한 심판(50-51장)

50-51장에 언급된 바빌로니아에 대한 심판 예언은 예레미야서의 절정이라고 해도 과언이 아니다.[378] 바빌로니아에 대한 심판 이야기가 특별한 점은 다른 열국 심판에 비해 분량이 많고 바빌로니아에 대한 심판 안에 바빌로니아를 향한 희망의 메시지가 없다는 데 있다.[379] 바빌로니아의 멸망이 유다 회복의 신호탄으로 언급되는 것도 다른 열국 심판에서는 찾아볼 수 없는 대목이다.

　　이런 현상이 나타나는 이유는 바빌로니아에 대한 심판이 일반적인 열국 심판을 넘어 궁극적으로 죄의 세력을 심판하고 기존의 창조 질서를 전복하는 심판이기 때문이다. 이는 바빌로니아가 고대 근동에서 무질서와 어둠의 세력인 "탄닌"(תַּנִּין)으로 언급되는 것을 통해 지지를 받는다(51:34; 시 74:13). 그리하여 바빌로니아에 대한 심판 이후에 체결되는 새 언약은 새

---

377 Keown and others, *Jeremiah 26-52*, 344 참조.

378 Martin Kessler, "The Function of Chapters 25 and 50-51 in the Book of Jeremiah," in *Troubling Jeremiah*, ed. A. R. Pete Diamond, Kathleen M. O'Connor & Louis Stulman, JSOTSup. 260 (Sheffield: Sheffield Academic Press, 1999), 70.

379 Kessler, "The Function of Chapters 25 and 50-51 in the Book of Jeremiah," 67.

로운 창조 질서를 동반하는 새로운 시작점이 된다. 50-51장의 바빌로니아에 대한 심판이 다른 심판에 비해 우주적인 의미를 갖는다는 점도 이런 주장에 힘을 실어준다.[380] 같은 맥락에서 신약의 요한계시록은 바빌로니아를 악의 세력으로 더욱 분명하게 제시한다(계 18장).

50-51장에서 바빌로니아가 멸망당하는 이유는 바빌로니아가 예루살렘 성전을 파괴하고(50:28; 51:11, 59), 예루살렘을 파괴했으며(51:24), 온 세계를 멸망시키려고 했기 때문이다(50:23; 51:7, 25, 44, 49). 또한 교만(50:29, 31-32)과 우상숭배(51:47, 52)도 멸망의 이유로 제시된다. 특별히 바빌로니아의 교만은 하나님의 통치를 의지하지 않고 자신의 힘으로 세상을 전복시키려는 모습으로 나타난다.[381]

바빌로니아가 멸망당하는 방식은 바빌로니아가 유다와 다른 열국을 괴롭힌 방식으로 재현됨으로써 바빌로니아의 멸망이 자업자득임을 교훈한다. 예를 들어 바빌로니아는 북방의 적으로 나타나 유다를 멸망시켰는데(4:6; 6:1), 마찬가지로 바빌로니아도 또 다른 북방의 적에 의해 멸망하게 될 것이다(50:9). 또한 세계의 금잔으로서 열국을 취하게 했던 바빌로니아가 취하게 될 것이다(25:18-29; 51:7; 52:57). 덧붙여 바다로 상징되는 무질서의 세력이었던 바빌로니아가 바다에 의해 삼켜질 것이라는 아이러니가 제시된다(6:22-23; 51:42, 55).

주제 면에서 50-51장의 핵심 메시지는 유다인 포로 공동체에 주어진,

---

380 Chae, "Redactional Intentions of MT Jeremiah," 591.
381 Klaas A. D. Smelik, "The Function of Jeremiah 50 and 51 in the Book of Jeremiah," in *Reading the Book of Jeremiah: A Search for Coherence*, ed. Martin Kessler (Winona Lake, Ind.: Eisenbrauns, 2004), 92.

바빌로니아에서 떠나라는 초청이다(50:3, 8; 51:6, 45). 포로기의 유다 공동체에게 주어진, 가나안 땅으로 돌아오기 위해 바빌로니아를 떠나 도망하라는 초청은 창세기 12장을 연상시킨다(참조. 계 18:4).[382] 창세기 12장은 11장의 바벨탑 사건이 동인이 되어 바벨탑과 관련된 갈대아 지역에서 하나님이 가나안 땅으로 아브라함을 부르는 장면이다. 이런 맥락에서 예레미야 51:53은 바빌로니아를 바벨탑의 근원지로 비유하고 있다.[383]

따라서 포로기의 유다인 공동체를 향해 바빌로니아를 떠나라는 말은 다시 바벨탑 사건의 현장인 시날 땅으로 돌아간 유다에게 아브라함이 그랬던 것처럼 바벨탑과 같은 죄악의 장소에서 떠나라는 요청으로 이해할 수 있다. 아브라함은 바벨탑 사건의 근원지인 갈대아 우르를 떠나 하나님과 아브라함 언약을 맺었다(창 15장). 예레미야 50장은 이런 선례를 따라 포로 공동체에게 바빌로니아라는 포로지에서 떠나 영원한 언약인 새 언약의 수혜자가 되라고 권고하고 있는 셈이다(50:4). 이런 점에서 새 언약은 아브라함 언약처럼 제시되고 있으며, 이를 통해 새 언약은 아브라함 언약을 성취하는 언약임을 확인할 수 있다.

또 다른 주제는 하나님의 계획이다(50:45; 51:12, 29, 59-60). 예레미야서는 계획을 뜻하는 "에차"(עֵצָה)와 "마하샤바"(מַחֲשָׁבָה)라는 단어들을 호환해서(interchangeable) 사용함으로써 바빌로니아의 멸망이 하나님의 계획을 이루기 위한 목적임을 분명히 한다. 18장의 토기장이 비유에서 하나님은 유다

---

[382] Martin Kessler, *Battle of the Gods: The God of Israel Versus Marduk of Babylon: A Literary/Theological Interpretation of Jeremiah 50-51* (Assen, The Netherlands: Royal Van Gorcum, 2003), 204-205.

[383] Kessler, *Battle of the Gods*, 136.

백성을 자신의 의견에 좋은 그릇으로 만드는 것이 그분의 계획임을 보여주셨다(18:4-11). 여기서 "좋은 대로"에 해당하는 히브리어 "야샤르"(יָשָׁר)는 인애와 공의와 의를 함축적으로 표현하는 말이다(잠 1:3; 미 2:7; 6:8 참조). 그래서 백성을 인애와 공의와 의를 행하는 자로 만들어 그들에게 소망을 주려는 것이 하나님의 계획임을 일깨워주었다(29:11). 이런 맥락에서 50-51장도 바빌로니아의 멸망이 궁극적으로 새 언약을 체결하여 자기 백성을 인애와 공의와 의로 재창조하고 그들에게 평안과 소망을 주기 위한 하나님의 계획임을 보여준다.

결국 바빌로니아에 대한 심판 본문은 하나님의 계획 속에서 새 언약이 갖는 의미를 드러내는 기능을 한다. 그리고 그 심판이 새로운 창조 질서의 확립을 통해 하나님 나라의 통치가 온전히 시행되기 위한 목적임을 교훈해준다.[384] 이런 점에서 바빌로니아에 대한 심판은 예레미야서의 신학에서 중요한 위치를 차지한다. 본문의 내용을 보면 51장은 50장의 내용을 더욱 발전시키고 있다.[385] 50-51장의 구조는 다음과 같다.[386]

A. 바빌로니아의 멸망과 새 언약의 체결: 바빌로니아에서 도망쳐라 (50:1-10)

B. 바빌로니아는 멸망하고 유다는 돌아와 죄가 사라질 것임(50:11-20)

---

[384] Stulman, *Order amid Chaos*, 96.

[385] Kessler, *Battle of the Gods*, 67.

[386] Smelik는 50-51장의 내용에서 조직적인 구조를 발견할 수 없다고 주장한다. Smelik, "The Function of Jeremiah 50 and 51 in the Book of Jeremiah," 90.

C. 세계의 망치인 바빌로니아의 멸망은 야웨의 성전을 파괴한 것에 대한 보복임(50:21-28)

D. 바빌로니아와 이스라엘의 역전: 바빌로니아는 불안, 이스라엘은 평안함(50:29-34)

E. 바빌로니아가 칼과 기근과 불로 황무지가 됨(50:35-40)

F. 바빌로니아의 멸망은 하나님의 계획: 땅이 진동함(50:41-46)

A′. 멸망하는 바빌로니아에서 도망쳐 나오라(51:1-6)

B′. 세계의 금잔인 바빌로니아가 파멸되고 "우리"의 의가 드러남(51:7-10)

C′. 바빌로니아의 멸망은 야웨의 성전을 파괴한 것에 대한 보복임(51:11-14)

D′. 바빌로니아와 이스라엘의 역전: 야곱이 이제 바빌로니아를 심판할 것임(51:15-24)

E′. 바빌로니아가 불로 멸망하여 황무지가 됨(51:25-26)

F′. 바빌로니아의 멸망은 하나님의 계획: 땅이 진동함(51:27-32)

A″. 큰 뱀인 바빌로니아가 멸망할 때 도망쳐 나오라(51:33-46)

B″. 바빌로니아의 우상과 땅이 멸망한 까닭에 하늘과 땅이 기뻐함(51:47-48)

C″. 바빌로니아의 멸망은 야웨의 성전을 파괴한 것에 대한 대한 보복임(51:49-53)

D″. 바빌로니아와 열국의 역전: 열국이 이제 바빌로니아를 취

하게 함(51:54-57)

E´. 바빌로니아가 불로 멸망하게 될 것임(51:58)

F″. 바빌로니아의 멸망은 예언된 하나님의 뜻임(51:59-64)

위의 구조로 볼 때 50-51장은 삼중 구조로 이루어진 패널 구조로서, 바빌로니아의 멸망이 세상을 경영하는 하나님의 계획에서 나온 것임을 강조하는 것이 중심 메시지다(단락 F/F´/F″). 이런 구조를 통해 유다가 바빌로니아에 의해 멸망하는 것은 하나님이 바빌로니아의 최고 신인 마르두크보다 힘이 없어서가 아니라 유다를 고난 가운데서 연단시켜 새 언약의 수혜자로 만들기 위한 하나님의 계획임을 부각시키고 있다. 50-51장의 구조는 이런 하나님의 계획에 독자들의 시선을 모음으로써 역사를 주관하시는 하나님의 모습을 돋보이게 한다.[387]

① 바빌로니아의 멸망은 하나님의 계획: 새 언약의 체결을 위해 나오라(50장)

먼저 50:1-20은 바빌로니아의 멸망과 유다를 향한 하나님의 계획을 선포하여 바빌로니아와 유다의 운명을 서로 대조시킨다.[388] 구체적으로 50:1-20의 내용은 바빌로니아의 멸망과 새 언약의 체결에 대한 선포(50:1-10) 및 바빌로니아가 멸망할 때 유다가 돌아와 죄가 사라질 것이라는 내용

---

387 Smelik, "The Function of Jeremiah 50 and 51 in the Book of Jeremiah," 91.
388 50:1-20의 구조는 다음과 같이 제시될 수 있다.

    A. 북쪽 나라에 의한 바빌로니아의 멸망 선포(50:1-3)
      B. 유다 포로들이 야웨와 예루살렘으로 돌아옴(50:4-5)
        C. 유다의 비참한 현재 상황과 결과들(50:6-7)
          D. 바빌로니아에서 도망쳐라: 바빌로니아가 약탈당함(50:8-10)
        C´. 기뻐하는 바빌로니아의 현재 상황과 야웨의 위협(50:11-13)

(50:11-20)으로 나뉜다.

먼저 바빌로니아의 우상인 므로닥(마르두크)이 부서지고 그 신상들이 수치를 당하게 될 것이라고 말하여 바빌로니아의 멸망이 우상숭배로 인한 것임을 지적한다(50:2). 바빌로니아의 멸망은 북쪽에서 오는 적에 의해 이루어질 것이다(50:3, 41). 과거 바빌로니아는 "북방의 적"으로서 유다를 멸망시킨 나라로 묘사되었지만(4:6; 6:1, 22), 이제는 또 다른 "북방의 적"에 의해 그 자신이 멸망할 것이다(50:9).[389] 역사적으로 이 북방의 적은 일차적으로는 바빌로니아를 멸망시킨 페르시아와 메디아인 것처럼 보인다.[390] 하지만 페르시아와 메디아는 바빌로니아를 평화적으로 점령했고 50:3처럼 바빌로니아를 쑥대밭으로 만들어 사람이나 짐승이 도망치게 하지 않았다. 이런 의미에서 바빌로니아를 멸망시키는 북방의 적은 영적인 의미를 가진다고 볼 수 있다. 따라서 여기에 언급된 북방의 적은 바빌로니아로 대변되는 죄의 세력을 멸하는 자(메시아)로 이해하는 것이 가장 설득력이 있다.

50:4-5은 바빌로니아가 멸망한 까닭에 바빌로니아로 끌려간 유다 자손이 시온으로 돌아오게 될 것을 예언한다. 마치 과거에 바빌로니아의 갈대아 땅에서 아브라함을 불러 그와 언약을 맺었듯이, 하나님은 바빌로니아에 끌려간 포로 중 남은 자들을 불러 그들과 언약을 맺으실 것이다.[391]

D′. 바빌로니아가 공격을 당해 주민들이 도망칠 것(50:14-16)
A′. 유다를 괴롭힌 아시리아 왕처럼 바빌로니아 왕도 멸망할 것(50:17-18)
B′. 유다 포로들이 가나안 땅과 야웨께로 돌아옴(50:19-20)

389 랄레만, 『예레미야, 예레미야애가』, 469.
390 Lundbom, *Jeremiah 37-52*, 371.
391 J. G. Amesz, "A God of Vengeance?: Comparing YHWH's Dealings with Judah and Babylon in the Book of Jeremiah," in *Reading the Book of Jeremiah: A Search for Coherence*, ed. Martin Kessler (Winona Lake, Ind.: Eisenbrauns, 2004), 115.

여기서 돌아오는 자들의 특징은 울면서 야웨를 구한다는 것이다(50:4-5; 참조. 31:9). 돌아오는 이들은 "영원한 언약으로 야웨와 연합"하기를 사모한다(50:5). 여기서 "영원한 언약"이 새 언약이라는 사실을 고려하면, 돌아오는 남은 자들은 하나님과 새 언약을 맺고 새 언약의 수혜자로서 공의와 의를 행하기를 열망하고 있음을 알 수 있다(32:40).

시온으로 돌아오는 남은 자들은 전에 "잃어버린 양 떼"로서 그들은 잘못된 목자들로 인해 방황하고 고난을 당했다(50:6-7). 50:6에서 "그들이 산에서 언덕으로 돌아다니며 쉴 곳을 잊었도다"라는 말은 그들이 잘못된 지도자들로 인해 산과 언덕에서 우상을 섬겼음을 암시해주는 대목이다.[392] 더 나아가 바빌로니아에서 쉼을 찾을 수 없는 유다인 포로 공동체의 현재 상황을 보여주는 것이기도 하다.

바빌로니아에서 고난을 당하는 남은 자들에게 하나님은 그곳에서 도망쳐 나오라고 촉구하신다(50:8-10). 그 목적은 새 언약을 체결하기 위함이다. 50:8의 "도망하라"(נֻדוּ/누드)는 말은 아브라함에게 갈대아에서 "나오라"고 하신 창세기 12장의 말을 연상시킨다. 따라서 바빌로니아에서 나와 새 언약의 수혜자가 되라는 말씀은 새 언약이 아브라함 언약을 성취하는 의미가 있음을 간접적으로 시사해준다. 또한 바빌로니아에서 떠나 언약을 맺는 모습은 이들이 이집트에서 나와 모세 언약을 맺었던 장면과 중첩된다(31:31).[393] 이를 통해 미래의 새 언약은 아브라함 언약과 모세 언약을 성취하고 완성하는 언약임을 알 수 있다.

---

392 Allen, *Jeremiah*, 512.
393 Kessler, "The Function of Chapters 25 and 50-51 in the Book of Jeremiah," 69.

한편 50:8의 "도망하라"는 말은 50:16에서 바빌로니아가 곤경을 당하여 그곳에서 일하는 외국인들이 도망칠 것이라는 말과도 연관이 있다. 그리하여 바빌로니아의 멸망으로 인해 그곳에 사는 주민들이 실제로 도망 나오게 될 것을 예고해주고 있다.[394]

50:11-20은 바빌로니아의 멸망이 확정되었음을 선포하면서 바빌로니아의 멸망으로 유다의 남은 자가 돌아올 때 그들의 죄가 사라지는 축복이 있을 것이라고 말한다. 바빌로니아의 멸망을 구체적으로 다시 묘사하고(50:11-16) 바빌로니아에서 돌아온 유다(이스라엘)가 목자의 돌봄을 받아 만족을 누리며 죄 사함을 받아 죄가 사라질 것이라고 말한다(50:17-20). 만족을 누리고 죄 사함을 받는다는 것은 새 언약의 축복이기에(31:13; 31:34), 이는 그들이 새 언약의 수혜자가 된다는 것을 뜻한다.

50:17은 돌아온 유다를 "흩어진 양"으로 표현하고 그들이 전에는 방황했지만 이제는 참된 목자의 인도를 받아 더 이상 흩어지는 일이 없을 것이라고 말한다. 여기서 양 떼를 인도하는 목자의 정체는 예레미야서의 문맥에서 볼 때 메시아다(23:1-8). 바빌로니아에서 나온 백성은 메시아를 통해 새 언약의 수혜자가 될 것이다. 메시아를 통해 새 언약이 맺어지고 이들은 새 언약의 축복을 받아 만족과 죄 사함을 얻게 될 것이다(50:19-20).

50:21-28에서 하나님은 바빌로니아가 멸망한 근본적인 원인이 소위 "온 세계의 망치"(50:23)였던 그들이 유다 땅에 들어와 기원전 586년에 야웨의 성전을 불태웠기 때문이라고 설명한다(50:28).[395] 그래서 바빌로니아

---

394 Bellis, "Poetic Structure and Intertextual Logic in Jeremiah 50," 183.
395 Huey, *Jeremiah*, 414.

의 멸망을 야웨의 "성전의 보복"이라고 명시한다. 이 대목에서 하나님이 바빌로니아를 멸망시키고자 하는 이유가 성전이 상징하는 야웨의 임재와 거룩을 회복하기 위함임을 알 수 있다. 더 나아가 새 언약 안에 들어온 백성으로 하여금 하나님의 임재 안에서 교제하며 거룩한 삶을 살도록 하기 위한 것임을 유추할 수 있다. 야웨의 성전을 불태웠던 바빌로니아는 결국 하나님에 의해 소돔과 고모라처럼 불로 멸망하게 될 것이다(50:40). 바빌로니아의 심판으로 상징되는 죄와 악의 세력에 대한 심판의 목적은 새 언약의 체결을 통해 하나님의 성전이라는 제2의 에덴동산을 창설함으로써 임재와 교제의 기쁨과 거룩을 성취하기 위한 것이다.

50:21에서 하나님은 "너희는 올라가서 므라다임의 땅을 치며 브곳의 주민을 치라"고 말씀하신다. 여기서 "므라다임"과 "브곳"은 바빌로니아를 대표하는 두 지역으로서, 이 말은 사실상 바빌로니아를 공격하라는 뜻이다. "므라다임"(מְרָתַיִם/메라타임)은 히브리어로 "두배의 무례함"(double insolence)이라는 뜻이고,[396] "브곳"은 히브리어로 "벌하다"라는 뜻의 "파카드"(פָּקַד)와 같은 어근의 낱말이다. 이런 언어 유희를 통해 바빌로니아가 자신의 무례함과 교만으로 벌을 받게 될 것을 부각시키고 있다(50:27, 31).[397]

바빌로니아의 교만은 구체적으로 야웨와 싸우고(50:24) 야웨의 성전을 함부로 범한 모습에서 드러난다(50:28). 특별히 야웨의 성전의 거룩함을 훼손한 바빌로니아의 죄는 51장에서도 계속 지적된다(51:11). 예레미야는 이런 교만에 대한 보복으로 바빌로니아가 멸망할 것이라고 말한다(50:29-

---

396 Holladay, *A Concise Hebrew and Aramaic Lexicon of the Old Testament*, 217.
397 Bellis, "Poetic Structure and Intertextual Logic in Jeremiah 50," 185-186.

32).³⁹⁸

교만한 바빌로니아는 심판으로 불안할 것이지만 학대 받던 유다는 고향으로 돌아와 평안을 누리게 될 것이다(50:33-34). 50:34에서 언급된 "편안함"과 "불안"에 해당하는 히브리어는 각각 "히르기아"(הרגיע)와 "히르기즈"(הרגיז)이다. 이처럼 돌아온 유다는 "히르기아"(평안)를 누리지만 남겨진 바빌로니아는 "히르기즈"(불안)를 가지게 될 것이라고 말함으로써, 유다와 바빌로니아의 대조되는 운명을 언어 유희를 통해 강조하고 있다.³⁹⁹

결국 바빌로니아는 칼과 기근과 불로 멸망할 것이다(50:35-45). 바빌로니아가 소돔과 고모라처럼 될 것이라는 선언은 바빌로니아가 불로 멸망할 것이라는 의미다(50:40). 이로써 바벨탑 사건에서 유보된 불 심판이 열국에 시행될 것임을 알린다. 이전에 하나님은 언약을 위반한 유다를 언약 파기에 의한 저주에 따라 칼과 기근으로 멸망시킬 것이라고 선언하셨다(14:12, 15, 18; 15:2; 16:4). 그리고 불로 예루살렘을 불사를 것이라고 말씀하셨다(17:27). 그런데 이제 바빌로니아를 칼과 기근과 불로 멸망시킬 것이라고 예고하심으로써, 유다에 임한 언약의 저주가 바빌로니아로 전이되었음을 알려주고 있다. 그리하여 바빌로니아의 멸망도 하나님의 언약을 위반한 것에 대한 대가임을 깨닫게 해준다.⁴⁰⁰

결론으로 바빌로니아의 멸망은 하나님의 계획에서 나온 것임을 다시 교훈한다(50:41-46).⁴⁰¹ 이 소단락은 북쪽에서 오는 나라를 통해 바빌로니아

---

398 Bellis, "Poetic Structure and Intertextual Logic in Jeremiah 50," 185.

399 Huey, *Jeremiah*, 416.

400 Bellis, "Poetic Structure and Intertextual Logic in Jeremiah 50," 191.

401 50:41-46의 구조는 다음과 같다.
    A. 바빌로니아를 멸망시키기 위해 북쪽의 한 나라가 오게 될 것임(50:41)

가 멸망할 것이라는 내용(50:41-43)과 바빌로니아의 멸망이 하나님의 계획에 의한 것이라는 내용(50:44-46)으로 나뉜다.

50:41-43은 내용 면에서 6:22-24과 매우 비슷하다.[402] 6:22-24은 유다에 대한 심판을 다루는 장면인데, 그 심판 장면이 50장에서 바빌로니아에 다시 적용되고 있는 셈이다. 6:22-24에서 하나님은 유다를 무자비하게 심판하실 것이라고 말씀하셨다(6:23). 그러므로 이 구절을 인용하는 50:41-43은 바빌로니아의 멸망이 하나님의 자비가 없이 반드시 시행될 것임을 보여준다(50:42).[403]

6:22-24에서 북방의 적인 바빌로니아는 흉용한 바다와 같은 무질서의 세력으로 묘사된다. 이런 묘사는 유다의 멸망이 창조 질서의 전복으로 이어질 것이라는 암시다. 같은 논리에 의해 50:41-43도 유다를 파괴한 바빌로니아가 바다로 대변되는 북방의 또 다른 세력에 의해 멸망당할 것을 제시함으로써 기존 창조 질서의 전복을 다시 확인해주고 있다.

50:44-46은 에돔에 대한 심판을 다루는 49:19-21의 내용과 매우 흡사하다.[404] 먼저 하나님은 요단의 깊은 숲에서 나타나는 사자처럼 바빌로니아를 심판하실 것이라고 말씀하신다(50:44). 이전에 바빌로니아는 사자

B. 그들은 흉용한 바다처럼 무질서의 세력임(50:42)
    C. 바빌로니아 왕이 그 소문에 해산하는 여인처럼 진통할 것임(50:43)
A′. 바빌로니아를 멸망시키기 위해 요단 숲의 사자처럼 야웨가 오실 것임(50:44)
  B′. 야웨의 계획: 바빌로니아를 황폐하게 할 것임(50:45)
    C′. 바빌로니아가 약탈당하는 소리에 땅이 진동함(50:46)

402 Bellis, "Poetic Structure and Intertextual Logic in Jeremiah 50," 192.

403 Walter Brueggemann, "At the Mercy of Babylon: A Subversive Rereading of the Empire," in *Reading the Book of Jeremiah: A Search for Coherence*, ed. Martin Kessler (Winona Lake, Ind.: Eisenbrauns, 2004), 122.

404 Holladay *Jeremiah 2*, 421.

처럼 행동하면서 유다의 양 떼들을 괴롭혔는데, 이 모습이 역전되어 바빌로니아가 하나님 앞에서 괴롭힘을 당하는 양들이 되어 멸망할 것이라는 예고다.[405]

바빌로니아에 대한 심판은 이전부터 작정된 하나님의 계획이었다 (50:45). 50:46의 "땅이 진동하다"라는 표현은 바빌로니아에 대한 심판으로 창조 질서가 전복될 것이라는 암시다. "진동하다"에 해당하는 히브리어 동사는 "라아쉬"(רעשׁ)로서 예레미야서에서 창조 질서의 전복을 묘사할 때 사용되는 단어다(8:16).

바빌로니아에 대한 심판은 악과 죄의 세력을 심판하고 기존의 창조 질서를 무너뜨려 새로운 창조 질서를 동반하는 새 언약을 출현시키기 위한 하나님의 계획에서 나온 것이다. 또한 바빌로니아의 멸망이 야웨의 성전이 파괴된 것에 대한 보복으로 제시되는 것을 보면(50:28) 바빌로니아에 대한 심판은 야웨의 임재와 거룩을 회복하기 위한 것임을 알 수 있다. 바빌로니아의 멸망 이후로 새 언약 안에 들어온 성도는 회복된 시온인 제2의 에덴동산에서 하나님의 임재와 교제의 기쁨을 누리면서 거룩에 합당한 삶을 살게 될 것이다. 여기서 언급된 거룩에 합당한 삶이 인애와 공의와 의의 삶이라는 것은 두말할 필요가 없다. 하나님은 이런 삶을 사는 성도를 장래에 소망과 평안과 기쁨으로 충만하게 하실 것이다(29:11).

---

405 Bellis, "Poetic Structure and Intertextual Logic in Jeremiah 50," 198.

② 바빌로니아의 멸망은 하나님의 계획: 도망하여 나오라(51:1-33)

51:1-33은 50장의 내용을 답습하면서,[406] 바빌로니아에서 돌아온 유다 백성에게 주어지는 하나님의 축복의 내용을 더욱 발전시키고 있다. 한편 이 단락은 50장과 달리 바빌로니아를 멸망시키는 나라들의 정체(메디아, 아라랏, 민니, 아스그나스)가 누구인지를 분명히 밝히고 있다는 특징을 보인다(51:11, 27-28).[407]

51:1-6은 멸망하는 바빌로니아에서 도망쳐 나올 것을 다시금 촉구한다(51:6). 하나님은 바빌로니아를 키질하는 방식으로 멸망시키실 것이다(51:2). 전에 하나님은 키질을 통해 유다를 멸망시키셨다(4:12; 15:7). 하나님께서 키질의 방식으로 유다를 멸망시키는 까닭은 유다가 하나님이 원하시는 인애와 공의와 의의 열매를 맺지 않았기 때문에, 알맹이 없는 겨로 변질된 유다를 강한 바람을 동반한 키질을 통해 흩어버리기 위함이었다(18:17).[408] 그런데 이제 하나님이 키질로 바빌로니아를 멸망시킨다는 것은 바빌로니아도 하나님이 원하는 열매를 맺지 않고 불의를 행했기 때문임을 알 수 있다(참조. 51:35).

바빌로니아가 멸망함으로써 하나님은 유다의 남은 자의 공의(의)를 드러내실 것이다(51:7-10). 한때 바빌로니아는 열국을 포도주로 취하게 하여 멸망시킨, 야웨의 손에 있는 금잔이었다(51:7). 이 구절은 바빌로니아를 열국을 취하게 하는 잔의 모습으로 기술한 25장을 연상시킨다.[409] 하지만

---

[406] Dearman, *Jeremiah*, 411.
[407] Allen, *Jeremiah*, 525.
[408] Keown and others, *Jeremiah 26-52*, 368.
[409] Smelik, "An Approach to the Book of Jeremiah," 9.

이제 바빌로니아는 술취한 자처럼 갑자기 넘어져 파멸할 것이다. 이때 바빌로니아가 멸망함으로써 시온으로 돌아온 남은 자인 "우리"의 의가 드러날 것이다(51:10). 51:10에서 개역개정판 한글 성경이 "공의"로 번역한 히브리어는 "체다카"로서 "의"를 뜻한다.

그렇다면 "우리"의 의는 무엇을 가리키는가? 바빌로니아에 거주한 유다는 결코 하나님 보시기에 의로운 자들이 아니었다. 그들이 바빌로니아에서 시온으로 돌아오게 되는 것은 그들의 의로운 공로가 아닌 하나님의 전적인 은혜 덕분이었다. 결국 여기에 언급된 "우리"의 의는 하나님의 의로 덧입은 의로서, 하나님의 치료를 통해 남은 자인 "우리"가 하나님의 의로써 의롭게 된 모습을 가리킨다(참조. 30:17; 33:6).[410] 이런 맥락에서 51:10은 "우리"의 의가 드러난 것을 "야웨 하나님의 일"이라고 말한다. 50:20이 바빌로니아에서 돌아온 자들의 죄를 하나님이 사하실 것을 말했다면, 51:10은 하나님이 돌아온 자의 죄를 사하실 뿐만 아니라 그들을 의롭게 하실 것이라는 하나님의 축복을 보여주고 있다.

본문은 바빌로니아가 멸망당하는 이유는 그들이 야웨의 성전을 향해 저지른 만행 때문이라고 재차 밝힌다(51:11-14). 그렇게 함으로써 바빌로니아의 멸망이 궁극적으로 야웨의 성전을 다시 회복하고자 하는 하나님의 계획에서 나온 것임을 재확인시킨다.

이어 바빌로니아와 이스라엘의 남은 자의 운명이 역전될 것이라고 선언한다(51:15-24). 이 소단락은 바빌로니아가 섬기는 우상의 헛됨을 이

---

410 그리스어 역본 중 70인역과 아퀼라역은 "하나님이 자신의 의(심판)를 행하셨다"라는 식으로 번역하였다. Lundbom, *Jeremiah 37-52*, 442 참조.

야기하는 51:15-19과 이스라엘이 바빌로니아를 멸망시킬 것을 예언하는 51:20-24로 나뉜다. 51:15-19의 내용은 10:12-16의 내용을 인용한 것으로서 우상숭배의 헛됨을 말하고 있다.[411] 10:12-16이 우상숭배의 거짓됨을 강조한다면, 51:15-19은 만물의 창조자이신 하나님이 우상을 섬기는 바빌로니아를 멸하고 자신의 소유인 유다를 구원하실 것을 강조한다.[412]

하나님은 바빌로니아에서 구원받은 유다를 사용하셔서 바빌로니아를 멸하실 것이다(51:20-24). 바빌로니아의 손에 멸망한 유다가 오히려 바빌로니아를 멸망시킬 것이라고 말함으로써 바빌로니아와 유다의 운명이 역전될 것을 보여준다. 51:20-23에서 언급된 "너"는 하나님의 철퇴가 되어 한때 세상의 망치 노릇을 했던 바빌로니아(50:23)를 멸하는 인물이다. 하나님은 이 "너"를 통해 바빌로니아의 남자와 여자뿐만 아니라 짐승들까지도 모두 멸절시키실 것이다.

이 문맥에서 갑자기 튀어나온 "너"의 정체가 누구인지는 뜨거운 논쟁거리다.[413] 어떤 이는 "너"를 고레스로 본다.[414] 하지만 고레스는 결코 바빌로니아를 무력으로 멸망시키지 않았기 때문에 이 주장은 더욱 신중한 판단이 요구된다. 오히려 문맥상 이스라엘을 가리키는 것이 더 설득력이 있다.[415] 51:24는 "너의 눈 앞에서" 바빌로니아가 시온에서 행한 대로 멸망당할 것을 말하고 있기 때문에, 확실히 51:20-23의 "너"는 이스라엘 백성과 밀접한 관련이 있다.

---

411 Holladay, *Jeremiah 2*, 424.
412 Lundbom, *Jeremiah 37-52*, 450.
413 Huey, *Jeremiah*, 422.
414 Stulman, *Jeremiah*, 379 참조.
415 Holladay, *Jeremiah 2*, 407.

그렇다면 바빌로니아의 수중에 무기력하게 사로잡혀 있는 이스라엘이 어떻게 바빌로니아를 멸망시킬 수 있는가? 이 질문에 대해서는 바빌로니아를 멸망시키는 이스라엘은 궁극적으로 이스라엘의 참 목자이신 메시아를 가리킨다고 대답할 수 있다. 따라서 이것을 메시아가 바빌로니아로 대변되는 죄의 세력을 심판하고 자신의 백성인 이스라엘을 구원하실 것이라는 예언으로 볼 수 있다(참조. 23:1-6). 더 나아가 바빌로니아를 멸망시키는 이스라엘의 이미지는 바빌로니아에서 나온 이스라엘의 남은 자가 왕적 위상을 가진다는 메타포로도 볼 수 있다. 어쨌든 바빌로니아를 멸망시키는 자로서의 이스라엘에 대한 묘사는 종말에 뒤바뀔 바빌로니아와 이스라엘의 운명을 돋보이게 한다.

51:25-32은 바빌로니아가 불로 멸망할 것과 바빌로니아의 멸망이 하나님의 계획에서 나온 것임을 재차 부각시킨다. 이 소단락은 불이라는 주제가 앞뒤에 각기 포진되는 구조를 이룬다(51:25, 30). 아라랏, 민니, 아스그나스, 메디아가 바빌로니아를 멸망시킬 북쪽에서 오는 나라로 처음 소개된다(51:27-28). 아라랏과 민니와 아스그나스는 메디아 북서쪽에 위치한 나라로서 기원전 550년까지 메디아의 지배를 받았다.[416] 끝으로 바빌로니아의 멸망은 하나님이 이전부터 정한 계획임을 다시 진술하면서(51:29), 바빌로니아의 유다인 포로 공동체를 향해 하나님의 계획을 믿고 과감히 나올 것을 촉구한다.

---

416 Allen, *Jeremiah*, 529.

③ 바빌로니아의 멸망은 하나님의 뜻: 도망쳐 나오라(51:34-64)

이 단락은 앞의 단락들(50장: 51:1-33)의 내용을 반복하면서, 동시에 바빌로니아의 멸망으로 인해 이스라엘뿐만 아니라 열국도 함께 수혜를 받게 될 것을 내비친다. 바빌로니아가 멸망한 후에 체결되는 새 언약의 축복이 이스라엘의 국경을 넘어 열국의 남은 자에게까지 확대되리라고 교훈하는 것이다.

51:33-46은 바빌로니아의 멸망을 선언하고, 멸망하는 바빌로니아에서 도망쳐 나올 것을 다시 재촉한다. 앞서 바빌로니아의 멸망이 키질 방식으로 이루어질 것을 말한 것처럼(51:2), 여기서도 바빌로니아의 멸망을 타작마당에서 추수하는 이미지로 묘사하고 있다(51:33). 알곡과 겨를 가르는 것처럼 타작마당의 키질로써 바빌로니아가 멸망할 것이라는 뜻이다.

흥미롭게도 바빌로니아 왕은 바다의 큰 뱀으로 묘사되고 있다(51:34-36). 여기서 "뱀"으로 번역된 히브리어 "탄닌"(תַּנִּין)은 고대 근동의 창조 신화에서 창조 질서를 전복시키려는 무질서의 세력을 가리킨다.[417] 시편에서 "탄닌"은 "리워야단"과 같이 병치되어 시온에 계신 하나님의 주권에 도전하는 죄의 세력으로 묘사되고 있다(시 74:13-14; 사 27:1).[418] 예레미야는 이런 창조신화를 인용하여 바빌로니아에 대한 심판이 무질서인 악의 세력에 대한 징벌임을 시사해준다. 하나님은 넓은 바다를 자랑하며 폭행과 학대를 일삼은 바빌로니아 왕을 징벌하기 위해 그의 바다를 말리실 것이다

---

417 Holladay는 "탄닌"이 고대 우가리트 문서에서 바다의 무질서의 세력인 "얌" 또는 "나하르"의 또 다른 명칭으로 나온다는 사실을 지적한다. Holladay, *Jeremiah 2*, 428-429.

418 D. Jon Levenson, *Creation and the Persistence of Evil: The Jewish Drama of Divine Omnipotence* (San Francisco: Harper & Row, 1988). 여기서 Levenson은 창 3장의 뱀의 등장은 고대 근동의 창조 신화를 통해 하나님을 대적하는 악의 세력이라는 이해로 발전했다는 견해를 보인다.

(51:36, "그의 바다를 말리며").

더욱이 바다를 자랑했던 바빌로니아는 바닷물로 인해 멸망당할 것이라는 아이러니를 보여준다(51:41-43). 이 말은 6:22-23을 연상시킴으로써 바다로 상징되는 무질서의 세력인 바빌로니아에 의해 유다가 멸망하듯이 바빌로니아도 역시 동일한 방식으로 멸망할 것이라고 알리고 있다.[419] 이로써 바빌로니아의 멸망은 유다로 시작된 열국 심판을 완성한다는 의미가 있음을 드러내고 새로운 창조 질서의 출현 또한 시사한다.

51:44에서 하나님은 바빌로니아의 우상인 벨(마르두크)을 벌하시고 바빌로니아 성벽을 무너뜨림으로써 민족들이 다시는 바빌로니아로 몰려가지 않을 것이라고 말씀하신다. 이 말씀은 창세기 11:1-9에서 민족들이 모여 바벨탑을 쌓은 사건을 연상시킨다.[420] 따라서 바빌로니아의 멸망은 바벨탑 사건에서 유보되었던 열국 심판의 성취임을 독자들에게 간접적으로 알리고 있다.

바빌로니아의 멸망 앞에서 하나님은 바빌로니아에 거주하는 유다의 남은 자들에게 두려워하지 말고 바빌로니아에서 나오라고 명령하신다(51:45-46). 이때 그들이 바빌로니아에서 나올 수 있도록 징조가 주어질 것이다(51:46, "다스리는 자가 다스리는 자를 서로 치리라"). 즉 바빌로니아의 정치적 불안으로 왕들 간에 권력 다툼이 발생할 것이라는 예고다. 실제 역사를 보면 기원전 561년에 느부갓네살이 사망한 후로 바빌로니아는 심한 내홍

---

419 Walter Brueggemann, "The 'Baruch Connection': Reflections on Jeremiah 43.1-7," in *Troubling Jeremiah*, ed. A. R. Pete Diamond, kathleen M. O'Connor & Louis Stulman, JSOTSup 260 (Sheffield: Sheffield Academic Press, 1999), 385.

420 Dearman, *Jeremiah*, 412.

을 겪었다. 느부갓네살에 이어 왕위에 오른 에윌므로닥(일명 아멜 마르두크)은 기원전 560년에 네리글리사르(기원전 560-556년)에 의해 살해되었고, 기원전 556년에 네리글리사르의 후임으로 왕이 된 라바쉬 마르두크는 몇 달 후 나보니두스(기원전 556-539년)에 의해 폐위되었다.[421] 하나님은 이런 정치적 불안이 바빌로니아 멸망의 신호탄이므로 이런 일이 생기면 바빌로니아에서 떠날 준비를 하라고 말씀하시는 것이다.

바빌로니아의 멸망으로 인해 하늘과 땅과 땅에 거하는 열국이 기뻐할 것이다(51:47-48). 앞서 예레미야는 바빌로니아가 멸망할 때 유다는 죄 사함(50:20)의 축복과 의롭다함의 은총을 받을 것이라고 지적했다(51:10). 그런데 그런 축복이 이제 이스라엘 국가를 넘어 온 세상에 기쁨의 축복이 될 것임을 보여준다. 이로써 바빌로니아에 대한 심판으로 대변되는 열국 심판이 온전히 시행된 후 새 언약이 체결되면 이스라엘뿐만 아니라 열국의 남은 자도 새 언약의 축복을 받을 것이라는 사실을 다시 입증해준다.

이어 바빌로니아의 멸망은 이스라엘을 향한 폭력과 야웨의 성전에서 그들이 행한 일에 대한 대가임을 확인해준다(51:49-53). 51:49에서 개역개정판 한글 성경의 번역은 잘못되었다.[422] 이 구절에 해당하는 히브리어 본문을 직역하면 다음과 같다.[423]

이스라엘의 살육당한 자들이여! 심지어 바빌로니아도 확실히 엎드러질 것이다. 과거에 바빌로니아에 의해 온 세상의 살육당한 자들이 엎드러졌던 것

---

421 Huey, *Jeremiah*, 428.
422 이는 영어 성경 NIV도 마찬가지이다.
423 Lundbom, *Jeremiah 37-52*, 461.

처럼.[424]

이 구절은 바빌로니아의 멸망이 이스라엘의 살육과 깊은 관계가 있음을 드러내준다. 바빌로니아는 기원전 586년에 야웨의 성전에 들어가서 백성을 수치스럽게 했다(51:51). 하나님은 그들이 야웨의 성전에서 악을 행한 대가로 그들을 멸망시킬 것을 분명히 한다(51:52-53). 바빌로니아의 멸망이 야웨의 성전과 관련된 보복임을 다시 보여주고 있는 셈이다. 이는 거꾸로 바빌로니아의 멸망 이후에 맺어질 새 언약의 목적은 더 이상 멸망하지 않는 새로운 성전을 세우기 위함을 시사한다. 종말 후에 세워지는 새로운 성전은 예언서에서 제2의 에덴동산으로 제시된다. 결국 야웨의 성전을 파괴한 것에 대한 보복이라는 말은 미래에 야웨의 성전인 제2의 에덴동산을 창설하고 하나님의 임재 안에서 백성이 교제의 기쁨과 거룩한 삶을 살도록 하는 것이 새 언약의 목적임을 깨닫게 해준다.

바빌로니아가 멸망당함으로써 열국과 바빌로니아의 운명이 전도될 것이다(51:54-57). 큰 바다로 온 세계를 뒤덮었던 바빌로니아는 원수들의 많은 물과 파도로 뒤덮일 것이다(51:42, 54-55).[425] 또한 금잔으로 온 세계를 취하게 했던 바빌로니아는(25:14-29; 51:7) 술에 취해 멸망하게 될 것이다(51:57). 이는 열국을 멸망시킨 것과 동일한 방식으로 바빌로니아가 멸망당

---

424 이 구절은 두 개의 문장으로 되어 있다. 후반부 문장은 상황절로도 볼 수 있다. 이렇게 되면, 앞의 문장에서 바빌로니아가 멸망당할 것을 예언하는 가운데 과거에 바빌로니아가 어떠했는지를 그 상황을 막간을 이용하여 언급하고 있다고 말할 수 있다. 일반적으로 상황절은 새로운 요소가 앞으로 도치되어 나오는데, 후반부의 문장도 주어인 바빌로니아가 앞으로 도치되어 등장한다. Watlke and O'Connor, *Biblical Hebrew Syntax*, 651-652.

425 Keown and others, *Jeremiah 26-52*, 372.

할 것이라는 아이러니다.

바빌로니아를 물로 뒤덮이게 하고 취하게 만드는 자의 정체가 누구인지 명시되지는 않지만, 문맥상 열국이라는 추론이 가능하다. 이것이 옳다면 바빌로니아에 의해 술 취했던 열국이 바빌로니아를 술 취하게 함으로써 둘의 운명이 서로 역전되는 셈이다. 역전된 열국의 모습은 열국에서도 남은 자가 나와 새 언약의 수혜자가 될 것을 간접적으로 일깨워준다.

51:58은 "민족들의 수고는 불탈 것이다"라고 말하여 바빌로니아의 멸망으로 열국도 함께 불 심판을 받게 될 것이라고 알린다. 심판받는 열국은 하나님을 대적하는 나라들로서 새 언약의 수혜자가 되는 열국의 남은 자와는 다르다. 50-51장에 나오는 불 심판 모티프는 바빌로니아가 불로 멸망할 뿐만 아니라 열국과 창조 질서 역시 불로 심판받는다는 사실을 예고해준다(50:40; 51:25).

끝으로 바빌로니아의 멸망에 관한 예언이 기원전 593년에 주어졌다고 말함으로써 바빌로니아의 멸망이 미리 계획된 하나님의 뜻임을 독자들에게 각인시킨다(51:59-64). 이 해는 시드기야 4년으로 시드기야가 바빌로니아에 반기를 들고 주위 나라와 모의를 했던 시기다(27:1-3; 28:1).[426] 이때 예레미야는 유다가 바빌로니아의 멍에를 메고 바빌로니아의 지배를 받게 될 것이라고 예언했다(27:3-7).[427] 이런 점을 고려하면, 51장은 초기부터 예레미야가 유다의 멸망뿐만 아니라 바빌로니아의 멸망 또한 하나님의 계획임을 선포했음을 보여준다. 하나님은 예레미야를 통해 유다의 멸망을 이

---

426 랄레만, 『예레미야, 예레미야애가』, 488.

427 Clements, *Jeremiah*, 268.

야기하면서도 또한 바빌로니아가 멸망함으로써 유다에게 희망이 있음을 가르쳐주셨던 것이다. 이 대목에서 성도는 하나님의 심판이 항상 미래의 구원을 동반한다는 사실을 알고, 하나님의 심판을 피하지 말고 오히려 하나님의 계획을 추구하는 자세로 인내해야 한다는 교훈을 얻을 수 있다.

7.
역사적 부록(52장)

52장은 기원전 586년에 예루살렘이 역사적으로 어떻게 멸망했는지를 생생하게 증언한다.[428] 그러면서 바빌로니아에 끌려간 여호야긴이 나중에 석방된 사실을 언급하여 포로 된 백성들에게 희망이 있음을 전한다. 예레미야가 전한 심판과 미래의 구원이 사실임을 보여주는 것이다(참조. 왕하 25장). 이는 예레미야의 예언이 사실임을 입증해줌으로써 신명기 18장에 제시된 기준에 따라 그가 참 예언자임을 각인시켜주는 기능을 한다.[429] 동시에 독자들로 하여금 예레미야의 예언대로 미래에 하나님의 회복이 이루어질 것이고 새 언약이 체결된 후 회복의 축복이 있을 것을 믿게끔 동기를 부여한다.[430]

기원전 597년에 왕위에 오른 시드기야는 여호야김 못지않게 악을 행

---

[428] 52장의 구조는 다음과 같다.
  A. 유다 왕 시드기야의 행적: 야웨가 보시기에 악함, 바빌로니아를 배반함(52:1-3)
    B. 기원전 588-586년 예루살렘: 바빌로니아의 공격, 기근에 처함(52:4-6)
      C. 결국 시드기야와 모든 고관들이 리블라에서 심문 당함(52:7-11)
    B′. 기원전 586년 예루살렘: 불탐, 성전 기구들이 옮겨짐(52:12-23)
      C′. 제사장, 군지휘관, 내시, 서기관들이 리블라에서 죽음(52:24-27)
  A′. 바빌로니아 두 왕들의 행적: 포로로 끌고 감, 여호야긴을 석방함(52:28-34)
[429] Dennis T. Olson, "Between the Tower of Unity and the Babel of Pluralism: Biblical Theology and Leo Perdue's *The Collapse of History*," in *Troubling Jeremiah*, ed. A. R. Pete Diamond, kathleen M. O'Connor & Louis Stulman, JSOTSup 260 (Sheffield: Sheffield Academic Press, 1999), 358.
[430] Keown and others *Jeremiah 25-52*, 383-384 참조.

한 자로 평가된다(52:1-3). 느부갓네살 왕이 여호야긴을 폐위시키고 시드기야를 유다 왕으로 삼았는데, 시드기야는 배은망덕하게 바빌로니아를 배반했다(52:3). 그러자 바빌로니아는 기원전 588-586년에 걸쳐 예루살렘을 공격하였고, 그 결과 예루살렘 주민은 기근에 시달려야 했다(52:4-6).

52:7-11은 기원전 586년에 예루살렘이 멸망하자 시드기야 왕과 모든 고관들이 리블라에 임시 사령부를 설치하고 주둔한 느부갓네살에게 잡혀가 곤욕을 치르는 장면을 다룬다(39:6). 시드기야의 아들들과 고관들은 죽임을 당했고 시드기야는 두 눈이 뽑히는 치욕을 맛보게 되었다. 왕의 아들들과 고관들의 죽음은 예레미야를 죽이려 했던 것에 대한 하나님의 보응이었다(38:4-6).

이어 예루살렘이 어떻게 멸망했는지를 생생하게 묘사한다(52:12-23). 우선 바빌로니아 왕 느부갓네살이 재임 19년째 되던 해에 사령관 느부사라단을 보내 예루살렘을 불태운 다음 성전과 성벽을 파괴했다고 말한다(52:12-14). 느부갓네살은 기원전 605년에 왕위에 올랐기 때문에 재위 19년째 해인 기원전 586년에 예루살렘이 불타고 성전과 성벽이 파괴되었다고 기술한 것이다. 하지만 52:29은 "느부갓네살 열여덟째 해"에 예루살렘에서 유다 사람들을 포로로 잡아갔다고 기술하여 차이를 보인다. 아마도 후자의 진술은 유다의 연대기가 아닌 바빌로니아의 연대기를 따라 예루살렘의 멸망을 기술했기 때문으로 보인다.[431]

개역개정판 한글 성경은 52:15에서 바빌로니아가 가난한 자를 포로로 끌고 갔다고 기록하지만, 52:16에서는 가난한 자들을 남겨두었다고 번

---

[431] Allen, *Jeremiah*, 540.

역한다. 하지만 히브리어 원문을 보면 가난한 자들 중 일부를 포로로 끌고 갔고 나머지 가난한 자들은 남겨두었다는 의미임을 알 수 있다.

이어서 바빌로니아가 성전의 놋과 금은으로 만든 기구들을 가져갔다는 내용을 길게 서술한다(52:17-23). 이 내용은 열왕기하 25:3-17의 내용과 비슷하지만, 예레미야서는 "놋 기둥과 새겨놓은 석류 모양들"에 대해 더 자세히 설명하고 있다.[432] 52:24-27은 예루살렘의 중요한 인물들(제사장들, 군지휘관, 성전 문지기 세 명)과 평민 60명이 리블라에서 죽임을 당한 내용을 언급한다. 평민들의 죽음에 대한 언급은 이들도 유다 지도자들의 영향을 받아 똑같이 하나님의 뜻을 저버렸음을 상징적으로 보여주는 것이다.

끝으로 바빌로니아 연대기의 시각에서 바빌로니아의 두 왕인 느부갓네살과 에윌므로닥의 행적을 기록하며 책을 마무리한다(52:28-34). 먼저 기원전 597년인 느부갓네살 제7년에 유다인 3,023명이 포로로 끌려갔다고 기술한다(52:28). 하지만 유다 연대기에 의하면 기원전 597년은 느부갓네살 통치 제8년이다. 이런 차이가 나타나는 까닭은 유다 연대기가 왕의 통치가 시작된 해를 재위 1년으로 간주하기 때문이다.

바빌로니아 기록에 의하면 느부갓네살 왕은 통치 열여덟째 해인 기원전 586년에 예루살렘을 멸망시켰다(52:29). 하지만 유다 연대기는 기원전 586년을 느부갓네살 왕의 열아홉째 해로 본다(52:12). 이때 832명이 포로로 잡혀갔다고 말한다(52:29). 이 숫자는 일만 명 이상이 끌려갔다고 말하는 열왕기하 24:14, 16의 진술과 차이를 보인다. 아마도 예레미야 52:29의 진술은 바빌로니아의 시각에서 예루살렘에 땅을 소유한 지주의 가족들을

---

432 Dearman, *Jeremiah*, 420.

대표하는 남성의 숫자를 기술한 것으로 보인다.[433] 이후 기원전 581년에 바빌로니아는 또다시 유다를 침공하여 745명을 포로로 잡아갔다(52:30). 이 침공은 바빌로니아가 총독으로 삼은 그다랴가 살해된 것 때문에 촉발된 것으로 보인다(41:1-2).[434]

마지막으로 기원전 561년에 느부갓네살의 뒤를 이어 왕위에 오른 에윌므로닥이 바빌로니아에 끌려온 유다 왕 여호야긴을 옥에서 풀어주는 장면이 기술된다(52:31-34). 이것은 바빌로니아에 포로로 잡혀간 유다 공동체에게 여전히 희망이 있음을 알리는 사건이다.[435] 여기서 희망의 근거는 미래에 맺게 될 새 언약이다. 하나님은 포로생활에서 돌아온 백성과 새 언약을 맺으시고 그들에게 교제의 기쁨과 함께 평안과 소망을 주실 것이다. 이처럼 예레미야서는 새 언약의 체결에 대한 암시로 끝을 맺으면서 새 언약만이 유일한 희망임을 다시 확인해준다.

---

433 Clements, *Jeremiah*, 271. 한편 Keown은 남자 장정의 숫자라고 주장한다. Keown and others, *Jeremiah 26-52*, 381. 이에 반해 Holladay는 숫자의 차이는 후대 편집자가 숫자를 부풀렸기 때문이라고 주장한다. Holladay, *Jeremiah 2*, 443.

434 Huey, *Jeremiah*, 438.

435 Clements, *Jeremiah*, 272.

참고문헌

김창대. "구약에서 창조와 역사와 언약과의 관계." 「구약논집」 8 (2013): 57-86.

_____. "〈서평〉 Prophetic Rhetoric: Case Studies in Text Analysis and Translation (Ernst Wendland, Xulon Press, 2009)." 「성경원문연구」 32 (2013): 214-234.

_____. "예레미야 30-31장 문맥에서 렘 31:22의 '새 일'의 의미에 관한 고찰." 「神學思想」 140집 (2008): 117-143.

_____. "예레미야서의 열국 심판(46-51장)을 어떻게 설교할 것인가: 바빌로니아 심판을 중심으로." 「신학과 실천」 66 (2019): 99-128.

_____. 『이사야서의 해석과 신학: 시온이 공의와 의로 빛나게 하라』. 서울: CLC, 2019.

_____. 『주님과 같은 분이 누가 있으리요?: 미가서 주해』. 서울: 도서출판 그리심, 2012.

_____. "창조 모티프의 틀에서 본 예레미야의 새 언약." 「성경과 신학」 41권 (2007): 35-64.

_____. 『한 권으로 꿰뚫는 소예언서: 새로운 패러다임으로 만나는 12예언자』. 서울: IVP, 2013.

_____. 『한 권으로 꿰뚫는 시편: 성도의 탄식과 하나님의 응답』. 서울: IVP, 2015.

김한성. "예레미야서의 거짓 예언자 규정과 그 의도." 「신학논단」 60 (2010/6): 7-36.

라이트, 크리스토퍼. 『현대를 위한 구약윤리』. 김재영 옮김. 서울: IVP, 2006.

런드봄, 잭 R. 『예레미야서 더 가까이 보기』. 구애경/박지혜 옮김. 서울: 대한 기독교서회, 2016.

랄레만, 헤티. 『예레미야, 예레미야애가』. 유창걸 옮김. 틴데일 구약주석 시리즈 21. 서울: 기독교문서선교회, 2017.

박동현. 『성서주석: 예레미야 II』. 서울: 대한기독교서회, 2006.

세일해머, J. H. 『'서술'로서의 모세오경 하』. 김동진/정충하 옮김. 서울; 도서출판크리스챤서적, 2005.

장성길. "예레미야 30-33장에 나타난 결속 구조 분석." 「구약논단」 26 (2007): 92-110.

_____. 『이스라엘의 구원과 회복의 드라마』. 서울: 이레서원, 2007.

차준희. "선지서 어떻게 설교할 것인가?: 역사와 양식에 기초하라!" 「성경과 신학」 60 (2011): 1-29.

Adeyemi, Femi. "What is the New Covenant 'Law' in Jeremiah 31:33?" *Bibliotheca Sacra* 163 (2006): 312-321.

Allen, Leslie C. *Jeremiah*. OTL. Louisville: WJK, 2008.

Amesz, J. G. "A God of Vengeance?: Comparing YHWH's Dealings with Judah and Babylon in the Book of Jeremiah." In *Reading the Book of Jeremiah: A Search for Coherence*, ed. Martin Kessler, 99-115. Winona Lake, Ind.: Eisenbrauns, 2004.

Andersen, F. L. *The Hebrew Verbless Clause in the Pentateuch*. Nashville: Abingdon, 1970.

Anderson, Bernhard W. *Contours of Old Testament Theology*. Minneapolis: Fortress, 1999.

_____. "'The Lord Has Created Something New': A Stylistic Study of Jeremiah 31:15-22." In *From Creation to New Creation: Old Testament Perspectives*, 179-194. Minneapolis: Fortress, 1994.

Avioz, Michael. "A Rhetorical Analysis of Jeremiah 7:1-15." *Tyndale Bulletin* 57 (2006): 173-189.

_____. "The Call for Revenge in Jeremiah's Complaints (Jer xi-xx)." *Vetus Testamentum* 55 (2005): 429-438.

Bandstra, Barry L. "Word Order and Emphasis in Biblical Hebrew Narrative: Syntactic Observation on Genesis 22 from a Discourse Perspective." In *Linguistic and Biblical Hebrew*, ed. Walter R. Bodine, 109-123. Winona Lake, Ind.: Eisenbrauns, 1992.

Bartholomew, Craig G. "Covenant and Creation: Covenant Overload or Covenant Deconstruction." *Calvin Theological Journal* 30 (1995): 11-33.

Bauer, Angela. "Death, Grief, Agony, and a New Creation: Re-reading Gender in Jeremiah after September 11." *Word and World* 22 (2002): 378-386.

_____. "Dressed to Be Killed: Jeremiah 4.29-31 as an Example for the Functions of Female Imagery in Jeremiah." In *Troubling Jeremiah*, ed. A. R. Pete Diamond, Kathleen M. O'Connor & Louis Stulman, 293-305. JSOTSup 260. Sheffield: Sheffield Academic Press, 1999.

Baumgartner, Walter. *Jeremiah's Poems of Lament*. Translated by David E. Orton. Sheffield: Almond Press, 1988.

Becking, Bob. "Divine Reliability and the Conceptual Coherence of the Book of Consolation (Jeremiah 30-31)." In *Reading the Book of Jeremiah*, ed. Martin Kessler, 163-179.

Winona Lake, Ind.: Eisenbrauns, 2004.

Bellis, Alice Ogden Bellis. "Poetic Structure and Intertextual Logic in Jeremiah 50." In *Troubling Jeremiah*, ed. R. Pete Diamond, Kathleen M. O'Connor & Louis Stulman, 179-199. JSOTSup. 260. Sheffield: Sheffield Academic Press, 1999.

Berlin, Adele. *Poetics and Interpretation of Biblical Narrative*. Winona Lake, Ind.: Eisenbrauns, 1994.

Biddle, Mark. "The Literary Frame Surrounding Jeremiah 30,1-33,26." *Zeitschrift für die alttestamentliche Wissenschaft* 100 (1988): 409-413.

Block, Daniel I. *The Book of Ezekiel: Chapters 1-24*. NICOT. Grand Rapdis, Mich.: Eerdmans, 1997.

Boadt, Lawrence, "The Book of Jeremiah and the Power of Historical Recitation." In *Troubling Jeremiah*, ed. A. R. Pete Diamond, Kathleen M. O'Connor & Louis Stulman, 339-358. JSOTSup 260. Sheffield: Sheffield Academic Press, 1999.

Bright, John. "An Exercise in Hermeneutics: Jeremiah 31:31-34." *Interpretation* 20 (1966): 188-210.

_____. *Jeremiah*. 2d ed. The Anchor Bible 21. Garden City, N.Y.: Doubleday, 1978.

Brown-Gutoff, Susan E. "The Voice of Rachel in Jeremiah 31: A Calling To 'Something New.'" *Union Seminary Quarterly Review* 45 (1991): 177-190.

Brueggemann, Walter. "At the Mercy of Babylon: A Subversive Rereading of the Empire." In *Reading the Book of Jeremiah: A Search for Coherence*, ed. Martin Kessler, 117-134. Winona Lake, Ind.: Eisenbrauns, 2004.

_____. "Jeremiah: Creatio in Extremis." In *God Who Creates: Essays in Honor of W. Sibley Towner*, ed. William P. Brown and S. Dean McBride Jr., 152-170. Grand Rapids, Mich.: Eedrmans, 2000.

_____. *Jeremiah's Poems of Lament*. Translated by David E. Orton. Sheffield: Almond Press, 1988.

_____. "Next Steps in Jeremiah." In *Troubling Jeremiah*, ed. A. R. Pete Diamond, Kathleen M. O'Connor & Louis Stulman, 404-422. JSOTSup 260. Sheffield: Sheffield Academic Press, 1999.

_____. "The 'Baruch Connection': Reflections on Jeremiah 43.1-7. in *Troubling Jeremiah*, ed. A. R. Pete Diamond, kathleen M. O'Connor & Louis Stulman, 367-389. JSOTSup 260. Sheffield: Sheffield Academic Press, 1999.

Buth, Randall. "Functional Grammar, Hebrew and Aramaic: An Intergrated, Textlinguistic Approach to Syntax." In *Discourse Analysis of Biblical Literature: What It Is and What It Offers*, ed. Walter R. Bodine, 77-102. Atlanta, Ga.: Scholars, 1995.

Caird, G. B. *The Language and the Imagery of the Bible.* Grand Rapids, Mich.: Eerdmans, 1980.

Carson, D. A. Carson, Douglas J. Moo, and Leon Morris. *An Introduction to the New Testament.* Grand Rapids, Mich.: Zondervan, 1992.

Carroll, Robert P. *From Chaos to Covenant: Prophecy in the Bible of Jeremiah.* New York: Crossroad, 1981.

_____. *Jeremiah 26-52.* Old Testament Library. London: SCM Press, 1986.

Chae, Moon Kwon. "Redactional Intentions of MT Jeremiah concerning the Oracles against the Nations," *Journal of Biblical Literature* 134/3 (2015): 577-593.

Childs, Brevard S. *Introduction to the Old Testament as Scripture.* Philadelphia: Fortress, 1979.

_____. "The Enemy from the North and the Chaos Tradition." *Journal of Biblical Literature* 78 (1959): 187-198.

Clements, Ronald E. *Jeremiah.* Interpretation. Atlanta, Ga.: John Knox, 1988.

_____. "Jeremiah, Prophet of Hope." *Review and Expositor* 78 (1981): 345-36.

_____. "Jeremiah's Message of Hope: Public Faith and Private Anguish." in *Reading the Book of Jeremiah: A Search for Coherence*, ed. Martin Kessler, 135-147. Winona Lake, Ind.: Eisenbrauns, 2004.

Cotterell, Peter. "Semantics, Intepretation, and Theology." In *A Guide to Old Testament Theology and Exegesis,* ed. Willem A. VanGemeren, 131-157. Grand Rapids, Mich.: Zondervan, 1997.

Craigie, Peter C. and others. *Jeremiah 1-25.* WBC 26. Dallas, Tex.: Word Books, 1991.

Day, John. *God's Conflict with the Dragon and the Sea.* Cambridge, UK: Cambridge University, 1985.

de Beaugrande, Robert-Alain, and Wolfgang Ulrich Dressler. *Introduction to Text Linguistics.* New York: Longman, 1980.

Dearman, J. Andrew. *Jeremiah, Lamentations.* NIVAC. Grand Rapids, Mich.: Zondervan, 2002.

Deroche, Michael. "Contra Creation, Covenant and Conquest (Jer. Viii 13)." *Vetus Testamentum* 30 (1980): 280-290.

Dillard, Raymond B. Dillard and Tremper Longman III. *An Introduction to the Old Testament.*

Grand Rapids, Mich.: Zondervan, 1994.

Domeris, Willam R. "When Metaphor Becomes Myth: A Socio-Linguistic Reading of Jeremiah." In *Troubling Jeremiah*, ed. A. R. Pete Diamond, Kathleen M. O'Connor & Louis Stulman, 244–262. JSOTSup 260. Sheffield: Sheffield Academic Press, 1999.

Douglas, Mary. *Leviticus as Literature*. Oxford: Oxford University Press, 1999.

Dubbink, Joep. "Getting Closer to Jeremiah: The Word of YHWH and the Literary-Theological Person of a Prophet." In *Reading the Book of Jeremiah: A Search for Coherence*, ed. Martin Kessler, 25–39. Winona Lake, Ind.: Eisenbrauns, 2004.

Duhm, Bernhard. *Das Buch Jeremia*. Kurzer Hand-Commentar Zum AT 2. Tübingen: J.C.B. Mohr, 1991.

Dumbrell, William J. *Covenant and Creation: A Theology of the Old Testament Covenants*. New York: Thomas Nelson, 1984.

_____. "Genesis 2:1–3: Biblical Theology of Creation Covenant." *ERT* 25 (2001): 219–230.

_____. *The End of the Beginning: Revelation 21-22 and the Old Testament*. Grand Rapids, Mich.: Baker, 1985.

_____. *The Search for Order: Biblical Eschatology in Focus*. Grand Rapids, Mich.: Baker, 1994.

Feinberg, John S. "Systems of Discontinuity." In *Continuity and Discontinuity: Perspectives on the Relationship between the Old and New Testaments*, ed. John S. Feinberg, 63–88. Westchester, Ill.: Crossway Books, 1988.

Fishbane, Michael. "Jeremiah IV 23–26 and Job III 3:13: A Recovered Use of the Creation Pattern." *Vetus Testamentum* 21 (1971): 151–167.

Fox, Michael. "TÔB as Covenant Terminology." *Bulletin of the American Schools of Oriental Research* 209 (1973): 41–42.

Fox, R. Michael V. "Closer look at Jeremiah 1:10 with implications for (re)reading Jeremiah 1." *Didaskalia* 22 (2011): 61–84.

Frese, Daniel A. "Lessons from the Potter's Workshop: A New Look at Jeremiah 18.1–11." *Journal for the Study of the Old Testament* 37.3 (2013): 371–388.

Fretheim, Terence E. "Is Anything too Hard for God? (Jeremiah 32:27)." *The Catholic Biblical Quarterly* 66 (2004): 231–236.

_____. *Jeremiah*. Macon, Georgia: Smyth & Helwys, 2002.

Hamborg, G. R. "Reasons for Judgement in the Oracles against the Nations of the Prophet

Isaiah." *Vetus Testamentum* 31/2 (1981): 145-159.

Hayes, Elizabeth R. "The Influence of Ezekiel 37 on 2 Corinthians 6:14-7:1." In *The Book of Ezekiel and Its Influence*, ed. Hen Jan de Jonge and Johannes Tromp, 123-136. Burlington, VT: Ashgate, 2007.

Hibbard, J. Todd. "True and False Prophecy: Jeremiah's Revision of Deuteronomy." *Journal for the Study of the Old Testament* 35.3 (2011): 339-358.

Hill, John. "The Construction of Time in Jeremiah 25 (MT)." In *Troubling Jeremiah*, ed. A. R. Pete Diamond, Kathleen M. O'Connor & Louis Stulman, 146-160. JSOTSup 260. Sheffield: Sheffield Academic Press, 1999.

_____. "'Your Exile Will Be Long': The Book of Jeremiah and the Unended Exile." In *Reading the Book of Jeremiah: A Search for Coherence*, ed. Martin Kessler, 149-161. Winona Lake, Ind.: Eisenbrauns, 2004.

Hoffmeyer, Jeffrey H. "Covenant and Creation: Hosea 4:1-3." *Review and Expositor* 102 (2005): 143-151.

Holladay, William L. *A Concise Hebrew and Aramaic Lexicon of the Old Testament*. Grand Rapids, Mich.: Eerdmans, 1988.

_____. *Jeremiah 1: A Commentary on the Book of the Prophet Jeremiah Chapters 1-25*. Hermeneia. Philadelphia: Fortress, 1986.

_____. *Jeremiah 2: A Commentary on the Book of the Prophet Jeremiah Chapters 26-52*. Hermeneia. Philadelphia: Fortress, 1989.

Holt, Else K. "The Potent Word of God: Remarks on the Composition of Jeremiah 37-44." In *Troubling Jeremiah*, ed. A. R. Pete Diamond, Kathleen M. O'Connor & Louis Stulman, 161-170. JSOTSup 260. Sheffield: Sheffield Academic Press, 1999.

House, Paul R. *Old Testament Theology*. Downers Grove, Ill.: IVP Academic, 1998.

Huey, F. B., Jr. *Jeremiah*. NAC 16. Nashville, Tenn.: B&H, 1993.

Jones, Douglas Rawlinson. *Jeremiah*. New Century Bible Commentary. Grand Rapids, Mich.: Eermans, 1992.

Joüon, Paul, and T. Muraoka. *A Grammar of Biblical Hebrew: Part One: Orthography and Phonetics and Part Two: Morphology*. Subsidia Biblica 14/I. Roma, Italia: Editrice Pontificio Istituto Biblico, 1993.

Kaiser, Walter C., Jr. "The Law as God's Gracious Guidance for the Promotion of Holiness." In *Five Views on Law and Gospel*, ed. Stanley N. Gundry, 177-199. Grand Rapids,

Mich.: Zondervan, 1996.

_____. "The Old Promise and the New Covenant: Jeremiah 31:31-34." *Journal of the Evangelical Theological Society* 15 (1972): 11-23.

Keown, Gerald L., and Others. *Jeremiah 26-52*. Word Biblical Commentary 27. Dallas: Word, 1995.

Kessler, Martin. *Battle of the Gods: The God of Israel Versus Marduk of Babylon: A Literary/ Theological Interpretation of Jeremiah 50-51*. Assen, The Netherlands: Royal Van Gorcum, 2003.

_____. "The Scaffolding of the Book of Jeremiah." In *Reading the Book of Jeremiah: A Search for Coherence*, ed. Martin Kessler, 57-66. Winona Lake, Ind.: Eisenbrauns, 2004.

_____. "The Function of Chapters 25 and 50-51 in the Book of Jeremiah." In *Troubling Jeremiah*, ed. A. R. Pete Diamond, Kathleen M. O'Connor & Louis Stulman, 64-72. JSOTSup. 260. Sheffield: Sheffield Academic Press, 1999.

Kim, Changdae. "Jeremiah's New Covenant within the Framework of the Creation Motif." Ph.D. diss., Trinity International University, 2006.

_____. "The Structure of the Book of Jeremiah and the Demarcation of Units." *Scripture and Interpretation* 1 (2006): 36-49.

Kiuchi, Nobuyoshi. *Leviticus*. AOTC. Downers Grove, Ill.: IVP, 2007.

Kline, Meredith G. *Images of the Spirit*. Grand Rapids, Mich.: Baker, 1980.

Lalleman, Hetty. "Jeremiah, Judgement and Creation." *Tyndale Bulletin* 60/1 (2009): 15-24.

Leene, Hendrik. "Jeremiah 31,23-26 and the Redaction of the Book of Comfort." *Zeitschrift für die alttestamentliche Wissenschaft* 104 (1992): 349-364.

Lemke, Werner E. "Jeremiah 31:31-34." *Interpretation* 37 (1983): 183-187.

Levenson, D. Jon. *Creation and the Persistence of Evil: The Jewish Drama of Divine Omnipotence*. San Francisco: Harper & Row, 1988.

_____. *Sinai and Zion: An Entry into the Jewish Bible*. New York: HarperCollins, 1985.

Lindblom, Johannes. *Prophecy in Ancient Israel*. Philadelphia: Fortress, 1963.

Long, V. Philips. "Reading the Old Testament as Literature." In *Interpreting Old Testament: A Guide for Exegesis*, ed. Craig C. Broyles, 85-123. Grand Rapids, Mich.: Baker, 2001.

Longacre, Robert E. "Weqatal Forms in Biblical Hebrew Prose: A Discourse-modular Approach." In *Biblical Hebrew and Discourse Linguists*, ed. Robert D. Bergen, 50-98. Winona Lake, Ind.: Eisenbrauns, 1994.

Lowery, Kirk E. "The Theoretical Foundations of Hebrew Discourse Grammar." In *Discourse Analysis of Biblical Literature: What It Is and What It Offers,* ed. Walter R. Bodine, 103-130. Atlanta, Ga.: Scholars, 1995.

Lundbom, Jack R. *Jeremiah 1-20.* Anchor Bible 21A. New York: Doubleday, 1999.

_____. *Jeremiah 21-36.* Anchor Bible 21B. New York: Doubleday, 2004.

_____. *Jeremiah 37-52.* Anchor Bible 21C. New York: Doubleday, 2004.

Lust, Johan. "The Diverse Text Forms of Jeremiah and History Writing with Jer 33 as a Test Case." *Journal of Northwest Semitic Language* 20 (1994): 31-48.

Lyons, Michael A. "Transformation of Law: Ezekiel's Use of the Holiness Code (Leviticus 17-26)." In *Transforming Visions: Transformations of Text, Tradition, and Theology in Ezekiel,* ed. William A. Tooman and Michael A. Lyons, 1-32. Eugene, Oregon: Pickwick, 2010.

Martin, Ralph P. *2 Corinthians.* WBC 40. Waco, Tex.: Word, 1986.

Mazurel, J. W. "Citations from the Book of Jeremiah in the New Testament." In *Reading the Book of Jeremiah: A Search for Coherence,* ed. Martin Kessler, 181-189. Winona Lake, Ind.: Eisenbrauns, 2004.

Merrill, Eugene H. "A Theology of the Pentateuch." In *A Biblical Theology of the Old Testament,* ed. Roy B. Zuck, 7-87. Chicago: Moody Press, 1991.

Milgrom, Jacob. *Leviticus 23-27.* AYB 3B. New Haven: Yale University Press, 2001.

_____. *Studies in Levitical Terminology 1: The Encroacher and the Levite The Term 'Aboda.* Berkeley: University of California, 1970.

Mulzac, Kenneth. "The Remnant and the New Covenant in the Book of Jeremiah." *Andrews University Seminary Studies* 34 (1996): 239-248.

Muraoka, T. *Emphatic Words and Structures in Biblical Hebrew.* Jerusalem: Brill, 1985.

O'Connor, Kathleen M. "The Tears of God and Divine Character in Jeremiah 2-9." In *Troubling Jeremiah,* ed. A. R. Pete Diamond, kathleen M. O'Connor & Louis Stulman, 387-401. JSOTSup 260. Sheffield: Sheffield Academic Press, 1999.

Olson, Dennis T. "Between the Tower of Unity and the Babel of Pluralism: Biblical Theology and Leo Perdue's *The Collapse of History.*" In *Troubling Jeremiah,* ed. A. R. Pete Diamond, kathleen M. O'Connor & Louis Stulman, 350-358. JSOTSup 260. Sheffield: Sheffield Academic Press, 1999.

Oswalt, John N. *The Book of Isaiah Chapters 40-66.* NICOT. Grand Rapids, Mich.: Eerdmans,

1998.

Parunak, H. van Dyke. "Some Discourse Functions of Prophetic Quotation Formulas in Jeremiah." In *Biblical Hebrew and Discourse Linguistics*, ed. Robert D. Bergen, 489–519. Winona Lake, Ind.: Eisenbrauns, 1994.

Perdue, Leo G. *The Collapse of History: Reconstructing Old Testament Theology*. Minneapolis: Fortress, 1994.

_____. "The Book of Jeremiah in Old Testament Theology." In *Troubling Jeremiah*, ed. A. R. Pete Diamond, Kathleen M. O'Connor & Louis Stulman, 320–338. JSOTSup 260. Sheffield: Sheffield Academic Press, 1999.

Potter, H. D. "The New Covenant in Jeremiah XXXI 31–34." *Vetus Testamentum* 33 (1983): 347–357.

Rata, Tiberius. "The Covenant Motif in Jeremiah's Book of Comfort: Textual and Intertextual Studies of Jeremiah 30–33." Ph.D. diss.: Trinity International University, 2003.

Reid, Garnett. "Heart of Jeremiah's Covenantal Message: Jeremiah 30–33." *Biblical Viewpoint* 25 (1991): 89–96.

Rhymer, David. "Jeremiah 31:31–34." *Interpretation* 59 (2005): 294–295.

Robertson, O. Palmer. *The Christ of the Covenant*. Phillipsburg, New Jersey: Presbyterian and Reformed Publishing, 1980.

Robinson, Bernard P. "Jeremiah's New Covenant: Jer 31, 31–34." *Scandinavian Journal of the Old Testament* 15 (2001): 181–204.

Sarason, R. S. "The Interpretation of Jeremiah 31:31–34 in Judaism." In *When Jews and Christian Meet*, ed. J. J. Petuchowski, 99–123. New York: State University of New York, 1988.

Seitz, Christopher R. "The Place of the Reader in Jeremiah." In *Reading the Book of Jeremiah: A Search for Coherence*, ed. Martin Kessler, 67–75. Winona Lake, Ind.: Eisenbrauns, 2004.

_____. "The Prophet Moses and the Canonical Shape of Jeremiah." *Zeitschrift für die Alttestamentliche Wissenschaft* 101 (1989): 3–27.

Schmid, H. H. "Creation, Righteousness, and Salvation: 'Creation Theology' as the Broad Horizon of Biblical Theology." In *Creation in the Old Testament*, ed. Bernhard W. Anderson, 102–117. Philadelphia: Fortress Press, 1984.

Schultz, Richard. "Integrating Old Testament Theology and Exegesis: Literary, Thematic, and

Canonical Issues." In *A Guide to Old Testament Theology and Exegesis*, ed. Willem A. VanGemeren, 182-202. Grand Rapids, Mich.: Zondervan, 1997.

Shields, Mary E. *Circumscribing the Prostitute: The Rhetorics of Intertextuality, Metaphor and Gender in Jeremiah 3.1-4.4*. Journal for the Study of the Old Testament: Supplement Series 387. New York: T&T Clark International, 2004.

Simundson, Daniel J. "Preaching from Jeremiah: Challenges and Opportunities." *Word & World* 22/4 (2002): 423-432.

Smelik, Klaas A. D. "An Approach to the Book of Jeremiah." In *Reading the Book of Jeremiah: A Search for Coherence*, ed. Martin Kessler, 1-11. Winona Lake, Ind.: Eisenbrauns, 2004.

_____. "The Function of Jeremiah 50 and 51 in the Book of Jeremiah." In *Reading the Book of Jeremiah: A Search for Coherence*, ed. Martin Kessler, 87-98. Winona Lake, Ind.: Eisenbrauns, 2004.

Smith, Richard G. *The Fate of Justice and Righteousness during David's Reign: Narrative Ethics and Rereading the Court History according to 2 Samuel 8:15-20:26*. New York: T&T Clark, 2009.

Smith-Christopher, Daniel L. *A Biblical Theology of Exile*. Minneapolis: Fortress, 2002.

Snaith, Norman. "Jeremiah XXXIII 18." *Vetus Testamentum* 21 (1971): 620-622.

Stek, John. "Covenant Overload in Reformed Theology." *Calvin Theological Journal* 29 (1994): 12-41.

Stulman, Louis. *Jeremiah*. AOTC. Nashville: Abingdon Press, 2005.

_____. "Jeremiah the Prophet: Astride Two Worlds." In *Reading the Book of Jeremiah: A Search for Coherence*, ed. Martin Kessler, 41-56. Winona Lake, Ind.: Eisenbrauns, 2004.

_____. *Order amid Chaos: Jeremiah as Symbolic Tapestry*. Sheffield: Sheffield Academic Press, 1998.

_____. "The Prose Sermons as Hermeneutical Guide to Jeremiah 1-25: The Deconstruction of Judah's Symbolic World." In *Troubling Jeremiah*, ed. A. R. Pete Diamond, Kathleen M. O'Connor & Louis Stulman, 34-63. JSOTSup. 260. Sheffield: Sheffield Academic Press, 1999.

Swanson, Dwight D. "'A Covenant Just like Jacob's': The Covenant of 11QT 29 and Jeremiah's New Covenant." In *New Qumran Texts and Studies: Proceedings of the First*

Meeting of the International Organization for Qumran Studies, Paris 1992, ed. George J. Brooke and Florentino Garca Martnez, 273–286. Leiden: Brill, 1994.

Sweeney, Marvin A. "Structure and Redaction in Jeremiah 2–6." In *Troubling Jeremiah*, A. R. Pete Diamond, Kathleen M. O'Connor & Louis Stulman, 200–218. JSOTSup 260. Sheffield: Sheffield Academic Press, 1999.

Swetnam, James. "Why Was Jeremiah's New Covenant New?" In *Studies on Prophecy: A Collection of Twelve Papers*, ed. Daniel Lys, 111–15. Leiden: E J. Brill, 1974.

Terrien, Samuel. *The Elusive Presence: Toward a New Biblical Theology*. Eugene, Oregon: Wipf & Stock, 2000.

Tuck, William Powell. "Preaching from Jeremiah." *Review & Expositor* 78/3 (1981): 381–395.

Udd, Kris J. "Prediction and Foreknowledge in Ezekiel's Prophecy against Tyre." *Tyndale Bulletin* 56.1 (2005): 25–41.

Ulrich, Eugene. *The Dead Sea Scrolls and the Origins of the Bible*. Grand Rapids, Mich.: Eerdmans, 1994.

Untermann, Jeremiah. *From Repentance to Redemption: Jeremiah's Thought in Transition*. Journal for the Study of the Old Testament Supplement Series 54. Sheffield: Sheffield Academic Press, 1987.

van der Wal, A. J. O. "Toward a Synchronic Analysis of the Masoretic Text of the Book of Jeremiah." In *Reading the Book of Jeremiah: A Search for Coherence*, ed. Martin Kessler, 13–23. Winona Lake, Ind.: Eisenbrauns, 2004.

VanGemeren, Willem A. *New International Dictionary of Old Testament Theology & Exegesis*, 5 vols. Grand Rapids, Mich.: Zondervan, 1997.

_____. *Interpreting the Prophetic Word: An Introduction to the Prophetic Literature of the Old Testament*. Grand Rapids, Mich.: Zondervan, 1990.

von Gerlinde, Baum. "Jeremia, Die Weisen und Die Weisheit: Eine Untersuching von Jer 9,22f." *Zeitschrift für die alttestamentliche Wissenschaft* 114 (2002): 59–79.

von Rad, Gerhard. *Old Testament Theology 2*. Translated by D. M. G. Stalker. San Francisco: Harper & Row, 1965.

Waltke, Bruce K. *An Old Testament Theology*. Grand Rapids, Mich.: Zondervan, 2007.

_____. "Textual Criticism of the Old Testament and Its Relation to Exegesis and Theology." In *A Guide to Old Testament Theology and Exegesis*, ed. William A. VanGemeren, 48–

64. Grand Rapids, Mich.: Zondervan, 1999.

_____. "The Phenomenon of Conditionality within Unconditional Covenants." In *Israel's Apostasy and Restoration: Essays in Honor of Roland K. Harrison*, ed. Avraham Gileadi, 121–139. Grand Rapids, Mich.: Baker, 1988.

Waltke, Bruce K., and M. O'Connor. *An Introduction to Biblical Hebrew Syntax*. Winona Lake, Ind.: Eisenbrauns, 1990.

Watts, James W. "Text and Redaction in Jeremiah's Oracles against the Nations." *Catholic Biblical Quarterly* 54/3 (1992): 432–447.

Weinfeld, Moshe. "Jeremiah and the Spiritual Metamorphosis of Israel." *Zeitschrift für die alttestamentliche Wissenschaft* 88 (1976): 17–56.

Weiser, Arthur. *Das Buch Jeremia*. Götingen: Vandenhoeck & Ruprecht, 1969.

Wendland, Ernst R. *Prophetic Rhetoric: Case Studies in Text Analysis and Translation*. USA: Xulon Press, 2009.

_____. *The Discourse Analysis of Hebrew Prophetic Literature: Determining the Larger Textual Units of Hosea and Joel*. Mellen Biblical Press Series 40. Lewiston, N.Y.: Edwin Mellen, 1995.

Wildberger, Hans. *Isaiah 1-12*. A Continental Commentary. Translated by Thomas H. Trapp. Minneapolis: Fortress, 1991.

Williamson, H. G. M. *Variations on a Theme: King, Messiah and Servant in the Book of Isaiah*. Carlisle, UK.: Paternoster, 1998.

Willis, Timothy M. "'I Will Remember Their Sins No More' Jeremiah 31, The New Covenant, and The Forgivenness of Sins." *Restoration Quarterly* 53.1 (2011): 1–15.

Wolff, Hans Walter. "What Is New in the New Covenant? A Contribution to the Jewish-Christian Dialogue According to Jer. 31:31–34." In *Confrontation with Prophets: Discovering the Old Testament's New and Contemporary Significance*, 49–62. Philadelphia: Fortress, 1983.

Wynn, Kerry H. "Between Text and Sermon: Jeremiah 31:1-6." *Interpretation: A Journal of Bible and Theology* 68 (2014): 184–186.

Yates, Gary E. "Intertextuality and the Portrayal of Jeremiah the Prophet." *Bibliotheca Sacra* 170 (2013): 286–303.

_____. "Narrative Parallelism and the 'Jehoiakim Frame': A Reading Strategy for Jeremiah 26–45." *Journal of the Evangelical Theological Society* 48 (2005): 263–281.

예레미야서의 해석과 신학

하나님을 아는 자가 되어라

Copyright ⓒ 김창대 2020

1쇄 발행 2020년 3월 30일
3쇄 발행 2023년 10월 13일

지은이 김창대
펴낸이 김요한
펴낸곳 새물결플러스

편 집 왕희광 정인철 노재현 이형일 나유영 노동래
디자인 황진주 김은경
마케팅 박성민
총 무 김명화 이성순
영 상 최정호 곽상원
아카데미 차상희

홈페이지 www.holywaveplus.com
이메일 hwpbooks@hwpbooks.com
출판등록 2008년 8월 21일 제2008-24호
주 소 (우) 04114 서울시 마포구 신촌로28가길 29
전 화 02) 2652-3161
팩 스 02) 2652-3191

ISBN 979-11-6129-150-5 93230

책값은 뒤표지에 있습니다.